"我们所见的,是真实所见;
我们所见的,一直在改变!"

——阿德里安娜·里奇(Adrienne Rich),1929—2012

FASZINATION WISSENSCHAFT

60 BEGEGNUNGEN MIT WEGWEISENDEN FORSCHERN UNSERER ZEIT

听，科学家说

走进全球63位科学家的故事

[德] 赫尔林德·克尔布尔（Herlinde Koelbl）——著　秦波——译

中国出版集团
中译出版社

图书在版编目（CIP）数据

听，科学家说：走进全球63位科学家的故事 /（德）赫尔林德·克尔布尔著；秦波译 . —北京：中译出版社，2023.1
ISBN 978-7-5001-7207-9

I.①听… II.①赫…②秦… III.①科学家—生平事迹—世界—通俗读物 IV.①K816.1-49

中国版本图书馆CIP数据核字（2023）第186039号

Copyright © 2018 von dem Knesebeck GmbH & Co. Verlag KG, München
A divison of Média-Participations.
Photographie & Text Copyright © 2020 Herlinde Koelbl
Original German title: Faszination Wissenschaft - 60 Begegnungen mit wegweisenden Forschern unserer Zeit
All rights reserved in all countries by von dem Knesebeck GmbH & Co. Verlag KG.
The Simplified Chinese translation rights arranged through Rightol Media
Simplified Chinese translation copyright © 2023
by China Translation & Publishing House
ALL RIGHTS RESERVED

著作权合同登记图字：01-2021-4467
本书简体中文版已在原版基础上进行了部分修改。

听，科学家说：走进全球63位科学家的故事
TING, KEXUEJIA SHUO：ZOUJIN QUANQIU 63 WEI KEXUEJIA DE GUSHI

出版发行：中译出版社
地　　址：北京市西城区新街口外大街28号普天德胜大厦主楼4层
电　　话：（010）68002926
邮　　编：100044
电子邮箱：book@ctph.com.cn
网　　址：http://www.ctph.com.cn

出 版 人：乔卫兵
总 策 划：刘永淳
策划编辑：温晓芳　方宇荣
责任编辑：温晓芳　方宇荣
营销编辑：梁　燕
封面设计：锋尚设计
内文设计：宝蕾元

印　　刷：北京盛通印刷股份有限公司
经　　销：新华书店

规　　格：880毫米×1230毫米　1/16
印　　张：25.75
字　　数：452千字
版　　次：2023年1月第1版
印　　次：2023年1月第1次

ISBN 978-7-5001-7207-9　　　　定价：128.00元

版权所有　侵权必究
中 译 出 版 社

推荐序一

想用科学改变世界的人必须拥有比其他人更长远的目光，必须跨越国界、跨越学科，必须深入社会。我们所处的世界正在不断变化，气候变化和新冠疫情等危机不断给生活带来冲击，全社会都想了解世界变化的方式，以掌握应对冲击的方法，这就证明科研工作正逐步成为社会工作的重心。

在这样的时代背景下，公众意识到了科学的重要性。与此同时，公众也愈发渴望了解科研的方式。大多数情况下，科研要么以合作的形式开展，要么以竞争的形式开展。诸如生产疫苗、发现引力波、分析全球气候等重大项目都需要合作，而且往往是国际合作，因为气候和病毒都不受国界的约束。几百个研究团队通力合作，定期撰写全球气候报告并发布。激光干涉引力波天文台（LIGO）科学合作组织发表的有关发现引力波的刊物，其作者就有1000多人。除此之外，个人独立获取的科研成果也数不胜数。这里提到的科研成果不是指那些普通的成果，虽然它们很重要，但不能算进来，因为这些成果已是科学界的家常便饭，不足为奇。前面提到的科研成果指的是那些独一无二、具有开创性的重大成果，因为这些成果开辟了新的研究领域，进而可以改变世界。大多数情况下，获得这样的科研成果都是出于偶然，只有那些做好了准备、观察十分细致的人才能做到这一点。

知名摄影师赫尔林德·克尔布尔（Herlinde Koelbl）的目标就是寻找这样的人，她从艺术家的角度出发，了解他们的动机和思维方式。这一点很重要，因为公众必须认识到科学在危机时期的意义，否则他们不会听取任何科学的建议。从长远来看，如果没有科学的帮助，人类就没有未来。埃希特纳赫的跳步游行（向前跳三步，向后跳两步）无法解决社会问题。面对问题，人们通常希望快速获得清楚明确的解决方案，而要在复杂的问题上取得科学突破，则需要耐心和毅力，这本书的访谈内容恰好证明了这一点，还请各位读者仔细阅读！

恩斯特-路德维希·温纳克
（Ernst-Ludwig Winnacker）
慕尼黑大学基因中心

推荐序二

《听，科学家说：走进全球 63 位科学家的故事》这本书让我大受鼓舞。赫尔林德·克尔布尔凭借这本书取得了一些非凡的成就。书中展示了全世界各个领域的科学家们的照片，这些照片向我们展现了隐藏在难以理解的公式背后的一张张面孔。通过这种方式，赫尔林德·克尔布尔拉近了我们与科研之间的距离。赫尔林德·克尔布尔与各位科学家之间的对话非常值得一读，他们的对话信息量大，内容丰富，极具启发性。

弗里德·施普林格
（Friede Springer）

推荐序三

《听，科学家说：走进全球63位科学家的故事》一书不仅是一首对科学的赞歌，更是一首对艺术力量的赞歌。赫尔林德·克尔布尔又一次成功地用她的摄影作品吸引了大众的目光。与此同时，她在科学与艺术之间搭起了一座独一无二的桥梁。

赫尔林德·克尔布尔为60多位顶尖科学家拍摄的照片展现出了科学人性的一面。这本书令人印象深刻的地方在于，它的内容体现了科学和艺术在本质上是相通的，所以科学和艺术理应受到宪法的特别保护。作为一名物理学家，我觉得赫尔林德·克尔布尔将科学与艺术之间的联系具体化的方式很吸引我。我坚信，《听，科学家说：走进全球63位科学家的故事》一书会激起许多年轻人对科学和研究的热情。

罗兰·布施（Roland Busch）博士
西门子公司副总裁

自 序

诺贝尔奖得主保罗·纳斯（Paul Nurse）说过："成为一名科学家是一种使命。"我想了解科学家们的思考方式，想知道他们运用了哪些知识影响我们的生活和未来，为此我走遍了大半个地球，深入了解了这些顶尖的科学家，将他们每个人有趣的科研成果和生活经历展现在读者面前，让科学变得生动起来。除此之外，我也想鼓励年轻人将这些了不起的人物视作榜样，鼓励他们走上趣味十足的科学之路。

我采用了一种与众不同的方式来刻画这些科学家的形象：我要求他们每个人都在自己的手上写下他们研究的重点，可以是一个公式，也可以是一句富有哲理的话。这种方式的好玩之处就在于：它证明了科学家要想获得成功，就必须具备孩子身上那种钻研和探索的精神。

270万年前，能人（Homo habilis）出现，他们是最早具有解决问题思维的人，自此之后，人类一直努力进行观察和实验，从而超越自然。人类在外部环境的驱使下，不断改善自己的生活条件，于是在长达几千年的时间里创造了我们现在所看到的世界。

实验和错误始终并存，出身和国籍无足轻重，好奇心与满腔热忱才最重要。戴维·阿夫尼尔（David Avnir）有句话说得很到位："当你度过了成功的一天，你可能就改变了这个世界，因为你创造了新的知识。"这样一句话让科学家们忘记了曾经遭受过的挫折与打击，他们凭借着顽强的工作精神、惊人的自制力和意志力，一次又一次地站起来，不断前进，最终取得了令人欣慰的成果，他们的努力没有白费。

诺贝尔奖得主弗朗索瓦丝·巴雷-西诺西（Françoise Barré-Sinoussi）打趣地说："搞科研就好像遁入空门一样，必须舍弃个人生活中的很多东西。"她在由男性主导的科学领域里取得了成功。这个领域的竞争十分激烈，因为在这个领域里，真正的"货币"不是金钱，而是知名度：谁是第一个在重要期刊上发表成果的人呢？知名度固然重要，但科学家也有责任运用他们的知识向全社会传递某种思想。未来与科学是紧密相关的，安东·蔡林格（Anton Zeilinger）也认同这一观点，他说过："像欧洲这种缺乏原材料的大洲，科研是他们唯一的生存之道。"

我在这本书的末尾特地介绍了4位奋发有为的人才，他们正在积极响应科学的号召，践行各自的使命。可以说，下一代人已经做好准备了。

赫尔林德·克尔布尔

目 录

Karl Deisseroth	001	卡尔·迪赛罗斯
Peter Seeberger	009	彼得·泽贝格尔
Stefan Hell	017	斯特凡·黑尔
Antje Boetius	023	安特耶·伯丘斯
Thomas Südhof	029	托马斯·聚德霍夫
David Avnir	037	戴维·阿夫尼尔
Alessio Figalli	043	阿莱西奥·菲加利
Jennifer Doudna	047	珍妮弗·道德纳
Tom Rapoport	053	汤姆·拉波波特
Tandong Yao	061	姚檀栋
Robert Laughlin	065	罗伯特·劳克林
Bruce Alberts	071	布鲁斯·艾伯茨
Viola Vogel	077	维奥拉·福格尔
Pascale Cossart	083	帕斯卡莱·科萨尔
Brian Schmidt	091	布赖恩·施密特
Avi Loeb	097	阿维·勒布

Wolfgang Ketterle	103	沃尔夫冈·克特勒
Ron Naaman	107	罗恩·纳曼
Faith Osier	113	费丝·奥西耶
Helmut Schwarz	119	赫尔穆特·施瓦茨
Bernhard Schölkopf	125	伯恩哈德·舍尔科普夫
Martin Rees	131	马丁·里斯
Tim Hunt	139	蒂姆·亨特
Carla Shatz	145	卡拉·沙茨
Patrick Cramer	151	帕特里克·克拉默
Dan Shechtman	157	达恩·谢赫特曼
Aaron Ciechanover	163	阿龙·切哈诺沃
Jian-Wei Pan	169	潘建伟
Detlef Günther	173	德特勒夫·金特
George M. Church	181	乔治·麦克唐纳·丘奇
Frances Arnold	189	弗朗西丝·阿诺德
Robert Weinberg	195	罗伯特·温伯格

Peter Doherty	203	彼得·多尔蒂
Françoise Barré-Sinoussi	207	弗朗索瓦丝·巴雷-西诺西
Klaus von Klitzing	215	克劳斯·冯·克利青
Shigefumi Mori	221	森重文
Cédric Villani	227	赛德里克·维拉尼
Christiane Nüsslein-Volhard	231	克里斯蒂亚娜·尼斯莱因-福尔哈德
Marcelle Soares-Santos	239	玛塞勒·苏亚雷斯-桑托斯
Tao Zhang	243	张涛
Paul Nurse	247	保罗·纳斯
Ruth Arnon	255	路德·阿尔农
Vittorio Gallese	259	维托里奥·加莱塞
Onur Güntürkün	263	奥努尔·京蒂尔金
Ulyana Shimanovich	271	乌里扬娜·希曼诺维奇
Richard Zare	277	理查德·扎尔
Ottmar Edenhofer	285	奥特马尔·埃登霍费尔
Bruno Reichart	291	布鲁诺·赖夏特
Shuji Nakamura	299	中村修二

Eric Kandel	305	埃里克·坎德尔
Sallie Chisholm	313	萨莉·奇泽姆
Tolullah Oni	321	托卢拉·奥尼
Robert Langer	327	罗伯特·兰格
Anton Zeilinger	335	安东·蔡林格
Arieh Warshel	341	阿里耶·瓦谢尔
Edward Boyden	347	爱德华·博伊登
Sangheeta Bhatia	355	桑吉塔·巴蒂亚
Emmanuelle Charpentier	363	埃玛纽埃勒·沙尔庞捷
Hermann Parzinger	369	赫尔曼·帕辛格
Maria Schuld	373	玛丽亚·舒尔德
Katharine L. Bouman	377	凯瑟琳·路易丝·博曼
Moisés Expósito-Alonso	381	莫伊塞斯·埃克斯波西托－阿隆索
Elaine Y. Hsiao	385	伊莱恩·萧
	389	附录
	397	致谢

[美] 卡尔·迪赛罗斯（Karl Deisseroth）

神经生物学

- 斯坦福大学生物工程学、精神病学与行为科学教授
- 曾获 2015 年生命科学突破奖

◆ "做一名科学家有时候就意味着做一个我行我素的怪人。"

迪赛罗斯教授，请问您什么时候发现自己的大脑非常地与众不同呢？

每个人的大脑都是与众不同的，但是我的大脑有几个特点，比如说我与单词之间存在着一种特殊的联结。对我来说，快速阅读和记忆单词是件轻而易举的事。我上五年级的时候，老师要求全班同学在 45 分钟内背诵一首诗。我盯着这首诗看了一会儿，几秒钟后举手说："我背完了。"当我站起来背诵这首诗的时候，老师心里可能在想："这绝对不可能，他肯定早就背过这首诗了。"于是老师又让我背另一首诗，同样地，我在几秒钟内就背下来了。

简直太不可思议了，这背后的秘诀是什么呢？

我认为这可能与视觉有关，我喜欢把单词组合在一起。很多人可以瞬间读懂一个单词或一个句子，我就是这样，如果一段话里有很多长句，我马上就能明白它们的含义，这离不开我与单词之间的特殊联结。感觉是记忆的一部分，而记忆也是感觉的一部分。我们之所以能够记住单词，是因为这些单词能唤起我们的某种感觉，恰恰是这种感觉帮助我们记住了单词。

我听说过一件事：您在参加某次会议的时候，一边听演讲人作报告，一边读他的两本书。

我们以为自己一次只能做一件事。有这样一种观点，说的是意识构成一个单元，但这并不意味着我们不能同时做好几件事，哪怕我们在一个时间点只能对一件事产生意识，我们也有能力一心多用。

我认为医生就有同时做好几件事的能力，他们一心多用的时候脑子里同时进行着多种思维活动，这种能力对他们来说十分重要。如果医院里同时发生多起紧急事件，医生就需要同时关注所有的紧急事件。

您做科研的目的是什么呢？

首先，我想知道感觉从何而来。我们生而为人，所面临的最深刻的问题之一是：一个客体怎么会有内在的主观感知呢？它怎么会有感觉呢？在某种程度上，这也许是个无法解答的问题，它一直困扰着我。

您难道不是第一个使大脑变透明的人吗？

我们研发出了水凝胶组织技术，运用这种技术我们可以在组织细胞中生产所谓的水凝胶。换句话说，我们可以将部分脑组织做成水凝胶。借助这项技术，我们可以在保证大脑完好无损的情况下进入大脑内部，看到各个不可思议的组成部分，也就是构成整个大脑系统的分子和细胞。

◆ "科学和艺术主要通过大脑联系在一起。"

您也是第一个成功打开和关闭脑细胞（神经元）的人。

没错，这项技术被称为光遗传学技术。凭借这项技术，我们能够利用光打开和关闭神经元。很多人认为光是收集信息的一种方式，例如使用显微镜或望远镜都可以收集信息。光遗传学技术恰恰相反，我们利用光来传递信息，控制生物活动，使生物产生相应行为。

光遗传学技术的操作原理是怎样的？

我们从藻类、植物和细菌中提取基因，即脱氧核糖核酸（下文简称DNA）的特殊片段。由这些基因编码的蛋白质将光刺激转化为电信号。蛋白质吸收光子，并使带电粒子（离子）流过细胞膜。我们把这样的DNA片段植入动物的大脑中，随后动物神经元开始产生特定的蛋白质，这些蛋白质受到光刺激被激活，从而控制离子的流动。除此之外，我们甚至可以决定哪些细胞应该产生这样的蛋白质，哪些不应该。因此，利用光遗传学技术，可以精准操控哪些细胞在光刺激作用下应该打开，哪些应该关闭。

这项技术有什么用处呢？

它是一种探索工具。我们可以用它来研究大脑的工作方式；可以掌握各种细胞的功能；可以了解解决矛盾的过程；可以弄清楚积极情绪和消极情绪在大脑中产生的位置。我们现在已经可以看到这些蛋白质晶体结构的高清图像，可以看到每一个原子的具体位置。现在我们可以思考一些以前根本没人会问的问题。比如：这个细胞在这里起什么作用？这是什么类型的细胞？这个细胞是怎样与那个细胞进行交流的？这个细胞最终是如何对行为产生影响的？

目前的研究现状是这样的，那您下一步打算做什么呢？

用不了多久，我们就可以做越来越复杂的行为研究。我们现在已经在研究哺乳动物和其他动物行为的各个方面，未来会出现医学疗法的新理念。一旦我们掌握了大脑系统的运作方式，一切都会变得更加精确。一旦我们了解了某种症状产生的原因——这也是光遗传学科学家们正在做的事情——我们就可以对这种症状进行各种干预和治疗。

我不知道这是不是我的错觉，光遗传学技术有没有被滥用的可能呢，比如说用于精神控制？

就算我们想滥用这项技术，我们首先也要对大脑有更多的了解。目前看来，您所说的这个问题并不是很紧迫的问题，因为还没有人把这项技术用于精神控制，但我们还是要密切关注这一点。未来的某天，人是否会被操控？人的喜好、能力和优先级是否会被改变？理论上来说，这是有可能发生的。很久以前，我们就开始在动物身上做这种实验了，我们可以任意影响动物想做什么或不想做什么。

您上大学的时候，除了学习神经科学和医学之外，还修过文学写作课程。您对写作的兴趣从何而来呢？

从儿童时期到青少年时期，我一直都在写作，我还参加了写作俱乐部。念高中的时候我也上过写作课，当时我还以为自己未来可能会成为一名作家呢。上大学后，我也坚持在当地一所高中上写作课。写作是我一生的课题，它是我的爱好之一，否则我可能永远不会抽时间来做这件事，因为我还有很多其他事要做。

在您看来，故事为什么很重要？

因为人与人之间通过故事相互联系、相互学习。例如，我的目标是书写有关光遗传学的故事，这是一个人人都能理解的故事，这是一个与光、植物和情感相关的故事。这个故事告诉人们基础理论研究的价值是什么，就是要帮助人们理解世界；告诉人们基础理论研究能够创造出人意料的、有影响力的、极具变革性的事物。

您认为科学和艺术之间有联系吗？

　　科学和艺术主要通过大脑联系在一起。您想想，艺术性的文字能唤起人们心中某种感受，这整个过程都在脑细胞中进行，大脑将艺术和文字转化为感受。在某种程度上，这就是神经科学的本质，也是艺术的本质。

您还记得很多事情，您一定是个情感丰富的人。

　　我刚开始给学生上课的时候，学生们认为我不够活泼，因为我上课从来不在教室里走动，学生们想看到我表露出我的情绪，但我很难做到这一点，因为我曾告诫过自己内心应该保持平静，不应该把情绪写在脸上。生活中大部分时候，我都在扮演精神病学家、教师或教授的角色，但这些并不是传统意义上会表露情感的角色，不是吗？我认为在扮演这些角色的时候，我最好是做一张干净的白纸或者做一块坚硬的石头，不流露出任何情绪。

◆ "她们必须清楚自己的生活需要什么，她们想从伴侣身上获取什么。"

您为什么继续从事精神病学的研究工作呢？

　　精神病学家是我的身份之一。我喜欢听别人讲他们的故事，我想帮助他们减轻痛苦。精神病学家这个身份已经成为我自身不可分割的一部分。

您是一名精神病学家，同时也是一名教师和教授，已婚并育有 5 个孩子。出于工作的需要，您经常出差，您的妻子也是一名非常成功的科学家。请问您是怎么做到这些的？

　　我的妻子是一名非常出色的科学家。她拥有双医学博士学位，是一个前沿实验室的负责人，她也经常满世界跑。不过事情并不会一帆风顺，总会出点岔子。我们也经历过失败，遭受过打击，但就算事情的某个方面出了问题，我们还是可以从其他方面获得满足感。

许多科学家（绝大多数是男性科学家）跟我说，一个女人不可能一边做着顶尖科研，一边生孩子，但您妻子似乎就成功做到了这一点。

　　我的妻子仅凭一己之力就做到了这一点，她是个了不起的人：她是一位创造力很强的科学家，在她的研究领域里是带头人。从事科研事业的同时，我们一共生了 5 个孩子。

您对那些有朝一日希望成家立业的年轻女科学家有什么建议吗？

我觉得我没有资格给她们提建议，我只想告诉她们，她们绝对有能力很好地兼顾一切，我认为我妻子的经历已经清楚地证明了这一点。我觉得她们必须清楚自己的生活需要什么，她们想从伴侣身上获取什么，她们与伴侣必须相互适应。不同的夫妻有不同的相处之道，夫妻间需要真诚的沟通和恰当的规划。

您在通往成功的道路上是否遇到过阻碍呢？

在我的职业生涯初期，每当别人看到我们正在做的事情，总是会评头论足一番。比如，他们会说"你们这么做是行不通的"，或者说"这是10个不同的问题，你们得一一解决，但其中很多问题几乎是解决不了的"。我不会去回应这样的评论，所以在我们解决所有问题、取得成果之前，整个过程其实是很艰辛的。

到底有多艰辛呢？

最初那5年，我身体不是很好。由于精神持续紧张，压力过大，我几乎每天都感到头晕目眩，当时我的身心状况并不好，对我来说那是一段很艰难的日子。

是什么让您坚持到现在？

我希望，我也相信我们所做的事情终有一天会变得有意义。当生活把我们带到一个地方，让我们有机会做有意义的事情，这便成了我们的一种特权，对此我们不可掉以轻心。我早就预测过光遗传学有朝一日会成为一门重要学科，这是一种对于可能发生的事情应该肩负的责任，这种责任让我整整5年都倍感压力，在这5年里，我把光遗传学研究当作我的使命，把它看作生活已经为我铺好的路。

当您所做的一切终于开始有起色时，您是否经历过"恍然大悟"的惊喜时刻呢？

我印象最深的是2007年。当时我实验室里的一名博士生做了一个实验：他把一个DNA片段放在小鼠大脑的对应位置（控制运动的位置）上。当我们打开灯，小鼠就会运动；当我们把灯关掉，小鼠就不动了。这简直太不可思议了。从这个实验可以看出，我们能够借助光和植入的DNA片段精准控制一只哺乳动物的行为。与此同时，这个实验也打消了其他人的疑问和顾虑。

神经科学最让您着迷的地方是什么？

从某种程度上讲，科学是深入了解一切事物的根源，包括文学、艺术、历史、法律，神经科学尤其如此。我们已经认识到了神经科学对计算机科学的意义，目前所谓的"深度学习"革命和机器学习革命都源自神经科学。神经科学已经改变了我们生活的方方面面。

您对那些正在考虑从事科研工作的年轻人有什么建议吗？

对人脑和神经科学的发展感兴趣，是一件好事，但我要鼓励年轻人学会承担更多风险。从事高风险工作会让人觉得很自由。如果我们不期待某件事应该有什么样的结果，或者不期待某件事在一定时间内应该有多大成效，那我们就会轻松很多。如果我们做一些可以预见结果的事情，我们的压力会更大，因为我们总是会急于求成。

这些年轻人应该具备什么样的思考方式呢？

最重要的是要注意休息，工作不要太过辛苦；要定期调整自己，每天都要腾出时间来认真思考。紧急情况总是不可避免的，但每天都要留出至少1个小时的时间，对事情进行深度钻研，这一点非常重要。

什么情况最适合您思考？

我需要一个非常安静的环境，最好是一个没有窗户的房间，在这样的环境里，我的身心可以平静下来。这个房间不一定得是黑暗的，但如果房间里的东西都不会发生变化就最好不过了。这个时候我会进入一种冥想状态，在这种状态下，我可以集中精力，深入思考问题。

再谈谈自我封闭吧，您年轻的时候是个我行我素的人吗？

是的，我是这样的人。我有点内向，其实很多科学家年轻的时候都不怎么受欢迎，我也不例外。我是我们班最矮的，也是年纪最小的，我比其他人小两岁，渐渐地，我成了班里的边缘人物，这很可能就是我不随大流的主要原因吧。

您有没有过随大流的经历呢？

如果我是一名医生，那我不应该一直不随大流，因为病人还是希望得到常规的护理。作为一名医生，我会随大流，但当我以其他身份出现的时候，我就不随大流了。

您认为我行我素的人会成为更出色的科学家吗？

做一名科学家有时候就意味着做一个我行我素的怪人。如果科学等同于新发现，那就意味着我们要把已有的规则都抛诸脑后，我们必须习惯这一点，所以我们有必要对现行的规则和目前的知识水平感到适度不满。

您想对大家说些什么？

我想说我们正生活在一个独一无二的时代里，我们正处在发现世界、发现自我的过程中。机不可失，时不再来,况且这样的发现有着深远的意义。身处我们这个时代的人都应该为科学的新发现而感到兴奋,因为这些发现会永远影响人类的命运,我们应该去挖掘隐藏在这些发现背后的那些令人振奋的美好事物。

◆ **"每天都要留出至少 1 个小时的时间,对事情进行深度钻研。"**

彼得·泽贝格尔（Peter Seeberger）

[德] 彼得·泽贝格尔（Peter Seeberger）

化　学

- 化学教授、波茨坦马克斯 – 普朗克胶体和界面研究所所长
- 曾获 2007 年科尔伯欧洲科学奖

◆ "我这辈子都是个争强好胜的人。"

泽贝格尔教授，您能不能跟我们说说，您是怎么成为一名著名的杰出科学家的呢？

我对自己不太满意，总觉得我做的研究还不够。和我这样的人一起生活很难，我内心总是有特别大的压力。我认为发表过多少文章、拿过多少奖都不重要，重要的是我们接下来要做的事。这种对自我的不满就是我的动力。

请您简单介绍一下您正在研究的内容吧。

我正在研究用化学方法制糖，但这里的糖指的不是咖啡中的糖，而是一种复杂的糖，我们称之为多糖。世界上 60% 的生物质❶，如树木和其他植物，都是由多糖组成的。我们身边随处可见多糖的踪影，人体细胞的细胞膜、细菌和其他病原体上都有多糖。

您正在想办法复制疟疾病原体的糖分子，用以生产预防疟疾的疫苗，是吗？

生产疟疾疫苗只是我们的目标之一。如今德国已经有 3 种糖类疫苗，我们希望将这些疫苗用在所有新生儿身上。疫苗的作用机制是向人体的免疫系统暴露出一个病原体表面的分子，当人体免疫系统发现这个分子时，它就会破坏附着在分子上的所有东西，也就是病原体。我们只是把糖作为病原体的识别标志。目前已有的疫苗都是用分离出来的糖制成的，也就是说首先要培养细菌，然后从细菌身上获取糖，再将其制成疫苗。这是一个极其漫长

---

❶ 生物质是指通过光合作用而形成的各种有机体，包括所有的动植物和微生物。——编者注

的过程，在某些情况下甚至需要超过 20 年的时间，而我的团队首次成功运用化学方法快速实现了糖分子的复制。

您为什么会想到研究糖呢？

目前一共有 3 大类生物聚合物，即核酸、蛋白质和糖。核酸和蛋白质已经有人研究过了，所以我选择研究糖。布鲁斯·梅里菲尔德（Bruce Merrifield）针对蛋白质做出了极具变革性的研究成果，因此获得 1984 年诺贝尔化学奖。我读博士的时候就在想：研究糖肯定也可以拿诺贝尔奖，所以我开始研究糖的合成方法，但所有人都认为这不可能做到。我们一共 5 个人，盯着一个糖分子研究了整整两年，然后我意识到，这样做是行不通的。后来我想到一个点子，也就是把蛋白质和 DNA 的研究方法与糖的研究相结合，最终实现糖的自动合成。3 年后，在担任麻省理工学院教授的第一个任期内，我成功实现了糖的自动合成。

◆ "在说英语的国家待一段时间很有必要。"

您在德国读本科，在美国读博士。您认为作为一名科学家，拥有海外留学经历很重要吗？

在说英语的国家待一段时间很有必要。只有跳出原来的生活环境，才能看到德国体制的优缺点。科学具有全球性，与大型研究所建立联系是接触同行的重要途径，也是与竞争对手接触的重要途径。因此，海外留学经历也是职业生涯中的重要一环。

您曾经说过，您在美国留学的那些年是一段"非常艰难的时光"。

从小学到大学，我的成绩一直很好，还拿过英才奖学金。有一年，全德国共有两位化学家获得了富布赖特奖学金，我是其中之一，所以我知道我并不笨。我在德国读本科时学的是化学，后来去了科罗拉多大学，我最终选择了生物化学专业。我记得第一次考试，我考得最差，有一两门课不及格，不及格的原因之一就是我的英语水平不够好。我原来一直以为，学习科学专业不需要英语。在这之前我从来没有挂过科，我觉得很生气，所以我下定决心发奋努力。那段时间是我有史以来最刻苦的时候，我学到的东西也前所未有得多。

那您肯定比在德国上大学的时候还要刻苦？

在纽约读博士的时候，我的导师每天早上 8 点半就到实验室了。我们经常在实验室里待到凌晨 1 点，一周有 6 天都是如此。不过幸运的是，他是一个虔诚的犹太人，从周五晚上到周六晚上的这段时间他不能工作，要不然可能一周 7 天我都得待在实验室里。但也多亏和他一起搞科研，我才有机会去麻省理工学院当教授。您应该知道，要晋升到更高级别，需要做很多很多事情。

14 年后，您回到了欧洲，去了苏黎世联邦理工学院，这也是一所精英大学。您是不是对美国的环境感到厌烦了呢？

我完全可以想象，如果我这辈子都留在美国会是什么样子，但美国的工作环境要求我全身心投入科研，但有时候全身心投入并不能完全让我感到开心和满足。

您不想为此付出代价是吗？

是的。我想如果欧洲的工作顺利，我就会留下来，但我也很狂妄，我知道我随时可以回美国。刚从美国回来的头两年，我受到的文化冲击还是挺大的。我当时 36 岁，经常穿一身 T 恤和牛仔裤。在苏黎世联邦理工学院，教授一般不会这么穿。我也习惯了深夜和周末加班，但有些同事就无法接受这样的工作时间。我只好学着变得更圆滑一点，做事不能太直接。

您是否也犯过错呢？

我们所有的科研工作都与我们雇用的人有关。化学领域需要高智商人才，也需要注重实践的能干之才。一开始，我只注重他们的科研资历。后来我渐渐意识到，人的素质也很重要。如果太多优秀的科学家，即所谓"A 型人格"的人聚在一起，就很容易出问题。考虑到这一点，我把我们的团队打造成了混合型团队，男女比例均衡，团队成员来自多个国家。一群拥有不同生活背景的人一起工作，成功的概率更大。

那为什么女教授这么少呢？

我带出来的女学生很多，但她们中只有极少数人想要当教授，这一点挺让人惊讶的。我带过一些非常优秀的女博士生，但她们更想去化工企业工作，理由是在大学工作时间长、工资低。只有极少数女性认为这样的工作条件有吸引力。男性可以先当上教授，40 多岁的时候再组建家庭。但是对于女性而言，从生物学角度来说，40 多岁再组建家庭就很难了。

◆ **"我想扮演上帝，想创造前所未有的新分子，我觉得这一点非常吸引我。"**

做科研是为了争做第一人吗？

化学家们经常讨论这样的问题。有人想成为第一个创造分子的人，有人则想把分子造得十分完美，这样在他之后再没有人研究这个东西。竞争是好事，我这辈子都是个争强好胜的人，以前是在体育方面争强好胜，现在是搞科研争强好胜。许多成功的科学家都有很强的胜负欲，有时甚至还有点以自我为中心，有的人会因为爱出风头而遭到别人的批评。我还知道一些事情，这些事情放在任何工业企业都是让人无法接受的，只有科学界的人能接受。

率先在最著名的杂志上发表研究成果不是也很重要吗？

　　某些领域的竞争堪称疯狂。如今，一切只看数据：大家只关注某个人发表了多少篇文章，以及期刊的影响因子是多少，但真正的关注点应该是这个人的研究是不是有意义。

马克斯-普朗克研究所的一位主席说过，科研必须保持竞争性。

　　我认为就目前的情况而言，竞争并不是一件坏事。很明显，博士和博士后都需要面对竞争。在麻省理工学院，只有25%的人能被永久聘用，75%的人会被淘汰，这是一场生存之战，是一场艰苦卓绝的斗争。有的人打着保密的幌子，对别人发表的文章进行匿名评论，但评论的内容却有失偏颇。我完全赞成公平公开的竞争，但对背后捅刀子的行为嗤之以鼻。

《塔木德》（Talmud）一书说过，学者的嫉妒心会促进科学的发展。

　　2007年，我获得了科尔伯欧洲科学奖，这是一个很有分量的奖项。但在获奖后的半年里，我的所有论文都被拒绝了。我估计其他人心里可能在想：他也没那么厉害嘛。我和我的一个同事说过这件事，他告诉我，有一个诺贝尔奖得主在获奖后1年内都没有发表论文。我估计其他人都愤愤不平：我才应该得奖，现在我真想朝他脸上来一拳。话说回来，我现在有一份这么好的工作，我再也不用嫉妒任何人了。

科学家不也是通过他们在圈子里的地位来定义自己的吗？

　　除了自我认知和同事们的看法之外，受人尊重也很重要。获奖、参加专题讲座和受邀参与各种活动都是很有意义的事。谁不喜欢受到高度重视呢？即使只有500个人知道我是一个著名的科学家，也足够了，况且一般来说500个人已经很多了，而名声和威望就是获得成就的巨大动力。

您自愿从苏黎世联邦理工学院转去马克斯-普朗克研究所工作。第二次世界大战后，有24名德国人获得了诺贝尔奖，其中17人来自马克斯-普朗克研究所，所以您在那里可以打破常规、自由思考吗？

　　马克斯-普朗克研究所只聘请高校内部人员，受聘人的年龄普遍较大。等到45岁的时候，能拿诺贝尔奖的科研工作往往早就被别人做完了。我们会拿到一笔经费，但用这笔钱也得过几年才能做出成果。在我看来，这是对我的无条件信任，而这一点至关重要。他们说："我们会给你们拨经费，你们就放开手脚做吧。"马克斯-普朗克研究所给我提供了一个自由思考的空间，我可以打破常规进行思考。而在美国，一分一厘的科研经费都得我自己去争取。我申请的寡糖（属于多糖）自动合成项目遭到拒绝，但其他一些我认为不怎么样的项目却通过了申请，所以我们只能把钱用在有需要的地方。我在美国体验到的挫败感与失意，在来到马克斯－普朗克研究所之后已不复存在了。

成功的化学家必须拥有什么样的思维？

化学家是拥有多重思维的一类人，逻辑思维和空间想象力对于他们而言都很重要。他们必须掌握这样的能力，想象出能诞生于三维空间的分子。读博士后之前，化学家都会自己做实验，这就需要他们培养实践技能。他们每天有90%的时间都待在实验室里合成各种物质，就像搞烹饪一样。而化学实验确实与烹饪有关，因为整个实验包含搅拌、摇晃、净化和分析等步骤。在我个人看来，一边实际操作，一边动脑思考是非常有趣的。

为什么要学习自然科学呢？

之所以要学习自然科学，是因为逻辑思维和对自然界各部分间相互关系的理解可以帮助你在很多领域更好地工作。我想扮演上帝，想创造前所未有的新分子，我觉得这一点非常吸引我。

扮演上帝是一种什么样的感觉？您能描述一下吗？

是一种充满力量的感觉，或者说是一种无所不能的感觉。我们在画板上画出一个分子结构，设想它应该具备哪些性质。如果我们创造出来的分子真的具备这些性质，我们就会欣喜若狂。我记得我们第一次用机器制作出一种寡糖的时候，我们都异常兴奋。遗憾的是，这种快乐的时光总是很短暂，毕竟失败乃科研之常事，所以科学家必须具备强大的抗打击能力。

这么多年来，您几乎没什么私人生活。您什么时候决定要有所改变，甚至不惜牺牲自己的前途和事业？

在我35岁左右的时候，我已经取得了这个年龄所能取得的一切科研成就。在这之前，我不可能有自己的私人生活。现在这样挺好的，我其实很难说出这样的话，可能是因为我太好强了。后来我发现，每当我回顾以前的生活，我并没有满足感，因为我从始至终都在搞科研，甚至搞得有点过头了。好在我现在有了自己的家庭，我的生活更加丰富多彩了。我最终还是成功了，我为自己感到自豪。

您的工作时间是否因为有了家庭而发生改变呢？您现在还是第一个到研究所、最后一个离开研究所的人吗？

现在的情况是这样的，正常工作时间我都在研究所。我先送孩子们去上学，从上午9点开始就待在研究所，我会尽量赶在晚上6点前回家吃晚饭。孩子们晚上8点上床睡觉，然后我又开始工作，一直到晚上

彼得·泽贝格尔（Peter Seeberger）

11点半，但有时也会工作到大半夜甚至更晚。在这段时间里，我不会受到任何干扰。

您会给年轻的科学家们提些什么建议呢？

我认为每个人都应该做自己喜欢做的事情。我的职业生涯初期几乎全被实验工作占满，从我任职教授开始，就有数不清的东西要写。化学属于自然科学，当这类专业的教授本质上就像开一家小公司，我得争取经费、找人合作、申请项目，最后还必须做出点成果。我建议年轻科学家可以多了解一下物理学、化学、数学或生物学，不要过早地把自己限定在一个范围内。我在麻省理工学院的亲身经历就证明了，只要努力钻研就能取得重大成就。对于一个来自弗兰肯（Franken）的人而言，有机会在顶尖院校和高手过招真是太美妙了。如果我们准备开始独立工作，领导多人科研团队，那一定要有信心。除此之外，我们必须始终脚踏实地，保持谦逊，因为自信很容易变成傲慢。虽然在扮演上帝的过程中总是会出现这样或那样的错误，但我们也会不断获得新的感悟。

[德] 斯特凡·黑尔（Stefan Hell）

物理学、生物物理化学

- 哥廷根大学实验物理学教授、哥廷根马克斯－普朗克生物物理化学研究所所长、海德堡马克斯－普朗克医学研究所所长
- 曾获 2014 年诺贝尔化学奖

◆ "我的标准很高，我要求自己必须达到这些标准。"

黑尔教授，您出生在罗马尼亚，是巴纳特施瓦本人。1978 年您 15 岁，搬到了德国。尽管语言不通，但您从一开始就在学校里名列前茅，是什么让您的学习成绩一直遥遥领先呢？

其实并没有语言不通，情况跟您说的恰好相反。正因为我们说的是德语，我们也把自己当成德国人，所以我们才能够在德国开始新的生活，这让我如释重负。突然之间，国家的官方语言不再是一门外语，不再是罗马尼亚语，而变成了我的母语。我并不想成为各个学科的佼佼者，但我的确很想做数学和物理学领域的佼佼者，我可以从中获得自信。在读高一、高二的时候，我的德语成绩是班上最好的，因为我在罗马尼亚上过德语课，老师教得很好。虽然我喜欢踢足球，但我的足球成绩依然是倒数几名，这让我的自尊心很受伤害，不过我的数学成绩和物理成绩给我带来了很大的鼓励和安慰。

您的父母非常重视教育，这是为什么？

这和我们是罗马尼亚的少数民族有关，我们算不上被迫害的少数民族，但算得上是受歧视的少数民族。少数民族要想保留他们的生活方式，就必须坚定维护自己的立场，而维护自身立场的策略之一就是要获得多数人的尊重，所以我父母告诉我，我必须比罗马尼亚人优秀，必须远超他们，这样我才不会被别人忽视。如果我继续留在罗马尼亚，那我一辈子都是少数民族。但是到德国之后，这种情况一两年内就消失了。我的出身不再重要，有时甚至还起到了积极的作用，这主要是因为战后德国到处都是难民和难民子女。我和我父母面临的挑战是必须开启一段新生活，所以我需要接受教育和培训。

您小时候是否经常独来独往？

我当然不是那种孤僻、离群索居的人，但在上司面前，我会比较害羞。我能比大多数人更好地理解因果关系，这始终是我的优势。如果我确信我理解了一些东西，我就会用精辟的话把我的理解说出来，而且非常自信。我觉得我作为一名科学家，能够成功的关键在于我总想抓住事物的本质和精髓，我对各种细节的关注度完全取决于有没有必要这样做。

大学毕业的时候，您第一次遇到了瓶颈。

我可以用一种很浪漫的方式来讲述我与阿贝极限相遇的故事。阿贝极限指的是光学显微镜分辨率的极限，大约是可见光波长的一半。我上大学的时候，觉得显微技术和普通光学技术无异，对它并不感兴趣，真正让我感兴趣的是 19 世纪枯燥无味的物理学。但考虑到我的家庭背景，我只能先把我的兴趣放在一边，选一个能让我以后更容易找到工作的论文题目。我父亲总是担心有一天他会失去工作。最后，我决定写一篇与物理学几乎毫无关系的毕业论文，论文的主要内容是描述如何把一个精密的机械平台安装到一个光学显微镜中。我坚持要写这个选题，但是这个选题和物理学关系不大，我因此吃了不少苦头。之后，我想做一些与物理学相关度更大的事情。但我的博士生导师并没有把我当作一个真正的物理学家，我感觉他把我当成了一名技艺精湛的技工。他让我用光学显微镜检查电脑芯片，这项任务跟物理学没什么关系。我当时心情糟透了，因为我觉得自己对待工作的方式是错误的，我只是为了在社会中寻求安稳。光学显微技术毕竟是 19 世纪老掉牙的物理研究课题之一。迫于无奈，我开始思考针对这个课题是不是还能研究出一些有趣的东西。后来我发现，可能还有一些有趣的东西值得研究一下，例如突破既定的分辨极限。一想到能够解决一些基本问题，甚至有可能创造科学历史，我就有了坚持下去的动力。不知道从什么时候开始，我意识到这个想法尽管在当时看起来很牵强，但它并没有错。

有了这个发现之后您做了些什么呢？

光有突破分辨极限的想法还算不上新发现，但从所选的研究问题能够看出一个人是否具备发现者的资质。我当时还不到 30 岁，年轻气盛，我坚信只要我努力发挥自身的创造力，努力思考，既定的分辨极限一定会被刷新。我曾尝试在德国为这个项目集资，不过失败了，因为我当时还不是一位有影响力的科学家，所以我去了芬兰。那时候，年轻科学家都没有机会独立搞科研。他们必须给有名气的教授们干活，如果家里没什么钱，可以说独立搞科研是非常困难的事情。我跟他们不一样，我有自己的想法，但是除此之外，我一无所有。

您想在《自然》（Nature）或《科学》（Science）杂志上发表论文介绍这一发现，但是当时这些杂志都让您吃了闭门羹。

我知道关于受激发射损耗荧光显微术（STED）的想法很重要，但我也担心这个想法会被人剽窃，所以我把介绍这个想法的文章投给了一个不太知名的期刊。接下来我又做了好几年实验，所获成果其实是值得上《自然》或《科学》杂志的，但他们完全不考虑我付出的这些努力。当我们在推广真正无人涉足的研究新领域时，这种情况时有发生。

您马上申请了专利，因为您认为自己的想法能带来商业利益，所有人都应该知道这是您的想法。

我天真地以为我可以用专利赚钱。我不打算用社保，因为它不够用，我用的是科研基金。我在芬兰过得很简朴，因为一开始我以为我只会在那里待半年。但几周过后，我萌生了发明STED光学显微镜的重要想法。一阵激烈的头脑风暴过后，我觉得我知道一些可能没有人知道的东西，而且我知道的这些东西可能很重要。我信心十足，静下心来思考这个想法。两天过后，虽然有时我还会觉得这个想法可能是错误的，但我没有发现它有任何自相矛盾的地方，一切都顺理成章。将这个想法变为现实是一条充满坎坷的路，好在我最后成功了。此外，我们也应该警惕竞争对手的嫉妒心，那些嫉妒我的人和我的竞争对手都令我感到困扰，但他们也鞭策了我和像我一样的人，我早晚会让他们大吃一惊的！

在您入职哥廷根的马克斯-普朗克研究所之前，您向20所大学投了简历，但都石沉大海。

当时我已经33岁了，芬兰的大学没有多余的奖学金给我。在这种棘手的情况下，我很走运，1996年，哥廷根马克斯-普朗克生物物理化学研究所的所长——来自美国的托马斯·约温（Thomas Jovin）——和他的同事给了我一个机会，但我到了哥廷根之后，仍然有人不信任我。2000年，他们让我另谋出路，但我向德国大学和国外大学提出的申请全都杳无音信。

2001年，您在伦敦国王学院做了一次报告，之后那里的人马上向您抛出了橄榄枝。

这对我来说完全是意外之喜。我收到这个消息的时候正在吃饭，叉子差点从手里掉下去，因为我觉得这不可能。我之前四处求职，却一无所获。他们真的想聘用我吗？那一刻我永生难忘。

◆ "有的同行非常过分，他们说：'不要相信他的数据，他只是在作秀罢了。'"

但您留在了马克斯-普朗克研究所，并从初级研究组组长跃升为研究所所长。

他们想留住我，可能是因为他们认为我真的在做一些有独创性的事情，但我已经做好了离开哥廷根的心理准备，一直都有人建议我这么做，最后很多高校和研究所向我抛出了橄榄枝。哥廷根的天空总是乌云密布，但后来我接受了这样的哥廷根，成为世界上最著名研究所之一的所长。研究所的人跟我说，在这里我完全可以按照自己的想法搞科研。我是一个知道自己想要什么的人，这样的地方对我来说简直就是天堂。

如果是在美国，您就得从头再来，而且那里不会有马克斯-普朗克研究所给予您的保障，毕竟研究所给您提供了终身所长的职位。

在美国，也有竞争对手想阻止我在那里站稳脚跟，他们不想让我的想法在那里生根，但正因为我在美国遭到了别人的阻拦，才让我在美国的那段经历显得尤为重要。我在德国也有类似的经历，但德国马克斯-普朗克研究所主动给我提供了自由科研的空间。当然，我还有非常闹心的故事要讲。有的同行非常过分，他们说："不要相信他的数据，他只是在作秀罢了。"甚至有两个人在教授的不记名评估中说我的数据毫无条理、乱七八糟，说我搞科研是在胡闹。这种事情之所以会发生，很大程度上是因为嫉妒。只有时间才能证明谁是对的，而这是一个漫长的过程……

经过这么多年的奋斗，诺贝尔奖是不是会让您感到满足呢？

奇怪的是并没有。当我意识到我所做的一切变得有意义的时候，我才会真正感到满足。如果我获得成功，不管我怎么做，我的研究成果都会惠及世人，而我是第一个获得这个新发现的人，这的确是无可争议的事实。获得诺贝尔奖之后，我继续研究，希望显微镜实现无法被超越的分子级分辨率。现在的显微镜分辨率是原来的 10 倍。我的愿望不仅仅是改进显微技术，我更想从根本上革新这项技术，我想创造新的科学历史。

您能简单地解释一下您获得诺贝尔奖的原因吗？

以前人们认为，用光学显微镜只能看到直径大于等于 200 纳米的粒子，但我发现，利用荧光显微技术可以让显微镜达到分子级别的分辨率，这对生物医学的发展至关重要。

为什么科学对一个社会来说很重要，科学能做些什么？

人们总是想尽办法改善他们的生活，改善生活的直接结果就是催生出科学，所以科学的脚步是谁也无法阻挡的。每当我获取了新的知识，我能做的事就越多，我就会获得解决问题的能力。只不过今天问题的解决方案可能就会变成明天的问题，一个人的优势可能就是另一个人的劣势，我们必须牢记这一点。而我们无法抑制自己获取知识的欲望，我们总是能找到解决问题的方法。我希望在我之后至少三到五代人都能够一切顺利，好好享受生活。

您是一位科研痴，您的妻子是一名医生，也很忙。在这样的情况下，你们是怎么将 4 个孩子抚养成人的？

我无法想象没有家人的生活。我结婚较晚，38 岁才结婚。我妻子也是个有抱负的人，但我们并不只是为了工作而活。2005 年，老大和老二出生，他们是一对双胞胎。有了孩子以后，我当然不能把全部精力都放在科研上，但我也不希望为了孩子而放弃自己的事业。现在我们一共有 4 个孩子。

您如何满足自己的虚荣心？

我总是自我批评、自我怀疑，所以我并没有所谓的虚荣心。一方面，没有虚荣心让我有底气；另一方面，不爱慕虚荣也阻碍了我。当我有一些不可思议的发现时，我并没有要立刻告诉别人、向别人炫耀的冲动，所以我发表期刊论文的速度很慢，我的标准很高，我要求自己必须达到这些标准，我的标准一直都非常高。

成功的要素是什么？

我们要享受自己的工作，我们要有对成功的渴望，我们也要有天赋，我们必须在某些方面比其他人做得更好、表现得更优秀。比如我喜欢思考问题，我会不停地思考，直到我认为我完全想通了某个问题，说得更准确一点：我会不停地思考某个问题，直到我认为我是所有思考过这个问题的人里理解最透彻的一个，所以我只关注一个问题，也就是关于分辨率的问题。

为什么德国的科研水平落后于美国，也许将来还会落后于中国？

经济实力与科学实力是相关的。20世纪时，美国经济和政治崛起，吸引了很多优秀的科学家，美国投入大量资金用于科研，我们根本无法将美国和德国或者美国和欧洲相提并论。美国的科研圈子非常大，组织井然有序，只要能在那里做出成绩，马上就会闻名世界，中国未来也可能是这样。有了知识优势，就可以做出正确的经济决策和政治决策。中国人已经充分认识到了这一点，并且有了推陈出新的念头。遗憾的是，德国寻求创新的火苗出于多种原因早已熄灭了。

德国的学校教育是不是必须有所改变，才能让德国科研再次赶上其他国家的水平？

这是肯定的。我的4个孩子都在上学，我感觉到过去10—15年的教学水平正在缓慢下降，这是第一个问题。我们需要摆脱意识形态的束缚，让我们的教学适应新的形势，并大规模提升教师职业和学校的重要性。在我看来，第二个问题是：当今世界正处在全球化进程中，许多教师从未体验过全球化时代背景下的竞争，但他们却要教我们的孩子做好面对这个世界的准备。第三个问题是：教师其实只需粗略地讲授或者根本不需要讲授那些权威的知识。如果我没有贯彻思想的工具，那么思想再伟大又有什么用呢？思想在全世界传播的速度越来越快，最后将思想的果实握在手里的人才是赢家。

如果教育体制一团糟，这对未来而言意味着什么？

我担心我们会离不开那些拥有巨大知识优势的人，就像我们曾经依赖没什么文化知识的人一样，这既不"公平"也不"浪漫"。西方民主国家的一个缺点是他们总要等到事情发生以后才采取应对措施，因为通常只有少数人会预先处理问题，而且那些最先发现问题的人一般都会被污名化。当所有人都意识到需要采取行动时，可能为时已晚，有时从事情发生到采取行动甚至要隔好几代人。如果我们不能正确认识到自然和社会中各种事情之间的因果关系，那我们必输无疑，大自然会严厉地惩罚我们，但如果我们能够正确认识到这些因果关系，那么大自然就会是我们最强大的盟友。

[德]安特耶·伯丘斯（Antje Boetius）

海洋研究

- 不来梅大学地质微生物学教授
- 不来梅港阿尔弗雷德－韦格纳研究所所长、不来梅马克斯－普朗克海洋微生物研究所组长
- 曾获2009年戈特弗里德·威廉·莱布尼茨奖

◆ "你得给偶然一个机会，这句话有点像是我的座右铭。"

伯丘斯教授，您喜欢深入海底探索，您为什么对寒冷而黑暗的深海如此感兴趣？

深海是地球上最大的生存空间。只要我们思考一下地球生命诞生的地方，想一想海平面以下无尽延伸的海底，就可以得出这样的结论：地球主要由深海组成。但我们根本不了解深海，所以我从小就下定决心成为一名去往地球内部的宇航员——我要去探索深海。

您的祖父功不可没，他把自己当捕鲸人和海上冒险家的故事讲给您听。他的思想财富和冒险故事给您带来了什么？

他的故事激起了我对航海的热爱。他乘船看世界的故事深深地印在我的脑海里，我也想在大自然里工作，头顶是无尽苍穹，周围是广袤大海。时至今日，我还是喜欢住在视野开阔的地方：我现在住在不来梅的一个旧公寓里，每个房间都能看到威悉河的景色。

您的母亲和外祖母是两位个性坚强的女性，她们告诉您：身为女孩，一切皆有可能。这样的观念在当时的背景下是很不一般的。

的确如此，在我小时候，父母离异的情况并不多，我拼命向身边的同学隐瞒我父母已经离婚的事实。我的外祖母带着4个女儿熬过了战乱，而我的母亲离婚后也独自抚养3个孩子长大成人，所以我从来没有想过有什么事情是女性做不到的。她们一直鼓励我们去实现自己的梦想，鼓励我们勇敢做自己。我之所以从小就立志成为一名海洋科学家，主要是因为我母亲在我很小的时候就教我读书了。小时候我不爱户外运动，到了青春期，我真正成了我行我素的人。我 14 岁时已经读完了世界上一半的文学作品，与海洋和航海有关的所有作品我全都读过了。然后我开始看雅克·库斯托（Jacques Cousteau）、汉斯（Hans）和洛特·哈斯（Lotte Hass）等海洋科学家的电视节目，一边看节目，一边回想我祖父的航海故事。不过奇怪的是，我十几岁的时候就在想：我以后不会生孩子，我也不会一直停留在一个地方。

您大学期间学的是生物学吗？

我只知道我想学海洋生物学，所以我果断决定去汉堡（Hamburg），因为那里有汉堡港和汉堡大学，我觉得其他事情都会水到渠成。我的祖父送给我一句话，让我终身受益：你得给偶然一个机会。这句话有点像是我的座右铭。其实我在中学和大学里学的生物学并没有多有趣，准确地说是无聊透顶。直到我开始担任助理，获得了我的第一次探险机会，才真正点燃了我对生物学的兴趣之火。

您去美国拉霍亚（La Jolla）的斯克里普斯研究所（Scripps Institute）工作一年后大获成功，对您来说这是一种什么样的体验呢？

对我来说，这是至关重要的一步，我再也不用上那些脱离研究、对我毫无用处的本科基础课程，这种感觉就像是中了 1000 次彩票。加利福尼亚州十分开放，那里的大学教授很关心学生，让学生们参与研究。从我去美国的那一年开始，四处奔波就成了我生活的重头戏。

您本来可以留在美国，但您在一次探险活动中遇到了您的伴侣，所以回了德国。

我回德国有两个原因。我想成为一名深海研究员，所以我向一位教授请教，他说世界上研究深海微生物最厉害的地方在不来梅港，海洋微生物学家卡琳·洛赫特（Karin Lochte）在那里工作。起初，我对去不来梅港搞科研并不怎么感兴趣，但在 1992 年的一次旅行中，我爱上了一个船夫，他也来自不来梅港，机缘巧合之下，我决定离开美国，回德国。我和他在一起生活了很长时间，我们现在仍然是挚友。

到目前为止，您已经有过 49 次探险经历，在船上生活的时间将近 30 年。在男性占主导地位的情况下，做女性科研带头人是不是很难？

不难，一点都不难。那里有很多人支持我、关心我，我几乎没遇到过任何问题。当我还在上大学的时候，有一些上了年纪的渔民会问我："你到底想做什么？"我记得有一次，水手们好几天没和我说话，因为我打断了甲板上的工作，还因为工作安全问题把船长叫来了。即便如此，我也不觉得他们没有把我当回事，我反而觉得是他们被冒犯了，因为我没有重视他们的工作。所以在我的航海经历中，从来没有人因为我是女人而不尊重我。但是在科研领域里，的确有这样的情况发生。

您在科研领域里有过很糟心的经历吗？

科学界是一个由男人主宰的世界，过去如此，现在依然如此。我第一次获得成功的时候，那些年长的女科学家们都告诫我不要锋芒毕露。当时我不理解，因为每个人都对我很好，还会帮助我。但后来我就与人发生了争执，争论谁是待发表文章的第一作者，谁是第二作者。我记得有一次，我想到了一个新的点子，已经写好了论文，但老教授们突然让我排在他们后面发表文章，矛盾一触即发，但我当时选择了屈服，那件事还真让我难受了好一阵子。

◆ "我从来没有想过有什么事情是女性做不到的。"

科研领域的竞争形式有时候很奇特，您有没有这样的感觉呢？

除了个别例外，科研领域的竞争其实还是很友好的。我喜欢在想法和创造力上进行公平竞争，这既有趣味性又有挑战性。如果我周围其他人也在研究同样的问题，那我们就具备了良好的沟通基础。我们之间会存在一种竞争关系，但只要有人取得成果，我们就会为对方感到高兴。竞争对手对我的认可会激励我前进，而我也会认可我的竞争对手。我很早之前就开始思考我的底线是什么，我可以在哪里做出让步。航海教会了我清醒和理智，我在日常生活中也努力做一个清醒理智的人，这可能就是别人更愿意认可我的原因。

您曾经说过，您刚起步的时候不得不想尽办法获取成功。

起初，我并不懂得科学中真正重要的东西是什么，也不明白制订详细研究计划的重要性，研究过程指的是从产生想法到发表成果的全过程，每个步骤都需要提前计划。后来我渐渐明白，科研还是应该以有重大意义的新想法为重点，不要做那些微不足道、吃力不讨好的事。但有一点我不明白：为什么很快就能判断出一个人能不能成为顶尖科学家呢？30岁到40岁之间的这个阶段特别重要，一般来说，过了这个阶段就再没有第二次机会了。我年纪很大了，为时已晚，但我还是想办法跨过了这个坎。我第二次读博士后的时候，专注于一个全新的想法和研究课题的变化，这促使我不断前进。

您第一次取得重大成果是在什么时候？

我发现了一种未知的微生物，这种微生物可以消耗海底的甲烷，这是我的第一个重大发现。如果沼气（主要成分为甲烷）只通过海洋进入大气中，那地球将会是另一副模样。如果这些微生物不是生活在海底，它们主要消耗的不是这种危害性较强的温室气体，那结果也会完全不同。我写了一篇论文介绍这种微生物，这篇论文的引用率现在仍然非常高。

◆ "我渐渐明白，科研还是应该以有重大意义的新想法为重点，不要做那些微不足道、吃力不讨好的事。"

为什么您会多次改变自己的研究领域呢？

在同一个领域研究几年之后我总是会感到无聊和厌倦，我就会想要开始新的研究。目前，微生物学的一大谜题主要与分子的变化过程有关。而我更像一个生态系统的研究者，我的大脑就是为研究生态系统而生的。我当时打算从微生物学研究转向深海研究，以了解气候变化及其对深海的影响。我一直活跃在深海研究领域，同时我也涉足其他领域，主要是极地研究。每 5—8 年我就会更换自己的研究领域，我现在正在从事气候变化研究。

您 1993 年坐破冰船去北极的时候，北冰洋的冰层还有 3 到 4 米厚，但现在冰层只有 1 米厚了。

极地环境变化如此之快，以致海冰和北冰洋深处的生命都受到了影响。随着海冰变薄，光照增多，海冰藻类在春天生长的速度最快，但在夏天，海冰融化时，许多物种还是无法适应栖息地的巨大变化。2012 年，我们遇上了有记录以来规模最大的融冰期，我们眼看着冰藻下沉到深海中，但是几乎没有动物以下沉到北冰洋水底的冰藻为食，因为很多深海动物高度依赖其原有的能量来源。因此，气候变化也在改变深海生物的生活，这一发现极其重要，而且引用率很高，我真的深感震惊。可是很遗憾，从科学的角度来看，我们保护这个熟悉的地球的希望越来越渺茫。如果我们不在短期内停止排放二氧化碳，那么预计 2040 年左右，北极将迎来第一个无冰的夏天。这一天已经离我们不远了，但我们却表现得好像什么事都不会发生一样。

自然科学家的呼声还不够大吗？

我们的呼声已经很大了。我们的报告已经告诉大家，人类已经排放出多少二氧化碳，而我们还能承受多少二氧化碳的排放量；我们告诉大家哪些栖息地和物种正在遭受威胁。我们已经从各个层面向公众和政治家发出呼吁，要求他们在 10 年内完成一项复杂的任务，也就是改变我们的能源系统。这不仅仅是德国的目标，也是世界各国的目标。改变能源系统意味着要进行一场大规模的变革，因为全球 75% 的能源都来自化石燃料。不过我一直都很乐观，我认为我们现在还没到绝境。实现上述目标，需要多种解

安特耶·伯丘斯（Antje Boetius）

决方案。方案之一就是对二氧化碳定价，让可再生能源比化石燃料便宜得多，这是一个可以快速推进的方案。

您正在努力解决的另一个问题是导致海洋污染的塑料垃圾。
　　在北海，甚至是北冰洋，每一只搁浅的海豚、每一只死亡的海豹和海鸟，它们肚子里全是塑料垃圾，这简直就是一场又一场的灾难。我们不能以这种方式对待自然啊！合理解决这个问题的方案之一是利用可降解材料生产一次性物品，不要用那些能在大海里漂浮数百年的材料。我们需要简单而快速的解决方案。科学界应该与政界和社会各界展开更直接的系统性合作，只可惜现在还没有这样的合作平台。

那政治家们应该怎么做呢？
　　他们必须建立一套规则和秩序，让民众认识到自然和环境对人类长期福祉的价值和意义。留给我们的时间不多了：大气层中的二氧化碳不断增多，在真正的全球性大问题出现之前，我们还有 10—15 年时间。所以我们要利用法律、规则和价格更好地保护气候、保护自然，与此同时，我们也要考虑到社会正义。

您想对大家说些什么？
　　大家醒醒吧，看看这个世界！思考起来，行动起来吧！

您浑身上下都散发着乐观精神，那您是否有过危机感呢？
　　有时事情进展太慢会让我感到很不安。此外，愚蠢和仇恨也会让我不安。不安的时候，我就问自己：我们生活在一个什么样的世界里？一切应该如何继续下去？但我也一再告诉自己，我必须积极主动、行动起来，我需要花时间和精力才能有所成就，所以我不允许自己悲观。

您会用哪三个词来描述自己的个性呢？
　　聪明、敏捷、开朗。

您经常出现在电视和报纸上，也是各种委员会的常客。您的同事会不会很反感呢？
　　我得到的往往都是鼓励和表扬，因为我不但代表了科学，而且我的态度非常明确。有些人可能认为我花在电视和报纸上的时间比花在研究上的时间多，但凡是看过我个人简介、发表的文章和拿过的奖项的人，都不会说我没搞研究，不会说我没有创造力。我研究的领域——极地研究和海洋研究都需要进行大量的沟通和交流。我认为我得时刻出现在大家面前，但我也总是希望拥有更多安静的隐私空间，好让我可以做更多、更好的研究。

年轻人为什么要学习科学？

科学是一种需要不断学习新事物、探索和跨越知识界限的工作。从根本上来说，科学家要永远做个孩子，因为每个孩子出生时都带着对世界的好奇心，有一颗渴望被填满、渴望学习和探索的大脑。作为一名科学家，我可以永远保持这样的态度。

您对社会的贡献是什么？

深海科学家和极地科学家非常少。我们正在改变许多栖息地，同时我们也正在失去这些栖息地。我们借助深海和极地作用的相关知识才有了今天的所有发现，所以我通过我的研究和交流来传递知识的本质。

◆ "大家醒醒吧，看看这个世界！思考起来，行动起来吧！"

[美]托马斯·聚德霍夫（Thomas Südhof）

神经生物学

- 斯坦福大学医学院分子与细胞生理学教授
- 曾获 2013 年诺贝尔生理学或医学奖

◆ "科学最大的问题就是它太受制于潮流了。"

聚德霍夫教授，您年轻的时候很叛逆，认为自由最重要。您这种不愿适应周围环境的个性从何而来？

如果说我生性如此，听起来好像很酷，但我并不确定我是不是天生就这样。小时候，没有任何迹象表明我的适应能力比别人差，但我在集体中永远无法感到自在舒适。我完全能够理解为什么有的人喜欢和别人待在一起，因为我们大多数时候都在与人沟通和交流。我们习惯了和别人达成一致，但我并不是特别认同这样的做法。

您很享受在华德福学校所接受的教育。当年的教育对现在的您还有多大影响呢？

我的老师们思想非常独立，他们不会盲目跟从某种思想。我喜欢依靠自己的力量把事情想清楚，喜欢自己决定赞成或否定某件事，老师们都理解我的这种做法，我也因此受益匪浅。起决定作用的其实不是华德福学校本身，而是那里的老师让我建立起了自己的思想世界。

有两位女性影响了您的生活，一位是您的外祖母，一位是您的母亲。您父亲去世后，您母亲独自挑起了照顾孩子的生活重担。

我母亲对我的影响是多方面的。她非常内向、非常矜持，但她有着非常坚定的价值观。我和她一样，从来都不会单纯为了金钱名利而工作。我的外祖母是一个坚强的女人，她很不一般，她比我母亲更健谈，

我从她身上学到了很多关于精神生活和文化的知识。

您小时候拉过小提琴、吹过巴松管，您曾说您从音乐里学到的东西比从学校学到的多。

我对音乐一直有好感，这是我的一种本能。我很想成为一名音乐家，但我就是没有足够的天赋。音乐教会了我，只有凭借一定的技能才能获得创造力，科研也是如此。搞音乐就要学习一种乐器，这意味着你要进行大量的练习。而搞科研就意味着我得了解物质、大量阅读、钻研和实验。

您 14 岁时搭便车游遍欧洲，您为什么想一直在路上呢？

主要是因为我的好奇心吧，可能还有一点点逆反心理。我想看看这个世界，想做个独立的人。如果把这一切都归咎于我的家庭，归咎于我父母过于忙碌，这并不是很公平，但他们的确没把太多注意力放在我身上。那时他们甚至没有注意到我已经魂不守舍了，我无法想象如果我的孩子也是这样我该怎么办。

◆ **"对我来说，智力不如专注力和精力重要。"**

高中毕业后，您仍然在不断探寻，您到底想做什么呢？

我当时决定学医，不是因为我父母是医生，而是因为我认为学医是各种教育途径中的最佳选择。我并不觉得做一名医生是我的使命，也不认为医生就是我的未来，但它的确是一门令人满意的职业。我写完博士论文后去了得克萨斯州，原打算过几年回德国，去一家大学医院完成专科医生培训，直到 1986 年，我决定不再继续从医。我觉得科研是一项巨大且有意义的挑战，我可以在这方面有所作为。

您在得克萨斯州有自己的实验室，您的同事尼尔斯·布罗泽（Nils Brose）也是博士后，他说他以前每天工作 12 个小时，周末也要工作，而您几乎是全天工作，您到底有没有睡觉啊？

我现在的工作时间依然很长，但我不认为这是一种负担，我把它当作我生活的一部分。工作往往是一个有负面含义的概念，但从多个方面来看，我都认为我的工作是一种馈赠。我的工作很有趣，我喜欢工作，在我看来，我的工作并没有比其他人多多少。

您的科研方式是怎样的？

我的很大一部分工作是坐在办公室里处理信息，把别人已经研究过的东西与我的数据进行对比，想办法解释所有的数据，并把这些数据融为一体。除此之外，我经常以小组或者一对一的形式与人交谈，这也是我工作的一部分。当然，我的工作也有不好的地方，那就是官僚主义，官僚主义规定太多已经成了一个大问题。此外，我必须想方设法从别的地方获取科研经费，这实在是太艰难了，甚至有些荒谬可笑，而且情况还越来越糟。

您曾经说，在您认为正确的事情和别人认为正确的事情之间很难找到平衡。

这个问题也可以换一种说法：我们生而为人，永远无法真正恰当地评判自己。我们天生就无法客观地看待自己，要么高估自己，要么低估自己，因此我们需要与同事和家人进行沟通，获得他们的反馈。没有反馈，我们就不知道该如何评价自己。可是身处社会中，我们所有人都会受到某些潮流或趋势的影响，而它们总与现实不符。科学最大的问题就是它太受制于潮流，所以经常会出现这样的情况：所有科学家都做一样的实验，得到的都是一样的结论。

您是如何找到自己要走的路的？

对我来说，智力不如专注力和精力重要。在美国的时候，我明白了靠自己的想法来获取成功是一件多么困难的事，有时可能需要很长一段时间才能看到积极的成果。我很幸运，因为很多人最后都放弃了。有了自己的实验室之后，我想的是怎样做出重大发现，发现一些别人没有做过的新东西，一些可以帮助我们进一步了解大脑的东西。就这样，我一直走到了今天。

◆ **"我认为目前最大的危机是，某些利己主义的人或国家为了实现他们自私的目标而故意无视、歪曲或否认事实。"**

您能简单讲一讲您为什么会在 2013 年获得诺贝尔奖吗？

大脑中有数不清的神经细胞一直在进行通信。每个神经细胞同时是多个神经网络的一部分，而神经细胞之间的通信部位也在不断变化，这些通信部位被称为突触，一个神经细胞正是通过突触向另一个神经细胞传递信息。信息传递速度必须极快，因为大脑必须极其迅速地处理大量信息。信息传递速度之快曾经是一大谜题，突触处的化学递质帮助实现信息的传递，这些化学递质由突触前膜释放并被突触后膜识别。我之所以获得诺贝尔奖，是因为我的研究解释了突触前神经细胞如何在信号传来时迅速而准确地释放递质，原因是突触前神经细胞中的电信号转换成了细胞内的钙信号，这一过程会激活一个特定的蛋白质机器，然后释放化学递质。化学递质的释放是通过突触小泡的融合实现的，突触小泡是含有化学递质的小泡，能与突触前膜融合。我阐释了上述整个过程的机制，这就是我的贡献。

您刚开始做研究的时候，这是不是一个没多少人研究的领域？

当时，人们完全不清楚突触这个位置究竟发生了什么。我决定继续研究这个问题，因为我认为这些问题是可以得到解答的。如今，人们总是要求科学家研究那些直接解释疾病原理，或者能够立即让人了解功能的事物。本质上来说这样的要求令人敬佩，但如果不了解基本的系统属性，也就是系统的各个组成部分，就无法对疾病和功能进行研究。我的第一个研究目标只是描述突触前神经细胞。当时，这个研究目标受到了别人的批评，因为他们认为这样的研究完全是描述性的，并不能直接促进人们对突触的了解。科学研究往往得不到支持，因为科研成果不能迅速得到应用，也无法让人快速认识到事物的功能。如果科研得不到支持，那我们永远无法获取真正的结果。阿尔茨海默症就是一个很好的例子，几十年来，该病症的研究重点始终是尽可能快而直接地找到治疗方法，但这些研究全都建立在对疾病本身不完全了解的基础上。经过几十年的研究，耗资数十亿元，最后什么都没有研究出来。

您现在在研究什么？

目前，我主要关注神经细胞之间的突触是如何形成的，弄清楚这一点对许多疾病的医治都有重要意义，但疾病问题不是我的首要关注点。在大脑发育过程中，神经细胞逐渐形成，彼此连接起来，形成相互交织的巨大网络，神经细胞之间由突触进行连接。从出生到死亡，突触不断重组，神经网络也随之不断重组。我很好奇为什么会发生这种情况，也好奇突触到底是如何形成的。

在德国，人们非常重视 H 指数❶，重视论文引用次数，而在美国，人们更看重专利数量。您如何看待这种科研评价指标的差异？

的确，在美国，论文的引用次数和 H 指数不那么重要，但专利对学术界来说也仅仅处于次要地位。发论文固然重要，但在美国，人们最看重的是科学家是真正用心在做研究，而不是做给别人看的。我认为科研行业已经遇到了危机，因为传统的通信方式和出版业已经起不到什么作用，编辑的权力实在太大了。有许多文章发表后被证明完全是错误的，但这些文章从未被撤回。现有的体系太商业化了，我们需要一个新的体系。

您如何应对持续的压力，又如何随时随地与人保持联系？

这很难做到。我几乎从不打电话，我觉得发邮件是最让人糟心的事情，因为我白天必须处理很多很多邮件。晚上问题不大，因为我会直接关掉电脑和手机，不过有时我也会忍不住开机，还是想看看是不是收到了重要邮件，但过了某个时间点，我就尽量什么都不做了。

---

❶ H 指数又称 H 因子（H-factor），是一种评价学术成就的新方法。H 代表"高引用次数"（high citations）。——原注

您刚出生时，您父亲在美国，他通过电报得知了这一消息。在您科研事业的巅峰期，您也是一位经常缺席的父亲吗？

我缺席的次数实在太多了，但我总会想办法和孩子们一起做很多事情。我和第一任妻子的孩子现在已经长大成人了。我的第二任妻子也是一名教授，我和她商量好，每天早上7点半由我开车送孩子们去上学。如果我有空，我也会接他们放学。我每天晚上6点，最晚6点半回家，和家人共进晚餐。然后我负责哄孩子们睡觉，给他们读书或者讲故事。有时我还会再工作1个小时，然后上床睡觉，这就是我每天的时间安排。

您得到了霍华德·休斯医学研究所的资助。即便您是诺贝尔奖得主，也需要每5年参加一次资助资格考试，对此，您有什么感受？

我很紧张，这是我一生中必做的最辛苦的事情之一，因为这些考试给我带来的压力非常大。我得为考试做准备，去研究所参加考试并努力取得好成绩。在美国，我和其他人没什么两样，都得参加考试，我认为这是正确的做法。我必须向他们证明我有资格得到资助。我是一名教授，这个头衔也为我提供了一些社会保障，而我需要这些保障，因为我有3个孩子，就算我不愿意，我也得一直工作。

年轻人为什么要学习科学？

科学对于理解基本事物起着至关重要的作用，比如汽车是如何行驶的，心脏是如何运转的，我们的世界是如何构建的。科学涉及生活的各个领域，从工程师和医生到政治家和律师等，我们每个人都应该接受最基本的科学教育。当然，成为科学家是另一回事，它需要我们对发现某些东西真正感兴趣。我就很感兴趣，不仅自己发现了一些东西，还了解了别人的发现。每当我有了真正的发现，我就会非常开心。

您在生活中有没有遇到过危机？

我之前试着去解决一个科学问题，但我就是解决不了，我觉得非常沮丧。除此之外，这么多年来，我一直没有被人认可，而其他人早就得到了认可，但在我看来，这些人的成就要比我低得多，我觉得自己遭到了歧视。不过我从中吸取了教训：担心这种事情是没有任何意义的，因为最终所有的事情，比如能不能获奖不光取决于成就，还取决于运气，政策也会起到一点点作用。就连我获得诺贝尔奖这件事，我也觉得是一种运气，还有一些人也应该拿这个奖。

您想对大家说些什么？

我最在意的是，人们就什么是真正的事实能够达成一致，并依据事实采取行动。科学真理从未被完全定义，但既然被定义了，它就不是相对的，它就是它本身。如果我们摒弃这一点，那我们就摒弃了我们的欧洲文化。我认为目前最大的危机是，某些利己主义的人或国家为了实现他们自私的目标而故意无视、歪曲或否认事实。这与政治无关，纯粹是一种意识形态。任何人都不应该随意地玩弄事实、否认事实，只因为他们认为这样做可能有好处。

为了建设更美好的未来，科学应该在社会中发挥什么作用？
　　科学必须是客观的，这意味着科学家必须为了真理而放下个人的需求和野心。作为科学家，我们犯了太多的错误，没有尽到我们的责任。科学界的腐败现象也比以往更多。我们必须做得更好，向公众证明什么事情真的有可能发生，而不应该为了争取更多的科研资金，许下毫无根据的承诺。

[以]戴维·阿夫尼尔（David Avnir）

化 学

- 耶路撒冷希伯来大学化学系荣誉退休教授

◆ "每当我们度过了成功的一天，我们可能就改变了这个世界。"

阿夫尼尔教授，您为什么选择学习一门科学专业呢？

我生来就是科学家。我3岁的时候，以色列的食物都是定量供应的。我家里养了一只母鸡，它每天都会下一个蛋，我的任务就是把鸡蛋给吃掉。我知道这只鸡关系到全家人的温饱，所以我拔了一根鸡毛，把它种在土里，给它浇水，希望它长出另一只鸡来。这就是我的第一个科学实验，虽然以失败告终，但它给我上了重要的一课。12岁那年，我用旧眼镜做了一副望远镜，用它来观测天空。我发现木星周围有3个小点，它们都是木星的卫星，后来我才知道伽利略·伽利雷（Galileo Galilei）早在几百年前就已经发现了这个现象。我很清楚，我喜欢搞科研，而且是发自内心的喜欢。

科学家需要什么样的思维结构呢？

科学家需要渴望了解自身所处环境的好奇心，这种好奇心必须极其强烈，永不枯竭；此外，科学家需要终身学习的热情。一方面，科学家肯定是体制的一部分，这就要求他们必须具备扎实的专业背景知识；另一方面，科学家应该跳出已有的条条框框进行思考，产生属于他们自己的想法。科学家不能害怕失败，因为科研就是一个由实验与失败组成的不断循环的过程。如果没有做好心理准备面对做10次实验失败9次的情况，那最好不要踏入科研这个圈子，失败是科学进步的必经之路。一个木匠每天制作一把椅子，等到一天结束后，木匠感到很幸福，因为他有所成就。可是搞科研很有可能每天都以失败告终，一眨眼几个月就过去了，直到有一天终于获得成功。科学家必须拥有异于常人的韧性和应变能力，别人都用这样的词来形容我。

◆ "在某个瞬间突然迸发出来的想法是很浪漫的,搞科研就像是攀登珠穆朗玛峰。"

《塔木德》(Talmud)一书提到终身学习的理念,这种理念是否值得科学家学习呢?
我认为终身学习、终身思辨、质疑一切的文化理念是很多犹太人在科学界取得成功的主要原因之一。辩论一直都是一种积极正面的活动,益处很多,通过辩论可以准确阐明或者否决某种想法。

您还记不记得某个取得重大突破的时刻?
在某个瞬间突然迸发出来的想法是很浪漫的,搞科研就像是攀登珠穆朗玛峰,我们一步一步缓慢前进,最终到达顶峰,整个过程中没有捷径,也没有任何东西会从天而降。科研就像是一片迷雾,但它会渐渐消散,我们慢慢能够看到科研成果已初具雏形。有时候我们会半夜惊醒,突然想到某个问题的答案,但这算不上是完整的发现,也不能说是完全错误,只能说是我们的认知又前进了一小步。实现目标的过程比实现目标这个结果要重要得多,这个过程中我们会享受到很多乐趣,也会遇到很多令人满足的瞬间,这些都是推动我们前进的动力。

诚如您所描述的那样,做一名科学家好像并不是特别吸引人。
但是当我们取得成功的时候,我们就是佼佼者!每当我们度过了成功的一天,我们可能就改变了这个世界,还有什么能比这更诱人呢?还有什么能比造福他人的科学发现更令人满足呢?科研应该是社会上最为先进的工作了。不过,如果是为了飞黄腾达而搞科研,那纯粹是在浪费宝贵的生命。搞科研绝不意味着飞黄腾达,科研需要全身心地投入与奉献。每天一早,我就到办公室工作,直到我累了干不动为止,我是发自内心愿意这样做。还有件事别忘了,搞科研的人要拿到科研经费,必须能说会道,擅长说服别人。拿到科研经费是很不容易的一件事,所以我们一直想着要努力做研究,就算我们不刻意去想,我们的大脑也会一直提醒我们要不断做研究。科研就是一个永远没有结尾的故事。

您痴迷于自己的科研工作吗?
不,我的座右铭是:探索科学的边界,乐在其中。不过我并不痴迷于我的工作,这只是我的生活方式之一。痴迷于科研是很危险的,它会让人丧失辨别真相的能力,会让人误入歧途。如果您遇到了一位痴迷于科研的科学家，那他说的每句话您都得反复查证。

我听说很多已经发表的论文都包含伪造的科研成果。

这种现象已经屡见不鲜，生命科学领域尤其如此。有的科学家禁不住诱惑，发表了伪造的科研成果，因为在他们看来，诺贝尔奖好像"唾手可得"。遇到一个重要的观点，很多科研团队都会不断实验、反复求证，如果观点错误，就不会有人再引用这个观点，慢慢地，这个观点就会消失。科学界的观点就是以这种方式进行更迭。

您为社会提供了什么新知识呢？

举个例子：我研究的重要课题之一是生物分子与非生物分子的结合。我们现在已知的分子有将近400万种，其中绝大部分都来自生物，药物、添加剂、合成材料、纺织物等其他材料都属于这类分子，另一小部分分子则来自非生物，玻璃和陶瓷材料属于这类分子。我想把这两种分子结合在一起，创造出具有新特征的新物质。我们遇到的第一个问题是：如何在制造玻璃的过程中把这两种分子结合起来，并且保证高温不会破坏生物分子。我们采用了一种工艺，在室温下成功制造出玻璃，室温接近于合成材料工业制造所采用的温度范围。我们现在制造出来的玻璃已经具有生物分子的大部分性质。

您可以举个例子吗？

比如我们生产的痤疮药。现有痤疮药的问题是它们对皮肤的刺激性大，易引起皮肤红疹。针对这种情况，我们生产出了一种有机分子药物，药物外面涂有一层薄薄的玻璃。用药时，分子与玻璃涂层慢慢分离，随后进入皮肤，这种药将成为市面上第一款不会引起皮疹的痤疮药。目前，多家医院正在测试这款药，预计会在一到两年内上市。我发表第一篇有关生物与无生命物质结合的论文时，主编问我："这篇论文提及的成果有什么用呢？"当时我还很年轻，所以我坚决拒绝回答这个问题。科学的主要任务应该是创造新知识，而不是问这些新知识可能有什么用，因为每种新的想法都有得到应用的可能，比如我刚才说的痤疮治疗药。

◆ **"我认为终身学习、终身思辨、质疑一切的文化理念是很多犹太人在科学界取得成功的原因之一。"**

您能不能举一些应用想法的实例来说明科研需要投入好几百万的原因呢？

有一个很经典的问题：科研进行到最后，有百分之几的付出能转化成市面上有用的东西？答案是5%，我认为这已经很多了。因为科研就是一座金字塔：我们创造出很多知识作为塔基，越往上走越窄，最终制造出一种有用的产品。例如，有一种医学活性药物叫三环类抗抑郁药。我们最初的基础理论研究主要集中在具有三环化学结构的分子上，成功制造出这种分子后，我们对其潜在的医疗效果进行测试，根据测试结果开发出抗抑郁药。我们需要进行大量的基础理论研究，但我们拒绝回答类似"这些成果有什么用？"的问题。我知道，要让纳税人了解基础理论研究是很困难的一件事。只要想法有得到应用的可能，有责任心的科学家就应该朝着相应的方向进行科学研究，只不过这是一个漫长的过程。我们耗费了20年时间，才将我们的基础理论研究成果应用于一种产品。化学的发展是特别特别慢的。

论文的引用次数就相当于学术界的人民币，您的论文多久被引用一次？

到目前为止，大概有35000次了。我觉得这样的认可对我来说很重要，因为这就意味着有人关注我，我不是孤身一人在黑暗中摸索。而奖项是另一种认可，其实以前根本没有科学奖项，就连诺贝尔奖也没有的时候，我反而很高兴。不是因为没有人配得上诺贝尔奖，恰恰相反，很多人都值得拿一个诺贝尔奖，他们对获奖作出的贡献并不小，但都空手而归。我所有的研究都是和大学生以及博士后一起做的，我们一起发表论文，遵守同一个标准，也就是每篇论文作者署名的顺序标准。出力最多的人就在最前面署名，团队负责人一般在最后面署名，中间就写团队其他成员的名字，所以几年前我曾建议威利学术出版商删去作者的姓名，我认为是谁发现了新知识并不重要，但是威利出版商婉拒了我的建议，他们认为科学家应该在自己发表的论文后面署名，如果论文出错，那写文章的人就应该承担相应的责任，这种说法听起来倒也很合理。

学术界一直都是一个男性主导的世界，您实验室里的情况如何？

进入博士后阶段，男女比例差不多是1∶1。拥有较高学术职称的女性占比逐渐减小，我认为人们对于女性的认知是完全错误的，这是学术界女性所面临的阻碍之一。人们对于女性的期待还和以前一样，希望她们抚养孩子，但这对女性不公平。我当上化学研究所的所长之后，曾想办法改变这种情况。我带了两个很优秀的女学生，想留用她们，但她们最后仍然决定离开，她们不想浪费时间，因为成为一名出色的科学家需要无穷无尽的时间。我们的研究所有一条新规定：下午3点以后禁止上课。3点过后，大家就可以回家照顾孩子了。我们现在也在想办法改变这种男多女少的局面，但是距离机会平等的目标还有很长一段路要走。如果女性的另一半能够给予她们更多支持，并且放弃他们的一部分事业，那么女性能够取得更瞩目的学术成就。我妻子决定，在我们结婚的头13年里，她就待在家里，而我努力工作，努力搞科研，几乎不知疲倦。尽管如此，我下午四五点就会回家，我想多陪陪孩子。如果我在家里工作，我的房门一直是开着的，从来不关。

您这一生几乎都是在以色列度过的。您出生在一个寺庙里，施泰因加腾（Steingarten）是您的家族姓氏，2017年，这个故事被大众熟知，您能跟我们讲讲这个故事吗？

德语"施泰因加腾"翻译成希伯来语就是阿夫尼尔，我出生在慕尼黑圣奥蒂利安本笃会修道院，战后

戴维·阿夫尼尔（David Avnir）

犹太难民就在那里避难。我父亲从来不谈大屠杀的事，我母亲快 80 岁的时候才告诉我这件事。他们逃出了波兰，战后在圣奥蒂利安本笃会修道院相识。战争结束后的头 3 年里，一共有 451 个孩子在修道院里出生，我是其中之一。我们就是众所周知的圣奥蒂利安儿童，我是第 363 个出生的孩子。2017 年，修道院召开了一场圣奥蒂利安儿童大会，这次大会让我对这件事有了更深的了解，现在我和很多圣奥蒂利安儿童都有联系，他们中也有很多人住在以色列。

您去以色列那年几岁？

当时我 1 岁半，那是一段艰难的日子，以色列建国还没几年。但是我却不记得那时的生活有多贫苦，因为所有人都是这样生活的。每个人都只有一双鞋，当鞋子变小穿不进去的时候，就干脆剪掉鞋头，露出脚趾，这种现象在当时再正常不过了。

在圣奥蒂利安举行的大会对您来说有何意义？

我知道战后在圣奥蒂利安的那 3 年是我父母一生中最幸福的时光之一，我找到了一些当年的照片，当时仿佛他们的生活突然充满了乐趣，但在那之后，他们再也没有那么开心过。我母亲已经不在了，她认为待在圣奥蒂利安的那几年都是战争史上非常有趣的一章，因为几百万人从一个地方搬到另一个地方，一切都要重新来过。与战火纷飞和种族大屠杀的那段日子相比，我很少研究我在圣奥蒂利安修道院度过的那段时光，所以这次大会点燃了我对那个时代的热情之火。

您是一个幸运的人吗？

是的，我的回答几乎脱口而出，对吗？我岂止是幸运啊，我很幸运，社会赐予了我搞科研的机会，我很清楚这并不是理所当然的事。我最初打算 93 岁的时候死在这张书桌旁边，但不久前我又有了新的想法，我想做一些完全不一样的事。

◆ **"我的座右铭是：探索科学边界，乐在其中。"**

[瑞] 阿莱西奥·菲加利（Alessio Figalli）

数　学

- 苏黎世联邦理工学院数学教授
- 曾获 2018 年菲尔兹奖

◆ "我之所以能往上走这么远，是因为我从不怀疑自己。"

菲加利教授，您获得了菲尔兹奖，这个奖被誉为数学界的诺贝尔奖，但您团队的其他人依然默默无闻，对此您怎么看？

这其实很不公平，顶尖数学家有很多，这些人都得到了全球数学界的认可，但他们没有获得菲尔兹奖，这个奖的数量确实不够。菲尔兹奖每 4 年颁发一次，每次最多 4 个人获奖。此外，获奖者必须在 40 岁以下，那些还在上大学就已经获得菲尔兹奖的人，在我看来就是神一般的存在，他们就是"奥林匹斯山上的神"。现在我也获得了这个奖，这看起来好像并不难。我和不同的研究团队合作，写了很多篇论文，凭借这些论文获得了菲尔兹奖。数学家之间的竞争不是特别激烈，每个人都认为获奖就是一次伟大的成功，我团队的成员都很开心。我们彼此之间的关系很好，是同事，更是朋友。

您是怎么知道自己获奖了的？

哦，这我可永远忘不了。当时我和我妻子在家，她正打算去市场上买东西，而我在查看邮件。我看到了时任国际数学联合会主席的森重文（Shigefumi Mori）发来的邮件，他写道："亲爱的菲加利教授，我想与您通话，您方便把您的联系方式给我吗？"我看着屏幕愣住了，这是真的吗？为什么主席想给我打电话呢？我妻子看了一眼邮件，大吃一惊，她盯着地板看了足足 10 分钟。要不是主席打电话过来，告诉我我是获奖者之一，我肯定会等一晚上。接下来的几天我都很害怕，我怕他们会打电话过来说："很抱歉，我们通知错人了。"最折磨人的是，在官方颁奖仪式开始之前，我都不能和其他人谈论这件事。

只有对科研痴迷的人才能取得这样的成就吗？

我和很多数学家一样，都是痴迷于科研的人。在我职业生涯的前10年里，我一直全心全意地搞科研。一旦我把注意力放在一个问题上，我就会没日没夜地思考这个问题。现在我和我妻子住在苏黎世，我的生活轻松悠闲。我妻子也是数学家，在我们刚开始确立关系的时候，我们就决定先将自己的工作放在第一位，所以我们两地分居。现在我从早工作到晚，然后回家陪她。白天我的工作效率很高，当我工作的时候，我就只工作，想方设法多做点事。

我猜您上中小学的时候只拿过最高分，那您有时候会不会被别人叫作"书呆子"呢？

我并不刻意与人竞争，我的同学都认为他们身边有我是件很好的事，因为我可以帮他们完成课堂作业。数学对我来说就是小菜一碟，它总是轻而易举地就从我的脑子里蹦出来，这种天赋让我的生活更加轻松，因为我有更多时间去学习别的学科，甚至有时间去踢足球。其实我就是个很普通的孩子，对视频游戏和运动感兴趣，我从来不去想数学是什么。

也许数学的教学方法需要变通一下，因为大部分人都不喜欢数学。

数学教学的问题就在于没有例子可以向孩子证明学数学是一件有趣的事情，但我们至少可以提出一些比较有趣的问题，例如：什么东西是无穷尽的？有一个关于旅馆的问题：这间旅馆有无数间房间，旅馆里住着无数位客人，如果现在要再安顿一位客人，我们该怎么做？这样的思维游戏完美地阐释了数学的趣味性和深刻性。

是您的父母激起了您对数学的兴趣吗？

我父亲是机械制造专业的教授，我母亲是拉丁语和古希腊语教师，她在我小的时候给我讲古希腊罗马神话故事，激励了我。我很喜欢这些故事，所以我上高中的时候选择了古典语文学，没有选数学。17岁那年，我一个朋友的父亲给我介绍了数学奥林匹克竞赛的情况，参赛选手必须发挥想象力解答非常规问题，我就是从那时候开始爱上了数学，我发现原来真的有数学家，数学家是一门真正的职业！

您觉得那些正处在学习瓶颈期的大学生们应该具备什么样的思想态度？

我之所以能往上走这么远，是因为我从不怀疑自己。如果一个人老是去想自己不能成功，那这个人肯定会失败。我从来都不会有"我做不到"的想法，我只是一心努力钻研，为此愿意牺牲一切，有时甚至会牺牲我和其他人的友谊。但是如果一个人不喜欢他正在做的事情，那这个人早晚会放弃。我很走运，我找到了我对数学的激情与热爱。学数学可以让我们掌握有关世界运转机制的基本知识。

您能向我们解释一下真正的数学与我们中小学所学的数学之间的区别吗？

中小学生会学习很多公式，所学的知识都有一点抽象，而且中小学生并不明白为什么要学这些东西。

但是到了大学，所有知识都有了意义，你会意识到数学是一种描述世界的语言。几百年前人们就已经发现我们可以用公式来描述这个世界，这就是数学不断发展的原因。

您已经很成功了，27 岁就成了得克萨斯州奥斯汀市的教授。

是的，我成长的速度很快。上大一的时候，为了弥补我的知识漏洞，我必须比其他同学更加刻苦，之后我一直保持这样的学习节奏，没过几年我就大学毕业了。从那时候开始便产生了多米诺效应，我前进的速度越快，吸引的注意力就越多，这当然也给我造成了压力。如果大家对一个人寄予厚望，这个人就会努力满足大家的所有期望，但是我能很好地应对这些期望带来的压力。我在奥斯汀学到了很多东西，例如怎样申请科研经费、怎样评估科研赞助商等。在奥斯汀度过的那 7 年真是丰富而充实的 7 年。

您能简单介绍一下自己的研究领域吗？

作为一名数学家，我有好几个研究领域。我对所谓的相变问题很感兴趣，例如我想研究冰变成液态水的相变过程。关于运输问题的研究我也做过很多，运输问题主要研究的是以尽可能高效的方式将资源从一个地方运往另一个地方。很多其他领域的研究都涉及运输问题，例如云的研究。云层从空中飘过时，并不消耗能量，所以云的运动可以当作运输问题来研究。我们成功弄清楚了蒙日 - 安培方程的几大重要特征，这是一个微分方程，描述的是最有效的运输路径，借助这个方程，我们可以更好地理解天气预报。

您能介绍一下数学家的工作方式吗？

我从 2005 年开始研究运输问题，我很想解答这个问题，只不过失败了。后来我又从别的角度切入进行研究，再次尝试解答这个问题，但是又失败了，之后几年里我都没有成功。2010 年，我和几个同事一起合作，又一次开始研究运输问题。我们开了一次会，秉持着完全公开透明的理念，在会上我们决定采用另一种方法。我们借用不同理论对运输问题进行讨论："如果我们这样做的话，我们就会得到这种结果，但是如果我们那样做的话，我们也有可能得到这种结果……"突然间，所有的谜团都解开了，势如破竹。"等等，我们真的成功了吗？"简直太不可思议了，虽然我们之后也试着用同样的方法去解决其他重要的问题，不幸的是每次都以失败告终。

您认为您对社会的贡献体现在哪些方面呢？

数学对于社会而言十分重要，但是数学研究从出成果到投入实际应用总要隔一段时间。我的研究工作本质上是理论性质的，它需要一定的时间才能得到创造性的应用。手机、电脑、谷歌、全球卫星定位系统，这些产物都以已有的数学知识为基础。所以必须再过一段时间才能回答您这个问题，不过可以肯定的是，我的研究推动了数学的整体发展。我知道应用数学领域已经有人用了我提出的理论，正常情况下，学术研究的各个领域就是一条链子，通常我们根本不知道是谁在用我们的成果研究其他东西。我们的成果从这个圈子传到那个圈子，从数学领域传到物理学领域，或者传到工程技术科学中的计算机应用领域。

您有什么话想对大家说吗？

数学已经为我们的世界做了很多事情，它还会一直做下去。科学就是未来的发动机，它和教育一样对社会来说都很重要，所以我最想对大家说的一句话是：千万不要毁了教育！请牢记，教育就是社会的根本。

[美] 珍妮弗·道德纳（Jennifer Doudna）

生物化学

- 加利福尼亚大学伯克利分校生物化学、分子生物学与生物医学教授
- 曾获 2015 年生命科学突破奖

◆ "我们知道，很多人都会对这种技术产生极大的兴趣。"

道德纳教授，请您跟我讲一讲您的童年故事吧。您是在哪里长大的？

20 世纪 70 年代，我在夏威夷的希洛小镇上长大，在那里上了中小学。我们举家从密歇根搬去了夏威夷，这对我来说意味着与过去彻底诀别。夏威夷文化对我们来说是全新的文化，我身边各种出身的人都有，我也受到了两种文化的影响，说实话我很震惊。我看起来跟别人不一样，我比他们矮，感觉自己就像是一个待在美国的外国人。我的眼睛和头发是别的颜色，我很不适应这样的环境。我和同学们待在一起时，感觉自己就是个异类。后来我意识到并不是所有人都看起来一模一样，于是我开始思考我从哪里来，我应该变成什么样子。我认为这就是影响我进入科学界的因素。我是个矮个子的呆瓜，会为自然与化学而激动。我喜欢化学和数学，在我当时就读的学校里，像我这样的小女孩有这样的爱好是很罕见的。在我看来，学校和我就像是油和水，我始终不能融入学校的环境。

您做科研工作的时候会有被孤立的感觉吗？

某种程度上来说是有的。我生长在夏威夷，那里的环境独一无二。我在那里交到了很好的朋友，他们的兴趣爱好截然不同。我从中学会了要重视不同的观点和视角，现在对我来说最重要的就是保持开放的心态，不断观察。我认为这是科学家应该具有的品质。

您有导师吗？您现在走的这条路是您自己发现的吗？

我有很多重要的导师，第一个就是我父亲。他是一位美国文学教授，他认为我的智商很高。我母亲和他都愿意支持我的爱好，当我父亲发现我对科学感兴趣时，他便全力支持我。我们经常在吃晚饭的时候讨论一些与自然有关的事物，这些经历给了我很大帮助。

这些经历促使您的思维变得更敏锐了。

让我的思维变得更敏锐，我喜欢这种说法。最开始是我父亲，后来当然也有很多人给了我支持和帮助。我的高中英语老师叫鲍勃·希利尔（Bob Hillier），他教会我如何思考、如何写作、如何表达自己的想法。我经常会回想起我的高中生活，因为那段日子对我来说真的意义非凡。

在一个男性占主导地位的行业里，您感觉怎么样？您前进的路上会遇到很多阻碍吗？

我不去想我是一名女科学家，也不去想我是科学界的一名女性，我只把自己当成一名科学家。我优先考虑的总是如何把工作做好。我也遭到过别人的质疑，尤其是在前几年。比如我高中的联络老师就说："女孩子不能进科学圈。"但我是一个非常固执的人，我心想：这个小女孩以后一定要进科学圈，一定要坚持下去，没有什么能够阻挡我。我觉得我们研究的一些课题都很有趣，CRISPR（Clustered Regularly Interspaced Short Palindromic Repeats，规律间隔成簇短回文重复序列）就是一个很好的例子。我发现 CRISPR 能够帮助我们掌握有关进化的基本知识，所以我想先研究这个课题。虽然有人说："这个项目太荒唐了，也不是特别有趣，以前都没人听说过。"但我认为这个课题是生物学研究的重要组成部分之一，所以我一直在研究，为此我感到很开心。

您刚才提到了 CRISPR，您是什么时候开始对这个课题感兴趣的？

我第一次讨论 CRISPR 这个课题是和伯克利（Berkeley）的一位同事吉尔·班菲尔德（Jill Banfield）一起。她是第一批注意到 DNA 和细菌内 CRISPR/Cas 系统 ❶ 的科学家之一，她提出了一个问题：这种系统的功能是什么？我们实验室研究过一些分子，这些分子是 CRISPR/Cas 免疫系统的一部分，细菌体内也有这种分子。

后来您在波多黎各（Puerto Rico）的圣胡安（San Juan）遇到了埃玛纽埃勒·沙尔庞捷（Emmanuelle Charpentier），对吗？

是的，科学的奇妙之处在于，很多想法和研究都源于合作，埃玛纽埃勒和我的情况也是如此。我们在

---

❶ CRISPR/Cas 系统：clustered regularly interspaced short palindromic repeats/CRISPR-associated proteins system，规律间隔成簇短回文重复序列/规律间隔成簇短回文重复序列关联蛋白系统，是原核生物的一种获得性免疫系统，用于抵抗存在于噬菌体或质粒的外源遗传元件的入侵，为存在于大多数细菌与所有的古菌中的一种防御机制，以消灭外来的质体或者噬菌体的 DNA。现广泛应用于基因工程中。——译者注

讨论她研究的某种细菌的 CRISPR 系统时，发现了一个有关 Cas9 蛋白功能的基本问题，Cas9 蛋白在这种细菌内很活跃，但我们都无法凭借一己之力完成对这种蛋白质的研究，所以我们决定一起合作寻找答案。

所以您认为只有通过合作才能获得成功？

是的，因为我一直以来都是这么搞研究的。我经常与其他科学家一起合作，无论是在我的实验室里还是和其他专业的外部人士一起，合作是我的工作常态。我优先考虑的是怎样与比我更聪明的人一起做研究，以达到最好的合作效果。如果我有机会跟他们合作，我会尽力做到最好。

与埃玛纽埃勒合作是什么感觉？她住在哪里？

她住在瑞典的于默奥（Umea），那个地方靠近北极圈，地理位置得天独厚，因为一到夏天，白昼就很长。不管白天还是晚上，她有空就会给我写信："珍妮弗，我还没睡，因为太阳还没下山，我睡不着，我还在想我们做的这个项目。"我们乐此不疲。她幽默感十足，聪明绝顶，我们一直都在愉快地交流我们的想法，这样的合作持续了大概一年。

◆ **"我优先考虑的是怎样与比我更聪明的人一起做研究，以达到最好的合作效果。"**

您是否很快就意识到了您的发现具有重要意义？

没错，我们很清楚，这是一个真正能够推进基因编辑技术发展的绝佳方法，基因编辑指的就是对基因组进行定向修饰，其应用前景很广泛。但是我们不知道我们研究的课题在全球的推进速度会有多快，因为还有其他科学家也在研究这个课题。我们只知道，很多人会对 CRISPR 技术产生极大的兴趣，因为它大大简化了基因编辑。

您能简单地解释一下什么是 CRISPR 吗？

你可以把 DNA 想象成一个绳梯，它包含许多化学字母，这些字母编码了大脑和整个生物体生长所需的所有信息。利用 CRISPR 技术，科学家可以对某种酶进行编程，这种酶通过自身的化学机制能够识别细胞中 DNA 梯子上的某个特定位置，并且到达对应的位置。酶在这个位置将 DNA 的两股梯子切开，这时细胞会修复梯子断开的端口，当细胞再次将断开的梯子端口连接起来时，我们就可以修改基因代码。这一技术可以让科学家精准改变 DNA 序列，这在以前是难以做到的。

◆ "我儿子小的时候，无论我在给他换尿布，还是带他在公园，我满脑子想的都是我的研究项目。"

显然，这是一个强大的工具，我们可以利用它改变一个人的基本特征。您认为我们的道德底线是什么呢？

基因编辑技术，特别是CRISPR/Cas技术，引发了一系列的伦理问题。我认为这项技术有三大应用领域会引起社会问题和伦理问题。第一个是农业领域，利用基因编辑技术可以改造植物，但是会出现转基因生物的问题。第二个应用领域被称为"基因驱动"，指的是将一种遗传性状插入一个生物体，这种性状随后会在这个生物体所在的群体中迅速传播。第三个领域是医学上所谓的生殖细胞基因治疗法，意思是人类胚胎或干细胞DNA的变化会对整个生物体产生影响，并且这种变化还可以遗传给后代。

您对这种干预手段持什么态度？

从医学角度来看，基因编辑并没有必要，既不安全也不符合伦理，我们应该对任何想要编辑干细胞DNA的人提出更多限制。

这种情况下您觉得自己负有责任吗？

我认为，科学家对他们的工作负有很大责任，全球的科学家都应该努力来共同承担这些责任。现如今，科学已经成为一项全球性事业。全世界对如何发挥科学和技术的作用并未达成一致，所以现在的问题是：我们该如何对待科学与技术？我们如何控制科学和技术的使用程度？这些问题很难回答，但我认为很有必要让科学界的人积极参与进来，思考这些问题。特别是那些直接参与技术研发的人需要讨论他们的研究工作，解释原理，从科学的角度说明是怎么一回事，同时他们也要有大局观。

您再讲讲大局观吧。CRISPR是一项颇具革命性的技术，我们应该思考什么样的重大问题？

我们为什么要这样做？是为了引起别人的注意，在学术期刊杂志上发表高点击量的论文，成为媒体头条，还是为了提高人们的生活质量和全社会的生活水平？我们必须先回答这些关键的问题。

是什么给了您这种力量？

我想是因为我的青年时代是在夏威夷度过的。这种力量主要来自我的父亲和我的老师们。他们鼓励我抓住机会，勇敢去做自己感兴趣的事，让我相信自己的判断。我和我的同学们不一样，我必须适应这种情况，这太难了。我年轻的时候总是不快乐，我感到被孤立，内心很孤独。我不得不专注于我的内心，依靠我内心发出的声音，它跟我说："与众不同很正常，对自己喜欢而别人不喜欢的东西感兴趣也很正常。"

我想很多东西都是在那个时候产生的。

您的生活肯定非常忙碌，除了科研工作之外，您还扮演着妻子和母亲的角色。您是如何妥善应付这一切的呢？

最重要的是，我有一个世界上最出色、最善解人意、最伟大的丈夫，他叫杰米·凯特（Jamie Cate），是伯克利的一名教授，他是个完美的科学家。我总是跟他说，他比我更厉害、更聪明，他做的是真正重要的工作。他没有得到像我现在这么多的关注，但他不在乎这些。如果没有他的支持，那我可能什么也做不了。不知道为什么，我总会想起我们在实验室做的研究。我儿子小的时候，无论我在给他换尿布，还是带他在公园，我满脑子想的都是我的研究项目。我晚上必须工作，经常早上四五点起床。在那段日子里，除了做完我该做的所有事，我还挤时间写了一本教科书。这就是我的生活。

对于那些正在思考自己未来的年轻人而言，是什么让现在的科学变得如此特别？

科学家是一个奇妙的职业。我们在实验室里"玩"，发现以前没人发现过的东西，还有工资拿。这是一个有趣而极具创造性的领域，它让我们有机会与其他同样有好奇心的人合作。如果你是科学界的一员，你会跟聪明又年轻的学生一起工作，他们总能提出新的想法，这一点很有趣。我总是告诉学生要专注于自己的兴趣，追求自己的爱好；告诉他们不用害怕去尝试一些与众不同的事情，因为最重要的发现往往都是这么得来的。我还告诉他们应该静静等待那些会支持他们事业的人，等待那些会在困难时刻帮他们一把的人，因为这样的人迟早会出现。

那您呢？您难道从来没有疑虑吗？

哦，我有很多疑虑。有好几次，我晚上躺在床上想：如果我永远不会取得好的成果，我该怎么办呢？我要么做出一些改变，要么加倍努力，我告诉自己："就算我有疑虑，我也要继续前进，因为我必须找到问题的答案！"现在就是成为一名生物学家的绝佳时机，我们正在经历科研和临床医学领域中一个非常激动人心的时刻，农业领域也迎来了这样的时刻。科学家们现在正拥有着前所未有的工具和技术，这意味着我们现在可以做几年前完全不可能做的事情。

您偶尔还会与埃玛纽埃勒·沙尔庞捷见面吗？

是的，我们每年有三到四次会面。CRISPR将我们联系在一起，让我们始终保持亲密的关系。两位女科学家和她们的学生一起工作，这是一段很棒的经历。

◆ **"我不得不晚上工作，经常早上四五点起床。"**

[美]汤姆·拉波波特（Tom Rapoport）

生物化学

- 哈佛大学医学系细胞生物学教授

◆ "我把科学放在第一位，它主宰着我的生活。"

拉波波特教授，您来自一个不平凡的家庭。您的父亲跟您一样是一位生物化学家，您的母亲是一名教授，您的哥哥是一位著名的数学家。这样的家庭对您来说是一种负担还是一种激励？

可能两者皆有吧。我父亲是民主德国非常有名的生物化学家，也是生物化学协会的主席。我哥哥是一名数学家，取得的成就比我父亲还多，我要证明自己，就必须比他更努力。我从我父母身上获益良多。我父亲是我唯一真正的老师，在他这里"上学"很辛苦，但收获颇丰。我决定成为一名生物化学家的时候，他正在担任生物化学研究所的所长，我就是在那里读的博士。这种体验的确很特别，但不见得是一种优势。

他对您是不是总比对别人更严格？

我会定期给他看我发表的文章，每当我拿到他看过的文章，我总是备受打击：我写的所有东西都被他划掉了，一片通红，改后的文章没有一句话是我写的。每次我们改文章都要花好几个小时，最后他总会说，其实我的文章只需要修改一些细节就行了，在某种程度上，他这句话又帮我重拾了信心。我现在写论文的时候发现他以前教我的东西很有用，他告诉我写文章应该短小精悍。我父亲是个非常专制的人，想要反驳他很难，只有那些成功说服他的人才能被他认可和接受，从他身上我学会了要坚持自己的立场。

尽管您知道您父亲在生物化学领域占有绝对的优势，但您依然选择学习这门专业，为什么？

  我看到生物化学领域还有很多没有解决的问题，就算我和我父亲有时会一起工作，我也不会和他做完全一样的事情，我很早就明白这一点。我也知道，一开始很多人认为是他提携了我，但我会向这些人证明，光靠自己的力量我也能做成很多事。

有时候您是不是也想向您父亲证明，您和他一样优秀呢？

  的确有过这样的时候。我父亲研制出了第一种血液保存液，我希望我研究出来的东西也能被简单易懂地解释给所有人听。虽然我是一个非常喜欢竞争的人，但我只和同龄人竞争，我从没把我父亲当成我的竞争对手，他是一位非常伟大的父亲，地位比我高太多了。我父亲做了很多不同的事情，所以他总是很好奇为什么我能在一个领域工作这么多年，而且研究得这么深。

◆ **"我父亲是我唯一真正的老师，在他这里'上学'很辛苦，但收获颇丰。"**

但您也说过，您遗传了您父亲敏捷的思维和急躁的性格。

  我的同事有过这样的亲身体验：我和他们商量好要做一个实验，然而才过了一天，我就问他们要实验结果。我等结果的时候总是很不耐烦，但速度快其实并不是科研最重要的因素，更重要的是我们能够一直正确地思考科学问题。和以前一样，我晚上会醒过来，再也睡不着，因为我会思考要解决某个问题我能做些什么。我不得不说，我是为科学而生的。我整天都待在实验室里工作，而且我最喜欢周末工作，因为我觉得周末是最安静的时候。

在您父亲和您一起做实验之前，您的博士论文并没有取得多大进展。您曾说，那是您一生中最受启发的两个小时。

  我那时还年轻，每次实验失败我都备受打击，情绪出现波动，经常郁闷消沉。我从我母亲那里得知，我父亲也经历过这样的时期，但他从未表露出来。刚开始写博士论文的时候，我犯了一些最基本的错误，我觉得我真是太蠢了。之后的某个星期天，我父亲在研究所向我示范了如何在最短时间内找到错误。我得思考哪些参数是可变的，然后一个一个地排除可能的错误来源。此外，我还学到了一些更重要的东西：教授和学生待在一起，不能表现得太傲慢，我们还得经常提问。如果我们只是坐在办公室里，每天都不和现场的实验人员交谈，不去仔细跟踪实验，那我们就没有机会取得任何科学成果。每个人都在寻找新的东西，而要真正有所发现，就需要创造力和打破常规的思维能力，而这正是我的强项。我已经多次成功推动了新想法的实施，即使到了晚年，我仍然有干大事的雄心壮志。

您小时候做了一个布丁，把它涂成了蓝色。后来您的母亲鼓励您给所有东西都贴上正确的标签，并记录下来。这是您科学生涯的开端吗？

是的，这就是我的家庭生活写照。我母亲总是敦促我们这几个孩子做科学研究。我不知道她当时在想什么，但她肯定希望我的生活充满科学性。在我给蓝色小石子上色的时候，她对我说："你得给它做个标记，贴上标签，然后把整个过程记录下来。你的记录表必须做得像模像样，因为实验室里那些人就是这样做的。"

您曾经说过，您母亲就是您世界的中心。您每天都会和她通话，一直坚持到她去世那天。

她去世的时候104岁。在过去的两年里，我确实每天都会给她打电话。两年前，每隔一段时间我才会给她打个电话，但我每次都会和她聊很久，她知道我实验室里发生的所有事情。她是世界上好奇心最强的人。你很难想象，她对任何事情都感兴趣，无论是政治、科学还是文化，没有她不感兴趣的事情。

您父母结婚的时候，您父亲告诉您母亲，他把政治工作放在第一位，其次是科学，第三位才是家庭。那您呢？

我把科学放在第一位，它主宰着我的生活。家庭对我来说固然重要，但我大部分时间都是在实验室里度过的，这一点毋庸置疑。以前，我和我妻子一起做过一次实验，才过了两个小时，她就很生气，因为我每隔几分钟就去问她这个做了没，那个做了没。从那以后，我们再也没有一起做过实验。她一直都很独立，她以前也经常在实验室里工作，还教了很多年书。当她65岁不得不放弃教学工作时，她开始全心全意地学习艺术史。

柏林墙倒塌后，您于1995年去了美国。和在民主德国工作相比，您刚到美国时的工作情况如何？

完全不同。两德统一后，我的工作条件发生了剧变。民主德国还在的时候，我们几乎没钱做研究，与联邦德国那边的交流也很有限，搞科研并不容易。但从另一个角度来看，民主德国是封闭起来的，几乎所有优秀的学生都留在了国内，很多学生最后都到了我门下，这真是个天大的好处。我带着我的8个学生去了波士顿。我们受到了热烈欢迎，想要重新站稳脚跟并不难，但美国和德国最大的区别是：在柏林我算得上是明星科学家，而在美国我只是众多优秀人才中的一个，但我知道这就是我想要的生活。这里是科学的天堂，我可以和很多了不起的同行进行交流。

◆ "美国的审查制度非常严格,人们有可能会被无情地踢出局。"

您离开德国是一个很重大的决定吗?

这个决定带来的负面影响是我的家突然就不完整了。我头两个孩子在德国上大学,他们就留在了德国。我女儿当时 15 岁,和我们一起来了美国,但她 17 岁就回德国了。我对我妻子撒了个小谎,她跟我开的条件是要在我的实验室里工作,否则她就不和我一起去美国。我答应了她,但我并不想这样做,因为如果她在我的实验室里工作,那其他同事就会有顾虑,不能和我畅所欲言,所以我告诉她,她得先学些技术,然后我把她交给了我一个同事。我打着自己的小算盘,希望她能留在我同事的实验室里,结果也确实如我所愿。只不过一直以来都有个问题,那就是我得飞回德国看望我的家人。但就搞科研而言,搬到美国是一笔巨大的财富。两德统一后,我空有教授头衔,却没有教授职位。我不得不重新申请教授职位,但是两次都遭到了拒绝。我很沮丧,甚至怀疑我自己还能不能找到工作。后来我鬼使神差般地进了哈佛大学。在我看来,美国的制度比德国制度更实在、更严苛。在德国,一旦你做成了某件事,就可以一直躺到退休。而美国的审查制度非常严格,人们有可能会被无情地踢出局。作为霍华德·休斯医学研究所的一名研究员,我已经 71 岁了,前不久我刚接受了一次审查。

有人认为,在科学界里,只有谁是第一才最重要,您有没有这样的体会?

老实说,我不明白为什么会有这样的说法。两个团队同时做出某种发现的情况很常见,3 个月内,这种事情我已经碰到过两次了。我极其反对对所有事情都守口如瓶。我团队的人都了解我,他们告诉我的有些事情,下一秒全世界都知道了。我没有秘密,这样做的好处是其他科学家也会告诉我很多事情,所以最近两次我遇到的竞争对手都把他们做的实验告诉了我。在德国,我发现那些甚至不在同一领域工作的科学家之间也经常会有竞争,而在美国,我能感受到更多的团队精神和大家对同行获得成功的喜悦之情。

您能介绍一下您目前正在进行的研究工作吗?

我的实验室一共有 13 名成员,虽然人数相对较少,但我们正在研究 5 个不同的课题。第 1 个课题是研究蛋白质在细胞中产生并嵌入细胞膜的过程。第 2 个课题是研究第 1 个课题的逆过程,即蛋白质不能正常折叠时,它们是如何被降解的。第 3 个课题是研究细胞器(即细胞内的亚结构)形态特征形成的过程。第 4 个课题是研究蛋白质进入过氧化物酶体(一种细胞器)的过程。如果儿童体内的蛋白质不能正常进入这种细胞器,那儿童就会患致命疾病。我们在想,这些蛋白质是怎么进入细胞器的呢?因为蛋白质只有在折叠状态下才能穿过细胞器膜。第 5 个课题与呼吸问题有关。当我们呼吸时,肺部不断收缩和扩张,为了实现肺部扩张,肺部细胞必须含有可以减少表面张力的蛋白质,这项研究的结果有可能会得到实际应用。早产儿通常需要借助雾化器进行呼吸，直到他们自己可以产生肺表面活性物质。我们认为目前所使用的雾化吸入药物药效并不好，我们正在努力改进，这一研究对肺部遭受过严重损害的成年人可能也有重要意义。

年轻人为什么要学习科学？

我能想到的最好的职业就是科学家。我每天都可以做自己感兴趣的事情，想来就来，想走就走。我和我的同事交流想法时考虑的是整个世界。我想告诉大学生们：如果你们感觉到了自己内心的召唤，感受到了你们内在的激情，那就去做科研吧，再也没有比这更好的事情了。如果大学生们找到了自己热爱的领域，就应该全神贯注，不要回头。高级职位和金钱是次要的，只要他们全身心投入科研事业，这些东西自然就会来的。我也很想帮这些年轻人一把，如果我带的博士后做得比我还好，我真的会很高兴。

是什么让您成了现在的您？

我来自一个科学之家，比大多数人更早知道到底什么是真正的科学。可以说，在我很小的时候，我父母就向我灌输科学知识了。我哥哥以前说过，我们早在孩童时期就知道什么是系主任了。但我父母对我们的影响并不仅限于科学方面，我们从小还得学艺术。我父母很重视音乐课，所以我们在很小的时候就开始了解歌剧了。我和我哥哥可以不看谱，把《魔笛》所有的咏叹调唱出来，现在的我依然可以做到这一点。我是一个狂热的音乐会和歌剧爱好者，以前在柏林是这样，现在在波士顿还是这样，有时我会连续3天去听音乐会。

您在哪个国家更有家的感觉？

美国现在已经成了我的家，我最好的朋友都在这里，但德国也是我的家。现在我的德语也比英语说得更流利。

如果您不在了，您希望自己留下些什么？

我不抱任何幻想。科学界与艺术界不同，在科学界，没有谁是不可替代的。莫扎特写的东西永远没有第二个人能写出来，但如果我什么都没有发现，别人总能发现点什么。我就把这当作一种自我安慰，我们每个人其实都只为科学这座宏伟的大厦贡献了一砖一瓦。到最后，除了少数几个人的名字外，其他人都会被遗忘。如果我的某句话能够留在教科书里就已经很好了，何况我现在留下的远不止是一句话。

您想对大家说些什么？

世界需要更多的理性，因此我们必须普及科学，让科学成为人类实现公平正义、终结贫困、获取世界和平的准则。我们需要对那些过得不太好的人有更多的同情心。即使是一家人，彼此和谐相处也并非易事，换作不同的国家就更难了。因此，要想实现世界和平，需要各方竭尽全力。

◆ "我不抱任何幻想。科学界与艺术界不同，在科学界，没有谁是不可替代的。"

[中] 姚檀栋（Tandong Yao）

地质学

- 中国科学院青藏高原研究所北京部冰川学教授

◆ "世界在改变，为此我们得做好准备。"

姚教授，请您简单介绍一下您的父母和他们的工作吧。

我的父母都是工人，他们在大坝上工作。20世纪五六十年代，中国竭力开发西部地区，这些大坝就是在那时候建成的。

他们受过什么样的教育？

当时，中国的教育体制，尤其是农村地区的教育体制很不完善。我父亲上了小学，但他是家里的长子，家里人不让他继续上中学。我母亲则是文盲。

您上小学的时候情况如何？

我在村子附近的一所小学上学。之后不到一个星期，我就上了当地最好的初中，我每周只有周六会回家一次。

那您上高中的时候情况又如何呢？

当时，已经大学毕业的大学生必须去农村工作，这意味着给我上课的都是来自北京和其他城市的高素质教师，这让我受益匪浅。

您为什么想成为一名冰川学家？您是从什么时候开始对它感兴趣的？您又是在什么地方开始对它感兴趣的？

这个问题问得好！1978 年，我在青藏高原看到了冰川，那是我第一次见到冰川，当时我还在上大学。我们的任务是找到长江的主要源头，它发源于冰川。我们想找到为长江供水的冰川的确切位置。在寻找过程中，我被冰原摄人心魄的美景所打动，当下就决定学习冰川学。

1982 年，您获得了兰州大学硕士学位，1986 年获得了中国科学院地理研究所博士学位。您后来为什么要去海外继续深造呢？

1977 年以前，中国科学是闭塞的，我们能读到的国外论文屈指可数。幸运的是，我在冰川冻土研究所的导师每隔一段时间就会邀请外国科学家来做客座教授。我后来很幸运有了出国留学的机会。我得在留法读博士后和留美深造之间做出选择。如果去法国，我可以与顶级研究员就冰芯研究展开密切合作；如果去美国，我还能提高一下我的英语水平。我和研究所的教授们讨论了一下这个问题，他们说："去法国吧，那里的科研很先进，英语能力以后再提升也不迟。"

◆ "凡事总有两面性，风险与机遇总是并存的。"

您在国外待了 5 年。对您来说，这 5 年很重要吗？

对我来说，这 5 年非常重要，是一次难能可贵的机会。出国之前，我们必须通过教育部的各种考试，还要由某个研究所提名。我是第一个被提名攻读冰川学博士后的硕士生，出国留学拓宽了我的知识面。当时，法国实验室是世界上地位最高的冰芯研究机构。我在那里学到了研究冰芯和解答科学问题的新方法。后来去美国深造也是如此。

您在出国深造期间有没有具体的目标呢？

我的目标是尽可能多地学习西方国家的科学知识，把它们带回中国，为此我拼命工作。法国人周末一般休息不工作，但我几乎昼夜不停地工作，就连周末也不休息。

您在国外的工作对您后来的研究有什么影响？

我们在法国和美国都讨论过如何在青藏高原开展冰川研究工作的问题。在美国，我们决定启动一个研究西藏冰芯的项目，并向国家自然科学基金委员会提出了申请。我也因此开始与俄亥俄州立大学伯德极地研究中心的地球科学教授兼研究员朗尼·汤普森（Lonnie Thompson）合作。直到今天，我仍然和他一起工作。

回到中国后，您在青藏高原上建立了自己的研究实验室。您能详细说说这一点吗？

从 1978 年我第一次到访青藏高原开始，我们已经在高原地区工作整整 40 年了。在这 40 年里，气候变化对高原的冰川、湖泊、河流和整个生态系统都产生了巨大的影响。"第三极地区"[1] 气候变暖的速度是全球平均水平的两倍，带来的后果也是非常严重的：出现了冰崩现象，损坏了道路、桥梁和村庄，甚至造成了人员伤亡。冰崩的移动速度高达每小时 100 千米，遇上冰崩，所有人都束手无策。例如，3 年前的一场冰崩就让很多人命丧黄泉。

您想到问题的解决办法了吗？

来自德国、美国和中国等多个国家的科学家共同达成了"第三极环境计划"。世界各国都应该采取行动，减少碳足迹，但即便这样做也还是不够，因为大气中的二氧化碳实在太多了。因此，我们必须告诉所有人，让他们做好准备面对可能产生的后果。

面对这些变化，您是不是觉得无能为力？

我一直都很乐观。凡事总有两面性，风险与机遇总是并存的。例如，全球气候变暖让第三极地区的天气变得更潮湿、更温暖，作物栽培期也因此延长了 15 天。我刚刚从青藏高原回来，看到曾经光秃秃的山现在都长满了草。

气候变化是一场全球危机，我猜您应该不用为研究经费发愁吧。

中国曾经是一个贫穷的国家，那时我们只能在外国科学家的扶持下做我们的研究工作。可如今，中国政府非常关心环境保护问题，对西藏地区的研究投入了大量资金。习近平主席要求对青藏高原的环境进行研究，现在中国科学技术部正拨款 28 亿元人民币（合 3.57 亿欧元）用于此项研究，这是一笔巨款，所以我们必须仔细斟酌把钱花在什么地方，怎样才能获得最好的研究成果。所有在高原地区进行研究的中国研究员都参与了这个项目，该项目也面向世界各地的科学家，欢迎他们的参与。例如，我们正在德国举办一场专题研讨会，讨论我们未来的挑战和计划。

中国的冰川预计何时会消失？

有些小冰川很快就会消失，但大冰川还会存在很长一段时间。根据我们的预测，2050 年或 2060 年会

---

[1] "第三极地区"是冰川学家对青藏高原与兴都库什-喜马拉雅冰川地区的称呼，该地区拥有世界上除南北极之外最大的冰雪储量。——原注

出现一个转折点，到那时冰川会逐渐减少。总的来说，会有越来越多的冰川融化，河流中的水会越来越多。到 2090 年，只在极少数地区才能见到冰川的影子了。

您想对大家说些什么？

世界在改变，为此我们得做好准备。凡事都有两面性，有危险的地方就有机会。

您的工作和生活是否平衡？

我很忙，因为搞科研有很多事情要做，特别是我们现在正在做新的研究项目，更忙不过来。我只要每天晚上睡足 5 个小时，就没什么问题。如果我能睡够 6 个小时，那我精力就会更充沛。

您的孩子以后也要当科学家吗？

其实我女儿学的是电气工程学和计算机科学，后来她又接触了地理信息系统，接着又转到了遥感领域。她和很多年轻人一样，总是有各种各样的想法。

您的梦想是什么？

很简单，我的梦想是能够永远在青藏高原上工作。我每年要去那里七八次，我希望可以继续探索这个地区，研究这里的冰川和不断变化的环境。

罗伯特·劳克林（Robert Laughlin）

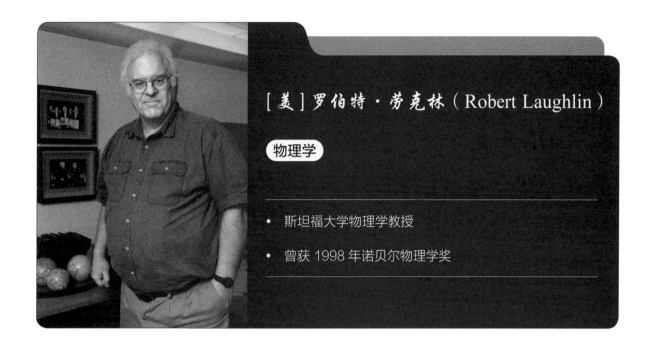

[美] 罗伯特·劳克林（Robert Laughlin）

物理学

- 斯坦福大学物理学教授
- 曾获 1998 年诺贝尔物理学奖

◆ "发现新事物需要巨大的情感能量。"

您曾经写道，您成为理论物理学家的动力源自家里晚餐时的讨论，请您解释一下这句话吧。

我简单解释一下：我父亲是一名律师。法学是一门用语言作为工具进行讨论的学科，因此在我年轻的时候，我们讨论了很多他感兴趣的东西，例如自然科学和电子学。我们必须在深思熟虑后提出清晰、有说服力的论据。但是我的妻子安妮塔（Anita）不喜欢我们在吃晚饭的时候讨论这些东西，她更喜欢安静、友好的餐桌氛围。事实上，很多理论物理学家都来自律师之家，因为物理学家和律师的思维过程是相似的。西方法律和科学一样，都是以宗教法则为基础。西方文化中有这样一种观念，说的是可以通过矛盾与冲突来发现某种真相。在法庭上，人们通过争辩来查明真相。科学体系的运作方式也是如此：我们在公众面前提出我们的想法，然后针对批评意见为我们的想法进行辩护，以剔除想法中与事实不符的元素。

在科学的世界里，寻找真相的竞争往往很激烈，不是吗？

的确很激烈，科学家为真相、金钱和他人的认可而相互竞争。声誉有它自身的价值，所以科研通常也有很高的货币价值，这是一种外部竞争。

您以前把自己描述成一个极其内向的男孩。

是的，而且我大多数时候确实很内向。我曾在赫尔辛基（Helsinki）的一次讲座中说过："当我还是个高中生的时候，我做过炸药。现在，如果我承认做过这件事，我可能会因为涉恐而惹上麻烦，但你们中有

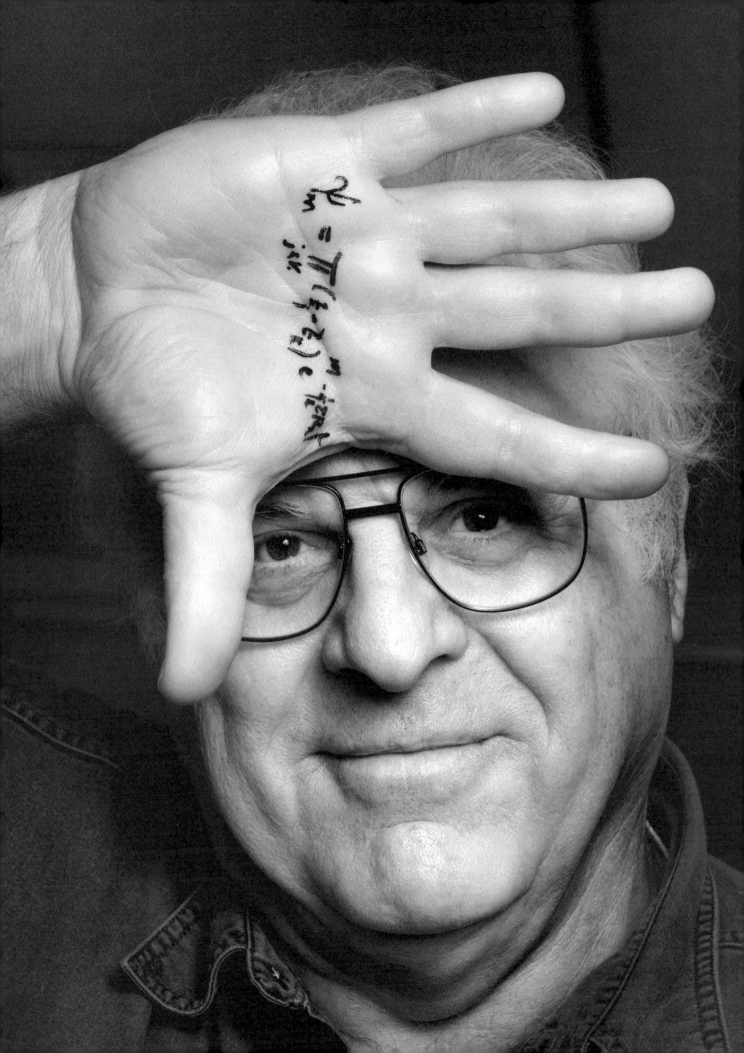

罗伯特·劳克林（Robert Laughlin）

多少人在学生时代碰过炸药呢？"所有人居然都举起了手！我喜欢一个人待着，思考与科学有关的问题。我的爱好是写作和作曲，做这些事的时候我也喜欢单独一个人。我工作的时候，很享受自己一个人花几个小时把问题想清楚的感觉。

您被名校拒之门外，这对您有影响吗？

现在回想起来，我反倒很高兴，因为这件事给我带来了一连串的好结果。我最后去了伯克利，去了那所对我来说最完美的大学，那里无拘无束，充满自由。在斯坦福大学或普林斯顿大学这样的地方，沉浸在幼稚荒谬的想法中是不太可能的。多亏了我在伯克利的经历，我最终成了一名科学家。起初我想成为一名工程师，但后来我被加利福尼亚大学伯克利分校顶尖的物理学吸引，于是我换了专业。我父亲吓坏了，他说："你永远都找不到工作。"不过，最终一切顺利，我找到了工作。

您 19 岁那年，正值越战期间。❶ 在尼克松总统施行的征兵抽签制度下，您被征召入伍。

我的签号是 19，和我当时的年龄一样。在我的研究领域有这样的说法：30 岁之前做的都是最好的工作，30 岁一过年纪就太大了，很多工作不适合做。但我是一个守法的人，我没有逃避入伍服役的义务，我遵守了法律的规定。后来我去了德国的施瓦本地区服兵役。

但您发现服兵役很艰苦，对吗？

我得上交我的衣服，把头发剪短，军队一直以来都是这么规定的，目的是抹除以前的旧身份，取而代之的是一个听从命令的新身份。这对我来说是一种极大的倒退：我从一个重视生活艺术美感的自由社会到了一个持有核导弹、奉行冷战制度的部队里，这是一个令人悲伤的地方，核战争令我心生厌恶。

您从这次经历中学到了什么？

这次经历让我更好地了解了和我同龄的同胞们，也让我对欧洲有了基本的了解，因为我所在的地方离欧洲最远。我们是世界的一道后门，并不了解这个世界。从这个角度来看，这是一次非常好的经历。

美国接收来自世界各地的学生，其中包括许多亚洲学生。与欧洲相比，美国这种多元文化的交融是否加快了科学新发现产生的速度呢？

我不这么认为，科学发现产生的速度只与经济有关。我们要找的是最优秀的人，而他们往往来自其他国家，但涉及不同的国家就会出现种族问题和签证问题。

---

❶ 这里的"越战"指的是中国"对越自卫反击战"。——编者注

中国的情况如何？目前中国正在投资数十亿元进行科研，中国会不会超越我们？

我跟大部分人不一样，我不怎么担心这个问题。当然，中国是一个强大的国家，所以我们必须关注它。中国有着非凡的技术发明史，例如纸和黑火药都是中国的发明。最近，中国也取得了一些技术成就：中国的太阳能电池制造商已经击败了世界各地的竞争对手。中国的闪存也发展得很快。21世纪初，我在中国的时候，他们将闪存生产地从韩国迁到了中国。科学是国际性的，每当我们有所发现，我们就会将其公之于众，科学是没有秘密的。亚洲企业往往建立在成功的西方商业模式基础之上。他们研究西方的模范企业，从中学习。

我们再聊聊您的职业生涯吧。您曾经说过，感觉科学工作背叛了您。为什么？

我想每个人都有过这种体验：我们全情投入地去做一件事，如果这件事没有做成，我们就会责怪别人。就在那一刻我意识到：科学是一种社会性质的事务，它由委员会进行管理。一般来说，科学与经济结成的联盟都不神圣。

◆ "这对获奖者来说是一次很好的展示自我的经历，但对我的另一半来说却并非如此。"

我们来谈谈您的成就吧，您因为解释了分数量子霍尔效应而获得了诺贝尔物理学奖。

我与哥伦比亚大学的霍斯特·施托默（Horst Störmer）、普林斯顿大学的崔琦（Daniel Tsui）一同获得了诺贝尔物理学奖。我是一个理论家，其实什么也没有发现，我只是把事实记录下来。我在贝尔实验室工作的时候发表了一篇论文，认为克劳斯·冯·克利青（Klaus von Klitzing）的实验测量了一个基本常数，即电子电荷。我离开贝尔实验室以后，施托默和崔琦写信告诉我，他们做了新的实验，发现了分数量子霍尔效应，这在物理学里原本是不可能发生的事情。崔琦坚信这个实验中的电子肯定以某种方式"变成分数"了，但贝尔实验室的管理层对他进行审查之后，不允许他写这个问题，因为目前还没有针对这个问题的物理学解释。

您对此作出了什么贡献？

可以说，这个实验是他们拱手让给我的。我的工作是记录下电子在磁场中产生的物理现象，以及电子表现出分数量子霍尔效应的方式。我根据自己的记录提出了一个方程式，这个方程式一共包含14个符号，一提到这个方程式，大家只记得它有14个符号。这件事给我上了宝贵的一课：我们在创造一些事物的时候，应该怎么简单怎么来，这样别人才能记住它。当时我32岁，我知道这个方程式会"活得"比我久，它会一直流传下去。

罗伯特·劳克林（Robert Laughlin）

您获得诺贝尔奖的时候才48岁，它改变了您的生活吗？

完全没有。我当时非常自豪，虽然现在也很自豪，但我并不用诺贝尔奖来定义自己。这对获奖者来说是一次很好的展示自我的经历，但对我的另一半来说并非如此，而这则是我优先考虑的问题。比起我在科学界的声誉，我更关心我的家庭。获得诺贝尔奖后最大的问题是：我下一步该做什么？从那时起，我的主要工作是研发储能系统，这是个烫手山芋，因为它涉及商业买卖和大量资金，但诺贝尔奖帮了我很大的忙。

您得奖的时候，没有情绪失控吗？

没有。主要是因为我有一桩幸福的婚姻，我的妻子安妮塔（Anita）是个天使，是她给了我勇气和自信。她不让我过度工作，花太多时间在电脑前，她没有让我变得太内向。我尽量听她的话，否则我就会遇到麻烦。

您对气候变化的立场与其他科学家不同。您认为气候变化的意义重大，但未来是无法改变的。这是为什么呢？

这是因为我比我的大多数同行更了解经济。我想成为一个理智的人，而理智与能言善辩、与政治势必不可兼得。各国关于能源的辩论都是空话连篇，基本上是政治派别之间的斗争。根据我的经验，只要涉及钱，人们就很擅长编造各种理由，证明他们正在做的事情是正确的，即使事实并非如此。能源和金钱有关。我喜欢数字，能让混乱的政治讨论变得井然有序的方法之一是讨论数字而非讨论概念。

然而，我被人误会了。出版社的编辑删除了我书中关于地球年龄的章节，将其单独出版。右翼政党则滥用这个章节的内容来证明我这个诺贝尔奖得主不相信气候变化的事实。其实我非常担心气候变化问题，正是出于这个原因，我才将我的研究课题转向能源。

面对气候变化，我们应该做些什么？

开发能够提供廉价非化石能源的技术，做不到这一点的话，花再多时间立法也解决不了问题，因为立法者无法废除物理规律和经济规律。根本问题就在于，燃烧能源物质有利于提高国内生产总值。每个人都不想对地球造成伤害，但如果我这样做而别人不这样做，我就会变得更穷。各国政府都明白这一点，所以他们迟迟不肯做出决定。金钱统治着世界，穷人不想一直穷下去，所以他们会燃烧更多的能源物质，那么我们面临的技术问题则是如何在不破坏大气层的前提下燃烧能源物质。

您把自己当成了一位艺术家。

我的意思是，我是一个理论家，我产出的是智力活动的产物，我让这些产物变得更有价值，并且我会在以前没有价值的地方创造价值。

您会对一个正在考虑学习科学专业的年轻人说些什么？

擅长学科学的人生来就是如此，他们有多种与生俱来的才能，这些才能让他们变得与众不同。他们能成为科学家是因为他们喜欢科学并且擅长科学。另一位诺贝尔奖获得者曾被问及斯坦福大学有什么可以改进的地方，他的回答是："应该允许更多的书呆子进来。"多才多艺的学生往往很聪明，他们能够意识到自己的经济价值大过科学价值。我们希望我们的实验室有大器晚成的人，因为这样的人暂时还没有这种意识。在一天结束的时候，我们应该做自己真正喜欢做的事情，并做出自己的职业选择。

科学似乎仍然是一个由男性主导的领域。

性别歧视在科学界随处可见，尤其在物理学领域，某种程度上性别歧视已经成了文化的一部分。我们必须给女性机会，让她们更容易升迁发迹。反过来，女性也必须接受一个事实，就是她们要征服一个由男性主导的领域。我们想帮她们做到这一点，但这就像试着去改变一个国家的文化，基本上是不可能的。我认为文化就意味着抗争，而女性不想被当成抗争者，因为她们的本性不是这样的。

在您的生活中，您需要克服哪些障碍？

无穷无尽的职业障碍。发现新事物需要巨大的情感能量。如果我们对某些事物感兴趣，就必须愿意为之流血流泪，这需要极大的毅力，因为失败乃家常便饭。有人会认输，认为"哦，我是个无能的人"，但没有人能一蹴而就，就拿我来说，我的成功率不到10%。

是什么让您变得如此坚强？

逆境造就一个人。我原本有两个儿子，两年前，我失去了其中一个，他死于胰腺炎。我们把他的骨灰撒在了金门大桥旁的海里，我希望自己死后也是这样。数十亿人都需要一块坟地，我为什么要占用其中一块呢？

事情本不该如此，父母本应该死在孩子前面。对父母来说，这意味着他们最重要的投资失败了，这有可能是他们一生中最惨痛的失败。时间可以治愈一切创伤，但我经常会想起我的儿子。我一次又一次地反省我怎么做才能够避免这种厄运降临到他身上，但我们是肉体凡胎，如果我们的身体罢工，那所有的理论都无关紧要了。人必须向前看，投入新任务，完成任务，取得成果。如果这种惨痛的失败打不垮我们，那就会让我们更强大。当我们不得不这样做的时候，我们就会变得更坚强。

您早期的计划有多少是可以实现的？

十分之一，甚至是七分之一。我一直在思考新事物，想让世界变得更美好。我希望我的另一个儿子继续努力，有更高的追求。如果一个人没有几个经历过失败的伟大想法，那就说明这个人还不够努力。有创造力的生活要靠精力和意志力实现，我希望我的学生能具备这些品质。

您个人对未来的愿景是什么？

我想把我的基因传下去，恰好我前不久抱孙子了。我不想造成任何伤害，我想留下对他人有用的东西。就算没有人记得我，我也不在乎，但如果我创造的东西对后人有用，那才真的了不起。

[美] 布鲁斯·艾伯茨（Bruce Alberts）

生物化学

- 加利福尼亚大学旧金山分校生物化学和生物物理学系教授
- 曾任美国国家科学院院长

◆ "如果科学真的能够燃起一个人的热情之火，那它就会变得很有趣。"

艾伯茨教授，您为什么想成为一名科学家？

我在芝加哥（Chicago）的高中化学老师是个了不起的人，他叫卡尔·瓦尔特·克莱德（Carl W. Clader），教我的时候他35岁。4年来，他的化学实验室就像我家的客厅一样，我每天都在那儿进进出出。那时候实验室没有任何安全规定。工作台中间有一个排水口，我们把各种危险化学品，例如浓硫酸，都倒进去。我们把化学物质混合在一起，使之爆炸，我开始对化学产生了真正的兴趣。我那时候并不知道我会不会选择成为一名科学家，我甚至没有意识到，科学家可以成为我的职业。我上高中时成绩很好，所以我申请了我母亲建议我去上的大学，最后成了所谓的"医学预科生"，就读于哈佛大学。我的父母都是在美国出生的东欧移民后裔，他们一直跟我强调教育的重要性。

除了在化学实验室里的爆炸实验之外，您小时候还做过什么？

我经常打垒球，而且我是一名童子军，这是一段很了不得的经历，因为我必须按照规定解决很多小问题。童子军有一项奖章制度，我们必须拿到21枚奖章，才能成为最高级别的鹰级童子军。有一系列活动可供我们选择，比如学习如何打数百种不同的结或者学习怎样制作物品。我认为这是一种非常积极主动的学习方式，它影响了我现在看待教育的方式。

LEARN FROM FAILURES

为什么？

我认为孩子们应该接受挑战，做一些事情，而不只是记住事实。在我们的教育体系中，有许多事情可以做得更好，但关键是要积极主动去做，并且要让学生自己选择他们想做的事。在我成为哈佛大学医学预科生的第一年里，我选修了好几门科学课，所以我每周有三到四个下午都在实验室里。虽然我在实验室里待的时间很长，但非常无聊，因为我除了听从指示以外什么也做不了，这种感觉就好比在按照药方吃药，科学完全不应该是这么回事。每年分配给我们的独立项目就是激励我们的绝佳方式，通过这些项目，我们真正实现了实践出真知，这是我人生的一个重要发现。这些项目考验了我，我从中学到了很多东西。老师们希望我们依靠自己的努力和付出。如果我们需要帮助，也会有人帮助我们，但他们不会给我们提供现成的答案，更何况正确答案不止一个。

您有过失败的经历吗？

我这一生从失败的经历中学到的东西最多，因为我失败的次数很多。纵观我的科学研究生涯，最重要的经历当属 1965 年我在哈佛大学的博士毕业考核中失利，那次失利简直太让我难过了。我和我妻子贝蒂（Betty）有一个一岁半的孩子，我们本来已经把家搬空，买了去日内瓦的飞机票，我打算在那里开展我的博士后研究工作。考官们对我的论文进行了简短的讨论后，表示不满意，我别无他法，只能继续在美国待 6 个月。这次经历告诉我，在科学领域，好的策略胜过一切。

您是否怀疑过自己？

在我考试失利后，我花了一个月时间思考我到底有没有成为科学家的能力、天赋和动机。我知道我喜欢科学，但每个人都要面临一个问题，这个问题也是教育最重要的组成部分之一，就是要找到我们擅长的东西，找到我们感兴趣的东西，以能够发挥我们专长、带给我们乐趣的职业为目标。上大学也不例外，仅仅是模仿照搬别人已经做过的事情，是不能取得成功的。科研是一种具有创造性的冒险活动，就和绘画一样。我跟所有的博士生都是这么说的：你们必须经受住各种考验。

您是一个有创造力的自由思想家吗？

我有能看透全局的天赋，这就是我写教科书的原因。我在设计问题的解决方案方面很有创意，而且我会用不同的方式来实施这些方案。这种能力对生活很有帮助，因为我们会遇到各种各样的问题，科学问题只是冰山一角。一旦我们掌握了科学工作的方法，它就会在日常生活中起到帮助作用，因为每个问题都会有多种解决方案，而我们只需要找到其中一种。读博的经历彻底改变了我，它让我意识到我想做有独创性、有重要意义的研究。我下定决心要找到一种特殊的方法，解决一个没有人研究过的重要问题，后来事实果真如我所愿。

关键是要找到一个独特的研究领域吗？

不光要独特，还要有深远的意义。和其他人做一样的事情毫无乐趣，而且对人类毫无益处。每个人都只活一次，所以我们最好能有所作为。

简单来说，您对社会的贡献是什么？

1953年，沃森（Watson）和克里克（Crick）发现了DNA的双螺旋结构，这是一个惊人的科学突破，解开了一个人类此前一无所知的谜团：遗传从何而来？遗传是怎么实现的？物理、化学和分子可以创造出活的细胞和人，而遗传就是伟大的奥秘之一。沃森和克里克只是从理论上解答了这个问题，但实际上问题并没有得到真正解决，他们只是给我们画了一张草图，研究了个大概而已。如果他们的研究是正确的，那一定是某种机制触发了这一切。我对分子机制中一个既特别又重要的部分很感兴趣：化学家该如何运用化学方法复制DNA的双螺旋结构？在我职业生涯的初始阶段，也是我第一次取得成功的时候，我只想把分子机制的各个部分调查清楚，让它发挥作用，利用这种机制在试管中复制染色体，我和我实验室的所有成员花了10年时间才成功做到这一点。我们发现了一种由7个可移动部分组成的蛋白质机器，这7个部分复制DNA双螺旋结构，一个DNA双螺旋结构变成了两个DNA双螺旋结构，一个染色体变成了两个染色体，这就是遗传的本质。

您对您的工作很着迷吗？

我住在实验室附近，所以我可以花一个小时左右回家吃晚饭，然后再回实验室。做生物化学研究的时候，我们必须紧盯着正在纯化的蛋白质，并确保设备的正常运转，这就意味着我们经常得在半夜进行检查。我上了年纪之后，就把这些事情交给硕士生去做，但刚开始的时候，还是得由我指导他们。我吃晚饭总是迟到，每周至少工作80个小时。如果科学真的能够燃起一个人的热情之火，那它就会变得很有趣。我对很多课题都很感兴趣，这只是我研究的第一个课题，后来我就去研究别的课题了。

您什么时候开始对科学教育产生了影响？您为什么这么做？

我了解我的孩子们上小学时的情况，他们的生物课本写满了文字和概念，但每个学生都只能理解其中一点点东西。中学的生物课本是我见过最难的书，而我自己参与大学教科书的编写完全是出于巧合。吉姆·沃森（Jim Watson）编了我们这个领域第一本真正好用的教科书——《基因的分子生物学》（*Die Molekularbiologie des Gens*）（1965）。1976年，他将两个专业领域结合起来，即我正在研究的分子生物学和我从来没有听过的细胞生物学。19世纪，大家针对细胞做的很多研究都很出色，只不过用的工具都是显微镜，因为当时还没有其他工具，由此就产生了细胞生物学这一研究领域。吉姆是一个有远见的人，他意识到我们可以填补分子和单纯观察细胞之间的鸿沟，为此他编了一本教科书，这本书与他1965年那本教科书的概念框架是一样的。他聚集了一批年轻的作者，跟他们说了一句很有说服力的话："这将是你们一生中所做的最重要的事情，它比你们职业生涯中任何一件事都重要。"事实证明，他说得对。但他当时也跟我们说，编这本书只需要花费两个月时间。可事实是，5年里，我们6个作者定期碰面，满打满算一共花了365天才编完这本书，而且每天的工作时间长达16个小时。

◆ "科学家应该密切关注在教育体系下层发生的事情。"

您担任美国国家科学院院长的时候，有没有推动教育的发展？

起初我并不想当院长，因为这意味着我得关闭我的实验室，从旧金山搬到华盛顿特区。但如果我不抓住这个千载难逢的机会，利用科学院的影响力改善科学教育，选举委员会就会想办法让我觉得内疚，因为他们知道我一直都想这么做。当时，我们正准备为美国的科学教育制定首批国家标准，我是监督委员会的成员之一，奈何教育标准制定的进展太慢，因此，让这个计划重回正轨便成了我的动力。最终，教育部拨款并委托科学院制定首批国家科学教育标准。我们真是头一次做这样的事情。

美国的政策对国际科学界产生了什么影响？

美国取得的成就是这个世界上独一无二的。出于历史原因，美国欢迎移民，欢迎世界各地的人。但新移民政策是一个巨大的威胁，只会适得其反，这让我感到很沮丧，因为美国的成功以及美国科学的成功都取决于不断涌入的人才。新移民政策带来的后果已经初步显露出来了。例如，我们学院有两位助理教授都出生在伊朗，他们非常有才华，但他们不能回家，他们的父母也不能来看他们，那还有谁会愿意从伊朗来美国呢？这简直毫无吸引力，也没有任何意义。我们失去的不只是伊朗人，还有许多国家的优秀公民。

中国已投入数十亿资金用于科研，它会占据优势地位吗？

我们也从中国对基础研究的投资中受益，因为这些知识是全球共享的。我希望我们的领导人不要抱怨中国在科研和新兴技术方面的投资，而要认识到美国也应该这样做，这才是明智之举。美国获得的所有成功都是因为我们在科学和技术方面处于领先地位，而我们的科技之所以领先是因为我们能够吸引最优秀的人才，并且利用政府资金支持他们的基础研究。我希望下一届美国政府能够大力提升美国的形象，修改移民政策。中国和美国都应该投入大量资金用于基础研究，中美应该不计前嫌、通力合作。加大力度支持基础研究意味着我们可以更快地给世界带来新知识，人类的一切利益均取决于此。

作为《科学》（*Science*）杂志的前主编，您如何看待许多科学家批评科学出版物审查过程的现象？

问题的关键是，许多被要求审查的人因为太忙而把研究工作交给他们的学生，他们只有在给出版社编辑交稿前才会匆匆看一眼要出版的文章，这样看来他们的整个动机都是错的。博士后和硕士生想给他们的教授留下好印象，这就是我们要遭受可怕审查的主要原因。我们是在互相伤害。科学家们给别人写批评性审查意见，当他们的论文遭到别人的批评时，他们也会抱怨。我喜欢公开审查意见，现在正在进行多项有关试验，我认为我们应该尝试一些简单的做法，比如匿名发表审查意见，无论如何我们都得做得更好。我们当然不希望审查过程毁掉科学，这件事其实并没那么复杂，我们应该能够解决这个问题。

您希望在您的研究领域看到哪些变化？

我认为未来的科学教育应该与现在的科学教育完全不同，儿童需要学习如何解决问题。科学教育应该给他们带来挑战，让他们与其他人合作，找到问题的解决方案。举个例子：在幼儿园，老师给每个孩子准备了一双白袜子，让他们穿着袜子在院子里跑，院子的土地上有种子。孩子们回来后，要清理掉袜子上的泥土和污渍，然后这群五岁的孩子要从中找出哪些是种子，哪些是土壤。如果整个过程进行顺利，孩子们就会听从他们自己的想法，而不是老师的想法。我们可以在每个年级的学生身上做这样的实验，但我们没有给教师做过这方面的培训，部分原因是：我在 1996 年参与发起了培训标准制定倡议，当时科学院就制定了相关标准，但在某种程度上，这些标准反倒妨碍了对教师进行良好的培训。这是我们没有想到的，大家在执行这些标准的时候过于严苛，以至于教师根本不可能达到这些标准。我们必须为孩子们提供更少但更深入的教学，不能苛求教师在课堂上就教会学生所有的事情。

制定标准是必要的，但会给教师、学生和学校带来压力，您提出了哪些解决方案来平衡这两者之间的矛盾？

最重要的一点是，各级各类学校需要定期向管理机构提供反馈和建议，这方面必须加以改善。对于有着丰富知识和经验的优秀老师，我们必须给予更多尊重，理想的做法是让他们在流动小组中担任正式顾问，为学校管理出谋划策。他们的声音需要被公众和政治领导人听到。我们的各个州以及国家政府都需要这样的反馈。成立这样的"教师咨询委员会"一直以来都是我的主要目标之一。

科学家在这方面能提供什么帮助？

科学家应该密切关注在教育体系下层发生的事情。在旧金山，中小学生、博士后和教师之间有着极好的合作关系。如果我们想把科学和社会联系起来，那全世界都需要合作。我们还需要将学校与学校周围的真实环境联系起来，这就需要大量的志愿者，我们应该向社区和教师公开整个教育过程。我们需要全新的制度，就和我当时在大学里做童子军领导一样，用奖章作为奖励的童子军制度需要某个学科领域的专家担任志愿者。我们现在遇到了一个绝佳的机会，可以为各学科领域的孩子们安排一系列任务，让退休人员和其他人员进行合作，以合理的方式指导下一代。

您想对大家说些什么？

每个人都应该贡献出一点力量，让下一代人过得更好，只有这样人类才能存续下去。

[瑞] 维奥拉·福格尔（Viola Vogel）

生物物理学

- 苏黎世联邦理工学院应用机械生物学教授
- 2018年起，担任"爱因斯坦访问学者"项目研究员

◆ "老是有人问我：'你作为一个女人，为什么对技术感兴趣？'"

福格尔教授，您在科学界迅速崛起，甚至成了比尔·克林顿（Bill Clinton）顾问团队的一员。在由男性主导的自然科学领域里，您是如何做到这一点的？

总有人问我："你作为一个女人，为什么对技术感兴趣？"我不能让这种话影响我，以免失去自己的热情。我总是渴望能与身边的人达成共识，因此我很早就得到了同行们的认可与尊重。但是，女性所走的每一步都会受到密切的关注。我是华盛顿大学生物工程专业的第一位女教授，也是苏黎世联邦理工学院材料科学系的第一位女教授。现在，在我们新成立的健康科学与技术系里，有三分之一的教授是女性，可见有些事情真的在改变。

您认为女性从事科研行业会遇到更多的困难吗？

任何女性都不希望被外界视为用来装点门面的人，大多数女性都非常抗拒这样的话题，我也不例外。但我发现，在整整一代人的时间里，许多技术岗和领导岗上的女性人数依然没什么变化，尽管我们已经做了很多事情来支持女性：以前孩子主要是由女性照顾，现在越来越多的人意识到男性也可以帮忙照顾孩子，养育子女是夫妻双方共同的责任。但恰恰这一点才是最让我失望的地方，所有为鼓励女性走上科学之路所付出的努力都只起到了一点点作用。

您曾经有没有怀疑过自己到底能不能成功？

我曾一而再再而三地怀疑自己，上大学的时候更是如此，因为那时我遇到了真正的困难，我认为女性

维奥拉·福格尔（Viola Vogel）

更容易质疑自己。我刚开始工作的时候，别人总是想当然地认为女性要么选择科学事业，要么选择家庭，这两者似乎并不相容，而我首先考虑的是做一名科学家，经营我的科学事业。当我看到美国对于女性兼顾事业与家庭的接受度越来越高，我才开始改变我的态度，组建家庭。

成为教授有多难？

学术生涯中真正难过的一关是获得助理教授职位，这个职位竞争非常激烈，那时候华盛顿大学就有超过250人申请助理教授。我最大的优势是以前既学过物理学又学过生物学，这种专业组合很罕见。我在那段时间里生了两个孩子，回想起来，我很高兴自己做了这个决定。没生孩子的时候，我每天都尽力完成所有工作，哪怕熬夜加班也要做完。孩子出生之后，我很快意识到，我必须重新安排我的日程，为孩子们留出足够的时间。我列出了每天的优先事项清单，尽可能多地完成清单上的任务，然后心安理得地回家。有些事情实在无法马上完成，我也就慢慢学会了说不，我可以把精力放在真正重要的事情上，只挑最重要、最有趣的工作来做。我所面临的最大挑战是：为了照顾孩子们，整夜休息不好，第二天还要集中精神给学生上课。但是，当我意识到科学不是万能的，而家庭为我提供了一种平衡，让我乐在其中，这个时候我真的特别满足，家庭从来没有对我的职业生涯造成过不利影响。

有人说，一个好的科学家必须痴迷于他（她）的研究工作。

即便如此，我们也不可能一天24小时都研究同一个课题。关键的问题是：我们怎么做才最有效率？我们在哪里工作才最有效率？为此，我们需要自由思考的空间，自由思考可以帮我们找到创造性的解决方案。我的孩子还小的时候，我喜欢和他们一起玩。跟他们在一起时，我总是会产生一些想法，而这些想法在平常繁忙的工作中可能永远不会出现，所以家庭是给我充电的好地方。我丈夫也给了我很大的支持。我们一起照顾孩子，分担所有家务，从换尿布到给孩子喂奶，我们总是一起做。多亏了他，我才有时间出去开会，而这段时间里他自然也会在家照顾孩子，反之亦然。能够跟孩子保持密切接触对他来说意义重大。然而，令他百思不得其解的是，他是游乐园里唯一带孩子的男人，这个时候总有人对他侧目而视。

您的父亲是一名地质学家，您小时候经常搬家。小学前几年您在阿富汗上学，这段经历有没有对您造成影响？

我们一般会在一个地方待3年，这对我来说是非常大的挑战，我得不断结交新朋友。从阿富汗回到德国的那段日子是最艰难的，因为我有了完全不同的生活经历，但其他孩子对此并没有什么兴趣。他们经常取笑我，因为他们谈论的某些游戏或者电影我根本听不懂，所以一开始我几乎是被他们排斥在外的，但是打不倒我的只会使我更强大。我学会了不气馁，这无疑让我为迎接以后的人生做好了准备。

您对自然科学研究的兴趣从何而来？

我的老师在这方面起到了很重要的作用。早在我上学的时候，他们就唤醒了我对科学问题的兴趣，否则我可能不会走科研这条路。我有一个物理老师，他总能激发我们的热情。我们是他教的第一个班，他经常在下午给我们做实验。我父母有一个好朋友，也是一个物理学家，他给我提供了很多建议。在他看来，我去搞科研是理所当然的事。走在一条适合我自己的路上，这种感觉真的非常好。

◆ "我刚开始工作的时候，别人总是想当然地认为女性要么选择科学事业，要么选择家庭。"

年轻人为什么要学习自然科学？

年轻人应该认真听从自己内心的声音，找到他们热爱的事物，不要害怕学习不同的学科，这些学科看似八竿子打不着，实则不然，以后往往有很大的概率可以获得独一无二的成就。搞科研需要极大的心理承受能力和毅力。我们必须大量阅读已出版的文献、分析数据并无数次重复实验。要坚持下去，心里就绝不能想我现在必须工作赚钱，心里应该想的是：我对这些问题很着迷。

◆ "学术生涯中真正难过的一关是获得助理教授职位。"

您认为未来科研面临的主要挑战是什么？

与过去相比，拨给教授的经费急剧下降，而教授公开招聘和争取科研经费的竞争压力则大大增加，这会导致两个严重的后果。首先，要获得科学界的认可就需要在最好的期刊上发表文章。优秀期刊的编辑会得到晋升，有时甚至还会根据他们收录的文章被引用的频率而获得报酬，所以他们往往更愿意接受写当下热门课题的文章，而那些内容太过超前的文章，例如领先热门研究领域 5 年甚至 10 年的新发现，往往不被接受。此外，科学家研究风险问题的意愿也有所下降，因为这需要耗费大量时间，而且出资人要求他们提供详细的研究进度安排表。不幸的是，现在的科学家为了获得科研经费往往漫天许诺，即便他们可以预见到在规定时间内根本无法兑现这些承诺，他们还是会这样做。这种行为往往会引起社会对他们产生错误的期望，从而削弱科学家的公信力。恰好生物学目前就面临一个很大的问题，即很大比例的已发表数据是无法复现的。

维奥拉·福格尔（Viola Vogel）

也就是说，制药业是关键因素？

制药业试图重复已经公之于众的实验，但它肯定会发现许多实验并不像已发表刊物中描述的那样容易完整再现。于他们而言，这些都是严重的投资不当。许多期刊出版社现在已经采取了措施，要求原作者提供更详细的资料。

您的 H 指数是多少？

目前是 64。H 指数取决于一篇已出版刊物被引用的频率，因此，在一个非常庞大的学术领域做研究，比在一个专业性过强的领域做研究更容易获得高 H 指数。因此，我们不应该过分解读 H 指数。诺贝尔物理学奖得主唐娜·斯特里克兰（Donna Strickland）获奖时，H 指数仅为 12。

卡尔·杰拉西（Carl Djerassi）曾说过，嫉妒与竞争在科学界中非常常见。对此您有何体会？

这是一个热门话题，尤其是在科研领域，成群结队的科学家们都用类似的方法来解决重要问题。我一直在尝试用物理学方法提出仅用生物学方法无法解决的新问题。从这个角度来说，我第一次近距离地体验到了令人窒息的日常竞争焦虑，因为我们总是想用新方法和新技术来做研究。乍一看其他实验室发表的文章，好像有人捷足先登了。学生们就坐在我的办公室里，眼含热泪，看着他们能够发表文章的希望逐渐消失。但仔细观察后才发现，我们和别人所做的实验从来都不是完全一样的。在竞争对手所做研究的基础上，我们往往能够发表更好的论文，所以我们最终获得了双赢。

您能简单介绍一下您的研究内容吗？

我主要研究生物纳米世界的运作方式，以便我们能够操控它。通过这项研究，我们有可能更有效、更划算地治疗疾病。我一直对纳米技术有着浓厚的兴趣，借助制造和操纵纳米结构的新方法，加上超高分辨率显微镜和计算机模拟的支持，我们正在研究微生物和哺乳动物细胞如何利用机械力激活和抑制蛋白质的功能，使它们能够探明自身所处环境的物理特性。蛋白质是我们的纳米级工作母机，是我们赖以生存的基础。想象一下，你的手就是一个细胞。当你用手指触摸一个表面，你能感觉到这个表面有什么特性呢？当你用手指挤压或者拉扯垫板，又能感觉到垫板有什么特性呢？同理，细胞也需要借助力来探测不同表面的属性：细胞会拉扯周围环境，通过周围环境凹陷变形的方式来确定它们周围有什么东西。

在此基础上您想研究什么呢？

我们的目标是利用或调节细胞的机械功能，以此开发新疗法。我们一直在问自己：细菌到底是怎样发现皮肤上的某个小伤口，然后通过它进入身体的呢？我们发现，细菌使用肽线，即纳米黏合剂，来消除人体组织的纤维张力。当伤口中的组织纤维被切断，它们会失去未受损纤维所具有的张力。我们发现，葡萄球菌利用其黏合剂会优先附着在这些被切断的纤维上。我们随后合成了细菌纳米黏合剂，发现它也能附着在肿瘤组织的组织纤维上。我们接下来计划进一步开发这些黏性纳米探针，以便能够将其用于成像，或者让这些探针能够非常精准地将药物和活性物质运送到病变组织。我们在细胞培养过程中已经进行了很多测试，在动物身上也做了一些测试。如果没有动物测试，就不会有新的药物，当然，我们也不想把人类作为实验的小白鼠。

现在这一切听起来好像都很容易，您是否也曾经历过失败呢？

项目一开始，我们就遭遇了一次失败，但那是我们自以为的失败。我的一个学生来找我，说这次模拟实验没有成功。我们借助计算机模拟将一个带有纳米黏合剂的蛋白质分子展开，尽管我们看到的结果并不符合我们的预期，但这恰巧也是一个发现！我们并没有质疑学生们所做的工作，而是思考这些数据究竟意味着什么，搞科研的人必须跳出固有的思维模式。人类往往倾向于用线性思维方式去看待他们观察到的现象之间的关联，因此有时很难凭直觉正确理解复杂的关系。当我们意识到我们发现了一个闻所未闻的自然界奥秘，这对我们来说绝对算得上是攀上了新的高峰，而这样的发现会给整个研究团队注入无法想象的力量。

作为一个科研人员，您认为您的责任是什么？

有一点很重要，我们都应该问自己：除了实现我们的科学目标之外，我们的科学发现还可以用来做什么？科学的发展是如此之快。以前，将一种发现的成果转变为事实需要 10 年甚至更长时间。可如今，这个过程往往只需要短短几年时间，所以我们作为科学家，必须尽快提醒全社会提防新技术被滥用的可能。与此同时，全社会也应该与科学家一起采取监管措施，有效预防技术滥用的可能。

◆ **"我们作为科学家，必须尽快提醒全社会提防新技术被滥用的可能。"**

[法] 帕斯卡莱·科萨尔（Pascale Cossart）

微生物学

- 巴黎巴斯德研究所细菌学名誉教授
- 曾获 2007 年罗伯特·科赫科学奖、2013 年巴尔赞奖
  法国人

◆ "我很坚强，我知道我想要什么，而且我喜欢成功的感觉。"

科萨尔教授，战后您在法国北部长大，您的童年快乐吗？

嗯，那是一段快乐、安宁的时光。我父亲经营着一家磨坊，就在他刚想从他叔叔手里接管磨坊的时候，磨坊被烧毁了。于是他重建了磨坊，建得比以前更大、更好。我们家一共 5 个孩子，我是老大。我母亲是个家庭主妇，负责照顾我们。我们住在村边的一个房子里，房子很漂亮，还有一个大花园，而我祖母就住在隔壁，一切都非常传统。

我父亲是乡长，需要参与制定村里的政策。有时我感觉，对他来说，整个村子比他的家庭更重要。但后来我发现，他就是那种对工作很热心的人，而我也一样，所以现在的我已经能接受这一点了。

您上学的时候跳了两级，您父母一开始就知道您很聪明吗？

我父母说我很聪明，因为我比我的同班同学年龄要小，但年龄小不会一直都是一种优势，我偶尔也会听到别人说我不成熟，但这样的声音并没有阻碍我前进，我依然很早就通过了高中毕业考试。

您是在上中学的时候发现自己很喜欢科学吗？

我在法国北部小镇阿拉斯（Arras）的高中附近买到了我的第一本化学书，从那时起我就爱上了科学。

我读完这本书之后很喜欢它，觉得自己发现了一个全新的世界。我知道了自然界是由可以连接在一起的分子组成，那是一个意义重大的时刻，是我生命中的一个转折点。在那之前，我在学校专攻古代文化研究，但我不知道该用什么开启我的生活。我并非来自学术之家，甚至不知道有化学这种学科的存在，但在读完这小小的一本化学书之后，我转头就去研究自然科学了。

高中毕业后，您上大学学的是化学专业吗？

没错，我在读化学硕士之前学的是理论化学，后来我又迎来了生命中另一个关键时刻：我发现了关于生命的化学，即生物化学，于是决定再读一个生物化学硕士，所以我去了美国的乔治城大学。有趣的是，就在我去乔治城大学之前，我遇到了我未来的丈夫。我很快就读完了硕士，一年后回到法国，跟他结了婚。后来我去了巴黎的巴斯德研究所，在那里一直工作到现在。

◆ "我的确是个工作狂，做工作狂也挺好的。"

结婚后，您生了3个女儿。成为一名母亲对您来说是个艰难的决定吗？

不是，生孩子是一个自然而然的决定，我喜欢孩子。大家庭在法国北部很常见，我的父母都来自十口之家。

要同时兼顾工作、婚姻和孩子，是不是很复杂？

我的3个女儿在两个半月大的时候就被送去了托儿所，这在法国是很正常的现象，托儿所可帮了我大忙。而且我很幸运，因为巴斯德研究所没有性别歧视，对男女没有区别对待。另外，我是一个组织力很强的人，这种能力也让我受益匪浅。我可以完成很多事情，因为我很活跃，甚至有点活跃过头，我很擅长同时处理多项任务。我也很庆幸自己的身体很健康。我姐姐说这是因为我母亲给我喂了6个月母乳。其实我很早就离婚了，但离婚与我的工作无关。我当时刚写完博士论文，对工作并不太上心。过了一段时间后，我遇到了另一个男人。

现代女性应该如何平衡母亲这个角色与事业之间的关系？

对于我们的生活而言，在成功的事业和家庭之间找到平衡很重要。那些想要孩子的女性不应该太晚生孩子，有些女性不遵循她们的生物钟，错过了时机。我很幸运，因为在我的职业生涯中，我从来没有因为自己的女性身份而受到任何不该有的待遇。我是我所在部门的负责人，曾两次担任巴斯德研究所科学咨询委员会主席。

作为一名女性，您在科学领域能取得如此高的成就，想必您一定是个非常坚强的人。

没错，我很坚强。我知道我想要什么，我喜欢成功的感觉。我喜欢解决问题，我一直都在走自己的路，从不追赶潮流。我的确是个工作狂，做工作狂也挺好的。谁都清楚，要想在科学领域获得成功，就必须加倍努力工作，必须时时刻刻都在思考科学问题，必须阅读大量文献，当论文遭到拒绝时，必须坚强地去应对。科研是一项艰苦的工作，它的艰苦超乎想象，但从另一个角度来看，科研也是一项丰富多彩的工作。

您还会用什么词来形容自己？

我是一个乐观向上、积极主动的人。总而言之，我很享受生活。我善于交际，喜欢结交朋友，让别人开心。我经常观察别人，所以我很快就可以形成对一个人的评价和看法。对我来说，第一印象最重要，也最持久，所以不管在什么场合，我们都应该穿着得体。我也是个很勇敢的人，天生就是如此。而且我总是喜欢把我的想法说出来，但有时候想什么说什么也是个问题，做人应该要圆滑一点，我后来也学会了这样。

您的孩子在成长过程中有没有抱怨过您的工作太多了？

他们没有一个人追随我的步伐走科研这条路，因为他们认为搞科研工作太多，钱太少。他们一直跟我说，我的工作太多了，不过他们小时候并没有抱怨。我很早就有了孩子，25岁生了第一胎，27岁生第二胎，32岁生的第三胎。那时候我还不是什么伟大的科学家，也不用出差。他们20岁左右的时候才开始跟我抱怨，直到今天他们还在抱怨。不过每次他们问我周末可不可以帮他们带孩子，我一般都说可以。

关于科研，您会给年轻人一些什么建议？

科研一开始肯定是很艰难的，努力工作，却几乎赚不到钱。但是一旦熬过了这个阶段，下一站就是天堂了。年轻人应该密切关注自己感兴趣的项目，而不仅仅是当下流行的那些东西。

您认为年轻人为什么要学习一门自然科学专业？

生物学特别伟大，因为它有助于我们理解生命。科学是奇妙的，我在世界各地都交到了朋友。我们组成了一个庞大的社区，我们不考虑边界、英国脱欧和战争的问题。我们只是科学家，一起享受生活的

帕斯卡莱·科萨尔（Pascale Cossart）

科学家。

我听说您喜欢在吃好酒好菜的时候讨论科学课题。

是的，我总是喜欢在漂亮的餐厅里庆祝重要的事，因为那里能营造出一种良好的氛围。如果出版社愿意发表我们的论文，我们也会庆祝一番。大家在谈论电影和音乐这些事物的时候，就会意识到生活所包含的其实远不止科学。

您认为，科学家是不是对全世界的人都负有责任？

掌握某种知识的人应该与没有掌握的人共享这种知识。从微生物学领域来看，我们对全世界的人都负有特殊的责任，因为我们可以传递有关生命本身的知识。例如，我们可以告诉所有人，全民接种疫苗是一件好事。

◆ "我把我的实验室当作一个大家庭来管理。"

您的研究针对李斯特菌的危害性提出了警示，帮到了其他人。这种细菌到底有多危险？

李斯特菌是一种常见的病原体，通过食物传播。如果人体免疫力出于多种原因下降，例如身体不健康，正在接受化疗或者怀孕，李斯特菌就有可能在这时候乘虚而入，造成危险。这种细菌不仅可以引发肠胃炎，还可以引起脑炎、脑膜炎和流产，而且致死率达 30%。我从 1986 年开始研究李斯特菌，当时法国每年有 1000 多起李斯特菌病病例。而如今这个数字已经下降到 350 了，现在人们的危险防范意识更强了，而且我们也不断提醒人们要警惕李斯特菌的危害性。如果他们吃的乳制品没有用巴氏灭菌法消毒，那患李斯特菌病的概率就会增加。因此，我们已经建议法国的孕妇不要吃生乳奶酪。

是什么激起了您对李斯特菌的兴趣？

有一天，巴斯德研究所问我能不能对病原体展开更具体的研究。作为一名化学家，我对病原体一无所知。我决定研究细胞内的细菌，因为它们仍然是重大疾病的罪魁祸首。李斯特菌似乎是一个不错的研究对象，尽管很少有人听说过它。我先试着从分子生物学和遗传学的角度来探究李斯特菌的毒性，但后来很快就决定从细胞生物学角度入手展开研究。由此可见，走到这一步其实并不难。

李斯特菌有什么吸引人的地方吗？

李斯特菌引起了我的好奇心，因为它生活在细胞内，并不是太危险，而且它可以从胃肠道经过肝脏和脾脏到达大脑。我做了很多研究，想弄清楚李斯特菌穿过胃肠壁的方式。我们研究了李斯特菌进入细胞时细胞成分发生的变化，以及它利用肌动蛋白（一种结构蛋白）在细胞内移动的方式。然后我们使用后基因组学方法来确定控制李斯特菌利用受感染细胞的基因，最终我们发现李斯特菌感染人的方式多种多样！

随着时间的推移，您已经成为李斯特菌研究领域最权威的学者。您是如何取得这一成就的？

我一直都在努力工作，在这期间我们一直都很幸运。每听到一个好的提议，我都会欣然接受。例如，研究所问我愿不愿意在所里的另一个部门成立一个新的研究小组。虽然我对自己的工作非常满意，但我没有丝毫犹豫。我知道我必须继续前进，不能回头，这不是因为我曾梦想要领导某个研究小组或成为某个实验室的负责人，那从来都不是我的目标。我的目标其实很简单，就是在工作中取得成功，站在我研究领域的最前沿。

听起来您好像总是在对的时间出现在对的地点。

是的，没错。我从美国回来的时候，分子生物学刚刚掀起热潮。科学家掌握了操纵基因的方法。随后巴斯德研究所有了第一台共聚焦显微镜，我们可以用它来研究细菌。接着又出现了 DNA 测序技术，我是巴斯德研究所第一个将这项技术应用于基因研究的人。之后我主持了李斯特菌的基因组测序工作，将其与无致病性的英诺克李斯特菌的基因组进行了对比。

与德国和美国相比，在法国做科学家是什么感觉？

美国在科研方面投入的资金更多。女性得到的认可越来越多，但仍有困难要解决。女科学家在德国的处境更为艰难，因为男性往往更容易当上教授。而法国不一样，法国为我们提供的是稳定的职位，这些职位不是和研究中心捆绑在一起的，而是和个人捆绑在一起，所以我们可以从一个部门转到另一个部门，或从一个研究所转到另一个研究所。我在巴斯德研究所已经待了 48 年了，我依旧很喜欢这份工作。

这么多年来，有哪些人当过您的导师？

对我而言，最重要的导师是乔治·科昂（Georges Cohen）。读博期间，我就在他的实验室工作。朱利安·戴维斯（Julian Davis）是我在巴斯德研究所的最后一位上司，他对我起了很重要的鞭策作用。他平时是个很会享受生活的人。他告诉我，经营一个实验室，最重要的是要有很多钱。他说得很对！

您是不是一直都可以筹集到充足的研究资金？

我从未遇到过资金问题，我总是等到项目成熟以后才开口要钱。我不会等到钱用完以后再要钱，而是在恰当的时机要求补充资金。

您在管理实验室的时候，女性的身份对您有帮助吗？

女性的身份帮助我注意到了许多小事。我把我的实验室当作一个大家庭来管理，尽力照顾到每个人的心理需求。如果换作一个男性可能会采取不同的做法，因为男性往往会更多地考虑自己的需求，他们的自信心更足。我很晚才树立起自信心，那时我已经被公认为一个成功的科学家了。

为自己的实验室雇用合适的人肯定是一件很重要的事。

这一点至关重要。举个例子：我曾经雇用过一个害群之马，因为他，我的实验室开始分崩离析。这件事对我来说是一次宝贵的教训：如果出现小问题，就应该在它升级为灾难之前立刻解决它。实验室里的人应该愉快相处，各自负责自己的项目，不要相互竞争。实验室雇用的人也得保持性别比例平衡。我一直在努力争取男性和女性之间的平衡，所以有时候不得不拒绝一些十分优秀的女性。

您喜欢和别人一起工作吗？

我喜欢与值得信任的好人一起工作，我不想为了合作而合作。高效的合作需要双方团队都高效地工作，缺一不可。科研就是一场竞赛，我们想做第一名。

如今您是不是还和以前一样渴望成功？

准确说来，比起我职业生涯的初期，我现在更渴望成功，因为我对发生过的事情有了更好的认识。我总是想解决重大问题，我对小细节不感兴趣。

您未来有什么打算？

说实话，我很害怕进入人生下一个阶段。等到我70岁时，巴斯德研究所就会关闭我的实验室，这就意味着我必须尽快完成我的工作。这简直太可怕了，因为工作就是我的生命，工作代表了我的一切。我还在考虑该如何继续我的研究，我不想浪费人生剩下的时间。另外，我很爱我的5个孙子，所以我不想搬到太远的地方去，主要是我不知道搬到别的地方会发生什么，或许我可以休个假。我现在还在兼任法国科学院的常任秘书，所以我很忙，但这份工作永远不可能取代我的科研工作。总而言之，目前这个阶段不太轻松，加之我父亲两个月前去世了，我更难过。不过有个好消息是我拿到了另一本书的合同。

您已经写过一本书了，是吗?

我一直梦想着写一本书。因此，2016 年，诺贝尔奖得主弗朗索瓦·雅各布（François Jacob）的女儿——出版人奥迪勒·雅各布（Odile Jacob）邀请我写一本书的时候，我非常高兴。见到奥迪勒，我们光聊她父亲就聊了好几个小时，然后她询问了我的写书计划，表示赞成。当时我欣然起舞，没过多久就写好了这本书。

布赖恩·施密特（Brian Schmidt）

[澳]布赖恩·施密特（Brian Schmidt）

天文学

- 澳大利亚国立大学天体物理学教授、副校长
- 曾获2011年诺贝尔物理学奖

◆ "你可能不会获得诺贝尔奖，但请你一定要尽力而为！"

施密特教授，是什么原因让您成为一名科学家的呢？

事实上，科学一直伴随着我一起长大，因为我的父亲是一位研究鱼类的生物学家。在我小时候，他一边照顾我，一边撰写与渔业相关的博士论文。我目睹了他所做的一切，很喜欢他的科研方式。他对我产生了很大的影响，因为他，我才决定从事科研行业。我从小就对事物的运作方式非常好奇，所以我从小就很清楚我想成为一名科学家，我从未想过要从事其他工作。我遇到了一些很优秀的老师，特别是我的高中老师，他们帮助我一起实现我的梦想。

您上高中的时候就非常拔尖，300个学生里，您总是考第2名或第3名。上大学的时候，您是3000名学生中最优秀的那一个，您在哈佛大学也取得了很大的成就。您一直都想做最厉害的人吗？

其实我从未想过要成为最厉害的人。我为自己在高中的表现感到自豪，我以最优成绩毕业于亚利桑那大学，这多少让我有些惊讶，但这并不意味着我一定要做最厉害的人，我只是想成为一个优秀的人。我上高中时有过许多经历：我演过戏剧，参加过越野赛跑和越野滑雪，还在学校管弦乐队担任过圆号演奏手。到了大学，我放弃了很多业余活动，更加专注于学习。我开始做研究，这对于20世纪80年代一个普通的美国学生来说是一件很不寻常的事情。

1993 年，您获得了博士学位。第二年，您开始了与高红移超新星搜索队合作的研究项目。

我当时在哈佛 - 史密松森天体物理中心读博士后，正在考虑我之后要研究什么。我参与了几个有趣的项目。1994 年初，我意识到我们有机会审视过去，探索宇宙是如何随着时间的推移变化和膨胀的，这是人类延续了 75 年的愿望，就在 1994 年，技术的发展和知识的进步使这一愿望有了实现的可能。当我意识到这一点时，我决定放下其他所有的事情，集中精力钻研这个课题。

您的同事索尔·珀尔马特（Saul Perlmutter）多年来一直在研究这个课题，而您是一位相对而言比较年轻的科学家，也涉足了他的研究领域，并与他产生了竞争关系。

珀尔马特和他的团队自 1988 年以来一直在做这方面的研究，但直到 1994 年才取得多项重大成果。我和一位来自智利的同事一起合作，发现了利用 1a 型超新星精准测距的方法，珀尔马特的团队却认为这种测距方法早就已经存在。1994 年，10 米长的凯克望远镜问世，我们有了第一个可以用来观测超新星的望远镜。我们的目标不仅是要确定超新星的亮度，还要能够识别超新星。但我是从一个天文学家的角度来处理这个问题的，而珀尔马特的团队则更多地从物理学的角度来考虑这个问题。我们从一开始就采用了不同的方法。我在设置实验的时候，会看看他的团队在做什么，然后我告诉自己：我会用不同的方式处理这些问题。他们也会了解我们所做的事情，然后对他们的工作进行一些调整。因此，我们两个团队就成了竞争对手。毕竟我可不想努力了 4 年后，才发现他们团队是对的。

1998 年，您在顶级期刊上发表了您的研究成果。发表论文也是科学竞争的一个重要因素吗？

当时我们投了两大主流天文学期刊中的一个，对方则投了另一个。虽然我们的论文发表于他们之前，但最终这两篇论文获得的认可差不多。有一阵子我们的竞争变得非常激烈，因为当时他们的研究成果远超我们。当我们赶在他们之前发表了论文，他们对我们所取得的成就感到非常惊讶。在此我要感谢我的同事亚当·里斯（Adam Riess），是他帮助我们团队快速完成了所有工作。我们当时一下子就想到了问题的解决方案，我觉得这会让对方团队担心我们会夺走所有的荣誉。

2011 年，里斯、珀尔马特还有您都获得了诺贝尔奖。天文学家罗伯特·基施纳（Robert Kirschner）曾经说过，宇宙中最强大的力量不是重力，而是嫉妒心。而您刚刚提到了一些与诺贝尔奖有关的不当行为。

在颁奖仪式上，每个人都表现得很得体，但颁奖仪式开始前并非如此。在颁奖前夕，一些圈子里的人确实争着抢着想知道最后是谁拿了奖。诺贝尔奖最多可授予三名获奖者，而这项发现涉及的研究者足足有 60 人。最后，里斯、珀尔马特和我顺理成章地获得了诺贝尔奖，但双方团队都有一些人愤愤不平，他们觉得自己只差一点点就能成为诺贝尔奖得主。

许多年轻的科学家几乎昼夜不停地工作，因此不能经常见到他们的家人。您的情况是怎样的呢？

我有很多工作，尤其是在我们研究超新星最为关键的 3 年里，工作非常多。我一直在努力做一个好丈夫、好父亲，但我实在太忙了，该努力工作的时候就得努力工作，这是没办法的事。如果我这 3 年不是夜以继日地工作，那我可能就不会获得诺贝尔奖。

1997 年，您申请了加州理工学院的全职工作，但您最后没有去，因为您认为去那里工作的话，您的妻子就会跟您离婚。

我去了加州理工学院，在那里待了几天，我意识到那里的环境并不适合我和我的家人。当时我还没有工作，虽然澳大利亚国立大学的工作只能做到 1997 年底，但我还是拒绝了加州理工学院的工作邀约。归根结底，生命才是我们拥有的最重要的东西。一个人绝不能为了工作而牺牲自己的生命和家庭。我们必须在生活中找到平衡，工作不是生活。现在我开了葡萄园和酿酒厂，它们能带给我幸福，和家人一起外出体验生活也能让我感觉到幸福。如果让我选的话，家庭第一，科研第二。如果我只顾科研的话，我绝不会像现在这样满足。

您曾经说过，提出正确的问题很重要。那什么是正确的问题呢？

就是那些我真正感兴趣的问题。当我下决心要解决某些问题，找到这些问题的答案，并为此彻夜不眠，当我能够向科学家或专家以外的人解释这些问题，我就知道我研究的是正确的问题。在我的一生中，这种情况出现过三四次，每次都意义非凡。我们必须不断摸索，观察周围的情况，并为即将到来的事情做好准备。就目前的状况而言，能够承担风险是很重要的一种能力。如今，任何无法承担风险的科学家都干不成大事，至少在科研领域干不成大事。科学的目的是打破界限，作为一名研究型科学家，保持这种热情真的很重要。我们不一定得是天才，但我们必须得是聪明人。

您对社会的贡献是什么？

1995 年，在我成为著名科学家之前，我正在教导其他人，告诉他们到外面的世界从事有趣的工作需要什么，也正是当时所做的一切才成就了现在的我。这些人钻研基础知识的时候，有时会产生小小的思维火花，引发顿悟，而我参与发现的宇宙加速膨胀现象就是这些小火花之一。我在社会中的作用就是要成为这些火花的一部分，在此基础上，改变人类并激励人类取得伟大的成就。

您能向一个 6 岁的孩子解释您的研究工作吗？

作为一名天文学家，我的工作是仰望天空中的数十亿颗星星，问自己：我们已经在这里待了多久了？我们的地球、太阳和宇宙存在多久了？宇宙是如何开始的，又将如何结束？这些问题是每个 6 岁的孩子都

布赖恩·施密特（Brian Schmidt）

能理解的，无论他们来自澳大利亚还是纳米比亚。

您有什么话想对大家说吗？

科学让我们有机会研究各种事物，包括那些我们尚不了解的事物，它能让人成为各个重要领域的专家。大多数人认为他们永远不会获得诺贝尔奖，当然也包括我，但不要因此认为你就无法取得重大突破！你可能不会获得诺贝尔奖，但请你一定要尽力而为！你将为知识作出贡献，让世界变得更美好，也许你就是那个点燃思维火花的人。必须有人站出来，帮助人类安全地迈向未来，而那个人，可能就是你。

[美] 阿维·勒布（Avi Loeb）

物理学和天文学

- 哈佛大学天体物理学教授

◆ "我认为人类很可能并不是宇宙中唯一的物种。"

勒布教授，您曾经说过，您每天早上醒来都会产生一个新想法。请问您今天早上产生的新想法是什么呢？

今天我想知道，一颗恒星与另一颗恒星的距离能不能决定某颗恒星是否会坍缩？大多数大质量恒星都有伴星。伴行的恒星越多，不稳定性就越大。如果3颗及3颗以上的恒星相互环绕，它们发生坍缩的可能性就会增大，此时会形成一个更大的恒星，最终可能会变成一个黑洞。

为什么您总是在洗澡的时候产生最棒的想法？

因为洗澡的时候没有人打扰我，洗澡让我放松，让我有时间思考。大自然也能帮助我进行思考。小时候，我曾开着拖拉机上山，待在山上安安静静地看哲学书。

1962年，您出生在以色列贝特哈南（Beit Hanan）的一个莫沙夫（Moschaw）❶里。请问您在那里的童年生活给您带来了怎样的影响？

我的童年非常美好。小时候，我在田间玩耍、做运动，到了青少年时期，我经常一个人或者和我母亲

---

❶ 莫沙夫：以色列的一种农业社区模式，它是一个约60户人家的村庄，每户人家拥有自己的房屋和土地，自给自足。每户人家均从属于莫沙夫集体，莫沙夫以联合的形式负责供销，并提供教育、医疗和文化服务。它给该国的农民带来丰厚的收入和较高的生活水平。——译者注

一起看哲学书，她有一半的西班牙血统和一半的保加利亚血统。我对于知识的渴望都是从她那儿来的。我父亲开了一家山核桃工厂，他们相遇之后，我母亲放弃了自己的学术抱负，嫁给了我父亲。她的薪水很低，只够养家糊口，她把自己的一生都献给了孩子。但她很喜欢买书，喜欢和我谈论哲学，在我两个姐姐搬出去之后，她还带我去听讲座。50 岁那年，她获得了博士学位。我母亲对我的思想产生了巨大影响。她和我一样，是个与众不同的人。受过高等教育的她从索菲亚大学来到了这个村庄。她教我用不同的方式去思考，告诉我要专心学习。只可惜她不久前去世了，她在世的时候，我每天早上都会给她打电话。

您的父亲是德国人，您有遗传到德国人的一些特质吗？

我父亲于 1935 年，也就是第二次世界大战时，离开了德国，但他依然热爱德国文化。他喜欢听施特劳斯（Strauss）的音乐，买了大众汽车，还会经常回德国看看。他是典型的德国人，非常守时，我没遗传到这一点，但我遗传了他可靠、认真的做事态度和对德国的眷恋之情。

您父母教会了您哪些做人的原则？

诚实，不要伪装成一个不是我自己的人。此外，要寻找可以信任的朋友。因此，我总是选择我可以信任的人加入我的团队，他们必须是聪明、坦诚的人。与我打交道，所见即所得，我展现出来的就是最真实的样子。同样，与别人相处时，我也很看重这种品质。这就像婚姻一样，能影响我们健康的是和我们一起生活的人。

您和您妻子是怎么认识的？

我们俩的母亲彼此认识，她们给我们安排了一次会面。我们在一起非常合拍，我们俩有许多共同点，在性格上相辅相成。我们能够理解彼此，这简直是个奇迹。我妻子这个人非常真实，她有她自己的看法。我就喜欢这种比较强势的人，因为她不会一直认同我的观点。

当您遭到别人的批评，您会怎么做？

我会倾听他们的批评意见并从中学习。以前我会感到愤怒，但后来我意识到愤怒是没有用的。我必须理解别人的想法，从中吸取经验教训。我在工作中不喜欢一成不变，我会雇用具有不同背景、对问题有不同看法的人，我不想要那些只会鹦鹉学舌的人，我就喜欢与众不同的人。

您总是特别与众不同。在您上学的第一天，您看到其他孩子都在上蹿下跳，自己却没有这么做，为什么？

我做任何事情之前都会先考虑清楚。老师觉得我很乖，其实我是在想，这样上蹿下跳到底有没有意义。令我吃惊的是，其他人在做出任何举动之前都不会思考，而我自始至终都和他们不一样。要一直做个与众不同的人不是件容易的事。别人不喜欢我，我走的每一步都会受到干扰。多亏我意志坚强，才能够保护自己免遭痛苦，所以我不在乎别人怎么说。我为自己打造了一个庇护所，织出了一个茧，而我就像一只等待化蛹的蝴蝶，这个过程花了我好几年时间。当我强大到可以独立，我便张开了翅膀飞翔。直到最近几年，我才感到心满意足，因为我做回了真正的自己，不用在意别人。我花了整整 54 年时间才找到自信。

您在以色列军队服役了 8 年。在那里，您也从众人之中脱颖而出：在数千名士兵里，您是入选"特比昂"精英培训计划的二十几名成员之一。

我对拿着枪到处跑并不感兴趣，我想从事脑力劳动。起初我是一名跳伞运动员，开过坦克，在军事部队服过役，后来我得到允许，可以学习物理和数学专业，但我原本想学哲学。我在希伯来大学学习等离子体物理学专业，成了"特比昂"精英培训计划中第一个获得博士学位的成员。

就这样，物理学闯入了您的生活。这算是一见钟情吗？

那时候我不知道物理学会成为我未来职业的一部分。后来我主持了一个项目，这个项目是罗纳德·里根（Ronald Reagans）在 20 世纪 80 年代提出的星球大战计划赞助的第一个项目，这也是我来到华盛顿的原因。我在华盛顿的那段时间里，有一位著名的物理学家推荐我去普林斯顿高等研究院。我在那里被引荐给天体物理学家约翰·巴卡尔（John Bahcall）教授，他为我提供了为期 5 年的奖学金。后来研究院要我申请哈佛大学的教职。有个人拒绝了哈佛向他抛出的橄榄枝，所以我就抓住了这次机会，于 1993 年进入哈佛大学，担任天文学助理教授。3 年后，哈佛大学决定永久雇用我。所以，这算是一见钟情吗？我感觉更像是一场包办婚姻，到后来我才意识到天文学是我的真爱。

也就是说，您的天文学生涯由此开始。起初，您专注于研究宇宙起源，您当时对宇宙起源的哪一部分感兴趣？

我对第一束光是如何产生的很感兴趣。我研究过首批恒星和黑洞的形成时间和形成过程，以及它们对处于诞生之初的宇宙产生的影响，我是最早研究这个课题的科学家之一。我喜欢独立研究，因为这样我才有机会发现新的东西。目前还有一个最基本的问题没有得到解答，这是一个我们理解并不透彻的问题：我们存在于这个星球上的方式是什么？我认为科学不应该执着于寻找存在于别处的原始生命形式，而应该寻找智慧生命。若认为人类是宇宙中特别的存在，甚至是独特的存在，这种想法是十分傲慢的。在我的女儿们还小的时候，她们会认为世界就围绕着她们转。随着年龄的增长，她们意识到世界上还有其他孩子的存在。我们的文明要想变得成熟，就需要有证据证明外星文明的存在。我认为人类很有可能并不是宇宙中唯一的物种。

您之前认为"奥陌陌"（Oumuamua）可能是一艘外星飞船，凭借这一观点，您登上了新闻头条。

"奥陌陌"是我们在地球附近可以观察到的第一个来自太阳系外的天体。根据它的 6 种特征，我们认为它可能来自另一种文明，而且很有可能是人工制造的天体。当然，即便它只是一个自然形成的天体，也完全值得研究。我们想使用目前正在建设中的薇拉·库珀·鲁宾天文台中的巨型望远镜，来寻找更多这样的天体，进而确定它们的来源。

◆ "我可以活在自己的世界里，做自己喜欢的事情。"

您为何会从外星文明的角度来看待"奥陌陌"和其他生命形式呢？

原因之一是我与来自硅谷的俄罗斯籍企业家尤里·米尔纳（Yuri Milner）一起合作。他建议我主持一个项目，向距离最近的恒星发送探测器，这颗恒星距离我们大约 4 光年。我说我需要 6 个月的时间来做这个项目，后来他打电话问我项目成果。当时我和我的家人都在以色列，我们正在去往山羊农场的路上。我不想让任何事情打扰到家里人，于是我早上 5 点起床，待在有网络的办公室里，看着前一天晚上刚出生的小羊羔，将我的演示文稿输入笔记本电脑里。

两周后，我在米尔纳家里向他展示我的演示文稿。我提议使用类似于帆船帆布的材料，这种材料的不同之处在于它由光驱动，而非由风驱动。这样一来，理论上无须携带任何燃料，我们就可以借助激光达到五分之一的光速。这不禁让我思考其他文明是否也做过同样的事情：将强光对准帆布，以此推动帆布前行。后来我开始思考：地球外会有什么样的生命形式呢？

您提出的关于"奥陌陌"的假设引起了很多人的关注，其中也不乏一些批评的声音。您是否需要通过其他人来验证自己的想法呢？

我对别人的关注完全免疫。我可以忍受他们的关注，因为向大众展示科学的运作方式具有重要意义，何况科研是人类的一种冒险行为，具有不确定性，有时还会出错。许多科学家被他们的自我意识驱使，但我不会。我不在乎别人怎么想，我只做我认为对的事情。我年轻的时候，总是会提出一些新的想法，但经常被人忽视或遭到拒绝，因为这些想法听起来太过新颖了。一段时间过后，我心想：让他们见鬼去吧，我按自己的方法做事就行了。

我早期的一些想法在最近几年得到了证实。例如，15 年前我认为可能有光点的存在，即黑洞周围存在一个能发光的点，这个点就像闪光灯一样，我们能够观察到它。当时我的同事否定了这个想法，但我决定继续研究。最近，德国加兴（Garching）马克斯-普朗克太空物理学研究所的一个团队研制出了一种仪器，可以观测到银河系中心黑洞的射线爆发，这与我关于光点的想法不谋而合。

有趣的是，我现在因为自己担任的各种职务，如哈佛大学天文学研究所主任而备受尊重。我还是"突破摄星"计划咨询委员会的主席，该计划的目的是向距离最近的恒星发送一个激光驱动的轻型探测器。我也是哈佛大学黑洞计划的总负责人，世界上第一个对黑洞进行跨学科研究的研究中心就坐落在哈佛大学。如果我明天就卸任，我也会高高兴兴地回到农场，继续我在那里的工作，我不需要其他任何关注。

已故的斯蒂芬·霍金（Stephen Hawking）也跟您一样不在乎别人的看法。他曾经拜访过您，是吗？

霍金在逾越节❶期间来我们家待了3个星期。很多人总是将自己置于枷锁之中，因为他们太在意周围人的看法。霍金则不然，他活得很快乐。虽然他的身体无法动弹，但他可以自由地思考，这才是终极意义上的自由。

霍金曾说，宇宙中不可能有上帝。您在大自然中感受过上帝的存在吗？

我常常被大自然的组织力所震撼，大自然的一切都遵循着相同的法则，在我看来，这是一个巨大的谜团。你可以说大自然反映了上帝的存在，但那不是宗教意义的上帝。我觉得最重要的是承认某些事物比其他任何事物都伟大。大自然就体现了这一点，无论我们称它为上帝还是自然，都改变不了它很伟大的事实。

当我们还是孩子的时候，我们的父母会照顾我们。随着我们渐渐长大，我们愿意相信，世上有着一位如父母一般的神在照拂我们。身为科学家，当我们把宇宙看成一个庞大的整体，我们会更容易找到内心的平静，我们会意识到自己其实没那么特别。

您怎么看待犹太人的信仰？

我生来就是犹太人，我由衷敬佩犹太文化和犹太宗教的丰富性，它们在最恶劣的条件下仍然延续了数千年。几天前，我去剪头发，理发师指着我的白发说要给我染发。我说，休想给我染头发，我就是我。我为自己的根感到自豪，我为自己是犹太人的后代感到自豪。

还有什么事情对您产生了影响？

生活条件、基因和环境都对我产生了影响，它们共同造就了我。就像烤蛋糕一样：一开始每个人都是相同的原料，但最终每个人都会变成一个不同的蛋糕。我对自己的现状很满意，我努力保持自己的好奇心，做一个真实的人。我不会随波逐流，在普林斯顿我有时会看到商人穿着西装上班，但他们看起来就像企鹅。做每个人都在做的事情对我来说是很可怕的。我已经成功地打造了属于自己的生活圈，我可以做自己喜欢做的事情。比如说我喜欢巧克力，我每天摄入的卡路里有一半都来自巧克力，但是我不摄入糖，所以我的体重不会增加。我喜欢大自然，喜欢思考与天空有关的新想法。你能想象吗？我还因此得到了报酬，这才

---

❶ 逾越节是犹太教传统节日。——编者注

是最疯狂的。

我们在观察贝壳的时候，可以看到有些贝壳一开始很漂亮，但海浪会不断侵蚀它们，直到它们看起来都一个样。生活也是如此，我们会受到各种力量的影响，这些力量试图让我们每个人都变得一模一样。但是我努力护住了自己的外壳，或者说护住了自己的骨架，只要你愿意，你也可以与众不同。

您有时候会感到不开心吗？

大部分时间我都很开心，不开心的时候也越来越少。只不过最近我母亲的离世让我很难过，但死亡是一个不可避免的过程，就像沙滩上的那些贝壳，它们曾经也是有生命的个体，但现在只是一个个死去的空壳。

您想给大家留下些什么？

我想留下一些重大的发现，我想成为第一个确切证明地球外某个地方存在生命的人，我还想发现一些新的东西。我很喜欢独自思考，不受其他任何事物的干扰。我很渴望了解大自然，那种渴望的程度是前所未有的。我想把我的生活当成一件艺术品来对待。

您认为，年轻人为什么要学习科学专业？您会给他们一些什么建议？

科学是一种特权，能够让人保持孩童般的好奇心。当我们还是孩子的时候，我们不害怕犯错和冒险。作为科学家，我们不断提出关于世界的问题，然后去寻找问题的答案并因此获得报酬，没有什么事情比这更令人兴奋了。我们的知识不过是无知之海中的一座小岛，在无知的海洋中，科学家的任务便是扩大知识之岛的面积，就好比你是一个探险家，去探寻以前没有人发现的新大陆。

我给年轻人的建议是：尽管外界有很多反对的声音，但还是要遵循真理、遵从内心。不要在乎其他人说什么，有关世界的真理并不会因为推特上发布的言论而受到任何影响。

[美] 沃尔夫冈·克特勒（Wolfgang Ketterle）

理论物理学

- 麻省理工学院物理学教授
- 曾获 2001 年诺贝尔物理学奖

◆ "我把一切都押在了一个实验上，却不得不面对我失败的事实。"

克特勒教授，大家都认为您既勤奋又有抱负。您一直都是这样的人吗？

是的，我一直都很勤奋，有远大的抱负，也是个充满好奇心的人。小时候我总是喜欢玩实验工具箱，我对化学和电子学很感兴趣，我父母也支持我做自己感兴趣的事情。我曾用乐高积木搭了一个秋千，还做了一个由马达驱动、可以摆动翅膀的怪兽。小时候，每当家里的设备出了故障，我就会把它们拆开进行研究。我母亲修插头的时候，我会帮她检查所有的零部件是不是都接在了正确的线路上。

您的人生道路看起来目标坚定、畅通无阻。

但我通往诺贝尔奖的道路是曲折的。起初我想成为一名工业界的物理学家，因为比起只做研究，我更愿意开发产品。上大二那年，我对理论物理学产生了兴趣，并以此为课题撰写了毕业论文。之后，我决定不再待在理论学术的象牙塔里，转而学习实验物理学。我的博士论文写的是关于分子的研究。之后我去了海德堡做应用研究，利用物理化学领域的激光技术做燃烧研究，虽然我在那里获得了终身职位，但我还是决定将更多精力放在开放性问题的研究上，我想重新开始做基础研究。1990 年，32 岁的我拿到奖学金去了麻省理工学院，从事超冷原子研究。这是一个全新的领域，大家都期待能有一些发现。

您曾说过，您做的这个决定对您和家人来说是没有安全保障的。您为何敢迈出这一步？

我知道我想要什么，我想从事基础研究。最关键的是，我在海德堡读博士后的时候就已经义无反顾地

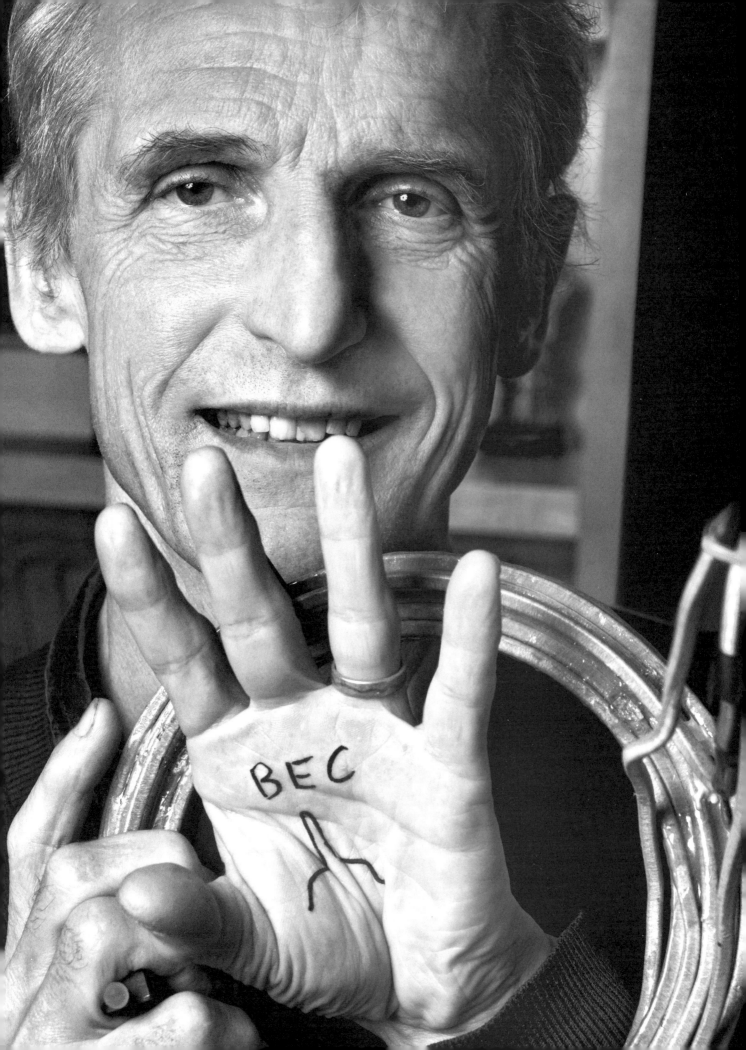

大胆尝试了。在不到一年的时间里，我已经对物理化学了如指掌，所以我不断地冒出新的想法，这就是为什么我并不害怕在美国读博士后，我坚信我能在一个新的领域证明自己。事情的进展比我想象的还要顺利：3年后我当上了教授，又过了两年，我做出了一个重大发现，这个发现帮助我获得了2001年的诺贝尔奖。

您的职业生涯简直令人难以置信，您已经超越了您所有的美国同事。作为一个德国人，您是如何成功超越其他所有人的？

我想说我并没有超越他们，我只是在竞争中处于领先地位而已。麻省理工学院给予我最大的帮助之一就是让戴维·普里查德（David Pritchard）当我的导师。在最初几个月的小组会议上，我很佩服他的行事速度和渊博的学识。要和他站在同一水平线上是一个不小的挑战。经过数月努力，我成功了，我能够和他面对面进行讨论了。为了能够快速进行论证，我必须牢记各种数字和公式，还要培养对数字和公式的直觉。我开始记笔记，学习重要的数字，直到我将它们深深地刻在脑子里，刻在直觉里。

您因为获得了玻色-爱因斯坦凝聚而被授予诺贝尔奖。您能简单解释一下这是什么吗？

玻色-爱因斯坦凝聚是指物质的原子呈现激光形态。光有两种不同的类型，一种是电灯泡的光，另一种是激光。激光的所有光子都朝向同一个方向，且彼此相关；而灯泡的光则朝着四面八方发散，光子互不相干，随机分布。原子和分子也是如此。普通气体的原子和分子朝着各个方向随机移动，而在玻色-爱因斯坦凝聚中，原子和分子完全是同步前进的。

您与另两位发现玻色-爱因斯坦凝聚的科学家埃里克·康奈尔（Eric Cornell）和卡尔·威曼（Carl Wieman）一起获得了诺贝尔奖。可以说，你们是第一批模拟并实现玻色-爱因斯坦凝聚的人。

其实科罗拉多大学博尔德分校的研究团队和我的团队已经竞争好几年了，我们的实力旗鼓相当，最终他们率先获得了玻色-爱因斯坦凝聚，但我们并没有照搬他们的实验，而是用自己研究的方法完成了这个实验。因此，就在那几个月里，我们发现了两种不同的方法，都可获得玻色-爱因斯坦凝聚。

在科学领域里，成为第一个研究某个课题并发表研究成果的人有着非常重要的意义。您如何看待您并非首位发现者这一事实？

从1995年7月博尔德分校获得玻色-爱因斯坦凝聚，到同年9月我们取得自己的实验成果，这段时间里我时常失眠。我把一切都押在了这个实验上，却不得不面对我失败的事实，可是后来我们也获得了玻色-爱因斯坦凝聚，这证明了我们原来的想法是可行的。短短几个月时间里，我们就掌握了技术，实现了我们的想法。与博尔德分校相比，我们获取凝聚的速度是他们的10倍，并且获取的凝聚所含原子数是他们的100倍以上，所以从这个角度来看，我们的实验成果要厉害得多。尽管如此，我还是决定对我们的设备进行调整与改进。1996年春天，我们终于有了一台梦寐以求的设备，利用这台设备能够获得大量可复制的凝聚。我带着这些成果参加了法国的一个国际会议。在开始演讲前，我非常兴奋，这是我第一次向别人展示我们的新设备和新理念，每个人都知道我们取得了什么成就。对我而言，这是如释重负的时刻，那一刻我知道我已经遥遥领先了。我的团队已经向前迈出了一大步，在一个新的物理学领域占据了领先地位，这可能就是诺贝尔奖委员会决定让我们两个团队共享奖项的原因。

在诺贝尔奖颁奖典礼上，有什么特别触动您的事情吗？

我印象最深的是我自己的演讲，我用了将近一个小时，向大家介绍我的研究成果。在颁奖典礼的间隙，我一直在思考如何使我的研究成果听起来没有那么强的技术性，从而激发大家的热情。我要感谢所有为这个成果作出贡献的人。我这一生中，只有少数几次演讲后我觉得自己十分轻松，内心飘飘然。颁奖典礼上的演讲结束后，我感到很疲惫，几个小时后，我去了诺贝尔奖音乐会。我从未听过这种可以贯通身心的音乐，那一刻，我所有的紧张情绪一扫而空，在我看来，音乐给我带来了一种戏剧性的体验。

您夜以继日地辛勤工作，您是否为此付出过代价？

作为一名科学家，我有时会在夜深人静时陷入沉思，但无论怎么想都没有头绪。有时我周六也会去实验室，因为有些事情我想了一周都没有想明白。我对我的工作充满热情，对家人也同样如此，但我知道我不可能什么事情都做到恰到好处，所以我需要一个能够理解我的伴侣。遗憾的是，虽然我的第一任妻子非常清楚这一点，但她想要改变我，而我的第二任妻子坦然接受了这样的我。她是萨福克大学的历史教授，她知道发表论文和对学生负责意味着什么。

您什么时候会产生恐惧？

有几次我遇到了非常没有把握的情况。在我开始撰写博士论文的一年后，我发现我的题目并不可行。还有一次是在1995年，另一个团队首次获得了重要发现，我意识到我可能永远无法凭借这几年的研究工作获得荣誉，孤注一掷需要承担巨大的风险。而在我的个人生活中，当我站在负责离婚案的法官面前，眼看着我就要失去一个完整的家，我感到恐惧，因为我意识到我无法完全掌控局面，法官有可能做出对我不利的判决。我对自己说，没关系，我可以重新开始，我很乐观。但更多的恐惧来源于对孩子抚养权的争夺，这着实让我好几年都过得不舒心，但我始终坚信我必须争取机会去过更好的生活，只有这样做才是正确的。

您想对大家说些什么？

我想说，几乎任何事情都能得到妥善解决，而且结果往往比我们想象的还要好。那些看似无法解决的问题，我们都可以通过科学找到出人意料的解决方案。至于家庭方面，只要你愿意解决问题并做出让步，那么无论什么问题都可以解决。

[以] 罗恩·纳曼（Ron Naaman）

物理化学

- 以色列雷霍沃特市魏茨曼科学研究所化学物理教授

◆ "我想知道上帝对我们隐瞒了什么。"

纳曼教授，您为什么选择从事科学研究？

我想知道上帝对我们隐瞒了什么，我想让上帝袒露真相。科学家的目标是发现未知的东西，找到大自然对我们隐藏的伟大事物。如果一个人发现了能够改变人类思维方式的事物，这个人就会为我们的世界作出巨大贡献，这是我所认为的成功。

这是激励年轻人进入科研行业的绝佳动力。

是的，因为在科研行业，我们可以取得非常罕见的成就，成为某一领域的世界级顶尖专家！我认为在其他行业要做到这一点没那么容易。如果你想要飞黄腾达，那你就走错了路；但如果你渴望拥有令人兴奋的生活，那你就来对地方了。有多少我这个年纪的人每天早上能够充满兴奋和期待地跑去上班呢？你当然可以赚快钱，在 30 岁就过上优质的生活，但是你往后该做些什么呢？作为一个科学家，你可以不断创造、不断学习，永无止境，这样的事业能够让人保持年轻。

什么样的精神品质才能让人在科学领域取得成功呢？

必须能够提出问题并忍受不确定性，这是固执己见和坚持自我之间的一种微妙平衡。人可以分为两类：选择以正常方式实现目标的人和总是不走寻常路的人。如果你想成为一名有创造力的科学家，那你必须成为第二类人。做第二类人有时可能会有风险，但这也令人兴奋。你必须掌握不同的思维方式，必须以新的

方式审视问题，才能得出新的答案。

您的思考方式与众不同，这是一种特殊的天赋吗？

或许是犹太人培养孩子独立思考能力的传统影响了我。如果你属于少数群体，就必须学会面对批评并坚持自我，要知道爱因斯坦的博士论文曾经也被拒绝了两次啊！大多数人在第二次之后就放弃了，但他没有。

您可以介绍一下您的研究工作吗？

首先，我必须解释一下分子的手性（Chiralität）。自然界各个重要的基本组成部分，例如蛋白质和DNA，都是手性分子：这些分子以镜像形式出现，具有相同的结构，就像我们的左手和右手一样，也就是说这些分子看起来完全相同，但和我们的左右手一样，它们无法相互重合。在自然界中，植物、动物和人类身上的所有手性分子都只以一种形式出现。如果我们在实验室里采用人为制造的方式，就能够以1∶1的比例获得左手分子和右手分子。如果我们服用了同时包含这两种分子的药物，就会引起副作用。在某些情况下，服用沙利度胺之类的药物，带来的副作用可能是毁灭性的。因此，我们必须对这些分子进行分类，从而获得只含有一种手性分子的纯化药物，这一操作的成本和难度都极高，而我们的研究恰好可以让这一操作变得更便宜、更容易。

那您是怎么做到的呢？

当分子靠近某个表面，分子中的电子会重新排列，这时分子就会产生一个正极和一个负极。除了携带负电荷外，电子还有另一个重要的特性：它们会进行顺时针或逆时针旋转，我们称之为电子自旋。我们发现，当手性分子中的电子重新排列，具有相同旋转方向的电子会聚集在一个电极，而与之朝相反方向旋转的电子则聚集在另一个电极。具有不同自旋方向的电子会聚集在哪个极点，取决于分子的形状，即取决于分子的手性。当具有磁性的表面靠近分子，其中一种形状的分子会朝着磁化方向被吸引到靠近表面的这一侧，这样一来，我们就可以将两种不同形状的分子分离开来。

这听起来是一个极具突破性的创新成果，您有没有因此而感到兴奋呢？

我的学生把他们的发现告诉我时，我认为这不可能是真的，从物理学角度来看这是不可能出现的情况。我们花了两年时间才真正认可了自己的研究成果。我们不停地研究，但即使是我也没有认识到这一成果的意义。验证了10次过后，我们在《科学》杂志上发表了一篇论文。确切地说，我们先是把论文寄给了《自然》杂志，但杂志社编辑把它退了回来，因为他们认为论文的内容与科学无关。

论文发表之后，科学界的反响如何？

大多数人并不相信我们的研究成果。我们遭到了冷落，孤立无援，度过了一段十分艰难的时期。我们的课题太过新颖、太过与众不同，对此我们采取的应对措施是：通过帮助其他研究团队在他们的实验室里进行相关实验，来验证我们的发现，之后明斯特的一个团队以强有力的证据证明了我们的研究成果是正确的，并且说明了这一发现的确意义重大。当时是 2010 年，距离我们首次发现这个现象已经过去了 11 年，直到那时我才真正明白我们的发现有多么重要。总的来说，我对自己的批评太过火了。我晚上几乎睡不着觉，因为我总是担心会出什么问题。后来欧洲研究委员会给我们提供了很多资金，帮助我们扩大研究规模。之后，我们又获得了一些重大发现。

听起来您好像不是很自信。您的童年过得怎么样？

我在以色列长大。我的祖父母移民来到以色列，我的父母也出生在以色列。上一年级的时候，我总觉得自己是个怪人，因为我是班里唯一会说希伯来语的人，而其他人都是外国人。我们经常搬家，在各个国家之间迁徙，所以我时常感觉自己是外地人。我学会了装出一副自信的面孔，但在内心深处，我并不自信。11 岁的时候，我决定再也不掉眼泪，因为那是软弱的表现，我不想被别人视为弱者，所以我再也没有哭过，但我势必为此付出代价。如果一个人不将他的弱点表现出来，别人往往就会降低对他的好感度，这个人就会一直被孤立。我不得不接受这个从小就该明白的事实。生活很复杂，于是我学会了独处，这一点对于搞科研的人来说十分重要，因为我们常常要独自面对自己的想法、自己的工作，尤其是自己的新发现。我们必须能够长时间忍受孤寂和冷清，这对科学家来说是一种非常重要的能力。

您一定是个很努力的人。您如何平衡自己的工作与生活？

我有 4 个孩子，我的第二任妻子跟我结婚时还带来了她和前夫的 3 个孩子，我们一共有 12 个孙子孙女。家庭生活对我来说非常重要。即便现在我的孩子已经长大了，我也希望能一直陪在他们身边，所以我几乎时时刻刻都得保持清醒。早上我把孩子们叫醒，做好早餐，送他们去学校，然后去上班。6 点我回到家，和他们一起吃晚饭，招呼他们上床睡觉，之后再回到实验室通宵工作，一直到早上再回家，做完这些事不仅要耗费大量精力，还需要极佳的时间管理能力。

您的实验室里有多少名女性呢？

我的团队里一直都有女性。其实真正的问题是科学家的任务太多了，除非我们每天有 20 个小时是醒着的，否则我们就没有多少时间可以留给家人。我把那些成功的事业女性称为女超人，因为她们的工作量是普通人无法想象的，一般人也完成不了这么多工作。但既然我们都希望有更多女性从事科研工作，那我们就必须做出改变。将不同性别、不同文化背景的人纳入团队，我们可以获得新的思维方式，这一点很有必要。

您有什么话想对大家说？

我们正面临全球变暖的巨大问题。随着技术的发展，我们可以一边生活，一边解决问题。目前已开发出应对全球变暖的技术，但解决这个问题需要每个人的参与。有些人不明白这一点：如果我们让非洲人民更加富裕，就能创造更多的就业机会，从而使人们过上更好的生活。这不仅仅是在帮他们，也是在帮我们自己，每个人都会从中受益。如果一个人只在另一个人失败的情况下才能获胜，那是十分荒谬的，因为我们可以共赢。

您现在是一个幸福的人吗？

我学会了永不言弃，懂得了任何时候纠正错误都不算晚。现在的我变得更有信心了，我们会继续研究一些能掀起大风大浪的东西。即使有人给我一亿美金，我也不会对我的生活做出任何改变！

[德] 费丝·奥西耶（Faith Osier）

免疫学

- 海德堡大学医学青年教授、国际免疫学会联合会主席
- 肯尼亚医学研究所惠康基金会研究项目团队负责人

◆ "我的作用是激励年轻的科学家，推动非洲变革。"

您出生于肯尼亚，就读于内罗毕大学医学院，您的大学生活还顺利吗？

我觉得医学真的很难。我上高中时还是个风云人物，但到了大学，全国所有的聪明人都聚集在一起，我突然发现自己处于年级中流甚至末流位置。我必须得想办法，才能不被别人甩在身后，所以我集中精力研读前辈们的论文。

之后您去了蒙巴萨（Mombasa）实习。

我哥哥住在蒙巴萨的海边，我曾经有过浪漫的憧憬：看完病人以后，我可以去海滩上散步。但现实是，海滩上的强盗太多了，我根本不可能去那里。在蒙巴萨实习的那一年过得很艰难：起初我们只是在大学附属医院的病房里跟着医生学习的实习生，但很快我们就成了随叫随到的医生，必须得真正照顾病人，这也就意味着我们要承担相应的所有责任。我听说附近的镇上有两个英国医生，他们专门研究疟疾，正在从事儿科工作。我在培训期间对儿科最感兴趣，所以我拜访了他们，最终他们给我提供了一份工作。

为什么您后来转去做研究了呢？

我不想一辈子都待在医院的病房里照顾病人。有时候我需要值夜班，有一次，我同时把5个孩子送进了重症监护室，他们随时都有生命危险。父母把他们的遗体带回家时的那种眼神一直萦绕在我心头，我永远忘不了。我开始思考：如果我可以让这些人一开始就不用去医院，情况会如何呢？

但您也曾怀疑过这项研究能否带来足够的收益，对吗？

我来自非洲的中下阶层，我们家有 6 个孩子，还有很多亲戚，他们都靠我父母生活。我父母认为他们已经尽了最大努力让我成为一名医生，当我告诉他们我想继续深造时，他们觉得很为难。钱对他们来说太重要了。医生可以赚很多钱，但博士什么也赚不到。

博士毕业后，我给他们看了我的博士论文，他们说："哦，写得真好！"但我知道他们内心深处是很失望的，他们在想：我们所有的钱都用来供她上学了，希望能有所得，但我们现在得到的却只是一本论文。只不过当我最终成为一名教授之后，他们还是很高兴的。

可以跟我们讲讲您父母的故事吗？

我母亲是一名英语老师，可惜她已经去世了，我很感激她。她风趣、热心又聪明。她教会了我真正的标准英语，还把她对书籍的热爱传给了我。在那个年代，教师的收入并不高，但在社会上有着显赫的地位。我和我的兄弟姐妹总是抱怨她和村里的人分享自己拥有的一切。直到我上高中时，我才有了一双像样的鞋子，因为她把钱都用来给其他村民买鞋了。

我父亲是一名电气工程师，曾就职于一家航空公司，后来在肯尼亚电力和照明公司工作。在那里，他能赚更多钱，公司还给了他一套房子。我父亲很守纪律，他督促我们努力学习、努力工作，尤其是对家里最年长的 3 个孩子更严格，我排行老二。他对我的 3 个弟弟妹妹比较宽容，现在我们可以对过去一笑置之，但那时候我们一点也不开心。

我的父母出身卑微。我父亲上学时没有鞋子穿，也没有东西吃，他经历过真正的困苦，但他们想办法摆脱了贫困，还把我们 6 个孩子抚养成人。如今我们都已经大学毕业，能独立生活，分别在世界各地工作。我们的家庭关系仍然很紧密，我们都很关心父亲，每年都会在他家聚会。

您的父母有没有教过您如何激励自己？

有，是他们给了我力量，让我有了今天的成就。上高中时，我的一位朋友也推动着我不断进步，如今她在美国做脑外科医生。凌晨 3 点，当其他人还在睡觉时，她会把我叫醒，然后我们一起学习好几个小时，这已经成了我的习惯：现在的我依然每天晚上 9 点睡觉，次日凌晨 3 点起床。这期间我的工作效率最高，因为我的头脑很平静，没有人会打扰我。即使我处于压力之下，我仍然可以非常自律。

在您通过实习考试之前，您重修了硕士阶段的儿科课程。这是为什么呢？

是的，我重修了这门课，因为如果连续 3 次都没有通过实习考试，就得从头再来，我很绝望。当时我在英国上大学，很多课程是肯尼亚没有的，所以我必须很用心地学习理论知识，但它只占了考试的 30%。实习才是最大的挑战，因为我得先学习英国人和病人们打交道的规矩和礼仪，才能让孩子们和我待在一起的时候感到自在舒适。

但您最终还是成功了。

是的，当我意识到自己顺利完成了实习，我对自己说：很好，现在是时候离开这里了。那时我很清楚我想去做研究。如果我失败了，我就去当医生，但我不想当助理医生，所以我在肯尼亚医学协会专攻儿科，确保我在必要的时候可以担任主治医生。

实习结束后，您马上就投身于疟疾研究了吗？

我想研究免疫学，尤其是研究人体对疟疾的免疫反应，所以我决定在利物浦大学攻读免疫学硕士。为了赚取学费，我在急诊室做兼职医生。之后，我申请了惠康基金会的奖学金准备继续攻读博士学位。我一半时间在肯尼亚，另一半时间在伦敦。我在牛津、墨尔本和肯尼亚完成了我的博士后研究。之后，我在海德堡大学附属医院建立了一个疟疾实验室，并从肯尼亚聘请了两名博士生来协助我的工作。我实验室里的技术员来自德国，他们帮了我很大的忙，因为我不会德语。

对您来说，建立一个新的实验室是什么感觉？

很艰难，同时也很兴奋。这是我第一次拥有自己的实验室。在肯尼亚，我们只能共用一个大实验室，但这也让我认识到团队合作的价值。如果我们什么事都自己一个人做，很快就会筋疲力尽，但如果我们有一个知道要做什么的优秀团队，就能一起把工作做好。

疟疾是非洲面临的一大难题。

没错，非洲每年约有 2 亿人感染疟疾，50 万人因此丧命。受疟疾影响最大的是婴幼儿，青少年和成人则没有那么严重，所以我们想搞清楚儿童会有哪些生理反应，以便我们帮助他们对抗疟疾。20 世纪 60 年代，科学家从能产生疟疾抗体的人身上采集血液样本，将血液中的抗体过滤出来并混合，用作抗疟疾药物，这种药物确实起到一定作用。我们故意让非洲人感染疟疾病原体，目的是要重复这一实验，美国食品药品监督管理局批准了这种实验方法。经过实验，那些产生大量抗体的人没有患上疟疾，这个结果真的让我看到了希望！这意味着有一些人的身体里就蕴藏着治疗疟疾的方法，问题的答案就摆在我们面前。

这对您的工作来说意味着什么？

这意味着，我必须先从分子入手，了解人体产生抗药性的过程，然后我才能研制出疫苗。感染疟疾是一件很严重的事情。第一次我们花了两年时间与受试者交谈，向他们解释被感染疟疾的蚊子叮咬是什么感觉，告诉他们我们会让他们感染一种寄生虫，这种寄生虫病是可以被治愈的。当时跨过这道坎并不容易啊，但是现在我们已经采集到了血样，算是很了不起了，因为我们知道这些人的身体里面蕴含着神奇的配方！我要弄清楚他们的血液里有些什么成分，然后人工合成治疗疟疾的药物。我想为我们的村民，为所有不能像我一样拥有相同机会的人研制出一种疫苗。

疫苗还要多久才能生产出来呢？

我很难给出一个确切的日期，但我认为我们可以在 5 年内研制出疫苗。我们已经知道哪些蛋白质对病原体很重要，现在我们想分离出与这些蛋白质结合的抗体。然后我们可以让人体内的其他细胞，如白细胞，拥有杀死病原体的能力。我很高兴我们已经掌握了病人的感染情况。现在我正在测验我们是否可以让其他人和拥有大量抗体的人一样产生相同的免疫反应。

我认为这个测验过程必须遵守严格的规定。

那是当然，必须严格遵守美国食品药品监督管理局和欧洲药品管理局的规定。提交动物实验结果后，就可以对人类受试者进行测试了。一开始只能在少数人身上进行实验，看看实验是否安全，以及正确的剂量应该是多少。新药获批需要很多年。一旦犯错或造成严重伤害，就会面临重大问题，所以我们必须进行各个不同阶段的测试，确保整个实验过程慢慢推进，直到最后取得成功。

其他研究人员也有同样的想法吗？

是的，这是一场真正的竞赛。顶级专家正在研究孢子虫阶段：蚊子叮咬人时，会向人体注入孢子虫——这是疟疾病原体的感染方式——我们必须阻止孢子虫进入血液。目前在非洲进行测试的疫苗就是以孢子虫阶段的蛋白质为原料制作而成。研究表明，一共有 10 名受试者接种了该疫苗，但疫苗只对其中 4 个人起到了保护作用，这个效果并不够好。明年，其他研究团队将测试单个抗体是否能够攻击和摧毁孢子虫。我把我的积蓄投入血液研究和抗体药研究，目前这类抗体药是有一定效果的。其他研究人员也在马不停蹄地研究其他的抗体药。初步结论是，到目前为止，还没有人发现真正有效的抗体药是什么，所以我们还在竞争。谁能在疟疾疫苗研究方面取得成功，谁就能获得大量的资金。由于穷人最容易感染疟疾，所以疫苗的价格必须便宜，否则就得由其他人替穷人掏钱，让他们打疫苗，但当务之急是要找到对抗疟疾的有效药物。

您同时在海德堡和肯尼亚工作，您是怎么做到的？

这两个地方是绝配，因为身患疟疾的病人和自带疟疾抗体的幸存者之间总是有某种关联。我们可以掌握技术和相关资源，找出疟疾病人成为幸存者的原因，据此研发疫苗。

您曾经说过，您想阻止非洲的人才外流。

我来到德国以后，学到了一个我非常喜欢的新概念：人才循环，意思是人才应该四处流动。科学是国际化的。我在国外的生活非常充实，我鼓励年轻的科学家不要总是待在同一个地方，要多出去看看，他们只需要心里装着自己的家乡就够了。

为什么您的丈夫没有获得英国的工作许可？

我丈夫是肯尼亚人，他在肯尼亚做施工负责人。在英国工作需要提供各种文件，所以他不得不重新接受教育。我可以工作但他不行，这对我们来说可不是什么好消息。当我收到澳大利亚的工作邀约时，我告诉他："我带孩子走，你可以继续留在肯尼亚工作，到时候来澳大利亚看我们就行了。"我不想对他负责。作为一个带着一岁半孩子的单身母亲，那段日子过得十分艰难。我想在实验室里工作，但我的精神状态一直都很糟糕。我希望我的丈夫能和我在一起。两年后，我带着孩子回到了肯尼亚，回到了他身边。

之后您去了海德堡？

是的，他们给我提供了一份工作，我丈夫说我应该接受这份工作，于是我们俩带着3个孩子一起搬到了海德堡。我丈夫同意照顾孩子，所以我们家的情况是妈妈外出工作，爸爸在家带孩子。比起接受一份没用的工作，他更愿意带孩子。我经常出差，孩子们也知道爸爸才是主要负责照顾他们的人。

您会因此而吃醋吗？

完全不会。有时。我丈夫会回肯尼亚，一走就是一个多月，等他回来的时候，我已经快疯了，因为一个人要照顾孩子的一切对我来说太可怕了。

您在科研行业里是否遭遇过偏见？

当然遭遇过，如果你是个女人，还是个非洲女人，那你只能排在其他科学家的后面。我认为别人低估了我，把我当作无足轻重的人，但我不会直接跟这些人抗衡，反而会顺其自然，最后这些人会意识到他们惹不起我。我认为我的研究和我优秀的科研能力才是最重要的。然而现实充满痛苦，我正处在一个长期由男性主导的世界里。我参加活动的时候，他们不会和我打招呼，而是让我坐在角落里，无视我，然后继续他们的交谈。我感到很孤独，但我必须克服这种孤独，因为我不想坐在角落里哭泣，只因为自己与周围的环境格格不入。现在我意识到，世上不是只有消极负面的人，还有许多积极正面的人在支持我，为我加油，他们告诉我："加油，我们为你自豪。"

是什么样的处事态度让您走到了今天的位置？

我相信我所做的事，并会尽我所能去做。多亏了一项叫作酶联免疫吸附剂测定（ELISA）的简单实验，我才登上了科学的阶梯。这个实验利用疟疾病原体的一种蛋白质来追踪和测量血液中的抗体。我从这个实验中学到了很多东西，我总是对年轻人说："你们已经拥有了自己所需要的东西。把你们所有的精力投入其中，大门自然会为你们敞开。"

您想对大家说些什么？

我想说：请你们继续支持科学家寻找根除疾病的方案，以减轻人类的痛苦。

西方国家该如何帮助非洲呢?

西方国家可以为非洲科学家提供培训机会,教他们找到自己的解决方案。现在仍有人抱持着一种殖民心态,他们想让我们去仰视过往那些名师大家,但我希望看到非洲人能依靠自己找到更多的解决方案。

您如何规划自己的未来?

我的未来看起来一片光明。我现在正处在一个特殊的位置上,我成了非洲科学的代言人。我认为我的作用是激励年轻的科学家,推动非洲的变革。如果我能够作出贡献,我就完成了自己的使命,因为我知道,下一代人会比我做得更好。

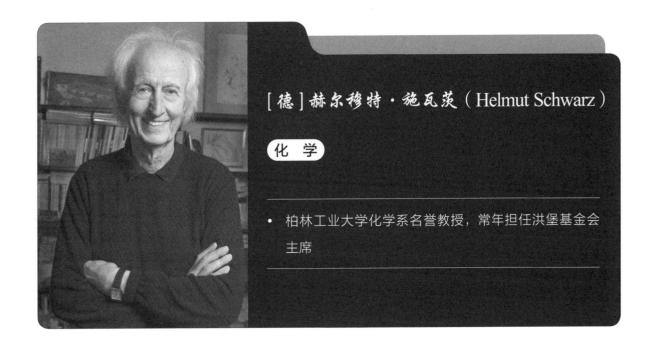

[德] 赫尔穆特·施瓦茨（Helmut Schwarz）

化 学

- 柏林工业大学化学系名誉教授，常年担任洪堡基金会主席

◆ "我最好的老师就是我的学生们，他们提出了很多寻根究底的问题。"

施瓦茨教授，您最初是一名化学实验室技术员，后来通过继续教育进入大学学习并获得了博士学位。您当时为什么想要继续深造？

当时我是受好奇心的驱使。担任实验室技术员的时候，我学到了很多实用的东西，但这个领域太窄了，我几乎没有提问题的任何机会。化学的研究内容本应该是变化的事物，所以我想寻求独立性，了解新的东西。我有好几个兄弟姐妹，但我是唯一离开家的人，这是谁也没有想到的，不过从来没人阻止我走自己的路。我生于第二次世界大战后，那时我的父母必须做大量的工作，所以他们很少有时间陪孩子。我的父亲是一名商人，但他更想成为一名牧师，他想学习希腊语或法语。我的血液里流淌着这样一种特质：我更喜欢凭直觉做事，不甘平庸。人生的财富必须由自己创造，我们必须把人生掌握在自己手中。

教学也意味着引领，您给您的学生传授了一些什么知识？

我大学毕业的时候，一位性格有些孤僻的老师对我说："如果你来我这儿工作，我可以给你自由发展的空间，但你必须自己去充盈这些空间。"我带学生的时候也努力把这番话作为标准原则。做研究的人也应该是个好老师。也许我经常对学生要求过高，让许多博士生望而却步，我要求他们为自己所做的事情燃烧自我、全情投入。作为一名老师，我的教学原则是：不能只是照本宣科地重复书中所写的内容，要在新生第一课上就提及我近两周终于弄清楚的问题。在大学学习过程中，学生们应该一早就划定知识的范围。我最好的老师就是我的学生们，他们提出了很多寻根究底的问题。我既是他们的老师，也是他们的学生。

赫尔穆特·施瓦茨（Helmut Schwarz）

◆ **"现在我才意识到，我一直是个我行我素的人。我从小就很叛逆。"**

自我质疑对您产生了什么影响？

自我质疑已经成为我的一部分，对此我只有感激。1972年，我获得了博士学位。面对化工行业和其他机构提供的各种良机，我仍然选择留在学术界，就算冒着失败的风险我也愿意。我想做一些我热爱的事情，虽然有时我自己也会怀疑这个决定是不是正确，比如说一开始我们的成果根本找不到出版社愿意发表，这时我就会怀疑自己。现在我才意识到，我一直是个我行我素的人。我从小就很叛逆，长大后也一直不随大流。对我来说，最重要的并不是安全感。只有死鱼才会随波逐流，而我喜欢逆流而上。

1968年您还是个年轻的革命家，但现在却把自己说成是老古董。

是的，从表面看来，我是很守旧的。我的办公室最近才安装了电脑，我没有手机。除了铅笔、纸和交流对象，我什么都不需要。我的实验室有着最先进的技术和化学领域最昂贵的设备。我的原则是，不必事必躬亲、把控细节，要鼓励博士生和博士后自由发展，给他们施展自我的空间。同时，我也想把这群人聚集在一起，告诉他们成为团队的一员是一件多么有意义、多么充实的事。

您带博士生的方式是什么？

带博士生就像登山一样，在最初的6个月里，我得担任他们的向导。之后是一个过渡期，一年之后，博士生必须有能力担任我的向导。如果做不到这一点，那我们的合作就是个错误的决定。鉴于德国的现实情况，在过去40年里，我带的博士生相对较少，大约才50人，还带过差不多40个博士后。几乎每个"熬过"头两年的人都成了杰出人才。作为他们的老师，我试着去塑造他们，给他们勇气，因为我自己也曾因为一些实验和发表的文章遭到过度的批评。在我年轻的时候，我还是一名未入编的讲师，我曾在一次大会上介绍了自己最新的研究成果。还没等我说完，一位颇具影响力的同行就站起来说我讲的这些都是骗人的。在公共场合听到这样的话，我作为一个新人只能忍气吞声。在科学界打拼的人得有骨气。

发表论文的时候，您的名字一般放在最前面还是最后面？

我只有少数论文署名第一作者，一般情况下我都在最后面署名。末位署名也很重要，因为论文出版的时候，署名并不只是和这一篇论文相关，它和署名人所在的机构以及论文涉及的课题都有关联，不管别人对我们这个机构的印象如何，反正一切都得由我来面对。我无意贬低其他人的贡献，我一直都让那些跟我一起合作的人来决定署名顺序。然而，有一些名声在外的同事总是把自己当成第一作者，哪怕他们只作出了很小的贡献。但我不是这样的人，我心里一直都很清楚，我的名字应该放在最后面。

越来越多的高校正在与大公司展开合作，您为什么仍然致力于基础研究？

合作是必不可少的，但绝不能因此限制基础研究，一切实用的东西都源自基础研究。哪怕爱因斯坦的广义相对论从实用的角度来看完全无足轻重，但没有它就没有全球定位系统！基础研究是一种普遍的财富，在这个领域里，人们可以自由地思考那些无须立即证明能解决某个特定问题或证明对社会有用的事物。以基础研究为根基，可以生出一条无限延伸的知识链，仅凭这一点，我们就必须保护好基础研究为我们提供的自由空间。

◆ "我一直都很清楚科学界有关谁是第一的竞争极其激烈。"

您曾与足球烯分子有过一段"爱恨纠葛"。您能简单地给我们讲讲这个故事吗？

两辆快速行驶的汽车相撞时，它们会完全变形甚至支离破碎。两个物体在碰撞时不可能维持其原来的形状，但足球烯分子与小原子碰撞时，我们成功地让原子穿过了足球烯分子的外壳，同时使足球烯分子仍然保持原状，这一发现与所有已知的实验完全相悖。我或多或少是在别人的推动下进入这个领域的。20世纪90年代初，一位加拿大的客座教授来找我，给我看了一个装满足球烯分子的小瓶子，问我愿不愿意用它们做实验。我当时满腹疑问，但我实验室里的同事瞒着我做了实验。有一天，我发现我的桌子上放了一张纸，纸上画着一些实验记号，我马上意识到实验室里发生了一些不得了的事情。实验结果在我的脑海里萦绕了好几个星期，直到有一天晚上，我茅塞顿开。我把我所有的想法都写了下来，第二天早上又做了一些实验，一切都清楚了。把这些黑色粉末交给我们的教授当时正在美国参加一个大会，我们把实验结果传真给他。在他的讲座结束后，他写信告诉我，他在描述这个实验的时候，有两位与会的同事提前离开了会议室。我马上就意识到他们想复刻我们的实验，然后迅速公布结果。就在那天，我手写了一份论文，寄给了《应用化学》（*Angewandte Chemie*）杂志社。3周后，论文出版了，又过了两周，另一家杂志社出版了那两位同事的论文。我一直都很清楚科学界有关谁是第一的竞争极其激烈。

您也一直在参与科学界的政治活动，担任洪堡基金会主席已有10年之久。您为什么如此重视基金会？

我只是洪堡基金会的名誉主席，所以我还可以继续当老师、做研究。作为学者，我可以为基金会带来关注度，我想让议会的议员们牢牢记住洪堡基金会，这样基金会就能得到长久而充足的赞助，并且基金会只赞助个人而不赞助项目的原则也能一直得以贯彻，就像我们始终遵守某条法律法规一样。

除了科学家的身份以外，您还是一名歌剧爱好者。您为什么喜欢歌剧呢？

歌剧之所以吸引我，是因为它是完整的艺术作品。这种文本、生活、音乐与场景表演的结合，只存在于歌剧中。我也相信教授作报告的方式能起到很大的作用，我从不避讳从克劳迪奥·阿巴多（Claudio Abbado）的

赫尔穆特·施瓦茨（Helmut Schwarz）

指挥风格中获得上课的灵感，也不介怀从卡洛斯·克莱伯（Carlos Kleiber）身上学习他那种只需动动手指就能营造动人氛围的能力。我还喜欢读贝托尔特·布雷希特（Bertolt Brecht）和保罗·策兰（Paul Celan）的诗歌，我喜欢读小说《亲和力》（Wahlverwandtschaften），喜欢读托马斯·曼（Thomas Mann）的著作。

您是如何成为今天的自己的？

通过我周围的环境和我感兴趣的人，我成了现在的自己。我意识到，当我向别人敞开心扉，并在日后给予他们一些回报，我能学到很多东西。我的为人处世之道是乐观主义、自我批评、诚实和尊重。

您认为，年轻人为什么要学习科学？

真正能够创造新事物的机会并不多，科学就是其中之一。对我来说，我的好奇心一直是我最大的动力。科学家必须对他们不了解的事情感兴趣，他们必须做好面对挫折的准备，他们必须懂得偶然事件时有发生。科学家必须足够执着，才不会轻言放弃。此外，科学家还要有坚韧不拔的精神，如果能够加上一定的天赋和聪明才智那就更好了。我建议年轻人不要依赖任何流行一时的风尚。对他们而言，最重要的问题应该始终是一样的：我对这个东西感兴趣吗？在洪堡基金会里、在科研和赞助机构的圈子里，我还懂得了一个道理：活在这个吃人的"鲨鱼池"里，掌握一定的生存手段是有益无害的。

您上床睡觉的时候也会思考问题，那您还睡得着吗？

我每天只睡5个小时，几十年如一日。我每晚11点到12点之间上床睡觉，通常早上四五点左右起床。我上床睡觉的时候真的会思考问题。我曾经花了将近3年时间研究一个问题，还尝试过无数次把对这个问题的研究写成论文，但总是功亏一篑。后来我去听了一场音乐会，音乐家们一个个看起来都自命不凡，无精打采地演奏着。虽然我觉得有些无聊，但是却感觉全身心都放松了下来。突然我就想明白了这个我研究了两年多的问题，我想出了答案。音乐会中场休息的时候我就离开了，我马上回到家里把想到的一切都记录了下来。

您已经实现了多少梦想？

我当然不会幻想自己能实现所有的梦想。现在的一切对我来说已经很好了，可以说不可能更好了。在我看来，洪堡基金会的工作是我人生的巅峰，在这里，科学和为科学提供的支持完美交汇。庆幸的是，作为一名教师，我和许多杰出的人才走到了一起，他们让我一次又一次意识到我自己的不足。有时我希望学术界能给我提供一个这样的环境，这个环境的氛围比我心目中理想大学的氛围还要好。大学里的学术氛围正在消失，所以我决定留在这里，哪儿也不去。

您为什么不选择离开呢？是因为缺乏勇气吗？

这其中有各种各样的原因。1981年，作为一名年轻的讲师，我参加了苏黎世联邦理工学院的一场报告会，很多我所敬佩的同行也在场。当时我就随便说了一句：这个地方是我光着脚也要来的地方之一。12年后，苏黎世联邦理工学院向我抛出了橄榄枝，他们说：现在就来吧！但你不用光着脚来。然而，这件事发生在1992年到1993年间，正巧柏林学院刚刚成立。显然，我应该为柏林学院的建设贡献自己的力量。1990年，德意志研究联合会（DFG）给我颁发了莱布尼茨奖，但条件是我要在5年之内花掉这笔巨额资金，否则5年后资金将会被收回，不过德意志研究联合会告诉我，如果我留在柏林，他们可以免除5年限制的规定。我当时有些不安，因为我觉得大家对我的期望会非常高。

您很谦虚，但同时您也有自己的虚荣心。您什么时候会觉得自己的虚荣心得到了满足？

有一次，一位来自海德堡的年轻女士来找我，说她想在我这儿完成她的博士论文。她说我两年前曾在海德堡做过一次演讲，听完我的演讲后她就想通了：如果要读博，那导师只能是施瓦茨先生。对于我个人而言，能得到别人的赞美当然很好，这种感觉很美妙。

化学是一个充满矛盾的领域，既可用于正途，也可用于歧途。您觉得您对未来担负着哪些责任？

在未来的20年里，世界上几乎不会有任何一个关键问题可以在没有化学参与的情况下得到解决。由于化学是关于物质变化的一门学科，而人们通常害怕变化，因此化学要发展并不容易。然而，如果能够保证化学可以和其他学科一起对问题的解决起到真正的作用，那么这将是一个巨大的进步。

您想对大家说些什么？

对新事物的意义抱有更多的信任，对科学家所做的事情抱有更多的信任，对未知和陌生的事物持开放的态度。

您有什么非常害怕的东西吗？

遗忘和痴呆症。记忆是我最想感谢的东西。忘记所有的一切，忘记自己是谁，忘记自己成长的经过，忘记自己成为什么，这对一个人来说简直就是灾难。

您对自我的认知是什么样的？

有时候我太自负了，过于没有耐心，对其他人提出的要求过高。我年纪越大，越平凡普通，这对我有好处。

◆ **"在科学界打拼的人得有骨气。"**

伯恩哈德·舍尔科普夫（Bernhard Schölkopf）

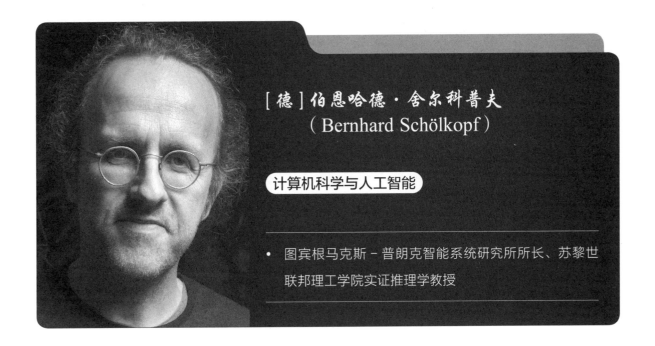

[德] 伯恩哈德·舍尔科普夫
（Bernhard Schölkopf）

计算机科学与人工智能

- 图宾根马克斯-普朗克智能系统研究所所长、苏黎世联邦理工学院实证推理学教授

◆ "如果你做的事和别人相同，你就无法取得科研进展。"

舍尔科普夫教授，您学过物理学、数学和哲学。您为什么会想到，从哲学的角度对这些以事实为基础的学科进行补充说明呢？

我一开始学的是物理学，因为我和许多科学家一样，想知道是什么把世界联系在一起的。然而，在学习过程中我发现还有很多东西无法理解，特别是量子力学中关于测量过程的问题仍然悬而未决。在测量过程中，主体能干预世界。于是我意识到，寻找世界上可感知的结构与探究理论物理学的基本问题一样有趣，所以我最终选择学习哲学。机器学习理论是哲学某个分支的形式化，探讨的是我们应该如何以可靠的方式发现世界上的各种结构。在某种程度上，我们只能发现我们自己认为可能存在的结构。从这个角度来讲，我们已经具备了这些结构。对我而言，辨别自己的结构和区分人的长相都是非常难的事情，所以从小别人就说我老是心不在焉的。

您从小就比较孤僻吗？

我从小就对天文学和其他一些学科感兴趣，但我并不是知识分子家庭出身。我记得我父母的一些朋友称我为"教授"，但那并不是什么负面评价，也没人强迫我必须往某个方向发展。我父亲是个房地产开发商，他希望我或者我的哥哥姐姐接管公司，但我们3个人都没有如他的愿。

您曾在剑桥大学和美国工作，为什么后来选择回到家乡呢？

我得到了担任马克斯-普朗克研究所所长的机会。当时我还很年轻，聘任委员会的一位同事问我是不

伯恩哈德·舍尔科普夫（Bernhard Schölkopf）

是已经做好了准备，现在当所长会不会有点为时过早。我问他能不能保证 5 年后再给我提供相同的职位，他说："恐怕我无法承诺这一点。"所以我接受了这个机会，这对一个科学家来说是充满偶然性的，并不常见，最终我回到了我的家乡。

您很早就开始研究人工智能了。

20 世纪 60 年代，人们开始研究人工智能。一开始，大家都非常乐观，但很快就发现，那些随口许下的承诺并没有兑现。矛盾的是，计算机科学实际上是从人工智能这门学科中诞生的，但在很长一段时间内，许多计算机科学家都不想与人工智能这个词扯上任何关系。

我也从未在机器学习领域使用过人工智能这个概念。机器学习更多与模式识别有关，而当时的人工智能研究者认为可以把智能当作程序编入系统。然而，在现有的生物智能系统中（即人类和动物身上），智能被编程的可能性很小。所以准确地说，我觉得最重要的应该是机器学习。

◆ **"科学影响着科幻小说的创作，但科幻小说也预示着科学的未来，对科学家产生影响。"**

机器学习的关键是什么？

我们提前设计好算法，只不过经过学习的系统中所含的信息只有很小一部分来自算法，更多来自观测数据。从这个角度来说，尽管我们事先为学习行为的产生搭建了关键结构，但它们仍属于正在学习的系统。系统通过学习进行模式识别，在多数情况下，它做得比人还好。然而，算法也会遭到人类的偏见和误判，从而对结果产生影响，这是我们遇到的难题。我们仍然不知道学习在生物系统中起作用的方式是什么。至于对知识举一反三的能力，人类仍然比目前的机器强得多。

随着收集的数据越来越多，人类也越来越容易被掌控，对此您怎么看？

通过对信息的自动化处理，人类被掌控的可能性在不断增大，新技术让机器变得更加智能，可以更好地为个人进行量身定制。机器的这种发展始于 20 世纪中叶，有很多是科幻小说家艾萨克·阿西莫夫（Isaac Asimov）做出的预测，而如今它们正在逐步成为现实。科学影响着科幻小说的创作，但科幻小说也预示着科学的未来，对科学家产生影响。我小时候也喜欢读科幻小说，有时候我很容易预见到可能会有不好的事要发生，但我本质上是很乐观的。工业革命对当时的人来说肯定是一个不小的冲击，但如今很少有人愿意回到过去。等 50 年后，许多疾病可以通过人工智能得到更好的治疗，那时，我们的子孙后代可能会说：他们当时治疗癌症的方式实在是太过时了。

未来,很多简单的工作都会消失,从而导致大规模失业。到那时,人们不会起来反抗吗?

这确实是一个隐患。一方面,每项技术的发展都会带来经济效益,而在第一次工业革命中就发生过暴乱,人们因害怕失去工作而砸毁织布机。历史上的每一次大变革都有赢家和输家,都会导致大批人移居其他国家。另一方面,以汽车的发明为例,对于它对人类生活产生的影响,我们的接受程度极其惊人。作为一名科学家,我无法预测会发生什么,我只能尽力做好自己的本分。

您的职责是什么?

机器学习和人工智能也可用于军事系统。没有人能够真正预测这种系统的技术发展将对战争产生什么样的实际影响。我不知道人工智能会让战争变得更安全还是更危险,不知道它会不会让战争不那么容易爆发,但我很担心这一点。每个人都应该意识到这是一种危险的发展。大多数人都有责任感,不会拿其他人的生命冒险,也不会杀人。然而一旦发明了自主武器系统,可以想象,杀人的门槛会越来越低。

机器人也会生气吗?

目前不会,但说白了,人类也是一种复杂的机器。所有的人类行为都包含某种生物功能,愤怒也是如此。为了能够在发生冲突时保护自己的孩子,愤怒有可能是一种很重要的情绪。如果人工智能的发展是为了在不确定的情况下保护孩子,那么机器人可能也需要学会愤怒,但我们的目的不应该是创造一种完全复刻人类智慧的人工智能。有些人认为,我们很快就能开发出比人类更智能的系统,这些系统又会创建出其他更智能的系统,很快就会出现超级智能,到时候人类就玩完了。我觉得这种想法很天真,就好比认为一个比一只手还要小的系统可以轻而易举地创建一个比它更小的系统,一直循环往复,直到某个时候出现了任意小的系统。

机器人什么时候会真正复刻我们的社会智力❶?

想要实现这一点,还需要更加智能的计算机,不仅要从输入输出示例中学习,还要学习人类文化。人也是通过观察他人进行学习的,在这个过程中我们会使用各种复杂的文化符号。文化学习对我们来说极其重要。目前我们还不知道如何让计算机拥有这种能力。

谷歌首席执行官桑孙达尔·皮查伊(Sundar Pichai)曾表示,人工智能对人的本质造成的改变,远超过火的发现和电气化带来的改变。

比起能源加工,信息处理更接近人类的本质。我们能对世界做出如此大的改变,是因为我们特别擅长处理信息,而不是因为我们比其他动物更强壮或者我们比它们跑得更快。因此,相比早期的工业革命,人

---

❶ 社会智力主要指个体了解他人及与他人相处的能力,来自社会知识、涉世经验的积累,表现为对人际关系的感受、协调和处理能力,包括社会认知、社会情绪、社会技能。社会智力由美国心理学家桑代克提出,他将智力分为抽象智力、具体智力和社会智力3种,认为政治、销售人员应有较高的社会智力。——译者注

工智能领域机器间的竞争对我们的自我认知可能产生更大的影响，做出这样的预测是有风险的。即便根据我们现有的知识来判断，也很难说是火的发现还是农耕的出现对人类发展更重要。

2017年，全球48%的人工智能投资都投入中国的初创企业里，而2016年这一比例仅为11%。您如何看待这一变化？

在美国，人工智能领域有大量来自工业界的投资，因为企业所推行的商业模式是以数据为基础的，而人工智能恰好为它们提供了一种使智能数据处理过程自动化、高级化的方法。在中国，政府的战略之一是要在技术领域掌握领导权，它所带来的经济效益是十分明显的。人们有理由担心，信息处理技术可能会被用来控制人类。如今，面部识别技术已经相当成熟。未来，只要一个人露脸，他的身份很快就能被知晓。

那欧洲，尤其是德国，在这场科技竞争中岂不是越来越落后了吗？

我也有这样的顾虑。虽然德国研究人工智能的时间较早，但在现代人工智能研究领域，美国和英国作出的贡献更多，如今中国对人工智能的研究也越来越多。在马克斯-普朗克研究所，我是第一个研究机器学习的科学家。当时我被一个生物学研究所聘用，后来它成了一个新型研究所，可能是德国目前第一个现代人工智能研究所。现在的年轻科学家可以通过互联网了解全球研究现状，博士生会去那些学术氛围很浓厚的地方做研究，所以很多人都去了美国。

您也是这个行列中的一员。您为什么去亚马逊公司工作？

我博士论文的主要内容是在美国电话电报公司贝尔实验室完成的，后来我去了微软研究院工作。那儿的工业实验室有很多前沿研究项目，许多顶尖科学家聚在一起，深入地进行思想交流。如果我们想保持一个研究领域的竞争力，我们需要的不仅仅是马克斯-普朗克研究所和各高校的力量，亚马逊是第一个做到这一点的公司。我想与最优秀的科学家一起工作，以便能够真正有新的发现。

您能谈谈您的工作进展吗？

我刚进入这个领域的时候，神经网络非常受欢迎，但要经过大量测试才能发挥作用。后来我通过弗拉基米尔·万普尼克（Wladimir Vapnik）了解到统计学习理论。当时，非线性系统的发展才刚刚开始，它对复杂数据的处理有着重要意义，因为世界的规律就是非线性的。用数学方法对数据进行预处理，非线性事件可简化为线性事件，这时可以对机器学习系统进行效果极佳的训练和分析，这样一来，就开发出了新的内核法以及与概率论有关的方法。由于数据量不断增大，神经网络研究最近又成了热门课题，还取得了非常好的成果。过去10年我一直在研究因果关系，它源自传统的人工智能。目前，我正在寻找一种因果结构，这种结构虽然遵循统计学规律，但更基础、更灵活、更适用于新情况。我也一直在开发机器程序，让这些程序学习因果结构和统计结构。

您会用什么词来形容自己?

深思熟虑、谨慎,但有点奇怪。我希望,我在某种程度上是独一无二的。如果你做的事和别人相同,你就无法在科研上取得进展。我更像是一个想努力消失在人群里的人,但我坚持留长发,即便这不是什么新颖独特的事情,即便我现在看起来像极了恐龙。我的孩子也问过我为什么不剪头发。

您以前会弹钢琴,您现在还会继续弹吗?

我家里有一架钢琴,但我很难再达到之前的水平。我的孩子现在也在学钢琴,所以我们可以互相鼓励。我现在还在一个合唱团里唱歌,我觉得每个人都应该去唱歌。一个人参与音乐创作的时候,对音乐的感受是完全不同的。我们曾经唱过一首曲子,唱到最后,我们出乎意料地进入另一个和谐空间里。它唤起了我的某种感觉,而这种感觉在我后来生下第一个孩子的时候又出现了。从那一刻起,我明白了一个道理:音乐可以打开大多数时候都紧闭着的大门。

◆ **"文化学习对我们来说极其重要。目前我们还不知道如何让计算机拥有这种能力。"**

您是否也经历过人生低谷?

有一段时间,我的身体出了问题,我时不时就会陷入低谷。和科学家在一起生活不是那么容易的,特别是他不在身边的时候,尤为艰难。我觉得有些事情我注意不到,在工作中,虽然我很清楚什么东西最重要,但正确的事情我总是放到后面才做。我始终无法成功说服别人,但我也不能自怨自艾。发现新事物的兴奋感不断驱使着我前进。

您对天文学感兴趣,还发现了一颗星星。

几年前,我开始与纽约的天文学家一起合作。我们找到了寻找系外行星(即围绕其他恒星运行的星球)的方法,并成功发现了一些系外行星。前不久,其中一颗系外行星成为第一个被证实有水蒸气存在的潜在宜居星球。对我来说,天文学和对星空的感知是通往现实的另一扇门。

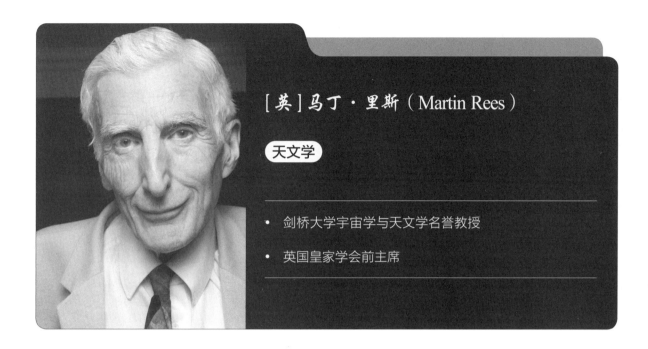

[英]马丁·里斯（Martin Rees）

天文学

- 剑桥大学宇宙学与天文学名誉教授
- 英国皇家学会前主席

◆ "与非专业人士交谈，可以提高一个人的大局意识。"

里斯教授，您能为我们预测未来吗？

技术的新发展令人振奋，但我无法一一预测，不过有一点我很肯定：2050年世界人口将增长到90亿，那时非洲的人口总数将是欧洲的5倍。

这种人口不平衡会引发某些问题吗？

非洲无法像今天的东亚国家那样发展经济，因为工业生产正在被机器人取代。如果非洲的经济发展水平不高，不稳定的风险就会增加。在非洲，每个人都有手机，他们都知道自己错过了什么，这可能会让他们滋生怨恨情绪。从原则上来说，不让非洲落后，与全球各富裕地区的利益并不冲突。

您还有其他预测吗？

我认为，随着气候变化，未来全球的温度会更高。减少二氧化碳排放的唯一途径是加速太阳能和风能的研究与开发，甚至是核能这样的二氧化碳零排放能源，并研发出与之相匹配的蓄能器，例如性能更优的电池。当非化石能源的成本下降到足够低的程度，像印度这样的国家就可以直接进入清洁能源时代。

为了使未来更美好，您提出了生产人造肉的建议。

为了实现在2050年90亿人都能在这个星球上和睦相处的目标，我们需要发展清洁能源新技术，还要以可持续的方式生产我们的食物。这意味着我们要少吃肉，多吃素。我们应该大力投资研发人造肉。目

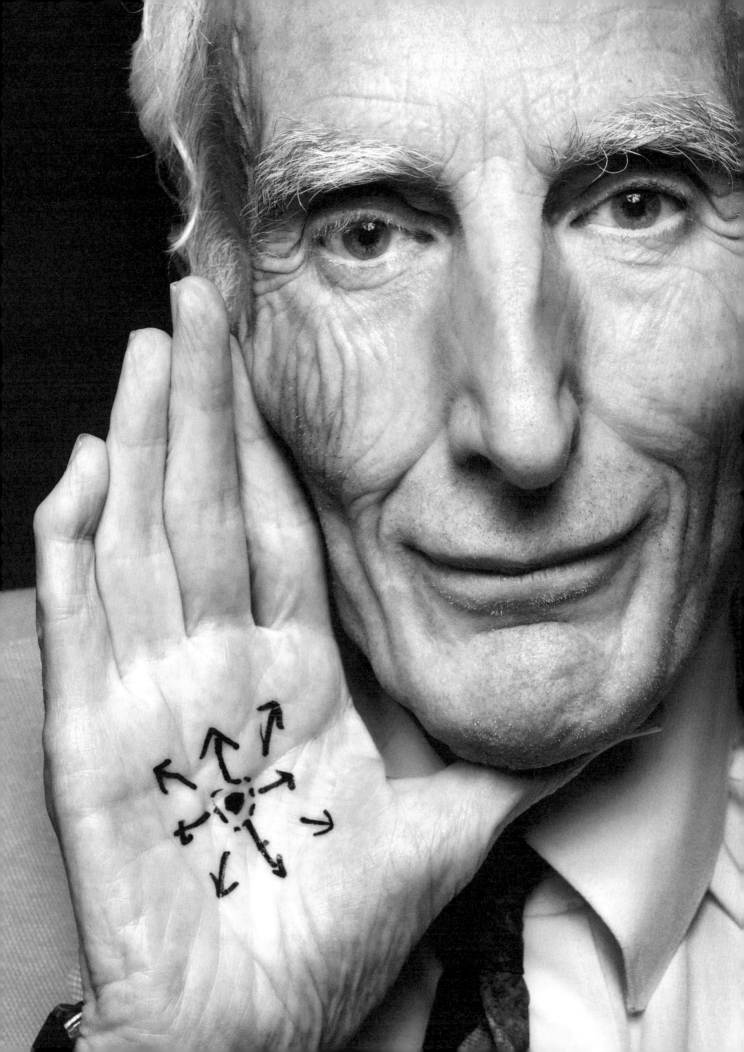

前，我们已经有了一些对技术要求不高的配方，可以用来生产一种尝起来有点像肉的食物。高科技的人造肉也正在研究当中：从一个单一的细胞开始，不需要任何动物参与，即可培育出在化学成分上与肉类相同的物质。这些例子表明，巧妙地运用技术，有可能让所有人都过上好生活，而且不会像今天这样人均每年排放 20 吨二氧化碳。如果从现在起就采取正确的应对措施，一切都为时不晚。

20 世纪 60 年代，您的职业生涯刚刚开始，和那时候相比，现在有哪些不同？

那是一个激动人心的年代。1965 年，我们掌握了第一个强有力的证据，通过布满整个太空的辐射，证明了宇宙始于大爆炸。而过去这 5 年也同样令人兴奋。在这 5 年里，我们隔三岔五就会发现太阳系的其他行星，掌握了证明引力波的第一个直接证据，而且我们现在可以较为准确地描述历史上不同时期的宇宙是什么样子。我们有了功能更强大的望远镜，可用于观察各种波长的波。我们还可以用功能更强大的计算机处理大型数据集，比如有一颗欧洲卫星已经收集了 17 亿颗恒星的数据。计算机还能在虚拟空间中模拟恒星和星系碰撞时的情况。可见，技术给科学发展提供了巨大的推动力。

人类已经拍下了第一张黑洞照片，是吗？

其实 40 年来，我们一直都有关于黑洞的线索，现在终于有了一张高清的黑洞照片，真是太棒了。把来自世界各地望远镜的数据集中在一起，是一种巨大的技术成就，正是因为这些数据才有了这张黑洞照片。

您现在仍然沉迷于研究宇宙大爆炸吗？

现在最大的挑战是要理解宇宙在最初阶段产生的奇特的物理现象。在这 50 年里，我们已经从根本不知道是否存在宇宙大爆炸，到能够比较确切地讨论宇宙诞生之初的那亿分之一秒所发生的事情，这是一个很大的进步。毫不夸张地说，我们可以在未来 50 年内再次实现巨大的飞跃。

您很晚才开始接触天文学，这是为什么？

我之前学的是物理学和数学，因为我很擅长这两门学科。说实话，起初天文学并不是特别吸引我。后来，我加入了剑桥大学的一个博士生小组，那段日子非常有趣，我在一个全是聪明人的环境里做着令人兴奋的研究。每当科学界里有新事物出现，年轻人便可以很快取得重大成就。从这个意义上讲，我很幸运。

您能讲讲您的童年吗？

我是家中独子，我的父母都是老师。我很幸运可以在乡下美丽的环境中长大，并且接受了良好的教育，所以我才能够上大学。不过现在看来，当时的我专注于数学是一个错误。

为什么这么说呢？

虽然我可以用我喜欢的且对我有益的方式找到数学的用途，但我并不是一个天生的数学家。我的思维方式其实更像是一个工程师：我总是试着去了解事物的工作原理。我喜欢深入思考并把事情解释给别人听。出于这个原因，我的职业生涯也相应地朝着这个方向发展。就我的工作而言，我非常幸运。我们不应忽视运气在每个人生活中的重要作用。

您经常谈及运气，在您畅通无阻的职业生涯背后也有运气的成分吗？

总而言之，我很幸运：我在一个振奋人心的领域找到一份科研工作，何况还是在剑桥做研究。我有幸能够步入这个圈子，参与有关天文学和宇宙学的辩论。当后人书写天文学史时，过去的 50 年将是整本史书最激动人心的篇章之一。我不知道我个人作出了多少贡献，但我一直属于这个集体，我们为了解人从哪里来、宇宙如何运作做了很多工作。

所以您从未遇到过个人危机吗？

我遇到过几次危机，但我都一一化解了。重要的是要坚持下去，在事情不顺利的时候不要放弃。千万不要因为和人发生争论而满腹牢骚，要有与人和解的肚量。

您是英国工党的成员，对吗？

我坚决支持工党。看到公共部门不扩反缩的现状，我感到很失望。英国需要多向斯堪的纳维亚学习，少向美国学习。我一直对政治很感兴趣，在我的职业生涯中，我曾参与讨论宏大的政治议题、参加过选举和面向民众的公开活动。

您对英国脱欧有什么看法？

英国脱欧是英国政治中一个非常令人不快的插曲。我坚决反对英国脱欧，因为这会对英国产生非常恶劣的影响。其他国家会认为我们在闭关锁国，这是一种耻辱，因为开放性本来是英国学术界的优势之一。除此之外，我们正生活在一个不稳定的世界里，所以现在是最不应该破坏欧洲团结的时候。当然，我们仍然希望保持国际性，毕竟科学是国际性的。然而，如果来英人员不能把他们的家人一起带到英国来，他们就会对来英国工作或学习犹豫不决。

◆ "如今的社会是脆弱的。"

您是宗座科学院的成员。您如何看待科学与宗教之间的相互作用？

宗座科学院是一个由七八十名有着各种宗教信仰或无宗教信仰的科学家组成的国际组织，其中只有少数人是天主教徒，我们所有人都对科学界的研究成果感兴趣。我很高兴能成为其中一员，毋庸置疑，最近宗座科学院产生了一些积极影响。尤其在 2014 年，世界上最优秀的科学家和经济学家就气候变化问题进行了讨论，他们的讨论结果随后出现在 2015 年的教皇通谕《愿祢受赞颂》（Laudato si'）中，并广受称赞。在联合国，教皇得到了众人起立鼓掌的礼遇。这份通谕也为 2015 年巴黎气候大会达成的协议铺平了道路。

我经常在想一个问题，科学家为什么要讨好政治家呢？

如果科学家直接和政界对话，其实并没有什么效果。最好的办法是通过媒体，通过动员公众，间接地去完成这件事。教皇有 10 亿追随者，他就是一个很好的例子，说明科学家可以通过富有魅力的人物使他们的声音得到更多关注。政客们不做长期规划，除非他们不必担心失去选票。就拿戴维·爱登堡（David Attenbourough）的 BBC 系列纪录片《蓝色星球》（The Blue Planet）来说，它有 700 万观众，这个节目提高了公众对海洋塑料垃圾的认知。政治家们意识到如果他们就此进行立法，是不会失去选票的。他们根据选民们的要求来做决定，所以让选民受到教皇等有魅力之人的影响是很重要的。归根结底，只需要几个行事坚决果断的人，就足以改变世界。

道德边界对科学家和社会来说有多重要？

我们需要对科学工作进行道德评价。首先，当前仍然存在着一些不道德的实验，尤其是用人类和动物进行的实验。其次，我们有义务以取其精华、去其糟粕的态度应用科学技术，否则将来就会产生各种关于伦理和安全的争论，尤其是在遗传学领域。科学家的义务更特殊，他们要确保公众真正了解某项实验或某种危险的现象。当某种道德困境出现时，就更应如此。科学家可能是最先知道哪些事情是可以借助现有技术实现的一批人，但不应该由他们决定是否真正要做这些事。科学家也不应该孤高倨傲，认为他们在政治争论和辩论中拥有特权。

您觉得自己有很大的影响力吗？

从 20 世纪 80 年代起，我就在参加各种会议，也参与过关于气候和能源等不同主题的政治讨论。从这个意义上讲，我的影响力和普通的政治家差不多。在我 60 岁之前，我只在天文学领域担任过官方职务。之后，我成了皇家学会，也就是英国国家科学院的主席和上议院的议员，还担任剑桥大学最大学院（即剑桥大学三一学院）的院长，这其实已经成了我的一种压力，因为我没有足够的时间搞科研了。

担任皇家学会主席，您是如何履职的呢？

在我之前的两位主席一上任就积极参与各种政治活动和公共活动，他们也力求让自己变得更加国际化。我一直在努力延续他们的路线。

在上议院参议感觉如何？

实际上我待在上议院的时间不多，可以说是兼职议员，但能加入上议院是一种荣幸。比起一般的学者，我有更多的机会参与解决公共政策问题。

我听说您建议您的学生阅读科幻小说？

是的，他们可以从科幻小说中获得灵感。我们需要激发自己的想象力，以保持独创性。科学家平时会过于关注细节，这其实是很危险的，而与非专业人士交谈，可以提高一个人的大局意识。

地球外是否存在生命呢？人类是唯一的生命吗？

在未来20年里，我们将会知道这个问题的答案。科学家正在研究地球生命产生的过程。达尔文的进化论告诉我们，我们现在的生物圈是如何从最初的生命形式演变而来的。但我们还不清楚是什么样的化学反应创造了第一批具有新陈代谢和繁殖功能的生命，也不知道是哪种化学反应创造了我们今天看到的一切生物。如果我们能弄清楚这一点，我们就能了解到地球上曾经是否发生过不可思议的事情，在差不多的条件下，这些事情是否也可能在其他地方发生。除此之外，我们还能了解到DNA和RNA的化学组成是否独一无二，生命是否也能由不同的化学成分组成，甚至可能不需要水。我们还会探索太阳系中其他可能存在生命的地方。在过去20年里，我们发现了大多数恒星并不仅仅是一个个光点，它们都被一群行星围绕着。预计下一代望远镜能够观测到这些行星上是否有生物圈和生命形式。

您在您的著作《终极时刻》（*Unsere letzte Stunde*）中写道，科学威胁着人类，它给了我们二分之一的机会去生存。您能不能解释一下这句话？

2003年我写这本书的时候，所有人都已经知道核威胁是怎么一回事。生物工程、细胞工程和遗传学前景一片广阔，但它们也有消极阴暗的一面：制造核武器需要特制的大型研究设备，但这些技术不需要这种设备就能得到应用，这种特性就赋予了那些可能会滥用科技的小团体以权力，这是我最担心的问题之一。同时，人口过剩也可能加快生态临界点的出现，执行以伦理为标准的法规也会变得很困难，例如所谓的"人体增强"技术，即利用医学技术提升人体性能，最终会导致自由、安全和隐私之间的紧张对立。总而言之，21世纪将是一段充满颠簸的旅程，这一路上的坑坑洼洼会有多深尚不可知。

是不是也有出现大流行病的风险？

是的，可能会自然而然地出现传染性特别强的流感病毒，世界卫生组织正在监测这种风险。如今的社会是脆弱的：我们的复原力比过去的人要差得多，因为我们有更高的期望，习惯于过一切正常的舒适生活，因此，大流行病的后果也比过去严重得多。如果大流行病严重到连医院都无法应对，社会可能就会崩溃。相比之前的几个世纪，现在的我们更容易受到这种威胁。

您是不是成立了一个新的风险研究机构？

是的，在剑桥，在这所欧洲第一的大学。我们有责任让那里的人才参与风险研究，发挥他们的才能。当前对某类低概率风险的研究仍然不够，但这些风险一旦出现，就有可能是灾难性的。

看来您退休后的生活仍然十分忙碌。

我 68 岁退休，不再负责行政工作了，我甚至连秘书也没有了。这样也挺好，因为只有这样，年轻人才有机会。而美国不设年龄限制，所以年轻人的日子会更难过。现在的我旅行、写书、开讲座、思考、做研究，所以我的工作仍然相当辛苦。我的脑力随着年龄的增长而降低，但时至今日，我学到的东西仍然比忘记的东西要多。总的来说，最近这 5 年，我过得和之前一样充实。

您会给年轻人一些什么建议？

年轻人应该选择一个他们认为自己能够有所作为，并且擅长的领域。如果他们对科学感兴趣，他们应该选一个新发现层出不穷的领域。

您想对大家说些什么呢？

我们需要有长远考虑的意识，要认识到我们的行为对后人的影响。

您会如何描述您的性格？

富有好奇心，对理想世界和现实世界之间的差异感到愤怒。此外，我热衷于政治辩论和学习，我很喜欢社交活动。

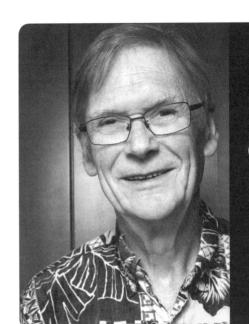

[英]蒂姆·亨特（Tim Hunt）

生物化学

- 伦敦弗朗西斯·克里克研究所名誉所长
- 曾获 2001 年诺贝尔生理学或医学奖

◆ "越是重大的发现，越是出人意料。"

亨特教授，您曾经说过："如果我都能获得诺贝尔奖，那么其他人也可以。"您真的这么认为吗？

我确实是这么想的，因为在我看来，我能获奖靠的主要是运气。在普通人眼里，想要有所发现，就必须穿上实验服，将液体从一个试管倒入另一个试管，但事实并非如此。当一些意想不到的事情发生时，就会有新的发现。越是重大的发现，越是出人意料。我只是很走运罢了。

所以科学发现都是偶然的吗？

为了有所发现，我们肯定会不停探索，但通常来说，我们的方向是错误的。我的重大发现出现在一个奇怪的时间点上。我偶然发现一种特定的蛋白质突然间消失了，这在当时看来是不可能发生的事情，但我那时候已经想到了细胞分裂，而这正是最关键的线索。我马上意识到，我遇到了比我之前想象的更有趣的事情。这次经历完美印证了巴斯德（Pasteur）的名言：机遇只偏爱那些有准备的头脑。

您以另辟蹊径而闻名。

是的，我很容易分心，所以我认为我不是一个伟大的科学家。有些人很厉害，他们可以毫不费力地剖析问题，而我没有这种能力，但我们可以通过科学明白一个道理，即科学需要性格各异的人才。

您曾经说过，您觉得这个发现 100% 属于您，所以它才如此令人振奋吗？

一般来说，硕士生做的都是基础工作，但这次的发现的确是属于"发现者的发现"。我就是那个在这里做实验的人。事实上，这是我唯一一次在看到实验结果时有种恍然大悟的感觉。我突然意识到一件非常重要的事情：有一种蛋白质消失了。我整理出了一连串的线索和证据，即便当时的科学家认为这根本不可能，但是就连教科书也会出错，又有什么是不可能的呢？更何况这种情况时有发生。

想要了解这个发现的意义，您必须保持清醒。

不需要，它就在那里，白纸黑字，清清楚楚。即便不是天才也能够明白它的意义。我的第一次实验结果不是特别清楚，因为我没有严格按照程序执行。当时我们遇到了一个问题：精子含有功能强大的促消化酶，必须使其失去活性，才能获得实验结果。我们采用了一种方法：将样品放在洗涤剂和 2-巯基乙醇（一种含硫化合物）中煮沸，实验室里弥漫着那种令人作呕的混合物的臭味，我因此失去了嗅觉。之后我连玫瑰的味道都闻不了，挺痛苦的。

同一时期，保罗·纳斯（Paul Nurse）也在研究细胞分裂。你们之间有交流吗？

我们的研究方式和研究体系都不一样，但我们经常互相交流。我会去拜访他，和他交换研究笔记，这很有趣，因为我们当时真的很迷茫。回想起来，我们的速度慢得难以置信，其实我们本可以早点解决这些问题。但当我们还没有真正明白事情的来龙去脉时，面对的就是重重迷雾。

我觉得，从您开始研究这个领域一直到现在，很多事情肯定都发生了变化。

有些事情没有发生太大变化，但有些事情的变化却大得惊人。有人给我展示了一个只有饼干大小的 DNA 测序仪，这块小芯片上的人类基因组转眼间即可被读取。我们当时花了两个星期的时间，研究出一种比较烦琐的排序方法，不过这个方法现在已经过时了。如今人们严重依赖计算机之类的东西，但我认为这会偏离最主要的问题。人们认为，如果他们收集了大量的数据，而这些数据的可靠性不一致，那么真相就会从这些数据中显现。

2001 年，您与保罗·纳斯和利兰·哈特韦尔（Lee Hartwell）因发现细胞周期的控制而获得诺贝尔奖。您能向我们解释一下这一发现的意义吗？

首先，我们必须了解 DNA 对生命的重要性。DNA 蕴含了人体发育和机能运作所需的指令，还能进行自我复制，这样一来，下一个细胞就可以继续做同样的事情。这套指令必须不加修改地刻入身体的每一个细胞。因此，控制细胞周期是关键，即确保每个细胞都获得这套指令的完整副本，这是非常了不起的。我们很清楚，这个过程必须有一个调节器，用来触发开始分裂的细胞，使其状态发生完整的变化。这种变化是在一种酶的催化作用下完成的，其中一半是我发现的，另一半是他们俩发现的。我对我们的发现感到非常满意。其特别之处在于，以前很少有人对此进行研究，因为他们根本不知道如何解决这个问题。

获得诺贝尔奖是一种什么感觉？

我常常说：诺贝尔奖最棒的地方就在于获得它的过程，而不是获奖的结果。

◆ "诺贝尔奖最棒的地方就在于获得它的过程。"

您肯定很清楚，您天生就会解决问题。

哦，我真的不知道。我喜欢问题和解决问题的小窍门。从一个讲座或一本书中获取完全不同的东西，或从一个旁观者的视角找出解决问题的方法，是非常有趣的，这种情况已经在我身上发生过很多次了。一个人可以犯很多错误，但要尽量避免同样的错误犯两次，这一点非常重要，所以研究领域的变化才令人兴奋。要知道，除非你犯过每一个可能犯的错误，否则你就不算这个新领域的专家。

但您还是强调了乐趣和愉悦环境的重要性。

我敬佩的科学家都是有玩乐之心的，但在专业领域里，必须打好扎实的基础。我跟别人说，要脚踏实地，放眼未来，努力工作。

这种心态是否源自您的童年？您是在战后时期长大的，对吗？

是的，那时的生活相当艰难。我必须把盘子里的东西吃干净，因为那是我能得到的所有食物。我还记得那时候没有冰箱的日子是怎么熬过来的。当我们终于有了第一台冰箱，我们特别兴奋，因为母亲终于可以做冰激凌了！我们家没有中央供暖，只有一个煤炉。下雪的时候，我们只能用婴儿车把煤炭运回家。尽管如此，我的童年还是很美好，我有很多朋友。我是一个非常快乐的小男孩，经常跑到海港边的草地上钓鱼，那是一段非常美好的回忆。我们家总是热闹非凡，我母亲是一个善于交际的人，我们家厨房里总是挤满了人。我父亲有很多学识渊博的朋友，那些看起来很奇怪的中世纪历史学家们经常来我们家吃午饭。他们让我明白了一个道理，就是对人要坦诚。如果你对他们知无不言，他们也会对你言无不尽。

您在一个宗教家庭中长大，这对您造成了长久的影响吗？

那时我们每个星期日都会去教堂。事实上，有一段时间我真的相信上帝的存在。对我而言，童贞女感孕生下了耶稣是我的信仰原则。我在十几岁的时候就不信基督教了，但回顾往事，可以说我的某些实验还是受到了宗教的启发。例如，我读了一本关于海胆卵的书，我会思考：原来海胆也有童贞孕生的现象！但生物学家基本上很难相信上帝，而物理学家更容易相信上帝，因为他们会对宇宙产生更神秘的看法。

◆ "我喜欢问题、喜欢解决问题的小窍门。"

您在很小的时候就对生物学产生了兴趣。听说您曾用您弟弟的宠物做实验，这是真的吗？

我最小的弟弟有一只兔子，在它死后我把它带到学校去解剖，这确实对我有所启发，因为我有了一些新发现。兔子的肾脏看起来和肝脏完全不同，原来它的身体里有这么多的内脏，真是不可思议，这件事令我印象深刻。我一直想成为一名科学家，想成为一名物理学家或工程师，但我很早就意识到这不是我的强项。我有个朋友是一位屡获殊荣的物理学家，他致力于激光散射的研究，天生就是干这行的料。而我擅长用生物学的思维来思考问题，物理对我来说太难了，它不在我的理解范围之内，物理学的一切都与我的直觉相悖，而且我很少在班里名列前茅。

您在实验室工作的时候，教授是否给了您足够多的自由空间？

是的，从来没有人告诉我应该怎么做，这有时是好事，有时是坏事，因为这意味着我要对发生的事情负责，多少有点让我伤脑筋。在我职业生涯刚开始的时候，我经常会有这样的想法：哦，上帝，就是这样，我已经把问题罗列出来了，接下来该怎么做呢？最后我总能得到一些结果，但整个过程可能会很痛苦、很令人沮丧。在我写毕业论文的时候，我刚和女朋友分手，心情糟透了。实验室是一个社会性很强的地方，我却要坐在一个房间里写毕业论文。我大概花了3个月的时间写那篇该死的论文，实在是无聊透顶。生活很艰难，高光时刻确实令人振奋，但低谷也会把人拖垮。有朋友在我们遇到困难时出手相助，在我们成功时和我们一起庆祝，这是非常重要的，但最重要的是要研究一个有意义的问题。我们可以想到各种各样的问题，但它们要么微不足道，要么无法解决，找到一个好问题非常难。我们必须告诉自己：我会用我所有的经验来解决这个问题，我还会说服其他人跟着我这样做。

在您的职业生涯中，有过后悔的事吗？

我觉得自己是一个非常幸运的人，我很少有遗憾。我做了我所能做的一切，它们为我建起了知识的大厦。我只作出了一点贡献，但说实话，如果是别人作了这些贡献，就轮不到我了，对吧？这种事多少有点神秘。

2015 年，您在首尔举行的世界科学大会上发表了一些有争议的言论，您说："我来说说我和女孩子之间的麻烦事。如果她们出现在实验室里，会发生 3 件事：你会爱上她们；她们会爱上你；当你批评她们时，她们会哭。"之后您因为这番话被迫辞去大学里的工作。可以想象，那段日子对您来说很艰难。

我内心有些崩溃，特别是我不得不退出欧洲研究委员会，这对我打击很大，我当时哭了。我真的很蠢，我在候机厅接受了电话采访，但我当时本应该保持沉默。我接受了几次采访，但还没有意识到即将发生什么事。当我的飞机在希思罗机场降落时，我的电话响了，是我小女儿打来的，她问我："爸爸，您还好吗？"我说："我挺好的。怎么了？""您登上了各大报纸的头条。""你说什么？"当时的我对此一无所知。

您一定为发表这段言论感到后悔吧。

好吧，我必须承认，我说过这些话，但它们的意思完全被曲解了。比如有人说我曾公开表示支持分设男女实验室，这太荒谬了。人难免会坠入爱河，当你爱上一个人，那个人却不爱你，这的确会变成一个问题。当然，这种事也可能发生在男孩子身上，对吧？我认为我们有权公开讨论这种事情。

您就职的大学让您要么辞职，要么……

……要么他们会开除我，这太疯狂了。但另一方面，他们仍然到处炫耀我是诺贝尔奖得主，乐此不疲，他们喜欢没有丑闻的获奖人。

您的家人一定也很难接受这件事。

我的妻子和当时才十几岁的孩子都非常痛苦，但也有很多人来帮助我。我只收到了一两封攻击性邮件，大多数人都说："您是最棒的老师，您真的激励了我。"还有很多诸如此类的事情，都让我很感动。幸运的是，我有一个好朋友，叫作菲奥娜·福克斯（Fiona Fox），她在科学媒体中心工作，她帮了我很多。她对我说："你什么都不要看，保持沉默就好了。"我就坚决地按照她说的话做了。

您是否因为这件事被社会孤立？

是的，我成了一个被抛弃的人。实际上，我曾一度想过自杀，我觉得世间的一切都不值得，好在那段日子已经过去了。现在我还活着，基本上还和以前一样继续生活。

当时您的职业生涯被毁了吗？

是的，但在此之前我的职业生涯就已经结束了，所以这没什么大不了的。我妻子是冲绳科学技术大学院大学的教务长，这意味着所有的脏活累活都由她来干。我负责照顾家里的一切。每天，我早早起床出门遛狗，做午饭和晚饭，过着一种简单的生活。

您不觉得苦恼吗?

不会。我经常和朋友联系,当我偶尔读到一篇好论文时,我就会给他们发邮件:天哪,这篇文章写得真好!在我的学术生涯里,有一段时间我承受着很大的竞争压力,但我并不喜欢这样。我认为合作比竞争更有趣。竞争意味着我必须一直环顾四周,我无法专注于自己的课题,这是非常令人难受的,只不过还是会有人乐在其中。

◆ "合作比竞争更有趣。"

[美] 卡拉·沙茨（Carla Shatz）

神经学

- 斯坦福大学生物学与神经生物学教授
- 曾获 2016 年卡夫利神经科学奖

◆ "你提出的问题必须是宏大的，是你想解答的，是能够推动你前进的。"

沙茨教授，您能描述一下对您影响深刻的那段时光吗？

现在想想，那段时光并未过去。从事科学工作的美妙之处在于，你可以一直学习。只要你不断吸收新知识，甚至重新规划你的生活，你就永远不会感到无聊。我出身于知识分子家庭。我的父亲是一名航空航天工程师，他对系统分析与控制很感兴趣，还参加过太空竞赛（Space Race），这也激发了我对天体物理学的兴趣。其实我一直以为我会成为一名天体物理学家，但直到我上了大学才发现这并非我的专长。

我的母亲是一名画家，美术硕士毕业。她有着惊人的天赋，因此我和哥哥从小就对艺术耳濡目染。她唤醒了我对世界和视觉感知的热情，所以我想弄明白我们如何用眼睛观察，我们的大脑如何分析与重组视觉世界以获得感知。父母教会我们不去在意别人的想法，这种心态对我很有帮助，让我成为一名科学家。唯一略显美中不足的是，我真的变成了一个书呆子。和许多埋头读书的年轻人一样，我觉得有点孤独，不过当我在大学里遇到和我一样的人时，我感到如释重负。

在这之前，您是否觉得自己是个不会成功的人？

当然。小时候的家庭知识教育对我大有裨益，晚上我们会在餐桌上进行知识辩论，而不是讨论那些琐碎无趣的话题，大多数时候都是我父亲取得辩论的胜利。我永远不会忘记那一次我和父亲你来我往的辩论，最后父亲看着我说："你知道吗？我认为这次你赢了。"那次辩论对我来说非常重要。

在您年轻的时候，人们对女性有着其他的期望，觉得女性就应该结婚生子。

我结婚是因为我遇到了爱情，但另一个原因是我想让我的父母开心，我前夫也是这么想的。事实上，我们俩都认为应该等我找到一份固定工作后再要孩子。在我 30 多岁的时候，我们决定组建家庭，却意外发现我没有生育能力。随着科技发展，如今人们在年轻的时候就可以检查生育能力，提前了解自身情况并开始制订有针对性的计划。同时，还有很多方法可以治疗不孕不育症，但我当时所处的时代并非如此。我认为正是这个原因使我们的关系变得紧张，最终导致离婚。我必须得说，我很高兴我的前夫已经再婚并且和他的 3 个亲生孩子过着幸福的生活。离婚的确给我的生活带来了一段创伤期，那段时间我的声带长期发炎，我的身体比我更能体会到这一点。

◆ "我们进行知识辩论，通常是我父亲获胜。"

您是否想过，您为自己的事业付出了过于高昂的代价？

完全没有，当我回首往事，我认为我可以更好地处理我的个人问题。也许那时我需要更多的指导。其中一个很重要的原因在于，我的导师全是男性，没有女性，根本没有女导师来教我该怎么做。

无论在职场上还是在私人生活中，指导我的都是非常了不起的人物，比如指导我博士论文的戴维·胡伯尔（David Hubel）和托尔斯滕·维塞（Torsten Wiese），他们都是诺贝尔生理学或医学奖的获得者。他们都是已婚人士，他们的妻子都在他们的生活中扮演了很重要的角色。她们为自己丈夫付出的一切令人敬佩，但她们不是我的榜样。当我到了应该怀孕生子的年纪时，没有人做我的榜样。正如我今天仍然可以看到的那样，即便是非常坚强的女性也很有可能转变为她们另一半的贤内助，而且她们对此不会有什么异议。虽然我没有家庭，但我在科学领域的孩子，也就是我的学生们，都非常出色。从每个学生身上我都能学到知识。

您是第一位获得哈佛大学神经生物学博士学位的女性，也是首位在斯坦福大学做基础研究的教授，您还是哈佛神经生物学研究所的首位负责人。

是的，经常有人问我有没有不一样的感受，或者询问我的待遇如何。不得不说哈佛医学院的研究所很棒，我没有感觉到任何与其他男博士生的区别对待。回顾往昔，我在那里学到了两件事。首先，学院里有很多人愿意帮助学院培养出一批多元化的年轻学生，以便他们能够走向世界，我想这就是他们接受我的原因。其次，戴维·胡伯尔多年后告诉我，在那个时候，也就是 60 年代末、70 年代初，他们曾就是否应该招收一名女博士生展开过非常激烈的讨论。讨论的问题是，如果他们培养出一个聪明的人，然后她离开一段时间去生孩子，这是不是在浪费时间？但最终他们同意招收女博士生，这是一个伟大的进步。

我的第一份工作是斯坦福大学的助理教授，在此之前，那里从来没有聘用过女性助理教授。同年，又有一位女性来到这里，她因其在肌肉干细胞生物学领域的基础研究工作而闻名，她就是海伦·布劳（Helen Blau）。

我们俩作为首招女博士方案的试验品得到了聘用，但我们当时并不知道，也没有人告诉过我们。后来得知，如果研究所招收一名女性，就能获得一个额外的职位。之后我在那里表现十分突出，取得了很大的进展。我是第一个成为基础医学研究教授的女性。海伦也在不久后得到提拔，后来我们才发现我们原来是试验品。我和海伦都成了美国国家科学院的一员。如今我们会开玩笑说，至少我们不算太冒险的投资，我反倒很感激他们当时给了我们机会。

您认为女性需要更加努力才能和男性一样成功吗？

我完全同意这个观点，女性必须比男性更努力地工作才能获得成功。女性现在或曾经面对的困难比男性更多，但这也与心态有关，女性需要有更乐观的心态。每当我必须解决某个问题时，我不但不会生气，反而会想：哦，我终于成功了！继续前进吧。

我们的学生听到我这一代女性所经历的事情时往往非常惊讶，他们认为很多事情是理所当然的，在过去其实并不是这样。我的同事海伦·布劳怀孕的时候，几乎没有产假。如果要生孩子，我们必须因为无法工作而申请休假。我现在向别人讲述这些事情的时候，他们都满脸惊讶。

◆ "他们就是否应该招收一名女博士生展开过非常激烈的讨论。"

您以研究婴儿出生前视觉和神经元的发育而闻名。

我们发现，婴儿还在母体中的时候，他的大脑和眼睛之间就产生了联系，就好像神经回路正在为视觉的产生进行训练，与大脑神经细胞相联系的神经元也参与其中，由此我们推测：一起工作的细胞会连成网络。我们发现，眼球细胞会产生活动波，这些活动波会被传送到大脑，以匹配和测试相关的神经回路，这大大出乎我们的意料。这一现象不仅发生在每个胎儿的大脑和眼球的发育过程中，还发生在所有拥有两只眼睛的动物身上。当我们降生，睁开眼睛时，这个过程就结束了。

显然，我们作为成年人可以学习和记忆，但仍处在发育过程中的大脑有什么不同之处呢？为什么大脑的可塑性如此之强？这就是我一直在研究的问题。我的博士生导师戴维·胡伯尔和托尔斯滕·维塞已经对此提出了疑问，因为他们正在研究儿童白内障的现象。如果你的视力一直很好，成年后患上了白内障，一只眼睛的晶状体变浑浊了，眼科医生可以通过简单的手术取出旧晶状体并安装一个新晶状体。即使你患白内障已有10年之久，也能通过新的晶状体恢复看清东西的能力。

然而，如果不立即更换晶状体矫正视力，患有先天性白内障的婴儿可能会永久失明，这很奇怪，不是吗？为什么在矫正视力之后，孩子可能会失明，而成人却不会呢？这个现象促使胡伯尔和维塞通过动物实验来研究儿童的白内障问题。他们发现，发育过程中有一个关键阶段，在这个阶段里，大脑必须学会同时使用双眼。这一发现令人费解，我们有两只眼睛，每只眼睛都能很清楚地看到这个世界，且不会产生重影，除非我们的眼睛出现问题。这是为什么呢？因为大脑必须学会将两只眼睛获取的图像信息合并成一个图像，而这种能力正是在婴儿发育的关键阶段形成的，要么成功，要么失败，没有第三种可能。

听说您也研究过成人大脑的学习过程。

与正在发育的大脑相比，成人的大脑，甚至是老化的大脑有什么不同呢？我刚开始做研究时，对大脑发育很感兴趣。关于成年人无法在没有口音的情况下学会法语的说法，我把它当作一个笑话。儿童的大脑有什么不同，以至于他们不能学习法语，但可以学习英语、德语、汉语这类语言？在青春期之前，儿童的大脑就像海绵一样，可以毫不费力地吸收、存储和复制大量信息。我在想，有没有可能制作一种药丸，重新开启大脑的关键发育阶段，这样人就可以在没有口音的情况下学习法语？因此，我们开始寻找可能对关键发育阶段的可塑性产生重要作用的分子。如果能找到的话，这个关键发育阶段可能就会被重新开启。

这是意外实验结果的一个很好的例证。我们在寻找这种分子时，发现了一个被认为根本不存在于大脑中的候选分子，它是免疫系统中的常见分子，被称作MHC-I，是主要组织相容性抗原的基因群的统称。这是一种蛋白质，对免疫系统的正常运作起重要作用。我们意外发现，这种分子还能调节神经元之间的突触连接。

我们在分离小鼠基因的时候，发现小鼠大脑中的关键发育阶段并没有结束。成年小鼠的大脑保留了其幼年时期的大脑发育可塑性。换句话说，小鼠在成年后仍然能够"学习法语"。我们意识到这种现象不仅发生在小鼠的大脑中，还可能发生在人类的大脑中，因为我们在小鼠和人类的大脑中发现了相同的分子，我们想知道这一发现能否应用于阿尔茨海默症的研究。我们的记忆储存在神经元突触中，即神经元之间的连接部分，这对我们大脑的运转至关重要。我们可以建立新的突触以储存新的记忆，而阿尔茨海默症会使这些突触丢失，从而导致患者失忆，这是一个很严重的问题。我们想知道我们的发现是否可以用来防止阿尔茨海默症患者的突触丢失。

您可曾有过没有安全感的时候？

在美国，实验室的资金取决于我们竞争外界赞助的能力，因此，我们一直处于竞争之中。一想到实验设备上的裂缝，我们就觉得没有安全感，所有人的内心都充满不安。随着年龄的增长，如今这种不安的感觉尤为强烈。对于我上一届的同事来说，包括已经进入高龄阶段的同事，他们那时有足够的资金支持，因此他们很有安全感，能够继续他们的工作。现在的情况不再是这样了，即使是诺贝尔奖得主也不例外。

您人生中的高光时刻是什么？

我的哥哥和嫂嫂是我现在最亲近的家人，对我们来说，我人生的高光时刻就是我获得卡夫利神经科学奖的时候，它的重要性堪比诺贝尔奖，是国际最高奖项之一。当我去领奖时，看到令人眼花缭乱的派对，我才真正意识到这个奖项赋予我的荣誉有多高，于是我开始思考我到底取得了什么成就。

您有什么害怕的事情吗？

不瞒你说，我害怕丧失记忆和丧失自我。不管以什么方式变成痴呆，对我来说都是终极噩梦。我想这对很多人来说都是如此。

对于现在想要从事科学事业的女性，您有什么建议？

你必须对科学充满激情，并且要追随你的激情。你提出的问题必须是宏大的，是你想解答的，是能够推动你前进的。还有一点，你和你的伴侣必须解决"双体问题"（即双事业问题，指的是两个学术人的结合）。你们需要平衡各自的事业和家庭，要互相交流，不仅要仔细倾听对方说出口的话，也要揣摩对方没有说出口的话。对我来说，家庭和事业同样重要。检查自己的生育能力也很有必要，这样你会知道什么时候该生孩子。我们曾经不以为意，但这真的很重要。既然你是个科学家，那你一定可以想出办法。

◆ **"仔细倾听对方说出口的话，也要揣摩对方没有说出口的话。"**

[德] 帕特里克·克拉默（Patrick Cramer）

分子生物学

- 生物化学教授、哥廷根马克斯－普朗克生物物理化学研究所所长

◆ "秘诀在于，永远保持孩童般的好奇心。"

克拉默教授，您在 20 世纪 90 年代去了布里斯托尔（Bristol），是因为您的才能在德国大学难以施展吗？您小时候是不是需要很多自由发展的空间？

　　小时候的我兴趣很广泛。我是个不让人省心的孩子，想要自己一个人做所有的事情，依靠自己的力量去理解这个世界的运转规律。在我一无所知的情况下，我曾尝试过手工制作收音机、修理坏了的火车模型。直到有一天，我的父母送给我一个化学试验箱，这点燃了我的热情之火。我有一个乐于指导我的化学老师，他愿意在课间休息时间解答我的各种问题。我有一个奇怪的爱好，我花了一个暑假的时间来收集元素周期表上的所有元素。铁和铜元素很容易就找到了，但硅元素是老师给我的。

您经常去体验自然吗？

　　每逢周日，我经常和父母一起去散步，我是个观察力很强的人。起初，相比较动植物，我对化学更感兴趣。我对分子和原子着迷，它们所在的世界极小，肉眼看不见，却可以用来解释一切，但在后来的学习中我意识到，生物界的分子比非生物界的分子更漂亮、更大、更复杂、功能更多样。因此，我对生物学产生了兴趣。

您出生于 1969 年，被誉为科学界的新兴一代，外界对您的评价是自信、有事业心、坦诚开放、有全球化视野。您是如何培养这些品质的？

　　这些都是成功所需要的品质。我从父母身上学到非常重要的一点就是要自信。当我还是学生的时候，

帕特里克·克拉默（Patrick Cramer）

教授并没有在我身上看到未来科学家的影子。在斯图加特（Stuttgart）上学的第一学期，总共有 193 个学生，在第一堂课上，老师告诉我们，我们中只有五六十人能够走到最后。筛选的条件非常严苛，年轻的学生往往会被当成劳动力。现在我也是教授，我努力把我在德国学到的东西运用到我的生活中，我会提早物色一些学生并且给予他们做学术研究的信心。

◆ "就和以前一样，期刊决定了一个科研人员的职业生涯，发表一篇论文可以决定一个职位。"

论文的被引次数是评判科学家水平高低的重要指标。您如何看待这个评价体系？

这种体系往往受到那些追求简单评判标准的人的追捧。通过 H 指数，很容易判断谁有权获得更多的利益。然而，在这种评价体系下，那些跳出条条框框思考且没有支持者的科研人员很容易被忽视，他们提出的高度创新的思路、做出的创新成果都会被忽视。马克斯-普朗克研究所致力于确认学者们研究的问题是否重要，以及他们的方法是否新颖。如果我们认为某个问题的研究几年后会有重大突破，这对我们来说比上面提到的基本量化参数（H 指数）更重要。

争做第一人非常重要，您应对这种竞争的方式是什么？

这给我个人带来了很大的压力。几年前的我几乎没有假期，一直都在努力撰写研究成果报告，有时候甚至直接在手机上写，只为能够在激烈的科研竞争中抢先发表自己的成果。科学家为了赢得最高荣誉，不得不这样度过生命中最美好的那几年，我绝对不能因为休假而败下阵来。就和以前一样，期刊决定了一个科研人员的职业生涯，发表一篇论文可以决定一个职位。

据说您参与了斯坦福大学罗杰·科恩伯格（Roger Kornberg）的研究项目并且发挥了重要作用，这项研究也帮助他获得了诺贝尔奖。

20 世纪 90 年代末，我去了斯坦福大学，并得知科恩伯格和他的团队能够使 RNA 聚合酶结晶。RNA 聚合酶是一种可以读取基因的分子。当时的我还很年轻，没什么可失去的。我借助所谓的晶体收缩成功解答了结构问题，而很多同事都认为这从技术角度来说根本无法实现。我们在 2000—2001 年间发表了 3 篇论文，对我来说，这项研究暂时告一段落，我根本没想到会因此获得诺贝尔奖。如果没有科恩伯格团队十多年的积累，我根本不可能做到这一点。我在科恩伯格团队获益颇丰，所有的科研工作都刻在我的脑子里，包括我做过的实验，那些悬而未决的问题以及我处理这些问题的方式。最终，最重要的成果是这些数据的含义以及将这些数据传递给人们的方式。

您可以解释一下您的研究内容吗?

最好的解释方法是举一个大家都知道的例子。生命起源于受精卵细胞,一开始只有这个细胞携带着所有的必要信息。从这个细胞里可以诞生出一个完整的有机体,有机体可以存续很多年。一个卵细胞分化成不同的细胞类型,即相同的基因组能够产生多种细胞类型,这一切的前提是:不同的基因都是活跃的。这是基因转录的核心要素,也是基因表达的第一步。有许多不同的分子能够完成这个复杂的转录过程,转录过程的秩序不仅对于有机体的发育和存续至关重要,还有助于我们理解疾病的机理。例如,我们都知道肿瘤中基因转录的速度非常快。

没有获得成果时,您如何应对不确定的局面?

我的座右铭一直都是:如果我没有做好常年忍受挫折的准备,那我一定不会有任何突破性的发现。在生活中,我也冒过很大的险:我一生中搬过15次家,我的两个孩子都是在国外出生的,当时我和我妻子全靠奖学金生活,那段日子过得很不容易。我们以前甚至不知道是否还会回到欧洲,而现在我有了一份稳定的工作,个人的职业风险小了很多。

您曾写道,您因为做研究度过了很多个不眠之夜。

我有过一些美好的不眠之夜。夜里,我被白天取得的研究成果深深吸引,大脑继续工作。我有时会在晚上写一些东西,有时会在清晨思考我必须做哪项实验。我现在偶尔也会彻夜不眠,因为我在多个委员会任职,负责人员评定,我必须努力做到公平公正。

◆ **"如果我没有做好常年忍受挫折的准备,那我一定不会有任何突破性的发现。"**

您这一生中有没有遇到过危机?

有过一次。在慕尼黑大学上学的时候,我总共担任了9项职务,我希望把每项职务都做好,但是太多了,我无法完全胜任。10年后,我需要换个地方,换个环境。就像按下了重启键一样,我不得不重新思考未来10年里我想要做些什么,这也许是一次提前到来的小型中年危机。学会放弃的能力帮了我很多忙,它给了我自由,让我可以在哥廷根做一些没有做过的事情。我就是用这样的方式化解了我

帕特里克·克拉默（Patrick Cramer）

人生中的危机。

在您从事科研工作的过程中，您什么时候会有崇高的感觉？

在斯坦福大学工作的时候，我经常在夜间操作同步加速器，这是一个巨大的粒子加速器，位于硅谷上方的山丘上。有一天晚上我得到了一个测量结果，就在它出现在屏幕上的那一刻，我意识到我解开了这个谜题。我像个孩子一样蹦了起来，离开了粒子加速器，跑到了一个山头上。我在那儿俯瞰硅谷，看到太阳从硅谷上空慢慢升起。我知道我应该还需要一两年时间，到那时将会揭晓激活人类基因的分子是什么样子。这种时候我就会生出一种崇高的感觉。

怎样才能成为一名成功的科学家？

秘诀在于，永远保持孩童般的好奇心。一生都保持一种开放的心态，才是生活的价值所在。除此之外，对待工作要执着，永不言弃。作为一个人，我永远不会自以为是地认为我可以明白一切或认识一切。相反，当我看到在自然界中，我们周围的一切奇妙而又准确地运作，我总是变得谦卑，感觉自己很渺小。科学事业的成功只会宠幸那些懂得与他人相处的人。我会仔细观察我实验室里的每一位研究人员。有些人需要不断被人监督才能发挥出他们的最佳水平，而有些人需要最大限度上的自由，如果我给他们太多的帮助，他们反而会觉得受到限制。

是什么成就了今天的您？

对我来说，重要的是体验不同的科研氛围：英国有下午茶时间，我可以在剑桥和诺贝尔奖得主随意交谈，彼此没有等级之分。美国的体制很宽松，但工作强度极高，欧洲的科研实验室都是世界性的。此外，我也会比较高校和像马克斯-普朗克研究所这样的非高校组织。我试着将各个体系的优点整合在一起。

您曾说过，数字化只是一个开始，我们最终都会成为数字化的生物。

我并没有那么相信技术的进步，我所批判的是欧洲对新技术的过度焦虑。欧洲科学家应该思考的问题是：技术怎样才能为人类带来益处？他们应该积极地参与研发，而不是拒绝一切，等着亚洲或美国做出研究成果。我担心欧洲将变成另一个新天鹅城堡，其他国家的人把欧洲当作一个博物馆，感叹这里有着恢宏的科学史，但它再也无法握住时代的脉搏。作为科研人员，我们肩负着一项特殊的使命，那就是将我们的知识传授给社会的其他成员，而他们必须一起思考利用这些知识可以创造些什么。

年轻人为什么要学习科学？

一直以来，科学最美的地方就在于你能够看到以前没人看到过或了解过的东西。成为第一个研究某个未曾解决的问题的人，并经历获得意外发现的美妙时刻后，所有的辛苦就都有了回报。所以我建议年轻人做他们热爱的事情，只有动力才能产生执行力。

在科学界，男性仍然占据绝对的主导地位。如何才能让更多的女性走到科学领域的顶尖位置？

我在积极地寻找那些在各自的领域表现出色的年轻女性，想方设法招募她们成为我的新同事。遗憾的是，有时候我根本招不到人，因为优秀的女科学家很抢手，她们最终选择了其他机构。尽管如此，我依然建议寻找那些最杰出的女科学家，尽早为她们提供资助。各类奖项和研究基金的提名也非常重要，因为这样的提名能提高她们的知名度。我们必须提名更多的人。

您已经了解过德国和美国的体制。从美国人的角度来看，拥有德国永久教授职位的学者会得到终身的照顾，而在美国，他们要接受一次又一次的审查。

这两种体制各有利弊。凡是在德国当教授的人，很少有人碌碌无为，过得像退休一样，因为在他们成为教授之前，每个人的动机都会接受全面审查。当然，德国也有监管体制。作为马克斯-普朗克研究所所长，我每3年就要接受一次审查评定。可以说，我每一次就像个小学生一样站在黑板面前，陈述我已经做过的事情和我未来想做的事情。美国人的压力更大，因为他们的一部分工资与审查挂钩。也就是说，如果他们失去资助，他们的职业生涯就会一落千丈。美国体制的优点在于每个人都要不断地质疑自己，但其缺点在于留给大型研究项目的时间往往太短。科学家有时需要10年或15年的时间来完成一个项目，所以在美国这种体制下他们是活不下去的。

然而，在诺贝尔奖得主的数量上，美国显然占了上风。

这里面有许多历史原因，但也有文化原因。同行们获奖时，我们也许更应该为他们感到高兴，就这一点来说，美国那边的风气可能更好。在集体认同感方面，欧洲人其实可以做得更好。哈佛的人为哈佛感到自豪，并将哈佛视为他们的团队，哈佛获得的每一个诺贝尔奖同时也是每个哈佛人的荣誉。对许多人来说，待在一个成功的集体里具有重要意义。要获得更多成就和干劲，只能寻找更大的集体。

您想对大家说些什么？

我们需要有参与型领导力的人。管理的秘诀在于，不仅要为我自己的事业赢得员工，还要让他们参与进来、发挥创造力，从而超越我自己能做的事，获得更好的发展。传统的等级结构已经彻底过时了，因为这种结构不能充分发挥团队成员们的创造潜力。

◆ "我担心欧洲将成为另一个新天鹅城堡。"

[以] 达恩·谢赫特曼（Dan Shechtman）

物理学

- 以色列理工学院材料学名誉教授
- 曾获 2011 年诺贝尔化学奖

◆ "如果我确信自己是对的，我就不会轻易动摇。"

谢赫特曼教授，您强调社交能力对于一个成功的科学家来说也很重要，这是为什么呢？

无论一个人的受教育程度如何，最成功的那些人往往都非常懂得社交，他们擅长解释事情、获取关注以及向别人进行推销。我在做演讲的时候，会尽量与每个听众进行眼神交流。有时台下会有数千名听众，我希望每个人都觉得我在和他们说话。此外，学会倾听他人的意见也很重要。别人和你说话的时候，不要去想你该做出什么反应，而是要认真地聆听！你需要获得他们的信任。如果他们敬佩你并且信任你，那他们就会喜欢你。我的妻子是一名心理咨询师，她经常对我说"你做得非常好"或者"你说得不对"，以此纠正我的行为。

您有 4 个孩子，您的妻子也是一名学者。您支持她事业的方式是什么？

我们刚结婚的时候，她全心全意地照顾我们的孩子，把自己的事业搁置了一段时间。当时她在一所小学做心理顾问，这样可以保证孩子们回家的时候她也在家。但我一直鼓励她追求更高的学历。我在美国读博士后的头几年里，她拿到了硕士学位，在我休假期间，她又获得了博士学位。别人总是会说："看哪，她一个人把孩子拉扯大了。"但在我妻子快毕业的时候，孩子们是由我来照顾的。等到孩子们足够大了，她便开启了自己的大学生活。在大学里，有人会对她说："您的年纪太大了。"她只是回答："让我们拭目以待吧！"后来她比其他人更早毕业，因为她很了解现实生活。

达恩·谢赫特曼（Dan Shechtman）

您是科学界的一只彩色极乐鸟（形容引人注目的人）吗？

我喜欢这个形容。是的，我认为自己活得多姿多彩。我做了很多与我的科研并不直接相关的事情。32年前，我在以色列理工学院开设了一门名为"技术创业"的新课程。早在那个时候，我就知道我们的未来将取决于高科技初创企业，所以我想通过这门课把必要的知识传授给以色列理工学院的所有学生，告诉他们创业时该如何获得资金，如何与有关部门进行交涉。这是以色列理工学院有史以来参加人数最多的课程，以至于许多学生不得不坐在地上听课，这些学生里有25%的人后来参与了创业，可以说这门课取得了巨大的成功。3年前，我把这门课交给别人来上，但学院的每个人都知道这门课是由达恩·谢赫特曼开设的。另外，我在一次电台采访中提到，我们应该从幼儿园开始就教孩子们科学，我们需要让尽可能多的孩子进入科学领域。人们经常听到这样一种说法，说世界即将面临大规模失业，这是错误的！只有没受过教育的人才会有这个麻烦。这个美丽的新世界对工程师和科学家来说将是不可思议的，而科研人员不够的国家将被时代抛弃。

每个国家都应该加大对科研的支持力度吗？

不仅如此，他们还应该支持新的想法。在这方面，德国和以色列之间存在很大差异。德国是一个社会阶层分明的国家。如果一个工程师产生了一个想法，他可以告诉他的老板，然后他的老板再把这个想法传达给他的上级，就这样一层层不断往上传递。等到这个想法传到CEO那里时，就没工程师什么事了。而在以色列，情况完全不同：你可以直接给CEO打电话，如果他觉得这个想法有意思，他可能会说："我给你100万美元，你开始按你的想法做研究吧。"如果你成功了，就可以成为总部旗下某个分公司的合伙人，这就体现了一个组织的创业精神。在以色列，有想法的人会立即给CEO打电话，而在德国则不然。

是什么激励了您学习机械工程专业？

我年轻的时候读过很多书，还把整本词典都背下来了。我特别喜欢冒险小说，有一本是儒勒·凡尔纳（Jules Verne）的《神秘岛》，讲述了5个人被困在一个岛上的故事。向导是一名工程师，他可以利用岛上的材料制造出任何东西。我想成为像他那样的人，因此在服完兵役后，我开始在以色列理工学院学习机械工程。我毕业的时候经济严重衰退，我找不到工作，所以我决定继续攻读硕士学位，相信再过两年我一定会找到工作。可就在那两年里，我爱上了科学，这改变了我的整个人生。

1982年4月8日，您发现了准晶体，这一发现极具开创性。您能详细介绍一下吗？

我当时在美国休学术假，致力于开发由铝和过渡金属制成的新型合金。我一开始采用快速硬化的方法生产含有不同成分的铝锰合金，生产有条不紊地进行着，每天都会产出不同的合金。1982年4月8日下午，我将其中一种铝锰合金放在透射电子显微镜下拍了一些照片，然后我看到了一些奇怪的东西：一张10倍旋转对称的晶体衍射图。这原本是不可能出现的情况。我认为这可能是由一种叫作"孪晶"的现象引起的。换句话说，算了，说这个没什么意思。那天我一整个下午都在寻找孪晶结构，但没有找到。我意识到这一定是个特别的东西。一开始别人对我的发现褒贬不一。一方面，有人支持我，例如约翰·卡恩（John Cahn），他是我所发表论文的合著者之一；另一方面，也有人否定我，比如我的团队领导说我让他的团队蒙羞了，让我离开这里。

◆ "我的团队领导说我让他的团队蒙羞了，让我离开这里。"

您能解释一下您的发现吗？

我们使用的大多数金属和陶瓷化合物都是晶态的，这意味着原子在晶体内呈周期性对称有序排列。周期性指的是在任意方向上的任意两个原子间距相等。我之前研究过的所有晶体都是如此，直到 1982 年，我发现了一些"反常"的晶体，也就是准晶体。它们有一种特殊的顺序，称作类周期性。准晶体的排列对称有序，但不是周期性的。我的发现可以说是对晶体结构认识的颠覆性转变。在我发表了首篇文章后，没过多久，就有一些研究团队重复了我的实验并得到了相同的结果。很快，一大批年轻的研究人员组成了一个团队，根据我的发现设立了准晶体学。我因此获得了许多奖项，包括 2011 年的诺贝尔化学奖。

◆ "政治家、选民、企业，他们都有责任，而我们没有。"

然而，另一位诺贝尔奖获得者莱纳斯·波林（Linus Pauling）却说您的发现纯属无稽之谈。

莱纳斯·波林可以说是 20 世纪美国最伟大的化学家，他曾两次获得诺贝尔奖。上帝和他之间的区别在于，上帝不相信自己是莱纳斯·波林，而波林相信自己是上帝。他对准晶体的认识是错误的，除此之外，他这一辈子还犯了好几次错误。我觉得，犯错很正常，但是当你出名了之后，就应该慎重发言。波林和我、和准晶体学界争论了十多年，从 1984 年我发表我的第一篇论文开始，一直到 1994 年他去世，我们才停止争论。他住在帕洛阿尔托（Palo Alto），我曾在他家给他做了一个小时的关于准晶体的报告，当我说完后，他对我说："谢赫特曼博士，我不知道您是怎么得到这个发现的。"看得出来，他对电子显微镜一无所知。我承认他可能是一位伟大的化学家，但我可是电子显微镜专家。

您如何能忍受这种针锋相对的气氛？

如果我确信我是对的，我便不会轻易动摇。在小学一年级，当全班同学都反对我的观点时，我会站起来说："你们都错了。"因为他们确实错了。我在说话之前会反复思考，所以我相信自己。我不会随波逐流，也许这是刻在我骨子里的性格特点。我的祖父1906年来到以色列，成了建设国家的先驱者。他是一个固执的人，有自己的一套原则，不会相信胡说八道的人。我从他身上学到很多：不要相信别人告诉你的任何事情，要有自己的观点并坚定地捍卫它；要有丰富的知识和客观的态度。我祖父的脾气就是这样，但我比他亲和许多。

您曾在一次采访中提到，女性的事业心不强，竞争力比较弱。

有一些女性非常有竞争力，所以一般情况下，我更加信任女性员工。我曾与这样的人共事过，举个例子：我有一个非常值得信赖的文秘。我相信她会安排好我所有的行程，处理好来往通信。我知道我只要说一句话，她就会把所有的事情安排妥当。

您会给年轻的科学家一些什么建议？

如果你是一名年轻的科学家，做实验的时候，我建议你把自己做过的所有事情都记录在日志里，将来有一天你的日志可能会派上用场。如果你想在科研领域里有所建树，就需要掌握更多生物学、化学、物理学和数学领域的知识，这样一来，你就可以做自己想做的事，成为其中某一个领域的专家。努力在方方面面都争做第一名，我保证你会有一个出色的科学生涯。我是电子显微镜专家。有些人要花很长时间才能准备好一个样本，而我5分钟之内就可以完成，但我也用了很多年才走到这一步。

◆ "因为我在说话之前会反复思考，所以我相信自己。"

您如何看待科学家的责任？

我们不对任何人负责，科学家是完全客观的。我们试图了解世界并开发工具造福社会。承担责任的应该是社会的领袖，政治家、选民、企业，他们都要承担责任，而我们不用，这是我的看法。至于道德问题，我有几条底线绝不会逾越。除非实验能够受到严格监管，否则我绝不用活人做实验。我认为没有人会反对从死者身上提取组织样本。我不介意将我身体的一部分用于研究，因为我的身体无论如何都会腐烂。

您有宗教信仰吗？

我不信教，但我没忘记我的根在哪儿，我尊重它，我会以传统方式庆祝节日。我的办公室里放着《圣经》，我对它的内容相当熟悉。在我很小的时候，我很羡慕那些教徒，因为有信仰的人往往更加强大，他们有着明确的行为准则，而我从来都不是这样的人。我一直在犹豫要走哪条路。随着时间的推移，我和我的同事们都制定了自己的道德准则。我们倾听别人的意见，确保我们不会伤害到其他人，这是现代社会的人应该做的一件事。人们应该将行为准则内化，明白该做什么，不该做什么。

在您的生活中，有什么是您想改变的吗？

我认为这个问题没有答案。我们的生活是由偶然决定的，只是人们没有意识到这一点，他们认为一切都在他们的掌控之中。我可以将我生命中的一切追溯到某些转折点——那些改变我人生轨迹的一分钟谈话——这种谈话发生过好几次。如果我在某个时刻做了不同的决定，也许我现在就不会坐在这里了。我已经意识到了这一点，我总是说，如果人们想要做出改变，他们就必须意识到这些转折点的存在。生命是一份特别的礼物，人们应该理智地生活，因为生命终会走到尽头。

您有时会想到死亡吗？

会，但我并不害怕死亡。我的生活非常精彩，充满快乐。我收到了一份巨大而珍贵的礼物。我也遇到了很多困难，特别是在我年轻的时候，我得了哮喘，这是一种可怕的疾病，每次发病时我都感觉自己就要窒息了。我心里很清楚我不应该生孩子，因为他们会遗传我的哮喘，我不想让他们受苦。但直到有一天，我的哮喘突然消失了，就好像从来没有出现过一样，那天正好是我的婚礼。我离开了我的母亲，这对我有所帮助。我不知道这是不是哮喘消失的真正原因，但这是我给自己的解释。我还是每天都带着哮喘药，坚持了10年，就是为了以防万一。但我的哮喘真的永远消失了，我的孩子们都没有遗传哮喘。

◆ **"有信仰的人往往更加强大，他们有着明确的行为准则，而我从来都不是这样的人。"**

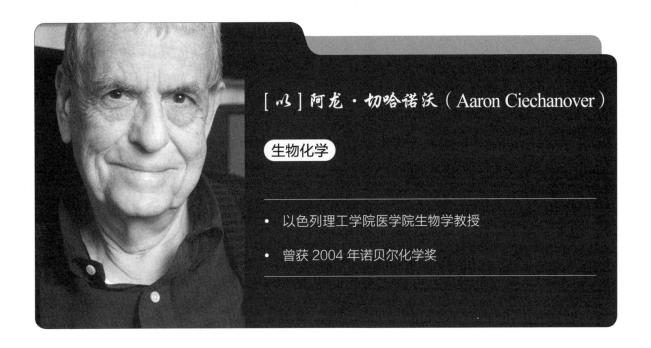

- 以色列理工学院医学院生物学教授
- 曾获 2004 年诺贝尔化学奖

◆ "我不会轻信别人说的话，我会自己去验证。"

切哈诺沃教授，您为什么选择学习自然科学？

事实上，我从未学过自然科学，我学的是医学。这是我母亲的梦想，想要进入医学院是极其困难的一件事。我认为只有天才才适合学医，在我学医的过程中，我意识到这个专业并不适合我。我得经常和各种疾病打交道，这就意味着我要目睹一个个生命的凋亡。我对各种引起疾病发生的机制更感兴趣，于是我决定学一年生物化学。我很快就爱上了这门学科，梦想着先成为一名科学家，再成为一名教授，在这个领域有所作为。生活就是这样，我们会经历各种各样的事情。我们享受着生活，直到我们死去的那一天，而我们当中的幸运儿可以为社会作出一些贡献。

您也为我们的社会作出了贡献。您能否介绍一下您在 2004 年获得诺贝尔奖的研究？

我们的发现可以称作"身体垃圾的清理"。我们的身体有着自己的语言，即蛋白质语言。蛋白质可能会受到各种因素的影响，比如辐射、变异、温度或氧气浓度。受损的蛋白质不断积累，会引发各种疾病，如癌症和脑部疾病。即使是已经发挥作用、人体不再需要的健康蛋白质也必须被清除，例如冬天对抗流感病毒的抗体。病毒被消灭后，我们的身体必须停止生产抗体，并关闭生产抗体的工厂，抗体也是由蛋白质构成的。我们已经发现了蛋白质的降解机制，这一发现促成了一些抗癌药物的研发，这些药物已经上市多年，拯救了无数生命，改善了世界上许多人的生活质量，但这只是冰山一角。我们仍处于起步阶段，更多针对其他疾病的药物正在研发过程中。

Ubiquitin
We are made of proteins and SPIRIT

◆ "这就像和上帝下棋,你想要打败他,打败进化论。"

您有没有在某个时刻大喊道:"我成功了!"

没有。我的确有过成功的时候,但研究过程本身是没有尽头的,就像大自然没有尽头一样。因为以色列是一个资源有限的小国家,我们决定不走所有科学家都会走的一条路,而是选择了生物学中的一个冷门领域。我们围绕一个入门级问题进行研究,但我们一开始并没有真正意识到这个问题的重要性,后来我们才慢慢接近问题的核心,就像剥洋葱一样,一层一层地剥去它的外皮。这是一场长达四五年的马拉松,我们都不是短跑运动员。

成功不是凭空而来的,您肯定为此付出了巨大的努力。您如何平衡自己的工作与生活?

我一直在疯狂地工作,事实上这并不只是一份工作。作为科学家,我要与工作融为一体。因此,我必须找到一个非常特别的人做我的终身伴侣。幸运的是,我的妻子非常理解我。我的一部分研究工作是在美国做的,她独自留在家里照顾我们刚出生的孩子。作为医生,她也在追求自己的事业,她总是向我抱怨:"你可能听到了我说的话,但你从来没有真正听进去过。"她说得对,我的心思全都放在了我自己的工作上。我有点沉迷于工作,但其实不止一点。科学是我的世界,我总是把它比作用樱桃和生奶油装饰的蛋糕。蛋糕里面是科学,装饰是音乐和玩具,甚至可能是人、食物、历史、哲学和宗教。我认为世界是由科学和其他很多事物组成的,我对知识的胃口很大,所以我吞下了整个世界。

您是否期待过获得诺贝尔奖?

说有也没有,说没有也有。不知从何时开始有了一些谣言,当时我们已经获得了一些著名的奖项。我们研发的药物上市了,各类重要会议的主办方都会邀请我们参加会议。于是就有了这样的传闻,我们也意识到自己已经卷入这场竞争了。但我们不敢去想诺贝尔奖,期望越大,失望就越大,所以我们试图与这种想法保持距离。

很少有女性获得诺贝尔奖,而且从事科研工作的女性也不多。

没错,但我认为情况正在好转。我们总不能一棒子打死所有人,然后说:"从现在开始,只有女性才能获得诺贝尔奖!"女性不应该因为其性别获得认可,而应该因为她们取得的成就得到肯定。

您能描述一下您得知自己获奖的那一刻是什么样的情形吗?

当时正值假期,我回家休假了。事实上,我完全没想过会有电话打过来。要知道诺贝尔奖委员会遵循的流程规定是很严格的。获奖者会在10月的第一周公布:周一是医学,周二是物理学,周三是化学,当时诺贝尔生理学或医学奖已经公布获奖者名单了。我的学生曾在周一来到我的办公室，伤心地说："这次获奖的不是您。"所以我之后便没有再想这件事。周三的时候我却接到了电话，那天是公布化学奖获奖者的日子。我猜想诺贝尔奖委员会是从一个更广义的角度来定义化学的。

这次获奖改变了您的生活吗？

我们是第一批来自以色列的诺贝尔奖获得者，因此我们肩负着很多责任，但我并没有失去对科学的好奇心，所以我的生活没有太大变化。别人总跟我说："现在你获得了诺贝尔奖，终于可以坐下来享受生活了。"但我选择继续我的科学之旅。事实上，我比以前更忙了。我遇到了很多很有意思的人，比如教皇和拉比·梅纳赫姆（Rabbi Menachem）。他们有着不同的视角，与他们交流思想是非常美妙的一件事。1977年，我与拉比·梅纳赫姆进行了一次长谈，他是个极具个人魅力的人。几年后，我们做出了重大发现。拉比·梅纳赫姆是一名工程师，他想了解我们的发现背后蕴含的哲学原理。我向他解释了我们的发现，说我们是为了搞创造而进行破坏。他对进化论（对他来说指的就是上帝）很感兴趣，他想知道为什么进化让人类不断地消亡与重生。我认为通过与这些有影响力的人交谈来拓宽自己的视野是非常重要的。

与拉比·梅纳赫姆的那次会面对您来说是否具有特殊的意义？

是的，因为我是一个自豪的犹太人，一个自豪的以色列人，当然这并不是说我信仰传统意义上的上帝。但拉比·梅纳赫姆是一个有影响力的道德权威人士，我是在一个重要的犹太节日见到他的，我记得当时大家都在庆祝，他的四周十分嘈杂，有歌唱声，有欢呼声。他跟我聊了好几个小时，通常他只会给那些追随他的人十秒钟时间。梅纳赫姆住在布鲁克林（Brooklyn）的犹太教堂里，每天都有成千上万的人在教堂外排队等候。能碰到这样有领导力的人物，真是太神奇了。可想而知他们有多么重要，如今这样的人物非常稀缺。对我来说，安格拉·默克尔（Angela Merkel）是世界上最后一位领导人。诺贝尔奖的厉害之处就在于它赋予了获奖人权威，因为这个奖无人不知、无人不晓。人们会听从获奖人的话，而我抓住了这个机会，我不知道我算不算一个领导者，但我会尽我所能。

◆ **"别人总跟我说：'现在你获得了诺贝尔奖，终于可以坐下来享受生活了。'"**

我听说您并不信教，这是真的吗？

虽然我是犹太人，但世界上的神太多了，可能不只有一个上帝。宗教教会我们各种道德行为，比如十诫。遗憾的是，它也给我们带来了严重的流血事件，所以我总是跟孩子们说，上帝应该在我们心中，我们

阿龙·切哈诺沃（Aaron Ciechanover）

应该相信能真正向我们许诺的事物。只要我们不把自己的观点强加给别人，一切都好说，按照犹太教典籍《塔木德》（Talmud）的说法，很明显我是没有信仰的。我不相信别人说的话，我总要自己去验证，眼见为实。一颗质疑的心对于一个科学家来说尤为重要，《塔木德》就教导犹太人要做质疑者。

提出正确的问题、进行质疑是科研的主要原则吗？

当然是，而且你必须对你的工作充满热情，要坚持不懈，并做好一次又一次失败的准备。因为科研是一个长期的游戏，它可以给你带来莫大的乐趣，极大地丰富你的人生。这就像和上帝下棋，你想要打败他，打败进化论，并不是件容易的事。当然，我必须谦虚地说，我们只破解了谜团的一小部分。我们将自己的发现补充进去，如果我们的发现很重要，就会有人接受并运用它，这就像是一个由数百万个碎片组成的拼图，非常复杂。

年轻人为什么要学习科学？

要想做出成绩，就去做一些你热爱的事情。我总是跟年轻人说："不要听你母亲的话。闭上眼睛问问自己擅长什么，然后放开手脚去做，你可以做成任何事情。"对我而言，科学就是我擅长的东西。我们生活在一个迷人的世界里，我想要了解一切事物蕴含的原理。随着科学的不断发展和 X 射线、药物、营养补品、疫苗、抗生素的发明，我们的寿命预期从 50 岁增加到了 80 岁，一切都源于科学。然而，科学进步是一把双刃剑，它也可以被用作破坏性工具。因此，我们应该谨慎地运用科学成果。我认为民主是最好的监督手段，因为在民主的作用下，已经形成了监管机制。

我们来谈谈责任吧，氢弹之父爱德华·特勒（Edward Teller）说过："科学家没有责任，责任是政治家的。"对此您怎么看？

我认为他的说法有一部分是正确的。我们不应该说"你作为科学家应该肩负起责任"这样的话，这个担子太重了。想想基因编辑以及各种各样的新技术，科学家不可能对所有后果负责，但简单地把责任推卸给政客也太目光短浅了。这个社会由政治家、神职人员、社会学家、心理学家、立法者和科学家组成，我们必须共同塑造我们的未来并掌控即将发生的一切。既然我们是社会的一分子，我们就有责任。因为我们了解情况，我们应该为大众解释利弊，防止他们做出致命的决定，比如美国关于气候变化的决定。所以科学并不是一个孤立的、不用承担责任的象牙塔。

您有过失败的时刻吗？

事实上，在我的人生中，失败的时刻多于快乐的时刻。成功的秘诀之一是你对失败持什么样的态度。我的心态很积极：我不把失败称为失败，我称之为教训。运用你自己的理论分析所发生的事情，然后返回上一步继续执行同样的步骤，这是一个持续的过程。通过来回反复试验，你就会取得进步。我认为，没有失败就没有成功。

您如何看待科学的未来？

在生物学和医学领域，未来的主要课题将是癌症和老年病（如阿尔茨海默症）的治疗，这些疾病逐渐成为社会的巨大负担。DNA 靶向修饰新技术引发了激烈的道德争论：我们将在多大程度上掌控人类？我们是应该只纠正错误，比如消除具有毁灭性的疾病，还是应该改善人类自身？基因工程必须受到限制，但是如果它可以预防智障儿的出生，我们应该将这项技术应用其中，来纠正这个缺陷。

许多人对基因工程感到恐惧。

首先人们应当了解真相，魔鬼出自细节（即如果过于关注细节而忽视了整体，就会导致事情的失败）。如果你不了解情况，请先保留你的意见。比如我不会评判贝多芬的音乐，因为我不了解它。虽然我喜欢听他的音乐，但是我听不懂。如果一种转基因植物可以在其正常需水量十分之一的条件下生长，或者在此条件下可以抵御昆虫，那么挨饿的人就会减少。在决定印度、中国和其他地方数十亿人的命运之前，人们必须清楚地知道他们在谈论的是什么。

您想对大家说些什么？

我们生活在一个残酷的时代，而我希望世界和平。首先，我们应该停止自相残杀；其次，我们应该关心那些需要帮助的人。世界上三分之一的人口没有自来水，也没有足够的食物，这就是真正的问题。科技成果只惠及特权阶层，如果世界上只有少数人从科学中受益，我们为什么还要从事科学工作？为什么这个世界的两极分化如此严重？我想说：第一，停止杀戮；第二，多多发声并关心每个人的基本需求。我想讨论的不是奔驰汽车，而是食物、免疫力、蚊子和水这些话题。我很想好好体验这个世界的一切。

◆ "如果世界上只有少数人从科学中受益，我们为什么还要从事科学工作？"

[中] 潘建伟（Jian-Wei Pan）

量子物理学

- 中国科学技术大学物理学教授
- 曾获 2020 年蔡司研究奖

◆ "有了更好的教育，人们就会变得更加开放、平和、互助互爱。"

潘教授，您在德语国家生活了 12 年，却不会说德语，怎么会这样呢？

很遗憾，我只懂一点点德语。1996 年我搬到奥地利，在维也纳大学攻读博士学位，导师是安东·蔡林格（Anton Zeilinger）。他试图说服我学德语，但我在实验室夜以继日地工作，根本腾不出时间，我那时只想把我所有的时间都用于研究。我在海德堡大学成立自己的研究小组之前，一直留在维也纳做研究助理。

您读博士的时候，安东·蔡林格是量子物理学界最优秀的科学家之一。如今您被称为"量子物理学之父"，他是怎样看待这件事的？

一开始，我们对彼此有些误解。我成立自己的独立研究小组时，我们之间存在着相互竞争的关系，但我们很快便意识到，合作才更有意义。我记得我在 2007 年 3 月参加了美国物理学会的一场会议，我还安排了与安东·蔡林格的会面。我告诉他："不管用什么方式，我们都应该合作进行自由空间的实验。"此外，我已经开始筹备中国和维也纳的地面站建设工作。安东·蔡林格是一位在多光子纠缠等多个领域均有杰出成就的科学家。我的团队在 2004 年实现了五光子纠缠。在我共享了相关技术之后，我在奥地利的同事实现了六光子纠缠。10 年后，也就是 2017 年，通过合作，我们在跨大洲的量子密钥分发研究方面取得了可喜的成果。

跟我们讲讲您小时候的事吧。

我出生在浙江省东阳市。我们家一共三姐弟，我最小，我还有两个姐姐。我母亲同时教数学、化学和物理，是她激发了我对这些学科的兴趣。我父亲在一家国企工作。去国企之前，他在学校当过老师，还教过我母亲中文。他给我传授了很多文学、文化和中文的相关知识。

您的父母有没有给您施加压力？

我的家庭并非传统的中国式家庭，我的父母没有给我任何压力。填报志愿的时候，我和他们进行了一次长谈。当时，中国的经济形势刚刚开始好转，我问他们："我应该学能赚钱的专业吗？我应该去学经济学吗？说实话，我更想学物理，我觉得物理挺有意思的。"他们鼓励我做我想做的事，还跟我说："如果你喜欢物理，那就应该去学物理。钱的问题不用你操心。"

现在您自己也很富有了。

在中国，教授们的工资很高，这是事实。我同时还是中国科学技术大学的副校长，我自己本硕也是在那儿读的。在中国科学技术大学对我的聘用协议里包含了针对我的研发专利的特殊条款，所以我只有退休以后才能靠这些专利赚钱。

是什么促使您研发"墨子号"量子卫星的？

我们设计"墨子号"是为了实现长距离量子通信。由于大量的光子损失，光信号在传播几百千米之后，会变得很弱，无法进一步传播。光信号无法得到增强，一方面使得量子通信更安全，但另一方面显然也限制了通信范围。一开始我们尝试去做卫星量子通信，因为大气层对光信号在垂直方向上造成的干扰比在地面附近水平方向上造成的干扰要小得多。通过实验，我们证实了卫星的激光可以穿透大气层并到达地面站。在中国科学院的支持下，我们于2002年正式开始了量子卫星项目，经过近10年的地面测试，我们研制出了世界上第一颗量子卫星——"墨子号"，并于2016年将其发射升空。

"墨子号"有哪些应用领域？

最初研制"墨子号"是为了将其用于科研，并没有考虑它的实用性，因为我们一开始并不知道能不能成功。目前，我们正在进行基础研究，并利用"墨子号"研究重力对量子物理学的影响。

"墨子号"不会遭到黑客的入侵，这无疑为军事和商用都带来了利好。

是的，原则上是这样的，但是正如我所说，我只对科学技术的发展感兴趣。我们与国际同行共享我们的所有发现。因此，中国或美国军队有没有可能开发一个类似的系统，我无法掌控这一点。不过，我认为通信安全不是一种武器，它更多的是一种保护隐私不受限制的方式。

您希望既能够安全通信又能最大限度地保护隐私？

我认为这在很大程度上取决于政策条件。我估计政府不会进行全面且无限制的隐私保护，未来所有做量子密钥分发的公司都会被收归国有，只有政府信任的人才能接触到它。如果这项技术应用不当，一切都会失控。

在"墨子号"项目中，您的合作对象都有哪些人？

我们正在与奥地利科学院合作，并计划与意大利、德国、瑞典和新加坡进行合作。如果美国有地面站的话，我们也很愿意跟美国合作。目前，我们在开展国际合作的过程中遇到了困难，特别是与美国的合作尤为艰难。就我个人而言，我希望每个人都能从科技发展中受益，我希望看到来自世界各地的科学家们一起工作，推动量子技术的发展。量子技术前景广阔，若现在就停止合作还为时过早，我们前面还有很长的路要走。

过去，欧洲和美国一直主导着量子物理学的发展。现在，中国成为这一领域冉冉升起的一颗新星。您期待看到一场世界性的量子物理学竞赛吗？

美国有自己的国家量子计划，欧洲也启动了量子旗舰项目。在中国，我们的项目还在评估中，我们在等中央政府的正式批准。尽管我们是第一个开始做量子物理学研究的国家，但目前我们仍落后于欧洲和美国，它们的超导技术非常先进，这对量子计算机的研发具有重要意义。中国将很快启动一个国家级项目。

从某种程度上来讲，这是一场全球竞赛，但我们仍然需要合作。我担心的是，在过去 10 年中，越来越多的国家开始走孤立封闭的路线，这不是未来的正确方向。

您和工业界有合作吗？

中国科学技术大学一般会鼓励科学家转让技术，而不是自己创业。然而在中国，我们仍然可以建立由国家、科学家和私营公司共同持有的公司，这对公司未来的发展也是比较好的。

中国面临的最紧迫的挑战是什么：气候变化、环境、医药还是可持续发展？

中国正面临与世界其他国家相同的问题。我认为重点是能源技术。如果我们有足够的清洁能源，就可以解决环境和气候问题。中国科学技术大学专注于研发能源、医药和信息技术，非常注重这些领域的基础研究。

您有什么话想跟大家说？

当今世界应该更加注重教育。有了更好的教育，人就会变得更加开放、平和、互助互爱。我仍然相信，良好的教育和科学会为世界带来一个光明的未来。

[瑞]德特勒夫·金特（Detlef Günther）

化 学

- 苏黎世联邦理工学院无机化学研究所教授、苏黎世联邦理工学院副校长

◆ "成为科研人员靠的不是学习，而是一种直觉。"

金特教授，您把 11 月 9 日拆除柏林墙这一天称作您的第二个生日，为什么这一天对您如此重要？

11 月 9 日是自由的开始。突然间，我可以看到整个世界了，这是我一直以来的向往。就好比我一直梦想看到的美丽的大峡谷，如今近在咫尺。对我们全家人来说，这一天就是一个盛大的节日。

您从小就非常热爱自由。您父亲是如何控制您的这种冲动，使您不至于太过引人注目？

他告诉我们该如何征服世界。即使在民主德国时期，巨大的探索欲也驱使着我们去捷克斯洛伐克、匈牙利、罗马尼亚和保加利亚旅行。唯一让我们家显得有些与众不同的一点是，我们有亲戚住在西德，但我们从不曾违反任何法律。有一次，我在喝了几杯啤酒后骑摩托车回家，被我父亲狠狠地训斥了一顿，因为他担心自己会因为孩子的不端行为而被勒索。我父母对我们的保护欲都很强，在这一点上，他们从没有产生过分歧。

您在哈勒学习化学，后来又获得了利奥波第那科学院的奖学金，但您拒绝了它，去了纽芬兰纪念大学，是什么让您选择了远方？

我那时根本不懂英语，但我知道，如果英语不流利，我就永远无法向科学界表达我的想法，我也不能轻轻松松地作报告并为我的结论辩护，所以我决定去加拿大。在那儿，我的导师说了一句非常经典的话，

德特勒夫·金特（Detlef Günther）

改变了我的科学观，他说"我认为你可以做到"，而不是"你必须做到"，这句话深刻影响了我此后的人生。有了导师对我的信任，我自己也意识到我有能力独立完成一些事情。他唤醒了我做研究的内在动力。从那时起，我开始每天工作15个小时以上。我每天早上起床的时候，其他人还在睡觉。导师只是鼓励我挑战自我，但从未给过我太大压力。只要他白天在家，我就可以随时向他讨教，在学术方面，他就像是我的父亲。

您从加拿大回到了苏黎世联邦理工学院，自2015年起担任该校研究部和财务部两个部门的副部长。此外，您也有自己的研究小组。您平时要做的工作会不会太多了？

对我来说，苏黎世联邦理工学院就好比是化学界的泰姬陵。我能够在这所大学教书、做科研，对此我一直心怀感激，总想着我必须回报它。每当学校有任务分配下来，我总是欣然接受，有时我的工作就会排得非常满。成立自己的研究小组是为了做出更好的决策，因为在小组中，我能够更直接地参与到学术中去，学术总是能带给我力量。我也不希望任何人剥夺我的这种权力，即使不是每个人都能够明白这一点。科学对我来说仍然是一种激情的源泉。有时会出现这样的情况：我周遭的一切似乎都在分崩离析。我没什么亲密的朋友，因为我不懂怎么去维持友谊，但我并没有忽视家庭，在我孩子人生的重大时刻我一直都陪伴着他们。

◆ **"'我认为你可以做到'，而不是'你必须做到'，这句话深刻影响了我此后的人生。"**

您一生中最重要的研究课题是什么？

最重要的一点是：我在还没有人能想象某种方法有一天会变得很重要的时候就已经认识到这种方法的价值了，比如说我们用紫外激光辐射来汽化材料，然后用电感耦合等离子体质谱法进行测量，运用这种方法，我们几乎能够对整个元素周期表进行分析。我们在苏黎世建立了第一个用于定量微量元素的紫外激光系统，并对它进行彻底全面的研究，向大家揭示它的用处，这是我们对科学的巨大贡献。在这个过程中，我得到了很多的信任与支持。曾经有一年多的时间，资金源源不断地投入我们的实验室，但没有任何成果产出。当我们设想的一切最终成功变为现实，我们就好像得到了某种解脱。

当您还是一名年轻的科学家时，与德国大学相比，苏黎世联邦理工学院是不是更愿意聘用您？

我没有因为职称制度浪费时间，而是立刻加入了地球科学系，后来我又被无机化学研究所录用。起初，只要我获得荣誉，同事们都会跟我一起分享我的喜悦，这让我的喜悦之情更加强烈。即使身为副校长，我也尽量亲自写信给获奖者向他们表示祝贺。在学术界，不要总是想着表现自我会让自己越来越好。当有天分的年轻学者开始他们的职业生涯，我们就应该接纳他们成为同事，而不是像今天这样。作为科学家，我们更应该尊重彼此，学会分享。谁都想成为各自领域的佼佼者，这是可以理解的，但我们为什么不用自己的一部分力量去为更伟大的事业作贡献呢？

依您之见，德国各类科研机构是否应该进行更多的合作？

当今我们面对的问题之复杂使得各个研究领域必须谋求共同发展。我们不仅需要基础科学作为创新的基础，还需要应用研究以及与工业界的合作，来加速科研成果向应用转化。在这方面，德国也许应该重新考虑目前的任务分工。如果没有合适的能源方案，我们就无法制订新的人口供养方案，如果做不出能适应人口不断增长的供养方案，那我们就无法为气候变化做任何努力。所有这一切都是密切相关的。

为什么欧洲不能达成共同目标？

每个国家都不一样，各自的历史也不同，势必阻碍学术认同的形成。如今情况虽然有所改善，但各国间的经济差异仍然很大，每一个项目背后都会有一场与之相对应的关于分配公平的讨论。尽管我们已经在许多方面取得了突破，我们的基础研究非常厉害，但欧洲仍然缺乏自信。欧洲人应该仔细思考他们未来想在哪些方面拥有强大实力。

◆ **"欧洲人应该仔细思考他们未来想在哪些方面拥有强大实力。"**

与工业界合作难道不会让科学界依附于工业界吗？

研究本身从来不是目的，正如目前的数字化转型表现出来的那样，许多长期性的研究在某个特定的时间点可以和工业界一起合作落实。我们可以通过签订合同来确保我们享有自主权，由苏黎世联邦理工学院独立决定我们用工业界提供的资金来开展哪些项目，并且有各种不同的方式进行利益分配。我们也有伦理委员会，由他们对各种项目进行评估。工业界的一些提案我们就没有采纳，例如将人脸识别用于军事用途。我们告诉对方："对我们来说这是一条不得跨越的红线。"但是，像迪斯尼这样的动画公司，我们双方在动画和人脸识别方面的合作已经持续了数十年了。

德特勒夫·金特（Detlef Günther）

您与许多国家都展开了合作，和中国的合作尤为突出。您在武汉也有教授职位，您对中国科学界有怎样的期望呢？

在中国，要想从人群中脱颖而出，需要付出更为艰辛的努力。这种方式是否会催生出更好的想法完全是另一回事，但我们都知道力等于质量乘以加速度。在我的研究领域中，创造力总是随着设备的更新而逐步提升。中国人不仅勤劳，而且有战略眼光。15年前，当我预测中国人将成为未来的大发明家时，我遭到了嘲笑。而现如今，他们已经成为很多领域的领头羊。

您曾经说过，一个新的时代已经来临，一场巨大的变革正在发生。您能详细解释一下这句话吗？

数字化将极其强烈地改变我们研究的所有领域，改变社会的所有领域，问题不是这样的改变是否真的会发生，而是这种改变发生的速度会有多快。如今这代人正在提出全新的要求，幸福感或者说工作与生活的平衡是他们的重要诉求。作为科学家，我们必须做出更好的表率，才不会让学生对科研失去热情。

您用怎样的价值体系来教育您的孩子？

我从来不会无条件地给我的孩子买他们想要的很贵的东西，我一直强调他们应该自己掏钱买想要的东西。首先他们得付出劳动，然后仔细考虑要用赚来的钱做什么，这是我从我父母身上学到的。我父亲很乐意为我们花钱，但我们必须先为此付出劳动。

您的父母还向您传递了哪些价值观？

我父亲永远不允许我们不守时。有一次，他不让我参加一场重要的足球比赛，因为我晚了5分钟回家。他不准我去，我只能站在门外眼睁睁看着公交车离开，这件事我永生难忘。除此之外，我父亲也很看重诚实的品质。不管事情有多糟，我父亲都可以接受，除了谎言。他是兽医，经常到各个农场去，他尊重每一个人，这件事也深深影响了我。我还是个中学生的时候，曾在农机技术车间兼职，这份工作让我深有体会，傲慢自大的人绝不可能留在那里。现在，如果我的某个博士生在车间里下了一个紧急订单，但过了3天都没去取，或是没有向车间的工作人员表达谢意，不仅车间的人会对他有意见，我也会。

您必须把一大群很自我的人凝聚在一起，您是如何做到这一点的？

最重要的是人与人之间的互动和交往方式。我也是从我父亲那里学到了这种对话的艺术。当他必须说服固执的农民，相信他是给动物治病的合适人选时，他并不会立即谈论动物的病情。他会先问农民们的收成如何，他们的孩子都是做什么的。面对一群自负的科学家时，我也试着把这种谨慎周到的做法烂熟于心。

您怎样看待工作中的自己？

我并不像我自称的那样有耐心，我有时会因为某件事情花费太长的时间而感到不耐烦，但我能控制住自己，不至于马上就气急败坏。我已经明白了一个道理：做人不要想着次次都能赢。

您曾经说过，您不能在别人手下工作，为什么这对您来说如此困难？

我不想再像以前在民主德国时那样处处受到限制，而且我的想法在不断完善，我不想在别人手下贯彻这些想法，我想在我自己的研究小组里实施这些想法。我想承担责任，不管风险有多高。如何成为一名科研人员这件事情是学不会的，得靠直觉。我是那种随时都做好准备去做更多事情的人。

您怎样满足自己的虚荣心？

2003年，在我40岁的时候，我获得了欧洲等离子体物理奖。同年，我成为苏黎世联邦理工学院的副教授。这些事情从来没有在我的人生规划中出现过，那时我心中第一次充满了深深的感激之情。对我来说，我在美国参加的第一次全体会议是我人生中又一次关键经历。我站在座无虚席的大厅前，为一场学术会议做开场报告，就在那一刻，我觉得学术界接受我了。

作为副校长，您也要参与确立研究方向。您的目标是什么？

我们在苏黎世联邦理工学院有3个重点：网络安全和数据，能源和环境，医学。苏黎世联邦理工学院有一个研究委员会，负责评估新项目并考虑哪个领域需要更好的基础设施，哪个研究领域需要更多的合作。作为副校长，我可以在某种程度上控制这一点。但是，我们总是通过与各部门、各教授和研究委员会进行商讨，来确定某个项目到底是言过其实、昙花一现，还是充满潜力、未来可期。

您非常看重从苏黎世联邦理工学院走出去的分拆企业，您为什么会为他们感到骄傲？

我们这儿没有硅谷的文化。在硅谷，许多愿意承担风险的年轻人可以在自己的公司里实施他们的想法。而在苏黎世联邦理工学院，分拆企业的数量近年来一直在增加，人们又开始相信从一贫如洗变得家财万贯是有可能的。我们每年大约有220项新发明，从中会产生80到100项专利，其中30项专利的理念会应用到公司经营中，这一数据正在稳步提高苏黎世联邦理工学院作为一所创新大学的声誉。

研究人员能从他们的发明专利中得到多少钱？大学又能从中得到多少钱？

所有的知识产权均属于苏黎世联邦理工学院。发明人、研究小组和苏黎世联邦理工学院通常各持有三分之一的专利权，这样分配是公平的，原因是：如果我什么都不分给他们，那便没有人会去开发专利，但如果我分给他们太多，他们就不会再有兴趣为学校里的事操心。

产出成果的压力引发了越来越多的学术造假行为。科学界应该如何应对这一问题？

我们需要一个中央办公室，以便能够以公开透明的方式来处理这些造假指控的事件。一些年轻的科学家没有意识到，如果他们今天在任何一个阶段误入了歧途，将会面临什么样的后果。几秒钟之内，整个科学界就会知道这件事，他们在科学界将再无立足之地。科学界绝不允许作假舞弊的行为。

您想对大家说些什么？

教育保障未来！如果教学和科研缺乏榜样的力量，我们将无法解决其他问题。我们现在希望能给下一代留下一个理智的世界，这个世界里有尊重和同情这种不可或缺的基本价值观。我们只有从现在开始，为他们树立榜样，才能实现这个目标。

◆ "我愿意承担责任，无论风险多高。"

◆ "我想找到一种逆转衰老的方法,让人类能够返老还童。"

丘奇教授,大家都说您的性格令人捉摸不透,不过您的才华在科学界可以说是数一数二。是什么让您如此与众不同?

说实话,我一直都跟这个世界格格不入。我小时候脑子就不太正常:我不仅有强迫症、多动症、阅读和拼写障碍,还患有嗜睡症。我尽量表现得像个正常人,但只要我一开口,周围人就能意识到我不对劲。我说话经常用一些从我母亲那里听来的学术概念,这在佛罗里达州的农村里当然是不受欢迎的。我那时为人处世的策略就是保持安静,这让我有时间去观察、去倾听,因此我成了一个优秀的观察者,而观察力恰好是科技领域所需的关键能力之一。我始终认为,做人不用太在乎别人是怎么想的,但我们应该学会倾听别人的想法,试着真正地理解他们。

您也很有冒险精神。

现在我已经很少拿自己的身体健康去冒险了,因为社会在我身上投入了太多,我不能辜负这些投入。但是在科技领域,我仍然充满了冒险精神,我做的事别人都觉得不可能做成。不过我也没有觉得自己特别勇敢,因为我发现这些事情其实并不难做到。

对您来说，这些事情可能很容易做到，但对其他人来说，它们算得上是不同寻常的成就，就好比您创造的迷你大脑。

我把我的皮肤细胞转化成干细胞，然后转化成脑细胞，从而完成微型大脑（或大脑组件）的构建。观察从自己体内分离出来的细胞，看着它们在体外继续做有用的事情，看着它们转化成其他细胞，这感觉其实非常奇怪，但是利用自己的身体来回馈社会，我觉得很好。如果我死了，我的细胞会活得比我久。

◆ "合成生物学能让人类创造出前所未有的东西。"

迷你大脑是用来做什么的？

创造迷你大脑的目的是为新型疗法创造一个测试环境。以后无论是细胞疗法、基因疗法还是其他诸如小分子疗法、器官移植这样的治疗方法，我们都可以用迷你大脑进行测试，因为目前测试用的动物大脑其实不能算是人脑的完美替代品。只要有时间、够努力，用自体细胞研发生成的人造大脑所反映的真实人脑状况将越来越准确。

您打算把自己从头到脚复刻一遍吗？

这种事情仍然只有科幻小说才能实现。与真正的人脑相比，我们做出来的还只是蹩脚的复制品。人工智能仍然无法与人类智能相提并论。

所以您暂时不会做科幻小说里设想的那些事吗？

好吧，其实对有些人来说，我所做的事情已经是科幻小说了。现在我们做人类基因组测序的花费接近于0，放在以前，做这样一件事预计要花费30亿美元。

价格怎么会差这么多？

20世纪80年代，我们发现了第一种基因组测序方法，同时协助组建了人类基因组计划，以实现对基因组完整信息的解码。当时，即使是做一次效果极差的基因组测序也得花费我们30亿美元。所以我很清楚，要实现人类基因组计划，我们就必须降低成本。2004年以后，我参与开发的一些技术开始投入使用，才有了我们今天花300美元（人民币约为2000元）就可以做一次准确基因组测序的成果。客户为此支付的费用为0，所以说，我们已经从花30亿美元做一次差劲的基因组测序过渡到了不用花钱就可以完成一次高精尖的基因组测序。

是什么促使您决定绘制人类基因组图谱的？

我想开发一种技术，利用这种技术可以对所有人的基因组进行测序和比较，进而找出哪些疾病可以借助遗传咨询进行防治。由于成本的降低，我们现在已经收集了100万个基因组。有了这些基因组，我们就可以开始诊断每个基因组携带者可能会患的疾病并采取相应的治疗措施。我们很希望能治愈疾病或预防疾病，这时就需要合成生物学的参与，它能让人类创造出前所未有的东西，就好比用未来才会出现的技术进行艺术创作。

当年，您的发现掀起了巨大风波。现在情况如何了？

我们在加深人们对基因组测序了解的同时也要降低费用，好让任何感兴趣的人都能进行基因组测序。迄今为止，全球已有100万人做了基因组测序，这比几年前无人问津的情况要好多了，但与未来70亿人都进行基因组测序的愿景相比，这个数字仍然非常小。

有些人不希望自己的DNA在网上被别人看到，面对这种情况该怎么办呢？

我们已经找到了在电脑上加密进行测序工作的方法。除了你本人之外，没有其他人可以读取你的DNA。

当人们查到自己的DNA信息，他们都有什么反应？

有些人是想从中获取更多有关祖源的信息。美国人经常会惊讶地发现，他们实际的祖源与想象中相去甚远。绝大多数人对医学相关信息感兴趣，他们想知道自己是否有患上某些疾病的风险，以及做什么可以直接提高他们的身体素质。诚然，目前只有一小部分人从预防医学中受益，但你永远不知道自己是否有可能就是其中一员。通过基因组测序发现疾病并加以预防，这会对人们的生活产生巨大的影响。目前有300种严重影响儿童健康的疾病是可以通过预防医学进行防治的。

您欢迎制药业和保险公司的加入吗？

他们的加入于我们而言是双赢的选择。一方面，客户都健康长寿，这对保险公司有利；另一方面，我们大家都不希望因为自己的基因缺陷而受到歧视，当然这种行为在美国也是法律明令禁止的。制药业可以利用科学家的基因组知识研发出更好的药物。事实上，时下许多新药就同时具有诊断和治疗的功效。我们都知道，制药业不会因为一种疾病非常罕见就忽视它的存在，美国的《孤儿药法案》(*US Orphan Drug Act*)允许他们为罕见药定高价，这就无法保证每个人都能平等地接受新技术手段的治疗。用于基因治疗的药物用的是最昂贵的原料，一剂原料的价格高达百万美元。我希望我们能够降低这个价格，但如果制药公司的药物定价仍然过高，那这依旧是个需要解决的问题。

您也在尝试做抗衰老方面的研究？

我想找到一种逆转衰老的方法，让人类能够返老还童。我从事抗衰老研究工作已经有十多年了，为此我研究了线粒体的功能，成果已经送去临床检测了。从某种角度来说，人只不过是一堆原子而已。我不想损害负责掌控记忆力和体验感的原子，我想在那些能提高我们生活质量的原子上下功夫。

◆ "科学中也有信仰的成分，很多宗教都有事实依据。"

您想没想过要延长自己的生命？

我的研究并不是为了我自己，我在努力帮助其他人。不过我不否认，包括我自己在内的许多人都希望抱上重孙，都想活到下个世纪，看到世界变得更美好。很难说人类什么时候会放弃这种想法，既然活着的时候感到年轻又幸福，那怎么可能有人愿意去死呢？

您不担心会出现意外的后果吗？

有些人担心，越来越多的老年人口可能导致人口危机。然而，在我看来，我们需要很多人去填满宇宙，那么大的空间还没人生存呢。

您还有个试验是培育适合器官移植的猪。

这个想法其实很早就有了，现在属于它的时代已经到来。很多听起来像科幻小说的东西都是如此：创意其实很早就有了，困难在于怎么把它们变成现实。在进行人体测试之前，我们先用猴子测试，把猪的器官移植到猴子体内。相信用不了一两年，我们就能够成功地把猪的器官移植到人类身上。

20年前无法想象的事情现在却正在一一变为现实，这真是太疯狂了。

是啊。科技发展的速度是指数级的，这意味着许多相关的领域，如计算机、电子、DNA和发育生物学都发展得越来越快，这样的发展速度有一部分要归功于我的研究。

在科学领域,您还有什么想做的吗?

如果我们能够消除与贫困有关的疾病,我们就能减少贫困。此外,我也很乐意开发新的技术,让人体能更好地适应太空旅行这一类新事物。我还想制造出更厉害的计算机,可能会是生物计算机吧。

科学领域是否有我们不应该越过的红线?

每产生一种新的疗法都是对原有界限的一次跨越。人们应该多多关注基因编辑是否给人体各项数据带来了好的变化,而不是根据自己的道德预期去做评判。

您认为科学家的责任是什么?

我走在技术发展的最前沿,所以我必须及时报告最新进展,同时我也要思考可能出现的问题。

但是,您有时候不会觉得自己好像在扮演上帝吗?

绝对不会!我是一名工程师。历史上大多数人要么自己是工程师,要么受益于工程师。工程师就是这样——我们不创造宇宙,因为这超出了我们的能力范围,我们只在宇宙现有的基础上做微小的改变。

您信仰上帝吗?

我从小接受的教育含有很强烈的宗教因素,我天生对宗教就很好奇。在我的少年时代,我们家周围到处都是宗教团体,这给我留下了深刻的印象。我对道德困境问题很感兴趣,比如说,如果你父母命令你杀人,你是遵守"孝敬父母"的戒律,还是遵守"不可杀人"的戒律?在思考这些悖论的过程中,我形成了自己的伦理体系。年纪越大,我就越能感知到科学与信仰之间的交叉关系。科学中也有信仰的成分,很多宗教都有事实依据,虽然很多科学家都否认这一点,但我仍然相信有信仰是好事,只是暂时没有证据来证明这一点。世上有许多值得敬畏的东西,我个人的看法是:一个人对世界的了解越多,他的敬畏之心也就越强。

所以我们只是庞大宇宙的一部分吗?

当然,我们想象中的宇宙比已知的宇宙更大。即使只有一个宇宙,一次大爆炸,对我们来说也是难以完全把握的。因此,我认为宇宙有多大完全取决于我们的想象力。

您的父母对年轻时候的您有很大的影响吗?

我母亲是一个了不起的女人,她既是律师又是心理学家,她对我有很大的影响。她结过3次婚,第一任丈夫是空军飞行员,第二任是律师,第三任是医生。中间有很长一段时间都是我母亲在独自抚养我。我没有太多机会了解她的这几任丈夫，因为他们的工作都很辛苦，经常要出差。况且我 13 岁时就自己搬出去住了。我的生父只和我们一起生活了 6 个月。我小时候花了很长时间在脑海里重现他的样子——他富有魅力，与人相处时非常放松。我 13 岁时，他邀请我去圣安东尼奥（San Antonio），他在那里为滑水表演做解说。他在公众场合发言毫不怯场，但他在第一场演出中突然面向观众说："观众席上的乔治·麦克唐纳·丘奇，请你站起来。"那时我真的吓得不轻。我站在那里，他编了一个我的故事讲给大家听。父亲去世前我一直陪着他，那时他已神志不清，最后他甚至不知道我是谁。

跟我讲讲您的学生时代吧。

无聊透顶。13 岁以前，我一直住在佛罗里达州，那里的学校不怎么重视教育，几乎不给学生上科学课。在搬到波士顿之前，学校教育对我的智力没有造成任何挑战。

佛罗里达的优点是什么？

在那儿我能够体验到原始、自然的环境，我有过很多次冒险的经历。我们去找响尾蛇和水獭，还在鲨鱼出没的水域游泳。有一次，我差点被闪电击中！那一刻我只想活命。

如果我没理解错的话，您的中小学生活过得很艰难。

实际上，我当时一直在努力避免危险，但我还是受过几次伤。有一次，几个恶霸把我的眼睛都打青了。还有一次，一个人打我，把他自己的手都打破了，但我一直不还手，我只是惊讶地看着他，他慢慢就停手了。我始终坚决反对暴力，也愿意做任何事情去预防暴力，就像我愿意做任何事情来确保每个人都会获得同样的机会。

您平时把自己照顾得好吗？

我的睡眠时间平均约为 5 个半小时，我是素食主义者。我每天步行去上班，因为我是一个嗜睡症患者，所以我不能开车。

您的财务状况如何？

我的个人需求很少。我很幸运，我有足够的钱可以花。我需要钱来支持我的研究，因此我把自己公司赚到的钱全部投入我的研究。

除了科学，还有什么东西对您来说很重要？

无非是科学、人类以及我自己的家庭，再没别的了。

您为什么要鼓励年轻人上大学？

因为我发现科学有着无穷的魅力：不只是观察事物，还可以改变事物，可以帮助其他人，还有很多机会去冒险。

您有什么人生智慧要传授给其他人吗？

跟着你的心走，追随你的激情所在。关心他人，仔细思考未来，从过去的经历中吸取教训。

[美] 弗朗西丝·阿诺德（Frances Arnold）

生物化学

- 加利福尼亚理工大学化学工程与生物化学教授
- 曾获 2018 年诺贝尔化学奖

◆ "进化教会了我们，如果没有多样性，人类就会灭绝。"

阿诺德教授，您有 4 个兄弟，你们一起长大，您父亲是一名核物理学家，这样的家庭状况是否磨炼了您，让您为科学工作做好了准备呢？

  我认为不如说是我磨炼了我的哥哥和弟弟。我的青年时代被物理学和数学填满，我以为自己会在这两个领域有所作为。20 世纪 60 年代末，美国各个城市都爆发了民权抗议，爆发了反对越南战争的抗议。我们这一代年轻人突然不再相信自己的父母了。我父母内心很矛盾，因为除我以外他们还有其他 4 个孩子，我父母认为我搭别人的顺风车去抗议越南战争以及其他各种各样的事情，会对我的哥哥和弟弟们产生不好的影响。他们不希望我的兄弟们学坏，所以就跟我说："要么你就乖乖听话，要么你就滚出这个家。"我回答他们："滚就滚！"

  我想找到我自己要走的路。当时的我虽然才 15 岁，但我知道我可以自食其力。我在比萨店打过工，当过酒吧女侍应，当过出租车司机。我需要的就是独立。

  我喜欢冒险，我从来没有因为要一个人去做些什么或打探些什么而感到害怕。我 19 岁时搬到了意大利，后来坐巴士游遍了南美，睡在廉价旅馆里，在路边摊吃饭，我还有过几次食物中毒的经历。我想看看这个世界，好奇心和冒险精神驱使着我，但主要还是因为我无所畏惧。

您是如何开始自己的职业生涯的？

  一开始我是一名机械工程师，因为普林斯顿大学对机械工程师的要求是最低的。很长一段时间里，我都不知道我想走哪条路。虽然我从来没有想过以后要做工程师，但我最后还是进入了一家非常好的研究所。我找不到任何换专业的理由，因为我还可以上其他有趣的课程，如俄罗斯文学、意大利语、经济学和艺术史。

之后我很快就拿到了机械工程和航空航天工程的学位，我意识到我们必须学会过可持续生活。20世纪70年代，我们遇上了石油危机。当时，许多工程师意识到，我们应该找到生产能源的新方法，并减少废物的产生。卡特（Carter）总统制定了到2000年实现可再生能源占比20%的目标。我想成为实现这一目标的一分子，于是在太阳能研究所找了一份工作，但我在那里只干了1年，由于政府换届，能源政策也发生了改变。罗纳德·里根（Ronald Reagan）当选总统后，我搬到了西部，在伯克利大学攻读硕士学位。当时世界上又有了一个重大发现：我们可以操控生命的密码，这也标志着DNA革命的开始。我成为一名生物化学家，更准确地说，我成为一名生化工程师，但是我以前从来没有学过化学，也不知道什么是生物学。我当时只不过是一名硕士生，却迷上了这两个从未涉足过的领域。

在当时的社会背景下，这对一名女性来说是极不寻常的事情，何况还是一位年轻女性。您的同事对此有什么反应？

在加利福尼亚理工大学，我是这个职位的一个例外，但不是唯一的例外，还有其他化学和生物学领域的女教授，我是其中第9个被聘用的。当时的我很年轻，才30岁，任职助理教授，是化学工程领域的第一位女教授。在那里要保住自己的地位有些费劲，但是有很多人支持我，他们的支持帮助我捍卫了自己的地位。

您显然想以既快速又低成本的方式做实验。

我的第一批实验没有成功，我感到很沮丧。我努力精简实验过程，首先考虑改变哪些实验要素可以达到实验目的。另一方面，我的同事们尝试采用分析的方法来理解生物过程的原理，但他们也没有成功。我没有取得任何进展，有点失望。我决定让系统告诉我重要的是什么，于是我制造随机突变并对它们进行分析。我想成为生物学界的工程师，重新设计生命的分子，使它们造福人类。我想设计新的蛋白质，特别是那些控制生物体反应、比较复杂的大分子蛋白质。

有些生物化学领域的同事不喜欢我的做法。生物化学家们正试着从设计者的角度来做这件事，但没有人知道如何设计分子。从工程师的角度来看，我认为重要的不是分子产生的原理而是过程。我们能不能只为了让分子发挥作用，而让分子快速发展呢？也就是说要采取简单快速的方式来解决复杂的问题。至于它的原理到底是什么，可以之后再研究。

您那时候在日夜不停地工作吗？

我的工作量真的很大，在加利福尼亚理工大学工作4年后，也就是20世纪90年代，我生了第一个儿子。每个有孩子的人都会意识到不可能每天工作 20 个小时，同时还要照顾孩子。我必须更高效地安排我的时间，把更多工作移交给我的研究小组，让那些参与项目的学生们负责，这样我晚上就可以回家陪我的丈夫和孩子，第二天早上再回实验室工作。对我来说，待在家里比去工作更难熬！每次生完孩子才一两个星期，我就抱着孩子回到了研究所工作。

20 世纪 80 年代，人们对从事科学工作的女性生孩子的态度发生了转变。越来越多的女性参与到科学事业或其他职业的竞争中来，这也就意味着传统的婚姻逐渐没落。妻子们不在家照顾孩子，她们的丈夫也无法适应这种局面。不过现在我们有了更多的育儿方法。我们需要敞开怀抱接纳女性进入科学技术领域，当然也包括已为人母的女性，对待年纪轻轻就已为人父的男性也同样应该如此。我认为这种态度无论对女性还是男性都大有裨益，因为如今组建一个家庭就意味着拥有比过去更多的伴侣关系。

您已经获得了许多奖项，包括国家技术与创新奖。您是第一位获得千禧技术奖的女性。2018 年，您因"定向进化"获得诺贝尔奖，您能否解释一下这是什么意思呢？

定向进化类似于育种，只不过它是分子水平上的操作。农民可以培育出更好的苹果品种，养狗人可以培育出狗的新品种。在我的研究领域，我们通过在试管中培育 DNA 来创造新的生物分子。定向进化借助分子生物学的工具创造更好的生物分子，如酶。

以前，如果想要培育一匹跑得更快的赛马，就必须仔细挑选亲代马，然后寄希望于子代马中能出现一匹符合目标要求的马。而现在，如果我想在分子水平上进行马的培育，我可以挑选 3 匹亲代马或者混合 33 匹亲代马的 DNA。也就是说，我可以混合物种，创造随机突变并规定突变的程度。我可以控制最基本的进化过程，而以前没有这些技术的时候，没人能做到这一点。于是就引出了一个最关键的问题：如何在特定时间范围内确保最终得到的东西比开始时投入使用的东西更好？我之所以能获得诺贝尔奖，可能正是因为我想明白了这一点。

我们已经创造出许多用于工业的酶。我带领的研究小组的学生已经成立了从事可持续化学研究的公司，例如用可再生原料制造飞机燃料。他们还生产各种类型的无毒杀虫剂和有用的化学品，而且生产过程中不会产生过多的废物。全球其他地区都已经采用这种工艺，以清洁的方式制造药品，生产具有去污能力的洗涤剂，减少对能源的需求，此外还生产纺织品，并能更好地进行临床诊断。定向进化正在为这些用途及其他多种新用途创造出更好的酶。

您自己创办了一家公司。

每个人都说："哦，我的技术很有用。"但如果没有人运用这些技术，那它们就没有用。怎样才能让人们使用发明成果呢？一种方法是把它们提供给大众使用，如果没有现成的公司愿意做这件事，我们就得创办一家新公司，自己传播技术。我第一次创业是和我一个朋友皮特·施特默尔（Pit Stemmer）一起。他创立了 Maxygen 公司，将定向进化投入实际运用。我是他的第一批科学顾问委员会成员。在那里，我从那些懂得如何经营初创企业的人身上学到了很多东西。现在我自己开了公司。2005 年，我独自创办了我的第一家公司，在那之后又开了几家公司。

您肯定是个组织力很强的人。

我的组织力特别强。我一般早上五六点起床。我先在家里工作，尽量多做点事情：打电话、改文章、写信。然后我下午去加利福尼亚理工大学，与学生谈话、和研究小组开会、会见访客、开讲座。接着我就回家了，如果家里有人的话，就和家人一起吃饭，然后放松一下，听听有声书、散散步、做做瑜伽。之后我就上床睡觉了。我现在晚上不工作了，不过在我有孩子之前，我晚上也加班，持续了一两年。自从我 1990 年有了第一个孩子之后，我就很少上夜班了。

说到您的个人生活，您度过了一次又一次的艰难时刻。比如说，您的第一任丈夫死于癌症。

我们结婚 5 年后离了婚，这段婚姻之所以没有维持下去，是因为他搬到了瑞士，但我不想跟着去。那段日子我一个人带着孩子，非常难熬，但他必须得去瑞士。没过多久，我又遇到了一个优秀的男人，和他生了两个孩子。这段婚姻一直都很美好，但他 2010 年也去世了。

您的第二任丈夫自杀了，您一定很难接受这样的事实。

是的，他患有严重的抑郁症，这是我想不明白的地方。我最后一次抑郁，是在我 12 岁的时候。我后来意识到，我可以控制自己，这也是我唯一可以真正控制的东西。在他自杀前，我们已经分居两年了。我只好独自抚养 3 个孩子。

之后又发生了一个悲剧：您的儿子在一次事故中身亡。

是的，这件事让我十分心碎。我每天都在想他。他温柔又体贴，是一个出色、有才华的人。他走的时候才 20 岁。

您是否经历过一些美好的时刻能够帮您抵消这些命运的打击？

在诺贝尔奖颁奖典礼上，我的 4 位兄弟的其中 3 位和他们的妻子，还有我的两个儿子和我儿子詹姆斯的妻子阿兰娜都在现场。我们一起在斯德哥尔摩待了整整一个星期。我以前的学生、朋友、同事都来了。我看到他们眼中充满了自豪和喜悦，那一刻我比任何时候都要高兴。

最初别人把您描述成一个野心勃勃，甚至是咄咄逼人的人，但是这些形容词如果用在男性身上，他们并不会因此受到指责。

我野心勃勃，我咄咄逼人，但我不得不这么做啊。有一次，加利福尼亚理工大学校长问我："你为什

弗朗西丝·阿诺德（Frances Arnold）

么这么傲慢？"我说："我的天啊，校长先生，如果我不傲慢的话，我就没法在这里生存下去。"这是我当时的生存之道，即使别人不相信，但我相信自己正在做的事情，我不让自己任人摆布。在我人生的那个阶段，保持一种傲慢的态度对我帮助很大，但我现在不这样了。我不再需要为自己辩解，所以我试着慢慢磨平我的棱角，我不再需要这些棱角了。那时候的我不得不做一个固执的人，否则我早就放弃了。我是一个没有耐心的人，但我也在努力成为一个有耐心的人。

我认为棱角是一个人适应能力的标志。我不为自己感到遗憾，因为遗憾不会带来任何好处。在我患上癌症的时候，在我儿子去世的时候，我本可以自怨自艾："唉，我真可怜。"但我没有，我对自己说："哦，我虽然是个可怜人，但我现在必须向前看。"

我爱我的生活，爱我的家庭，爱我的学生，爱我的工作。我认为不要过多地关注那些坏的事情，而要多关注那些好事情，这一点很重要。谁也不能保证生活是轻松如意的。等到一定的年龄，每个人都会经历一切：可能会失去心爱的人，也可能失去工作，失去那些于我们而言意义重大的东西。难道就要因此轻言放弃吗？当然不可以，如果有孩子、有学生一直在关注我们，我们怎么能轻易放弃呢？

有一些女性还会遭到性骚扰，您应对这种困扰的方式是什么？

我们难免会遭遇令人不适的亲近行为，但我觉得一切都在我的掌控之中。如果我不喜欢某个老教授对我说的话，我就反驳他，我会让他去跳湖。作为一名女性，我获得了更多积极的关注，学术界的女性太少了，这可能是我的一个优势。我扭转了局面，告诉自己：把性别转变成自己的优势，不要让它产生负面影响。比如，当我不得不在一群从未见过工程学教授的听众面前发言，问题自然就会随之而来："这个女人在这里做什么？"所以我必须做得更好。我意识到，我的发言必须比男性高出一个水平。我得确保听众在我开始发言时，甚至在他们最初拥有的好奇心已经消退时还能认真听我讲话。

如果年轻人，尤其是年轻女性，考虑学习科学专业，您认为她们该怎么做？

无论她们想要什么，我都会告诉她们，从事科学工作是一件很伟大的事情，这种工作很灵活，特别是在高校里搞科研的人，想生孩子都不成问题。我很看重这种工作的灵活性，但不是每个人都适合在高校里搞科研，因为压力会非常大；也不是每个人都想负责领导一个团队、提出想法、安排科研经费的使用。每个人都不一样。

我一直在强调一点：如果你走的是和别人一样的路，也不要忘记走你自己的路！缺乏多样性便会扼杀创造性。进化教会了我们，如果没有多样性，人类就会灭绝。要想获得创新的能力或是要找到自己喜欢做的事，我们就得试着去做很多不同的事，这给我带来了很大的帮助。

您想对大家说些什么？

多关心你们周围的人，他们会给你们带来力量和幸福感，激发你们的创造力。请你们始终保持一颗好奇的心。

我见过很多人来了又走。我希望那些还在这里的人好好记住我。我希望人们能够记住我，就像我记住我的祖母和我的儿子一样。我给人们带来了积极的影响，让他们更加快乐。

您从大自然中学到了什么？

生物学无所不能。大自然是地球上乃至整个宇宙最好的化学家，它不仅创造了各种各样奇妙的生命以及构成这些生命的化学成分，还设计了进化的过程，这种魔术般的能力让自然界拥有巨大的优势，而现在我也可以做到这一点。

我不是造物者，大自然才是造物者，但我是开发者和培育者，我把大自然创造出来的东西做成对我们有用的新东西。

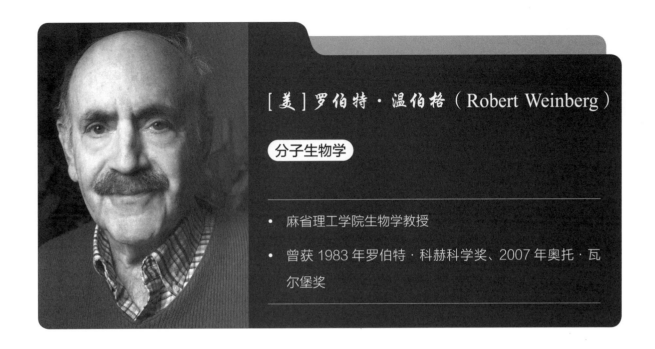

[美]罗伯特·温伯格（Robert Weinberg）

分子生物学

- 麻省理工学院生物学教授
- 曾获1983年罗伯特·科赫科学奖、2007年奥托·瓦尔堡奖

◆ "不用的分子和不同的基因造就了生命，也威胁着生命。"

温伯格教授，多年前您提出了一个至关重要的想法——有关健康细胞转变成癌细胞的过程。那天究竟发生了什么？

那天我在夏威夷，原本打算去参加一个会议，但我和我的一个同事最后都没去。我们开着车上到一座火山，在火山口下车的时候，我们说："肯定存在这样一套基本原理，我们可以用它来探究多种人类癌症的病因，即使这些癌症看起来很不一样，毫不相像。"

这就是一次火山旅行过程中的正常对话……

嗯，我认为在很多非正式场合下，无论是在大自然中郊游还是在拥挤的城市中漫步，都会突然产生某些想法。很明显，我们已经在思考这个问题了，我们身处这样的一个场合，可以把我们思考的东西大声说出来。

这次对话的内容很快就转化成了一篇优秀的科研论文，对吗？

《细胞》（Cell）杂志曾邀请我为他们千禧年的第一期杂志写一篇综述文章。我把这件事告诉了我的朋友兼同事道格·哈纳汉（Doug Hanahan）："这可是个好机会，我们能够描述各种人类癌症共有的几个基本特征。"这篇文章名为《癌症的特征》。大多数综述文章就像扔进池塘里的石头一样消失不见了，但我这篇文章却引来了意想不到的关注。

罗伯特·温伯格（Robert Weinberg）

那是近20年前的事了。自那以后，您的工作有什么变化吗？您能简单讲述一下您现在所掌握的情况吗？

我们现在对癌细胞的细节和分子缺陷有比较多的了解，其中大部分发现是在过去20年里获得的。目前，我的实验室正在研究某一特定组织中发展为原发性肿瘤的癌细胞是如何发现它们可以移动到体内其他相距较远的组织中，转移到其他器官，并在那里形成新的肿瘤，也就是肿瘤的转移过程。

有这么多科学家在研究癌症，很难相信仍有这么多人死于癌症。

我们得清楚一点，诸如心血管疾病这样的病，实质上都只是一种疾病。相反，癌症则涵盖了200到300种不同的疾病，而且每种病的表现形式都略有不同。癌症始终在变化，就像变色龙一样。一开始对某种疗法有反应的肿瘤随后就可能产生抗药性。

◆ "实验室里的人际互动和学术互动同样重要。"

我们有理由怀抱希望吗？

癌症治疗的某些领域已经取得了很大的进展。以乳腺癌的死亡率为例，它已经下降了30%至35%，而肺癌、胰腺癌和胃癌的死亡率没什么变化。我们仍然不知道如何有效地对付这些癌症。

您什么时候决定要学习科学，从事癌症研究？

有些人的一生会有长期的目标，但我不是这样的人。我刚上大学时以为自己会成为一名医生。后来我听说，医生必须彻夜不眠地照顾他们的病人，但我得睡觉，所以这份工作不适合我。之后我成为一名生物学家。最后，我开始研究致癌病毒，而后逐渐过渡到研究由病毒以外的因素诱发的癌细胞。

您为什么要研究癌症呢？

我从事癌症研究并不是为了让人类摆脱这种祸害。我之所以这样做是因为癌症研究是一个非常复杂、非常有趣的科学课题，它值得我们关注，值得我们投入精力。

您年轻的时候，有没有人激发了您对科学的兴趣呢？

在麻省理工学院读本科的时候，我的专业是生物学。我上了一门非常鼓舞人心的课，就是分子生物学。当时我就意识到，我们可以通过学习DNA、核糖核酸和蛋白质的相关知识来了解整个生物圈，这一认识对我来说很重要。

您的父母在第二次世界大战前就来到了美国。您的青年时代是什么样的？

在我的成长过程中，我一直觉得我是欧洲人而非美国人。在我的印象里，匹兹堡人与我来自国际大都市、受过教育的父母相比，是非常土气的。我母亲会说法语和一点英语，我父亲也会一点英语。他们教导我，只要有战争，我就不能在大街上说德语，因为战争还在继续。我从小就掌握了两种语言，这是个很大的优势。

战争对您的家庭有何影响？

听到我父母在 1933 年至 1938 年间的一些经历，我的心仿佛受到了重创。我的祖父在战争中失去了 5 个兄弟姐妹。我的父母告诉我，不管一个人是否成功，是否富有，是否贫穷，每个人都会被送进集中营，无一例外。在我成长的过程中，我感觉到，生命和生存在某种程度上是非常不确定的事物。

所谓文明不过是披上了一层虚假的外衣。

的确如此。我不会说我多疑或偏执，但我也许过度谨慎了。我父亲总对我说："你可以成功，但不要把头伸出人群之外，不要让人看到。"

那您这一生为人处世的方法是什么呢？

我努力工作。父亲的话驱使我在科学领域里做一些有趣的事，但我总是小心翼翼，避免成为一个狂妄自大的人。在我的家族里，那些把自己看得太重要的人反而得不到尊重。我的父母很看重两种品质：聪明和幽默感。即使有的人不那么聪明，他们也可以用幽默来弥补。

如果您邀请别人到您的实验室面试，您是否会看重他们身上的这些品质？

作为实验室负责人，我能做的最重要的事就是雇用合适的人，也就是那些积极主动、跟其他人合得来的人。实验室里的人际互动和学术互动同样重要，为一个要终生负责的决定多花一些时间思考是值得的。

◆ **"在我的成长过程中，我感觉到生命和生存在某种程度上是非常不确定的事物。"**

您决定结婚的时候也有这样的想法吗？

有时候我们必须闭上眼睛，勇敢地迈出非常重要的一步。我遇到了一个我认为非常吸引我的女人，她显然就是那个对的人，而这已经是 40 多年前的事了，我从来没有后悔过这个决定。招人进自己的实验室虽

罗伯特·温伯格（Robert Weinberg）

不像选择生活伴侣那样重要，但重要程度也差不多。有些员工已经在我的实验室工作五六年、六七年了，我每天都得见他们。

您是个什么样的上司？

我认为重要的是要让员工明白，我很看重他们的工作。我想让他们知道，他们不是用双手干活的无名氏，我的精神与他们同在。有时他们来我的办公室，我们会聊上半小时。我会问他们刚刚在做什么，遇到了什么问题。

◆ "科研有点像专为躁郁症患者设立的职业，因为成功和自己的情绪总是起起落落。"

您是一个能与工作保持恰当距离的人吗？

我并没有完全沉迷于我的工作。有时候我和妻子会去我们在新汉普夏州（New Hampshire）森林中的小屋。我在小屋、花园或树林里工作的时候，可以连续好几天都把生物学的事情抛于脑后。我是一个手艺还不错的木匠、水管工和电工。我喜欢用我的双手劳动，生物学从来都不是我的全部。如果有一天我死了，没有人会在我的墓碑上写"他发表了 483 篇论文，其中有很多是在《细胞》《自然》和《科学》杂志上发表的"，没有人会关心这个问题。

您有没有想过自己是不是走在正确的道路上？

我一直都有些许疑虑，但是总的来说，我所做的事情给我带来了快乐，所以我内心的疑虑从未吞噬我。科研有点像专为躁郁症患者设立的职业，因为不确定是否会成功，自己的情绪总是起起落落，但这就是生活，我们不可能一直成功。

您有过更高的目标吗？

没有。在我的科研工作中，我可能有未来一年或两年的目标，但从未有过 5 年或 10 年的目标。正如我所说，我是在生活不确定、未来无法预测的情况下长大的。我总是会想：我们接下来能做什么有趣的事呢？

当您得知您获得了突破奖，奖金有 300 万美元（约为人民币 2000 万元），您做了些什么？

我和妻子向慈善机构捐赠了 100 万美元（约为人民币 700 万元），还有一部分钱用于纳税。我们的生活一直很不错，所以不管您信不信，这些钱并没有给我们带来多大的影响。只要钱够花，我就不太在意钱的问题。我不是个好商人，以前不是，现在也不是。被人认可固然美好，但当这一切成为过去，我便又回到了实验室的日常工作中。麻省理工学院的每个人都有着丰富的阅历和经验，幸运的是，这里没有崇拜成功人士的文化。我们这里有好几位诺贝尔奖得主，我们都直呼他们的名字。

◆ "癌症意味着熵，意味着混乱。"

与此同时，您的工作对社会产生了很大的影响。

我的实验室所做的一些工作对乳腺癌的治疗和现代癌症研究的推进都有重要意义，对此我感到很满意，但是我实验室里有许多人研究的问题并不与癌症患者直接相关，有的研究结果要经过 10 年甚至 15 年的时间才能应用到患者身上。我们必须做好心理准备，愿意在好奇心的驱使下做研究，研制出低成本药物，进而造福整个社会，但我们不可能一直预测未来会研究出什么东西，能给人类带来什么福利。

您想对大家说些什么？

试着做一些你喜欢的、有趣的事情，如果可以的话，试着为世界带来一些改变。做一些能锻炼思维、调动双手并且需要与他人合作的事情，享受他们的陪伴，帮助他人、支持他人是一件很有意义的事。

那 CRISPR/Cas，也就是生物体基因组编辑技术怎么样？它是战胜癌症的王道吗？

现在的答案是绝对不行。所有的基因疗法和基因编辑都面临着一个问题：一个直径为 1 厘米的肿瘤包含 10 亿个细胞。如果想用 CRISPR/Cas 技术改变肿瘤的行为，就必须改变每个癌细胞的基因，就目前而言，我们做不到这一点。我们无法改变已经在组织中扩散的细胞基因，针对活体肿瘤也是如此，但 CRISPR/Cas 技术的确有助于更快推进某些实验室的实验。

您曾经说过，推动人类进化的基因突变也可能导致人类的灭亡。您这句话是什么意思？

在过去的 1 亿年里，我们基因组的某些变化产生了复杂、趋于完美的生物体，但也产生了癌症。我们的细胞在不断地分裂，而每次细胞分裂都有产生癌症的风险。我们生活在一种固有的危险之中。生命是一把双刃剑：不同的分子和不同的基因造就了生命，也威胁着生命。

罗伯特·温伯格（Robert Weinberg）

所以原则上说，人只要活得够久就会得癌症？

是的，身体中的这个细胞或那个细胞迟早会变成癌细胞。如果一个人没有因心脏病、免疫疾病、感染或意外而死，那他迟早会得癌症。癌症意味着熵，意味着混乱。对于一个复杂的、长寿的大型生物体来说，癌症是不可避免的。

您是否经常想到自己会死于癌症？

我也没有经常这样想。这种情况有可能发生，但人必须得信一点宿命论。有人告诉过我，我不可能永远活着。

◆ "没有人会在我的墓碑上写'他发表了 483 篇论文'。"

[澳] 彼得·多尔蒂（Peter Doherty）

免疫学

- 墨尔本大学微生物学、免疫学教授
- 曾获 1996 年诺贝尔生理学或医学奖

◆ "科学界中每一次重要的突破都是一个长篇故事。"

多尔蒂教授，我听说科学界竞争激烈，嫉妒成风。

是的，竞争非常激烈。科学家也不见得比其他人做得好，尤其是在涉及嫉妒和竞争的时候。有时审稿人会把你的论文撕成碎片，但他们这样做的原因与论文的质量没有什么关系。科研是一项艰难的事业，因为它是以数据和证据为基础的，尽管如此，科研最后还是有可能带来恶果。而且科学界也没有善的概念，没有类似于希波克拉底誓词中"不做害人之事"这样的信条。

您为什么决定上大学？

我父母 15 岁的时候就辍学了。我母亲接受过音乐教师的培训，我父亲进入了公共服务部门。我在布里斯班的一个郊区长大，那里住着工人阶级和中下阶层的人。在那里，我明白了法西斯主义的含义，因为它就是从那里诞生的，所以我真的想离开那里，这就是我上大学的原因。我不是一个很优秀的学生，因为我所知甚少。我有个表弟是做医学研究的，除了他之外，我只认识少数几个上过大学的人，例如我们邻居家的医生和牙医，就连我们的老师都没有上过大学。

您是唯一获得过诺贝尔奖的兽医。您是怎么做到的呢？

当时是罗马俱乐部的时代，我选择了兽医学，因为我想战胜饥饿，做一些好事。我当时是个利他主义者，年纪轻轻，非常天真。我本应该学医的，但我不想把时间花在病人身上，我 16 岁的时候就觉得他们很可怕，所以我花了 9 年时间研究鸡、羊和猪的疾病。然后我意识到，如果我想更好地了解传染的机制，我就必须掌握更多有关免疫的知识，所以我去了一个医学研究中心，学习了细胞免疫的有关知识。我在那里和年轻的瑞士医生罗尔夫·辛克纳吉（Rolf Zinkernagel）取得了重大发现，20 年后我们因此获得了诺贝尔奖，但我再也没有回到兽医行业。可以说，我已经从一个绵羊医生变成了一个细胞医生。

这一发现是一种巧合吗？

我们无法决定发现什么，但我们之所以有这样的发现，可能是因为我曾做过病理学研究，而罗尔夫做过细菌学研究。当我们把两个不同的领域结合在一起，有时就会有意想不到的发现，而我采用的是其他人都不会选择的方法，所以我们得到实验结果的时候，马上就发现了完全出乎我们意料的东西。这不禁让我们开始遐想：如果结果正确，这将是一个伟大的发现，而事实也的确如此。只不过我们并不知道有一天我们会因此获得诺贝尔奖。

您能简单描述一下您的发现吗？

我们研究的是免疫系统的一个特定组成部分，即细胞毒性 T 淋巴细胞。如果其他细胞不正常或被感染，细胞毒性 T 淋巴细胞就会杀死这些细胞。我们注意到，被感染小鼠的 T 细胞无法杀死另一品系❶小鼠被病毒感染的"靶细胞"。就在我们继续跟进这一意外结果时，我们发现 T 细胞在变活跃之前会对靶细胞表面的一个关键分子进行"检验"，即主要组织相容性复合体（MHC）。我们假设病毒将正常的"自我"MHC 分子变成了"改变后的自我"分子，使得受感染的和健康的"自我"细胞之间产生了差异。后来我们发现，病毒的一小部分，即某种肽，与 MHC 蛋白结合，使其成为一个"非我"分子。随后 T 细胞的反应就好像它们面前出现了一个来自另一个生物体的"外来"MHC 一样，T 细胞会像排斥移植的组织或外来器官一样排斥被感染的细胞。MHC 基本上可以说是"自我"的标志，这一发现改变了我们对细胞介导免疫的常规理解，以及细胞介导免疫与感染、移植、自身免疫、疫苗研发和新近癌症免疫疗法的关系。我们获得这一发现时，当时的技术还不够先进，我们无法理解这一发现背后的分子机制，但我们提出了一个理论，解释了细胞免疫机制和我们拥有广泛分布的 MHC 系统的原因。事实证明，这一理论基本上是正确的，我们做出的假设非常合理。

您是否立即发表了您的成果？

那是在 20 世纪 70 年代初，当时没有电子邮件，也没有即时通信工具。因此，我们有大约 6 个月的时间来做准备，之后我们接连发表了三四篇论文。在科学领域里，只有已经发表的成果才能永流传。我总

---

❶ 品系在遗传学上指来源于同一祖先，性状表现大致相同的一群个体。——译者注

是对年轻人说："没有发表的东西就相当于不存在！事后再说'我也是这么想的'毫无意义。发表文章才是科学的基础。如果你们获得了一个意想不到的结果，你们可能会很兴奋，但你们必须用数据说话。你们要忘记自己的女朋友和男朋友，和数据一起生活，这才是你们生活该有的模样！试着抛开前人已有的想法，如果你们和其他人走同样的路，就不会有任何新的发现。"

如果您不是如此专注于工作，您也许就不会成功吧。

我们取得这一发现时，正在昼夜不停地工作，这对我俩的妻子彭妮和凯瑟琳来说是很可怕的，因为我们的孩子都还小。在那之后，我试着更好地平衡我的工作和生活，但作为一名科学家，总有一些时候我会不可避免地沉迷于某些事情，工作总是会在我的脑海中盘旋。多数情况下，我们就是凭借这样的方式想出了问题的解决方案。有时我们正在做一些完全不同的事情，例如在海滩上散步或者滑雪，我们的全部注意力都集中在这些活动上，突然间，我们就会产生一个想法。大脑的工作方式真是非常有趣。

所以我们需要时间休息以获得最佳的工作效果吗？

我总是对实验室里的人说："不要一直工作，那样会适得其反。做做运动，让肺部和大脑吸吸氧，和其他人碰碰面。"典型的例子就是有一些顶尖的女科学家，她们经常因为要照顾家庭而缩短工作时间，但她们的效率非常高。女性往往组织力很强，很有条理，善于处理多项任务。但我不在乎一个人是男人还是女人，同事就是同事，无关性别。对于每一个能做好本职工作、能与他人愉快合作的聪明人，我都予以尊重。

一个好的科学家需要具备哪些品质？

科研全凭实绩说话，其艰辛程度超乎我们的想象。尽管如此，还是会有人在没有太多科研灵感的情况下挣扎着走向成功的顶峰，他们不一定都是很优秀的科学家，他们往往通过最普通的方式获得威望：他们是优秀的管理者抑或是老练的筹资人，这种情况也越来越常见。我不希望我身边有这样的人，光是想想我都不寒而栗。

您的生活是否曾遭遇过危机？

我们在澳大利亚国立大学取得了这一发现。之后我去了美国，当我试图带着高级职位头衔回到澳大利亚国立大学时，我失败了。部分原因是我参与了一个改革团体的活动，我们最终陷入了危机，我和我妻子都受到了伤害。经此一役，我明白了一个道理：在一个许多人都没有作出实际贡献，却对他们十分有利的体系中，要做出一些改变是非常困难的。我们只有摒弃权力地位，采取行动，才有可能成功。我当时过于乐观，非常天真。我很期待能回到澳大利亚，但我并不怎么受欢迎，这是一段心酸的经历。之后我拿了诺贝尔奖再回澳大利亚的时候就轻松多了。

您对社会的贡献是什么？

我有一个重大发现，这一发现改变了如今医学界的工作方式。许多现代药物和疗法，包括治疗类风湿性关节炎、癌症和各种自身免疫性疾病最有效的药物，都是用T淋巴细胞制成的免疫试剂。另外，这些药物和疗法都是以影响细胞毒性T淋巴细胞为作用原理，这也是我们的研究重点。因此，我们的研究工作是向新型疗法迈出的重要一步，可以真正治愈人类的癌症。在科学界，每一次重大的突破都是一个长篇故事。科学中最令人幸福的事就是取得新发现。一般来说都是些很小的发现，得不到太多关注，但有时我们也会很走运。

但人们只会谈论最厉害的人。

获得诺贝尔奖并不意味着这个人就是世界上最好的科学家。准确来说，它表彰的其实是那些在某种程度上引起轰动的发现。我可以用我的余生来研究奶牛，这也是个不错的行当！

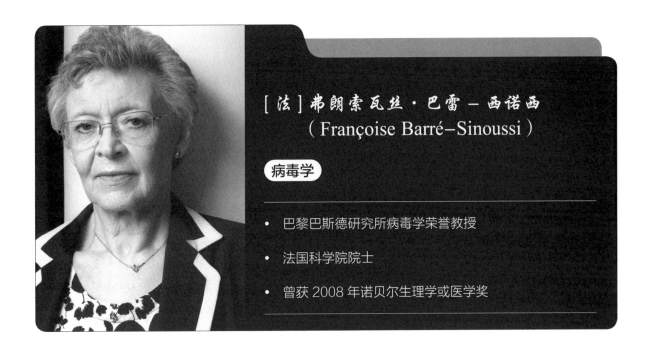

◆ "我的动力始终都是帮助生病的人。"

巴雷-西诺西教授,您有没有意识到您的研究对他人生活产生的影响有多大?

我并不是孤军奋战。这个组织被称为艾滋病社区是有原因的,它的成员包括科学家、积极分子、病人代表、医生、护士及其他所有医务人员。我们这个团体由无数人组成,从1981年开始,一直在为同一个目标而奋斗。我们所有人紧密合作,每个人都是这块大拼图中的一小块,我也是这块拼图的一部分,这就是我的全部身份。

您这样说未免太谦虚了吧?

不,这是事实。

在您的职业生涯中,您肯定遭受了很多偏见。您能举例说说遭遇了一些什么样的偏见吗?

有人跟我说,以前从来没有女性在科学领域取得过任何成就,所以我最好重新考虑我的职业。"忘掉你的梦想吧,"他们说,"女人就应该待在家里照顾孩子。"

好在您没有听信这些人的话。您不断前进,最终因为发现了艾滋病病毒(HIV)而获得诺贝尔奖。

20世纪70年代初,我成为一名科学家,当时的我就是抱持着这样的心态。从那时起,很多事情都发

弗朗索瓦丝·巴雷 - 西诺西（Françoise Barré-Sinoussi）

生了变化。

克服这种障碍需要什么样的思维？

关键是需要正确的动机，还需要耐心和愿意为他人付出的决心，这些品质对我来说至关重要。如果只是为了好玩而搞科研，或者只是为了发表论文、给自己的简历添彩而搞科研，那我们就不会有太多的动力。如果我们的目的是研究能够改善病人生活的疗法，那我们会获得更充足的动力。我的动力始终都是帮助生病的人。

您如此专注于自己的工作，以至于差点错过了自己的婚礼。请您跟我们讲讲这个故事吧！

我以前在巴斯德研究所工作。那天大概是上午 11 点，我的未婚夫给我打电话说："你知道我们今天要结婚吧？现在全家人都在这里等着呢。"我说："哦，天哪，已经 11 点了！我马上就来！"他对此一点也不惊讶。我当然没有忘记我们要结婚这回事，我只是没有时间观念而已。

一般而言，男性科学家们都有一个贤内助在家里操持一切，但您的情况有所不同：您丈夫的妻子，也就是您，工作非常繁忙。那他是如何处理这个问题的呢？

他做得很好。他很享受属于自己的自由，这可能就是我们相处得这么好的原因。他知道在我们这段婚姻关系中，我能够继续做我喜欢做的事情对我来说很重要。他总是会跟其他人说："我知道她名单上的第一位不是我，排在第一位的是她的父母，排在第二位的是她的猫，第三位是她的实验室，第四位才是我。"

这在当时是一种非常先进的思想观念。

我父亲的态度则完全相反。他经常会对我丈夫说："我不明白你怎么能接受她带给你的生活。如果我是你，我可接受不了。你没有勇气去纠正她。"我丈夫反驳说："这是我的事，与你无关。"

起初您在寻找实验室的工作时遇到了一些问题，为什么？

那个时候，实验室要接收像我这样的年轻学生并不常见，因为我只上了两年大学。20 世纪 70 年代，只有硕士毕业生才能在实验室工作。幸运的是，我找到了一个实验室，也就是巴斯德研究所，它愿意接受我作为实习生来开展工作。他们当时正在研究逆转录病毒❶。

---

❶ 逆转录病毒（Retrovirus），又称反转录病毒，属于 RNA 病毒中的一类，它们的遗传信息不是储存在 DNA，而是储存在 RNA 上。——译者注

艾滋病病毒就是一种逆转录病毒，这么说来，您早期在巴斯德研究所的工作成为您后来取得成功的跳板。在您发现艾滋病病毒的这条路上，还发生了些什么？

1981年，美国首次发现了艾滋病。1982年，巴斯德研究所的一位法国医生给我们打电话，问我们有没有兴趣找出艾滋病的病因。接到这通电话的吕克·蒙塔尼耶（Luc Montagnier）来找我，问我们实验室想不想做这件事。我说："当然想，但我得先和我上司谈谈，如果他同意，我们就可以开始做这件事。我们已经有了工具，至少可以试着弄清楚艾滋病是否与逆转录病毒有关。"我们试着从一个尚未患艾滋病但已经出现症状的病人身上分离出病毒，我们当时称这种症状为"艾滋病初期症状"。为此，医生必须向我们描述病人的所有症状，也就是病人病情的完整发展过程。通过这种信息交流，我们设计出研究方法，并利用这种方法确定病因。最终，我们从一次活检中获取了淋巴结组织，对其进行组织培养，从中分离出了艾滋病病毒。

那一刻您感觉如何？

那不是一个时刻。科学中没有一刻这种说法，总是需要好多个连续的时刻才能构成一个发现。证明细胞培养过程中可能存在病毒的第一个迹象是我们发现了一种与逆转录病毒家族有关的酶，但除此之外我们仍有很多事情要做。最后，我们通过显微镜观察，发现了与逆转录病毒一样大的病毒颗粒。但即便如此，我们也没有证据证明是这种病毒导致了艾滋病的产生。这是一个漫长的过程，直到最后我们才发表声明："没错，这种病毒确实是艾滋病的病因。"我们发表声明的时间不早于1983年，直到1984年我们才证实了这一声明。

您向别人介绍您的实验结果时，感觉如何？

有些人不相信我。有几位科学家认为，这一说法必须先得到其他人的证实。我们不得不努力说服科学界相信这一观点。最后，美国的鲍勃·加洛（Bob Gallo）带领团队成功分离出了这种病毒，从而证实它就是艾滋病的致病因子。

您说的是不是罗伯特·加洛（Robert Gallo）？在您有了这一发现之后，发生了一些奇怪的事情。罗伯特·加洛实验室的工作人员声称，他们早就发现了这种病毒。随之而来的便是一场激烈的官司，就连当时的美法两国总统罗纳德·里根（Ronald Reagan）和雅克·希拉克（Jacques Chirac）都卷入其中。

这件事的细节我不会详述。这是一场制度争端，但它已经过去了。自那以后，人们就认为这一发现诞生于法国而非美国。我拒绝谈论这件事，但我很乐意告诉您我为什么拒绝谈论这件事。

为什么？

当我在这场所谓的美法冲突期间召开新闻发布会时，有时会有病人在现场，他们会打断我："别说了！

这是不是让您患上抑郁症的导火索？

我的抑郁症是后来才出现的，是在 1996 年。我得抑郁症是因为十多年来，科学界和医学界一直面临着可怕的压力，要对艾滋病病毒和艾滋病采取行动。这是我第一次直接接触艾滋病病人。他们中有些人成了我的好朋友，而我却眼睁睁看着他们死去。作为一名科学家，我知道研究出一种疗法需要时间，但作为一个人，我无法接受这些才 30 多岁的人死于这种可怕的疾病。

您又是怎么从抑郁的阴影中走出来的？

我不得不去医院接受治疗，花了一年多时间才完全康复。治疗期间，虽然我的身体状况不好，但我还是会尽量多做一些工作。我记得我给一位美国同事打电话，请他来巴黎管理我的实验室，他答应了我的请求。

我听说过一个病人的故事，这个病人握着您的手。您愿意讲讲这个故事吗？

那是在 20 世纪 80 年代，我当时在旧金山综合医院举办了一场研讨会。会议结束后，一位与会的医生问我是否愿意见一个因患有艾滋病而濒临死亡的病人，这个病人想见见我，于是我去了重症监护室。他的身体状况很糟糕，说话也很困难，我只能通过观察他的唇语来猜测他在说什么。他说"谢谢你"的时候，我问他："为什么？"他说："不是为了我，是为了其他人。"这件事我永生难忘。他第二天就去世了。当一个人有过这样的经历之后，他的动机就会被改变，这个人所做的事不再是为了他自己，而是为了给其他人提供他们所需要的工具，以维持生命。

我从书上读到过，大约有 3500 万人死于艾滋病。

是的，目前有 3700 万人是艾滋病病毒携带者。这些人都还活着，但其中只有 60% 的人在接受治疗，这种情况是令人无法接受的。

如果别人说您不仅是一个科学家，还是一个积极分子，您会做出什么反应？

我当然是一个积极分子。为了开发出新的诊疗方法，我们已经做了很多工作。在这个研究过程中，我们甚至还找到了预防艾滋病的方法。科学所取得的进步是巨大的，但仍不断有人死于艾滋病。你要我怎么接受这样的事实呢？我接受不了。这是一个关乎平等的问题，每个人都有生存的权利。

1985 年，您第一次到达非洲撒哈拉以南的地区。您在那里经历了些什么？

我注意到的第一件事就是痛苦。有些人患有小儿麻痹症，无法正常行走，他们必须手脚并用才能穿过街道。其他人脸色也不好，不是因为艾滋病，而是因为其他疾病。尽管如此，有件事还是马上就引起了我的注意：这些人十分享受自己的生活。他们的脸上充满笑容，他们边玩音乐边跳舞，这让我从一开始就大为震惊。这些身体状况如此糟糕的人怎么会看起来如此快乐呢？那是因为他们把短暂的幸福时刻当成了自己的生活目标。

当时治疗艾滋病患者的方法是什么？

我们参观了一家医院，看到许多人死于艾滋病，但医院对此无能为力，当时是 20 世纪 80 年代，虽然还没有任何有效的治疗方法，但问题是这些人根本没有接受任何治疗，既没有能够帮助他们轻松死去的药物，也没有能够帮助他们减轻病痛的关怀与照料。医生们能做的只是握住临终者的手。看到这一幕，很多人，不仅仅是我，都在这一刻决定要和非洲展开合作。

您认为这一经历促使您更加努力地工作吗？

我当时已经很努力了，所以针对这个问题我也说不出答案，但是这件事让我更努力地研究艾滋病病毒，这一点是肯定的。对我丈夫来说，这简直就是一场噩梦。我几乎没怎么见过他，因为我不仅有很多工作要做，还得经常出差。

据说，诺贝尔委员会想告诉您获奖的消息时，却找不到您。这是真的吗？

是的，当时我正在柬埔寨帮助协调法国和柬埔寨之间有关艾滋病的双边工作。电话打来时，我们正在召开一个非常重要的临床研究会议。我的手机响了，对方是法国国家广播电台的一名记者，我刚开始还以为她是为了另一件事给我打电话。

您的丈夫就在广播电台工作，他前不久去世了。

对。这名记者没有马上告诉我她为什么打电话给我，她问我："您已经知道了吗？"我回答说："不，我什么都不知道。发生什么事了？"她开始在电话那头哭起来。我对她喊道："别闹了，快告诉我发生了什么事。"当她恢复平静后，她说："您获得了诺贝尔奖。"我回答说："我不信。"然后挂断了电话。

您挂断了电话？

我挂断了电话，然后我的电话又响了。当时我们正在开会，我的同事跟我说："弗朗索瓦丝，把你的电话给我们。"弄清楚事情的真相之后，大家给我准备了食物和鲜花，他们甚至在法国驻柬埔寨大使馆组织了一次庆祝活动，那一刻我真的非常感动。

一个人要想取得您所取得的成就，需要些什么？

其中之一便是耐心，需要极大的耐心。我的一位同事知道我喜欢猫，曾对我说："我很想知道你下辈子是不是不会成为一只猫，因为你太有耐心了，你做实验观察总是能拖上好几个月，甚至好几年。你总是在非常有把握的情况下才愿意一锤定音。"我很喜欢这种比喻。

您曾经有没有对自己科学家的身份产生过质疑？

肯定有过，否则我就不是一个好科学家。身为一名科学家，总是要不断追问自己，问问自己前进的方向是否正确。这就像一个游戏，我不知道我什么时候会赢，但我知道我随时都可能输，对我来说，这就意味着心有疑虑。如果一个人对自己太有把握，那他就不是一个好科学家。

我们来回顾一下您研究艾滋病病毒的那个时候，您当时有疑虑吗？

搞科研的时候，我们先提出一个假设，然后决定采用什么方法来验证假设，最后收集结果。当时，我们收集的所有结果都是积极有利的，以前从来没有出现过这种情况，这简直太美妙了，不能更美妙了。不过我知道这种"连续的好运"终会停止，事实也的确如此，当我们开始研究疫苗时，很快就失败了。这时我们才意识到，任何事情都比我们想象的要复杂得多。

您最终发现病毒的时候开心吗？

开心？不，我不开心，人们正在面临死亡啊。他们一个接一个死去的时候，我怎么会开心呢？我的直觉告诉我：我们必须加快进度，我们不能袖手旁观，看着他们接连死去。

最终您研究出了一种有效的疗法，您感觉如何？

真是如释重负。首先是为了病人，其次是为了我们自己。自发现艾滋病和艾滋病的疗法以来，已经过去 10 年了。突然间，我们获取了一些资料，说是艾滋病患者可以通过组合疗法得以生存。

现在我们已经可以有效阻碍艾滋病病毒的传播，未来会发生什么？

这种病毒非常难对付。以我们现在的知识、疗法和技术，要降服这种病毒是不可能的，但我们未来必须实现艾滋病症状的长期缓解❶。此外，我们现在正在研究较为罕见的治疗方法，例如能够释放抗逆转录病毒药物的植入物。虽然这已经很了不得了，但是还不够。我对未来有点担心，因为我们注意到非洲和亚洲的病毒已经开始产生抗药性了。我担心这种抗药性会扩散。艾滋病一旦再次蔓延，后果是非常可怕的，到那时我将面临这一生中最大的失败。

您退休之后打算干什么？

在法国，我们退休之后，我们的实验室就会关停，法律是这么规定的，但我仍然有很多事情要做。我

---

❶ 处于缓解期的艾滋病患者体内的病毒量可以降到极低的程度，这个时期的患者在没有药物治疗的情况下也能生活得很好。——原注

是法国一个非政府组织的主席，该组织为参与艾滋病防治的科学家和团体提供支持。此外，我还是巴斯德国际研究网络的名誉主席和多个科学咨询委员会的成员。

您想对大家说些什么？

生命是短暂的，生命也是唯一重要的东西。我想告诉其他人要学会宽容，因为宽容对于和平而言具有重要意义。与不平等现象做斗争也很重要。科学界可以取得任何它想取得的进展，但人们如果不能接纳彼此、不能互帮互助，那么取得这种进展的速度将非常缓慢。

[德] 克劳斯·冯·克利青
（Klaus von Klitzing）

物理学

- 物理学名誉教授、马克斯－普朗克固体物理和材料研究所所长
- 德国利奥波第那科学院院士
- 曾获 1985 年诺贝尔物理学奖

◆ "如果我什么事情都明白了，那才是最糟糕的。"

冯·克利青先生，您于 1980 年 2 月 5 日凌晨两点发现了量子霍尔效应，进而创造了一个基本常数，该常数根据您的名字命名为"冯·克利青常数"。面对一个不懂科学的人，您会怎么解释您的发现？

我喜欢用速度来做比较：如果我分别测量行人、汽车和飞机的速度，每种速度都不一样，但是如果我测量光速，我得到的结果总是相同的，因为所有的电磁辐射都有着相同的速度，光速是一个物理常数。此外，我还发现电阻本身也是一个物理常数，这就是那天我收获的惊喜。我做了一个实验，和英国、美国还有德国做的实验都不一样，但得到了相同的实验结果，这简直出乎我的意料，事实上这一发现真的是个巧合，我马上就掌握了进行精确测量的方法。在 1 小时内获得如此准确的数据，不是每个人都能做到的。

不仅如此，您还能够将您所做的工作和您带的博士生所做的工作分得清清楚楚。

我们在研究所里总是好几个人一起做项目。我自己专门负责一个研究领域，而我的同事们负责其他研究领域的实验。我们事先就已经达成一致，如果发表了文章，该写谁的名字。每天上午，我们都会记录哪些结果与他们的研究领域有关，哪些与我的研究领域有关，避免日后出现麻烦，所以就算以后发表的文章上面没有某位同事的名字，也不会产生任何争议。

克劳斯·冯·克利青（Klaus von Klitzing）

◆ "我想站在基础研究的顶峰，只有90%的投入是不够的，必须得有120%的投入。"

您1985年获得诺贝尔奖时才42岁，相对来说算是比较年轻的获奖者了。当时，您在一次采访中提到，您的家人一年中只有三四天可以见到您，可以说几乎见不到人。显然，您对科研非常痴迷。

我妻子和我结婚的时候就已经知道我是一个很狂热的科学家。我们之所以相遇，是因为不伦瑞克大学的保安某天晚上发现我在实验室工作，把我赶了出来。然后我就去跳舞，在那里遇到了我的妻子。我想站在基础研究的顶峰，只有90%的投入是不够的，必须得有120%的投入，真的是这样。我喜欢科研，所以我愿意这样做。只要研究稍有起色，我就会通宵达旦地工作。我还告诉每个从事顶级研究的人，奖牌永远只有一块，那就是金牌。第二名只能跟在第一名后面做个发明家。

搞科研是不是总是为了争第一？

发表科研论文的时候，投稿日期非常重要，可以确保优先权。以前的情况更简单。在我有了新发现之后，我做的第一件事就是给我所有的竞争对手发了一份论文底稿，好让他们知道我取得了什么成就，这对我来说也算是一种抚慰内心的方式吧，因为我向专业杂志投稿第一篇文章的时候被拒了。直到后来我偶然遇到一位审稿人，给他看了我的研究成果，他热情地给编辑打电话说：这篇文章一定要发表。不过这件事并没有让我很激动，因为那个时候引用指数并不重要，重要的是我得到了科学界的认可。

埃里克·坎德尔（Eric Kandel）说，他的妻子曾经在某个周日站在他实验室门口说，不能再这样下去了。您是否平衡了自己的研究工作和家庭生活呢？

我妻子每隔4年就会生一个孩子，一共生了3个。我妻子总是围着他们转，所以我跟她说，她不应该再当老师了，她应该用恰当的方式来教育我们自己的孩子，她也从中获得了满足感。这样看来，我很幸运，但我确实忽视了自己的家庭。我现在时不时会带妻子去参加国际性会议，陪陪我的孙子们，在他们身上弥补一些我以前错过的东西。但是在未来的一两年里，我的行程依旧是满满当当，不过好在我喜欢出差。

一个实验会不会成功并不确定，您是如何应对这种不确定性的？

科学的有趣之处就在于此，实验的结果是未知的，我们可以从中学到一些东西，从这个角度来说，成功与否并不重要，重要的是要提出正确的问题，并通过实验获得新的认知，以此为基础继续努力。我们永远无法断言某件事是终极正确的真理，但这就是鞭策我作为一个科学家的动力。如果我什么事情都明白了，那才是最糟糕的。不过我还是很乐观，因为大自然会向我们提出足够多的问题。

◆ "我发现的常数一直都在,它的寿命会比我长,这对我来说就是最高的褒奖了。"

您有没有遭遇过瓶颈?

事实上我一直都很成功。在实验过程中,我总是很快就会遭遇瓶颈,要么是因为仪器,要么是因为钱不够,要么是因为我的理解还不够深入,尽管如此,我总能在失败中取得进步,因为失败的经历总能为我带来新的认知。

您曾经怀疑过自己吗?

在我博士毕业获得大学任教资格后,我遇到了这辈子最大的危机。当时,教授的职业前景并不是特别好,所以我准备找一份与工业相关的工作,有一家公司拒绝了我,理由是我做了太多的研究,他们公司无法满足我的需求。这是我这一生中受到的最大打击:我没有找到工作,竟是因为我的资质过高。获得诺贝尔奖后,我给好几家公司写了感谢信。如果他们当时雇用了我,我就没有机会取得新发现了。

在获得诺贝尔奖之后,您为自己设定了哪些目标?

获得诺贝尔奖之后,事情可能真的只能走下坡路了。如果我们被捧得太高,就有可能再次跌入谷底,所以我真的想脚踏实地,不做别人希望我做的事,我想继续做自己。我的目标是用我的能力创造一种环境,让年轻的学生能够获得我所拥有的机会。当我还是个年轻的科学家时,十分自由,如果事情没有成功,责任完全在我自己。获得诺贝尔奖之后,随之而来的还有巨大的责任,但对我来说,这个奖也意味着一种释放:我变得更加独立了,我可以继续走自己的路。

年轻人为什么要学习自然科学?

这个世界上有许多紧迫的问题不能用金钱来解决,只能用科学思维来解决。我对社会的贡献是,我运用新的知识真正推动了社会进步,年轻人应该在热爱科学的情况下学习科学。学生们必须有所成就。我们的繁荣与富裕建立在科学知识的基础上,而正是物理学、化学和生物学之间的联系对社会的进步作出了巨大贡献。我能够参与其中简直是太棒了。在工业界里,一个问题往往只解决了一半,下一个问题就出现了,而在科学界,我们可以更全面地处理问题,甚至还会有意外的发现。

学界仍然是一个非常男性化的世界。您的研究团队里有多少名女性?

留在科学界的女性并不多,最多只有 10% 左右,而且她们通常都未婚,心里只有科学事业。做基础研究最惨的一点就在于,如果中途停下来休息一年马上就会脱节,竞争就是这么激烈。这些年不再只是女性独自担起对孩子的责任，宝妈们也可以成功跻身顶尖研究的行列。当我第一次听到男同事说要陪孩子休假，我非常惊讶。但现在我已习以为常了，我已经适应了这种正确的发展趋势。

作为一个自然科学家，您对您研究的东西负有什么责任？

获取知识的脚步是无法阻挡的。例如核裂变的发现，即使是法律也无法阻止。核裂变使得原子弹的制造和核能的出现成为可能，在我看来，这些事情都是在研究中无法直接解决的问题。为此，我们必须在不同的层面上讨论道德的界限，并且制定有关如何应用科研成果的政策法规。

科研人员难道不应该更多地发出自己的声音吗？而不是把一切都交给政客们处理。

科学家的声音在选举中起不了什么作用。就算有 97% 的科学家就气候变化的影响达成了一致，有的政治家也会无视这一点。我们的权力是非常有限的，但我们必须深入讨论哪些项目是我们想要完全推进的，除此之外，我们还得对法律规定提出建议。目前，我看到核军备问题及其危害卷土重来，只是因为全人类没有就我们想要接受的法律达成一致，这种局面太糟糕了。

您想对大家说些什么？

有越来越多的人企图操控人类，所以独立寻求信息、借用不同的信息源接近真相显得尤为重要。每个人都应该运用自己的大脑提出属于自己的问题，做出属于自己的决定。

您如何满足自己的虚荣心？

虚荣心有一个负面的含义，但我和所有人一样，都希望得到认可。当我被邀请到某个地方做演讲时，人们因为见到我而感到兴奋，这些事都是我最美好的经历，所以我必须确保我能继续得到别人的认可，并且我会设定某种标准。我接受的是普鲁士教育，这种教育体系包含了许多标准，例如守时、认可同伴、认可同伴身上的各种品质，这是一种非常崇高的价值理念，显然如今已不是随处可见了。此外，我一直都很重视行为的恰当性。获得诺贝尔奖之后，我总跟家里人说，希望我的孩子们都不要成为物理学家，否则家里只会充斥着他们责怪的声音：爸爸在操控我们。后来他们学的是生物技术、机械工程和计算机科学这样的专业。

您为什么决定选择物理学？

我一开始学的是数学，因为我的父母和老师都鼓励我学数学，但数学对我来说太枯燥了，我意识到，我可以把我的知识更好地用于解决物理学的实际问题，所以我在两个学期后换了专业。尽管如此，我的成长过程还是证明了好老师能够激励学生的重要性，所以我设立了克劳斯·冯·克利青奖，目的就是要告诉那些仍能激起学生持久热情的老师们，他们所做的工作多么有价值、多么重要。家长、老师甚至幼教都是奠定科学未来的基石。

您的父母是否也培养了您的好奇心？

我肯定受到了我母亲的影响，她也对科学感兴趣，而我父亲恰好相反，他来自贵族之家，家族里的人要么是地主，要么是林业管理员，要么是军人，无一例外。我父亲是一名林业管理员，所以我很早就开始在森林里工作，在那里遇到了科学问题。我之所以会学数学，是因为我为我父亲计算测量数据，每算一页他就给我 5 芬尼❶。伐木时，我们会测量树木的长度和直径，然后计算出有多少立方米的木材。就这样，我从小就掌握了计算 20 个数字之和的最佳方法。我是一名新教徒，但我生长在信仰天主教的环境中，村里的孩子都排斥我，所以我只好将更多的精力放在我自己身上。这促使我开始给自己布置数学问题来挑战自己。与大自然及其问题斗智斗勇，这可以证明我很聪明，能够解决这些问题。我 5 岁的时候，就已经拥有这种能力了。

有些科研人员说，他们觉得自己像上帝。您是否也有同样的感受？

小时候，我总是要为圣灵降临节学习《旧约》（*Das Alte Testament*）中的经文，否则就没有橙子吃。除此之外，宗教信仰在我的生活中几乎没有起过任何作用。我也一直远离宗教，因为世界上的许多问题都是因为宗教在行使权力而产生的。尽管如此，我却认为社会不能没有宗教。普通人都需要一个支点，而我也没有其他的万能药。

2018 年，人们决定赋予冯·克利青常数一个永远固定的数值，甚至要以此为基础对千克重新进行定义。这一决定在某种意义上使您成为不朽的人吗？

我的发现并不是对千克进行重新定义的唯一原因。我发现的常数一直都在，它的寿命会比我长，这对我来说就是最高的褒奖了，很多人在生命行将结束时感到恐慌，但我并没有。我不害怕死亡，因为我知道我留下的东西将永远存在，所以我也不需要努力让后人记住我。

◆ "幼教也是奠定科学未来的基石。"

---

❶ 芬尼是以前德国的货币单位，现在已退出流通。——编者注

- 京都大学高等研究院院长、数学教授、京都大学数理解析研究所所长
- 曾获 1990 年菲尔兹奖

◆ "美并不是我们追寻的东西,而是当我们取得完美的结果时所收获的东西。"

森教授,1951 年您出生在日本名古屋,请您介绍一下您的家庭情况吧。

我的父母开了一家卖纺织品的小公司,他们都在那里工作,所以他们没有太多时间陪我,每天下午都会把我送到一所私立预备学校。那时候的人并不反对激烈的竞争,还会按成绩把孩子们分为三六九等。我从来没有进过前 30 名,我就是单纯地不喜欢学习。事实上,数学是唯一触动过我的科目。我们必须回答智力问答题,每个答对的人都能获得一块大蛋糕。有一天,我是唯一答对问题的人,所以我得到了整个蛋糕。老师非得送我回家,跟我父母解释为什么我拿了这么大一个蛋糕回家。我平时很懒,成绩也不是很好,但这次的问题很特别,引起了我的好奇心,于是我绞尽脑汁想解答这个问题。老师把我的表现告诉了我父母,他们表扬了我,那是我第一次受到他们的表扬,那一刻对我来说真是太特别了。

您就是这样发现了自己对数学的热爱吗?

我最开始想的是我要在数学领域有所作为。后来上高中时,我读了一本关于数学的书,看到了数字 π,这是一个非常神奇的数字,它属于超越数。我想知道别人是怎么证明这一点的,所以我在学校图书馆花了整整一天的时间阅读关于数字 π 的资料,如痴如醉。数学证明的方式方法超出了我的预期,我认为正是这种迷恋让我进一步走近数学。在那之前,我们家没有人上过大学,涉足科学领域对他们来说更是完全陌生的一件事。

森重文（Shigefumi Mori）

您在名古屋上大学，成为京都大学的助教。
原本我想在东京大学上大学，但由于大学生的抗议活动，入学考试取消了，所以我去了京都，但京都大学也挤满了人，我上不了微积分课和线性代数课。

您是否参加了抗议活动？
我对这些不感兴趣。相反，我和一些朋友自行组织了研讨会。每个人都得阅读某本数学书的一个章节，然后向其他人解释这一章节的内容。我们提出问题，指出错误，进行热烈的讨论。我们甚至设法说服了一位老师做我们的研讨会指导。

博士毕业后，您去了美国的哈佛大学，这是您向另一个世界迈出的伟大一步。
这是我的博士生导师永田教授为我安排的，我决定试一试，不过我还是很害怕。最终我的好奇心战胜了恐惧，我开始在哈佛大学担任助理教授。1980 年，我从美国回来，无法真正融入日本的体制，因为我变得太骄傲了，身边的人都这么说。我搬到了名古屋，那里的人接受了我喜欢在自助餐厅工作的癖好。也许对我的学生来说，我是个难缠的教授，因为我对他们的要求很高。我自己也花了一段时间才重新适应了日本的风土人情。

至少您有足够的时间去寻觅自己的妻子。
这是一场包办婚姻，我的妻子应该觉得我还可以吧。1980 年我从哈佛大学回来后，我们就结婚了。几个月后，我和她一起回到了美国。我们的第一个儿子是在 1981 年出生的，当时我们在普林斯顿大学，但我只对自己的研究感兴趣，没有过多考虑我的家庭。现在回过头来看，我很感激我的妻子，我知道我亏欠她太多。

您完全沉迷于自己的研究工作吗？
可以这么说。我在普林斯顿找到了一个我想研究的课题，一直研究到 1988 年。在研究期间，我对其他事情漠不关心，但不知道为什么，我妻子还是想方设法拉我去博物馆和展览馆。原本我不是很感兴趣，但现在我很享受陪伴她的时光。每次去国外，我都会带上她。在我工作的时候，她总是会挑一些有趣的艺术场所，然后带我去参观。

您曾说：" 我不是一个积极的人。" 为什么？
因为事实就是如此，多亏了我妻子的帮助，我才学会了珍惜生活，做一个积极向上的人对我来说很难。现在我明白看待事物有不同的方式，我努力看到事物美好的一面并学会欣赏它。我妻子喜欢画画。有人曾经说过，艺术不是复制你看到的东西，而是让不可见的东西变得可见，这句话同样适用于科学。我研究的代数几何学就是借助方程式研究几何图形。为了找到足够多的符号，我还特意研究了绘画。代数几何学和保罗·克莱（Paul Klee）等人的抽象画之间肯定存在着某种联系。

数学领域的发现往往不容易理解。尽管如此，您能用简单易懂的语言向我们介绍一下您的研究吗？

我研究的课题之一是用一种更简单的方法来表示代数定义图形中的代数簇，如圆锥体的代数簇。这种方法最初是由广中平佑发现的。我发现在圆锥体图形中，有一些类似棱边的形状，具有几何学意义。实际上，我们是看不到代数簇的，它要高出一个维度，但在代数几何中，我们用一个简化后的圆锥体来表示代数簇，它的形状就像一个冰激凌蛋筒，所以我把它比作立体派绘画。立体主义也是通过使用简化的图形来描绘物体。

您就是用这样的方式提出了最小模型的概念，并因此获得了菲尔兹奖？

一个代数簇可以以多种不同的形式出现，这些形式略有不同。我们想研究这种簇的本质，实现这一目标的方法之一就是去除无关紧要的部分，研究它的最简形状，我们称之为最小模型。受到圆锥体的启发，我们找到了获取最小模型的方法。我发现了一种叫极射线的东西。代数簇是看不见摸不着的，但圆锥体和极射线是可以画出来的。通过圆锥体和极射线，就能辨认出一个几何结构。我采用这种方法对原始形状进行操作，经过多次重复操作，我获得了最小模型，也就是最简形状。

当某些人认为您的方法不可行时，您是否也会对自己产生怀疑？

一开始，所有的计算工作都是我自己手动做的。找到几个例子后，我再也无法胜任计算工作，于是我学会了编程，买了一台电脑，找到了更多例子。这让我坚信自己走在正确的轨道上，我继续坚持着，做研究必须坚持己见。当我选定了一个方向，要么证明它，要么驳倒它。我从不跟风，只跟着自己的好奇心走，这时候的我就是最好的我，十分符合我的个性。

是什么让您对科学如此着迷？

我只要努力思考就能找到问题的解决方法，在数学方面尤其如此，这种能力绝对相当惊人。只要改变我思考和看待事物的方式，事情就会突然变得非常简单。曾经有人问一位伟大的数学家关于数学思想的问题，数学家说他无法定义数学思想，但他可以判断什么是数学思想，什么不是，因为数学思想意味着美。美并不是我们追寻的东西，而是当我们取得完美结果时所收获的东西。

一个好学生应该提出很多问题吗？

保持好奇心并提出问题是很重要的。事实上，我喜欢那些不是一直都听我话的学生，我以前也是这

森重文（Shigefumi Mori）

样。如果上课的时候有什么东西激起了我对某个特殊问题的兴趣，我就会停止听讲。我会一直思考这个问题，完全忘记上课的内容。另外，还有一点也很重要，大学生和儿童都要有自己的想法，不要跟风。

您想对大家说些什么？

现在的人总是希望立刻就看到事情的结果，但在数学领域里，获得一项有用的成果需要时间。一旦有了成果，这项成果通常会长时间存续下去，所以耐心是很重要的。然而做一个有耐心的人变得越来越困难。官员们想要快速看到成果，因为他们投入了大量的资金，但这在数学领域是行不通的。数学的发展往往十分缓慢，而我自己也是慢性子的人。

什么会让您在生活中感到快乐？

我做了我想做的事，我能够继续我的研究。如果我没有数学思维的能力，我想我不会快乐。数学就是我的生命。我当上国际数学联合会主席的时候，感到心满意足，我知道这是一个让我有所回馈的好机会。

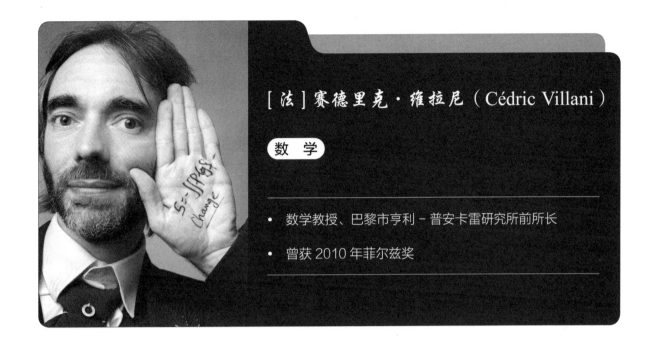

[法] 赛德里克·维拉尼（Cédric Villani）

数　学

- 数学教授、巴黎市亨利 – 普安卡雷研究所前所长
- 曾获 2010 年菲尔兹奖

◆ "让你们的生活为偶然预留一些空间吧。"

维拉尼先生，您在数学领域取得了杰出的成就，包括获得了著名的菲尔兹奖，在这之后您进入了政界。是什么原因让您做出这一举动的？

我一直想向世界敞开自己的大门。当我还是一名科学家的时候，经常出差，一边工作一边参与政治活动。当我投身于改善欧盟的工作后，我结识了一些政治人士，其中包括埃马纽埃尔·马克龙（Emmanuel Macron）。他对欧洲持有非常乐观的态度，而且干劲十足。

当时，埃马纽埃尔·马克龙成立了一个新的政党——"共和国前进党"，如今您是这个政党在国民议会的议员，而且您现在还想当巴黎市长。

我并没有打算当选国民议会议员，这可以说是纯属偶然，因为我是前进党的热烈支持者。相反，竞选巴黎市长是我有意为之，而且我下定了决心要当选，因为我想把我所有的能力、知识和信念都奉献给这个城市，我要感谢巴黎的地方太多了，是它造就了今天的我，我现在想要回馈这座城市。我主要是想利用科学和技术推动巴黎的发展。我还想讨论那些对巴黎的未来至关重要的结构性问题，这些问题是传统政党不想处理的。我们要采用以科学为基础的生态结构调整方案，重点关注知识、科学、文化和教育领域，让政府更加民主。最重要的一点是，我们应该坚信巴黎需要发展，以应对当今的重大挑战，从而实现伟大目标，解决日常问题。

您认为您作为一个政治家的影响力大还是作为一个科学家的影响力大？

许多人认为，科学家是世界上最崇高的天职，政治没有什么值得尊敬的地方。唯一可以肯定的是，以前身为科学家的我可以产生与其他政治家不同的影响。群众不相信政客，他们想要的是一个真诚、有责任心、在从政前做过其他工作的人；他们想要的是一个不把精力放在抨击别人和背后捅人刀子上，而是放在解决问题上的人。

顺便说一句，您的衣服很特别，有点 19 世纪的味道。您还喜欢佩戴蜘蛛胸针，为什么外表对您来说这么重要？

其实这套衣服出自 21 世纪的裁缝之手，是一位年轻的艺术家为我设计的，非常现代。我的确与蜘蛛有着一种特殊的联结，它是我身份的一部分。

2010 年，您获得了菲尔兹奖，这个奖有时也被称为"数学界的诺贝尔奖"。您因朗道阻尼和玻尔兹曼方程相关的研究工作而获此殊荣，您能解释一下这意味着什么吗？

我们觉得这个奖比诺贝尔奖好，因为它不是由某个学院颁发的，而是由国际数学联合会颁发的。菲尔兹奖每 4 年评一次，每次颁发给 4 位获奖者，获奖者来自各个领域，这真的是一件很美好的事情。我和我的同事一起研究了一个描述等离子体特性的方程式。打个比方，有一个等离子体，我们对它施加一个电场，会造成干扰。问题是：如果电场消失了，干扰会如何消除？这个课题已经研究了很久了，克莱门特·穆奥（Clément Mouhot）和我针对所谓的"朗道阻尼"提出了一种数学解释，朗道阻尼是以俄罗斯物理学家列夫·朗道（Lew Landau）命名的。这个方程式对物理学和技术都产生了影响，也帮助了其他数学物理学家。

那您能简单解释一下什么是玻尔兹曼方程吗？

玻尔兹曼方程描述了某种气体的变化。我们想象一下，一个盒子里有气体，我们自以为我们知道这种气体是什么，就是一堆分子，但事实上它比这更复杂，不是吗？毕竟，分子以不同的速度朝着各个方向移动。那么，我们怎样才能预测气体的变化呢？答案就藏在玻尔兹曼方程里，它告诉我们，气体的初始状态可以预测其未来状态。19 世纪 70 年代，继麦克斯韦（Maxwell）的杰出观点之后，奥地利物理学家路德维希·玻尔兹曼（Ludwig Boltzmann）提出了这个方程，并建立了现代的气体统计理论，这一理论在当时极具变革性，那些认为原子存在的人甚至还被认为是疯子！大家只是把原子理论当作一种理论，一个梦想。40 年后，才证实了原子的存在，又过了 30 年，才制造出原子弹。这些事情向我们证明了：人们喜欢斥之为无用的理论科学实际上可以对世界产生巨大的影响。

您从小就如此热爱数学吗？

没错，我很小的时候就爱上了数学，我觉得数学很有趣。我们解决某个问题就像是猜谜语一样，重点

赛德里克·维拉尼（Cédric Villani）

是解决方案就在我们心里。人们总认为数学是抽象的，但它其实是非常具体的东西。您见过原子吗？您见过三角形吗？当然了，我们可以用三角形、圆形和线条做很多事，我们可以用它们画东西。我们可以思考问题，证明问题。对我们而言，在某种程度上，这些想法比我们从未见过的东西更熟悉。

所以当您还是一个年轻的科学家，您就已经沉迷于数学研究了？

是的，我得思考很多事情，我对很多事情都很着迷。目前，我正深深地沉浸在政治问题里。有时候，我醉心于管理我的研究所。还有一些时候，我发现自己非常热爱非洲，对那里的科学发展着迷。当我还是一个学生时，每天都会去电影院溜一圈，随便看一部电影。有段时间，我每天至少得练1小时钢琴，否则我就会不开心。当然，我也经常沉迷于解决数学问题，例如玻尔兹曼方程。

您结婚了，还有孩子。您曾经聊起过您的妻子："她承受了很多，没有任何怨言。我在昏暗的房间里转来转去，而她却在做晚饭，这好像有点过分。"我觉得沉迷于某件事情只会以牺牲个人为代价，不是吗？

有时候真的很艰难，有时候她觉得这样也挺好，总是有起有落。事实上，痴迷于某个项目的能力为我带来的帮助最大，不仅仅是在科学领域。现在我从政了，我的孩子已经成长为青少年了。我很高兴我在他们小的时候花了很多时间陪他们，我花了无数个小时给他们讲故事，这也成了我最重要的一部分经历。

您有时会不会后悔没有继续搞科研？

从来没有。敢于涉足政界的研究人员寥寥无几。组建团队，了解机构的运作机制，就不同的课题开展工作，在各种人面前发言，这已经是一个很大的挑战了，更不用说定期在电视上露面，还有几百万人收看。这是一个真正的挑战，我希望有更多的科学家能走上这条路。

您曾经说过："如果一个人不能让自己变得脆弱，那这个人就没有过上正确的生活。"在您的生活中是否有过这样的情况？

这是生活教会我最重要的一件事。有时我们必须先让自己变得脆弱，才能变得更强大。市长候选人就是这样一种心态。竞选活动十分公开透明，有很多突发的变化、阴险耍诈、误解和沟通不畅的问题，甚至还有一些灾难……我们现在甚至不知道第一张选票是否有效。另外，抛开巨大的困难不谈，这是一次非比寻常的人生冒险，也是一段极佳的学习经历。我每天都会受到批评、侮辱和攻击。人们对我、对我说话的方式、对我提出来的策略总是指指点点，这是一种非常危险的情况！但我必须经历这一切，因为这是一个让自己接受考验的机会。作为一名科研人员，我经常这么做。有时我会提前宣布结果，让自己承受很大的压力。我也一次又一次地改变研究方向，冒险进入那些我不是专家但需要迅速成为专家的领域。

您能用 4 个词来描述自己的个性吗？

自由、同理心、勇气、好奇心。

您想对大家说些什么？

不要给自己贴标签分类，要不断前进。如果你已经知道了一些事情，就做好下一步吧，记得让你们的生活为偶然预留一些空间。

[德] 克里斯蒂亚娜·尼斯莱因 – 福尔哈德
（Christiane Nüsslein-Volhard）

生物学和生物化学

- 图宾根马克斯 – 普朗克发育生物学研究所生物学教授和名誉研究组组长
- 曾获 1995 年诺贝尔生理学或医学奖

◆ "我沉迷于自己的科研项目。"

尼斯莱因 – 福尔哈德教授，在您整个职业生涯中，别人一直认为您很难相处，这是为什么呢？

在我的职业生涯初期，我通常都是唯一的女性。我时常处于一种自我防御的状态，总觉得别人不尊重我。我这人说话做事总是过于直接、十分挑剔，如果有什么事情惹我生气的话，我一般不太愿意息事宁人。那时候我也不知道男性的游戏规则是什么样的，他们的很多规则我都不懂。我不怕做出一些不受欢迎的决定，但我不得不学习一些商业礼仪。

男性的游戏规则是什么？

他们互相保护，不把批评意见直接告诉对方，甚至有可能对对方更有礼貌。他们永远都不会让对方丢脸。如果有个女人跟一个男人说他做了蠢事（大家对此都心知肚明），那他永远不会原谅这个女人。有时候我的行为举止就是又笨又粗鲁。

您现在已经学会这些规则了吗？

我还没有完全掌握这些规则，而且我经常管不住自己的嘴。当我想表达自己的观点，对抗外界阻力时，我常常会觉得很生气，这样并不好，因为会被人说成是"情绪化"的表现。我没什么策略可使，我就喜欢

克里斯蒂亚娜·尼斯莱因 - 福尔哈德（Christiane Nüsslein-Volhard）

把我认为正确的事情直截了当地说出来，但有时候多一点交际的手段会有帮助。

您从小就与众不同：您身边几乎没有人和您一样对动植物感兴趣。
　　我的兄弟姐妹和我的同学都认为朋友很重要、人很重要，但对我来说，钻研一本书、研究动植物、和显微镜打交道的重要性绝不亚于前者。在学校里，我们有优秀的老师和有趣的生物课，他们给我带来了极大的乐趣，并且激励着我，只不过学校里没有真正精通生物学的人，不然我就可以向他请教了。

您的父母是否给您提供了必要的自由发展空间？
　　那是肯定的，这是最重要的一点。我热爱自由，从小就不喜欢被人管着。我常常沉迷于自己正在做的事情，不达目的不罢休，我绝不会屈服于外界对我的任何干涉。我的父母非常开明大度，他们为我们兄弟姐妹打造了一个温馨安全的港湾。我们有很多想法，也有很多机会。我母亲说：你早晚会知道你在做什么。我们没有受到过任何惩罚，也没有受到过任何规定的约束，我们在很小的时候就能够自己决定我们要做什么，不做什么，这是非常关键的一点。我很敏感，喜欢诗歌和音乐，所以我经常会感到孤独，感到自己被误解。如果我想做别的事情，有时候我会逃学。我的母亲很擅长写道歉信，父亲有时会因为我偶尔成绩不好而感到惊讶，但他没有给过我任何压力。

◆ "我热爱自由，从小就不喜欢被人管着。"

您父亲去世得早，当时您正在高考。他在您身上看到了什么？
　　可以和我谈论我感兴趣的东西的人不多，我父亲是其中之一，他问我：你在学校学些什么？你都做些什么？你现在对什么感兴趣？那时候我读了很多歌德的书。我们一起讨论了我的想法和我正在做的事情，他还为我买了生物学的书。对于一个没有专门接受过大学教育的建筑师来说，能做到这些已经很了不起了。他很喜欢跟我一起讨论，因为我可以告诉他一些他不知道的东西，他觉得这样很有趣。也许是他激起了我的野心，激发了我的求知欲。

这种求知欲从何而来？
　　我觉得是天生的。战后，我的祖父母在尼德内森（Niederneisen）和农民一起生活了几年，那里有一个小村庄，我小时候经常一个人去那里度假。我妹妹第一天就又哭又闹，后来被送回了家，因为她实在太想家了。但我发现那里真的很美好，有很多动物、植物和美食，还有可爱的人。我不确定那段时光是不是影响了我，它有可能像落叶一样落在了那片沃土上，没有走进我的心里。但是我很幸运，因为我能够尽情做我想做的事。

还有谁给了您鼓励和支持？

我的中小学老师们。等我上了大学后，就再也没有遇到过特别的人了。我自己做决定，没有导师帮我。我一直都是一个不善于交际的人，比较害羞，不敢轻易跟别人说话。其他人可能认为我很傲慢，但我一直都有很好的朋友，我经常请朋友吃饭，为员工和同事组织聚会。

您还会吹横笛、会唱歌，您从小就这样吗？

我还是婴儿的时候就开始唱歌了，我母亲的笔记提到了这一点。等到晚年，我找了个伙伴和我一起唱歌。65 岁那年，我开始上声乐课，一上就是 7 年。我定期与声乐老师碰面，她们非常友好，对我的照顾简直令人难以置信。只可惜我的最后一位声乐老师辞职了，我没课上了，但我还在继续唱歌，唱的主要是艺术歌曲。我一边唱，一边听钢琴伴奏，比如舒伯特、舒曼、勃拉姆斯这些人的曲子。德国的音乐宝库是如此丰富，这些美妙而浪漫的歌曲都从中而来。我唱歌的时候，会变成一个完全不同的人，我会进入一个完全不同的世界，这个世界很美妙、很精彩。

1995 年您获得了诺贝尔奖，您的获奖之路肯定充满了艰难险阻，您受过屈辱吗？

我遭受过很多屈辱。在我写博士论文期间，我换了论文选题，接手了一个学生未能完成的课题。我的导师很不满意我这种做法，后来在作者署名的问题上我被他摆了一道，于是跟他产生了矛盾，但最后我赢了。如果能够发一篇好论文，我就会轻松一点。我读博士后的时候遇到了一个完全看不起女性的导师，他对我说："这个世界上就没有女爱因斯坦。"维尔茨堡大学聘请我担任教授的时候，时任大学校长在任命谈判中称呼我为"纽伦堡夫人"，他以为我是一名律师，还告诉我，每年 3 万马克的研究经费对我来说肯定足够了。我记得我当时哭着跑了出来，冒着大雨跑进了停车场，我的小型雪铁龙就停在那里。我一气之下拒绝了他们的聘请。

诺贝尔奖是您最大的成就吗？

我在马克斯 - 普朗克研究所担任所长一职也许比诺贝尔奖更重要。在此之前，我真的为我的未来而感到担忧。我之所以能在海德堡担任研究组组长，是因为比我小 5 岁的埃里克·威绍斯（Eric Wieschaus）也答应来当组长，虽然他并没有找工作。他们觉得我一个人胜任不了这份工作，这件事还挺让我难过的。埃

克里斯蒂亚娜·尼斯莱因-福尔哈德（Christiane Nüsslein-Volhard）

里克和我一起合作研究，我们最终获得了诺贝尔奖，但这件事并没有引起所长的重视，我们最终也没有得到很好的待遇。他们想摆脱我们，因为他们认为果蝇的研究并不重要。

◆ "我读博士后的时候遇到了一个完全看不起女性的导师，他对我说：'这个世界上就没有女爱因斯坦。'"

您对果蝇进行了研究，并于1995年获得了诺贝尔奖，因为您发现了早期胚胎发育的遗传控制机制。您能简单地给我们解释一下吗？

我研究的问题是：胚胎是如何发育成一个复杂个体的呢？每一代在发育过程中，总是会在恰当的位置形成新结构，这个过程是由哪些基因控制的呢？我们首先做了大量的基础工作，找到了新的方法，利用果蝇来研究这个问题。通过系统的实验，我们发现了120个在这个复杂过程中起决定性作用的基因。

基因工程技术现在能够对卵细胞进行有针对性的干预。您认为20年后还会有许多婴儿是以自然受孕的方式出生吗？

肯定会！修复基因是很难的，对卵细胞的基因组进行干预，我们并没有十足的把握预测这种干预的结果。没有人能准确地知道一个人的基因能做些什么，会引起什么后果，有可能很长一段时间内都会是这样的情况，所以我认为不会有大规模的人类基因组编辑。我曾在伦理委员会从事胚胎移植前基因诊断和干细胞研究工作，并为绿色基因工程用于可持续农业和自然保护发声。只不过到目前为止，这些事情都不了了之了。虽然我的这些政治任务都失败了，但我希望我们任何时候都要保持理智。

您获得诺贝尔奖之后是怎么庆祝的？

我们在研究所里喝了酒，有很多人向我道贺，到了晚上我就一个人回家了。我的邻居跑过来拥抱我，向我表示祝贺，场面很温馨。随后有一个记者来采访我，这可是我的第一次电视采访啊！那时候我经常和埃里克·威绍斯打电话，我们互相祝贺。我同事们的反应却不一样，我甚至感觉他们中有些人很不开心，天哪！我身边的同事更多的是嫉妒我，而国际上的同行们则是真的很激动，他们认为发育生物学和遗传学领域的研究者拿了奖是一件很了不起的事。

您想过要出国吗？

我有过这样的想法，但我没有勇气这么做。如果我在马克斯-普朗克研究所接到来自哈佛或斯坦福的电话，肯定能让我下定决心，但这种事从来没发生过。

如果您有自己的家庭，您还能拥有像现在这样的事业吗？

肯定不行。现在的我几乎不需要做出任何妥协，我有时间和自由，可以完全投入我的研究。当然，我也有私人生活，我会考虑到这一点，但私人生活与家庭是两码事，所以我认为用我来衡量科学界的其他女性是不合理的，也是不公平的。

您和物理学家福尔克尔·尼斯莱因（Volker Nüsslein）结婚在一起差不多10年了。

当时就应该是这样。在我十几岁的时候，大家都希望女孩子能嫁给一个合适的男人，给他生孩子。女孩子害怕自己无人问津，怕自己变成一个老处女。我25岁就结婚了，为了门当户对，我嫁给了一个友善、英俊的男人，他也是个知识分子，但他并不是我喜欢的类型。我从来没想过要组建一个家庭，我觉得我的工作比我丈夫更重要，所以我们离婚了，这是件好事。

您的研究对您来说更重要？

每个人都在努力以某种方式获得幸福。我很有野心，渴望手摘星辰，我一直在寻找那些最激动人心的项目。我对我的科研项目很着迷，但我一直问自己：我够优秀吗？许多女性在那个时候就脱离了社会，不单单是因为工作，主要是她们没有做好全情投入的准备，抑或是她们认为夫妻关系更加重要。也有一些女性为了不得罪自己的丈夫而选择退缩，因为这些男人无法接受他们的妻子比自己更成功。

您曾经说过，女人不应该经常照镜子。

每个女人都是虚荣的，她们会一直琢磨自己的长相。有些女性确实经常打扮，这很花时间，而且容易让人分心，这种虚荣心在职场里起不到任何作用。我看重的是别人因为我的科研成就认可我，而不是因为我的长相。我曾经也给自己剪过头发，在理发店剪头发浪费掉的时间对我来说太多了。

您是个什么样的老板？您是否觉得让别人为您工作是件很难的事情？

我喜欢用幽默、随和的语气和别人交谈，这样不会让人感到害怕，而且我很不喜欢给员工下命令。我很支持我的员工，同时也对他们提出了很多要求，希望他们能够全情投入，做出高质量的实验，所以我在他们心目中是一个很严厉的老板。在这种情况下有的女孩子就不会来了，因为她们害怕工作量太大。一个女人再怎么成功，她对于其他女人而言也不会有太大的吸引力，而一个人可能犯的最严重的错误就是用错人。

克里斯蒂亚娜·尼斯莱因-福尔哈德（Christiane Nüsslein-Volhard）

您为年轻的女性研究人员设立了一项奖学金：400欧元（约为人民币2700元），为期12个月，以帮助她们减轻家里的负担。您为什么很重视这一点？

女性研究人员的主要不足就是她们家里没有家庭主妇了。实际上，男性没有后顾之忧，从而能够安心从事顶级研究工作的一个原因就是：他们有一个为之操持一切的妻子。当女性研究人员有了孩子以后，她们的时间总是不够用，因为事事都需要她们亲力亲为。但只要有钱，就可以雇人帮忙，从而为她们赢得更多时间，这是我的看法。

是什么让您成了今天的您？

好奇心、热忱、博学多才、天赋、理性、诚实和对自己的坦诚。我的天资比较高，我会做手工活，我的想象力很丰富，善于联想。虽然我的智商不是超级高，但也足够了。能够与许多有才华的年轻研究人员一起合作并且获得了成功，能够推动他们的科学事业发展，和他们在一起就像是一家人，是我之幸。

◆ "我很有野心，渴望手摘星辰，我一直在寻找那些最激动人心的项目。"

[美]玛塞勒·苏亚雷斯–桑托斯
(Marcelle Soares-Santos)

物理学

- 密歇根大学安阿伯分校物理学助理教授
- 暗能量巡天项目(Dark Energy Survey)成员

◆ "对我来说,这与虚荣心无关,而是要不断提出下一个问题。"

苏亚雷斯教授,是什么激励您投身于科学事业的?

我以前是一个好奇心很强的孩子,我总是在问问题。我甚至清楚地记得我是何时发现自己对科学的热爱。我的父亲在一家矿业公司工作,我们在巴西的亚马孙雨林里生活了几年。我6岁的时候,学校组织郊游,去参观一个露天矿,那里的人向我们演示了将铁矿石从矿山里炸出来的过程,我被深深地吸引住了。这简直太令人惊讶了,我看到了爆炸的现象,但几秒钟后才听到爆炸声。我不明白这是为什么,直到我的老师给我解释了光的到达时间和声的到达时间的区别,我想就是在那个时候我开始对物理学感兴趣了。

您在巴西读的博士,但后来去了智利。原因是什么?

由于气候非常干燥,而且多高山,智利是世界上具备大型望远镜最佳架设条件的地区之一。为了架设望远镜,我参与了"暗能量巡天"项目。当望远镜准备就绪后,我在智利待了好几个月,协助望远镜的安装工作。目前,我们仍在使用这架望远镜,我为此感到非常自豪。

这一经历是否给您带来了新的挑战?

我认识了新朋友,进入了一个更大的圈子,这些事本身就已经是一种挑战了,况且这份工作非常耗费体力。我们待在很高的山上,每天都要爬上去安装设备。有时我们不得不强迫自己顶着寒冷的天气,坚持到第二天。那里的地区十分荒凉，有很多毒蛛和小蝎子，当地人称之为"alacránes"（蝎子的西班牙语说法），为了应对这些情况，我必须变得更坚强。

科学界的女性一直都很少，您曾经是否有过糟糕的经历呢？

我准备作报告的时候，我注意到，在我出场的前两秒钟存在一种偏见。我知道，如果我是一个白人，观众的反应会不一样。这种情况每天都在发生，我不得不告诉自己，在我能够把自己的信息传达给别人之前，我必须面对这种多余的挑战。有时我也会想，如果我是一个男人，可能会拿到一个更好的项目吧，但我无法证明这一点。我的策略是用我的行动或动人的演讲来说服别人。如果我想做一个项目，我会尽早联系负责人，而不是原地等待。

作为一名黑人女性，您是否认为您必须更加努力才能受到别人的尊重？

我这个位置上很少出现有色人种女性，所以我是一道出人意料的风景线，别人有时会很惊讶。同时，我认为我的职业生涯建立在我的成功之上，因为别人已经看到我能够应对这些挑战。我想对于一个白人来说，这一切可能会更容易一些，而我必须不断证明自己。

您那一代年轻的科学家和您那些上了年纪的同事之间是否存在思维方式上的差异？

如今，一个研究人员从读博士到进高校搞科研需要的时间更长了，因为这中间需要再读几年博士后。现在的科学家更常参与的是大型的合作项目，每个科学家自己的团队只是众多科研团队中的一支，这意味着各个团队和整个圈子之间的交流变多了。我们必须合作，因为我们要解决的问题非常复杂，光靠个人或小型团队的力量是远远不够的。与此同时，也存在着竞争：每个人都想证明自己起到了特殊的作用，作出了自己的贡献。年轻的研究人员必须努力确立自己的地位，并在合作与竞争之间找到平衡。

您从事的是引力波研究，您能详细介绍一下您的研究内容吗？

引力波是一种在时空中传播的波。想象一下我们面前有一片湖，如果我们往湖里扔一块石头，湖面就会泛起波浪，沿着整个湖传播开来。引力波与巨大的物体有关，这些物体大约有太阳那么大，但它们的结构非常紧凑，就好比太阳被压缩了一样。然后我们再拿一个一模一样的物体，让这两个物体发生碰撞，产生能在真空中传播的波就需要这么多能量。我们有高度灵敏的探测器，当这种波传到我们这里时，就可以被我们探测到。如果探测到了源于这种宇宙碰撞的引力波，我就会把智利的望远镜对准天空中的相应区域，试图找到引力波之光。这种碰撞会产生明亮的辐射，辐射会随着时间的推移逐渐扩散和冷却。由于引力波的存在，我们知道在哪里可以找到这种碰撞的光数据，据此我们大概可以推测发生了什么事情。

您最让人惊讶的经历是什么？

肯定是我第一次发现宇宙碰撞的经历。那是在 2017 年，当时我们已经为这个项目准备了好几年，但我没有想到成果会来得这么快。我曾以为可能需要再过 10 年才能有所发现。我很惊讶，这让我异常兴奋。

您几乎昼夜不停地工作，也因此而闻名。

我是一名教授，同时要做好几项工作。我得做研究、指导学生，还得教学。如果我想完成所有这些任务，就不得不日夜不停地工作。但是，对于许多科学家来说，工作时间和业余时间之间的界限往往不是很清楚，因为我们都把自己热爱的事业作为生活的一部分。我非常享受当科学家的感觉，以至于我哪怕关上办公室的门，也无法想别的事。即使我的身体动不了了，我的头脑也会一直全速运转。

您觉得您有没有勇气休息一段时间去生孩子？

我的丈夫也是一名物理学家，但我现在不考虑组建家庭的事。生孩子肯定会是一个改变一生的决定，但我现在想集中精力应对当前的挑战。看到几个月甚至几年的工作成果以论文的形式呈现在我面前，这样的时刻对现在的我来说才是最珍贵的。

这些时刻能满足您的虚荣心吗？

对我来说，这与虚荣心无关，而是要不断提出下一个问题。我参与引力波研究的原因是我想进一步了解宇宙膨胀的知识，这是一个大问题，因为我们都知道：不管是什么加快了宇宙的膨胀速度，这个东西肯定不在现有物理学的研究范围之内，我们称它为暗能量，但这只是给绝对未知事物打的一个标签。为解决这一大难题而作出贡献是我的研究动力，我正在努力寻找不同的方法来解决这个问题。

您的事业在美国已经风生水起，您有没有想过回巴西当科学家呢？

不，近期内不会。我预计会离开家很长一段时间，我认为我在美国有更多的资源可以用来做研究。

年轻人为什么要进入科学领域？

我们这个圈子十分刺激，如果有人被它吸引，这种热情就不应该被浪费。科学界竞争激烈，个人发展的时间线非常长，如果你很年轻，应该提前一年以上申请岗位。你需要时间进行申请，一定要好好计划。另一个建议就是要找一位好导师。导师可以助你一臂之力，指出你的不足，帮你克服缺点，快速成长。在我的职业生涯中，我遇到了几位好导师。我认为我的家庭和我的中小学老师也对我的个性发展产生了影响。

您对社会的贡献是什么?

我必须鼓励年轻人从事科学行业,而我的关注对象往往都是有权利有背景的人。我正在努力多关注拥有其他背景的人。

您想对大家说些什么?

我希望世界发展成一个更加公平的社会,在这个社会里,所有人都有同样的机会实现他们的梦想、发挥他们的潜力,无论他们来自哪里,无论他们长什么样子。有时候,我认为我们有些地方在倒退,但总的来说,我们正在变好,我们还要变得更好。

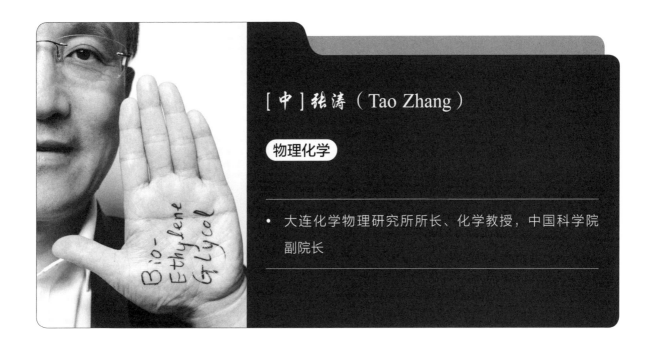

[中] 张涛（Tao Zhang）

物理化学

- 大连化学物理研究所所长、化学教授，中国科学院副院长

◆ "你在世界上任何地方都找不到比中国科学家更勤奋的人。"

张教授，作为中国科学院的副院长，您地位显赫。您的童年为您的成功打下了哪些基础呢？

在我小时候，我的父母对我影响很大。我母亲是一名小学教师，我父亲是一名中学教师，他们都鼓励我不断学习。当时中国非常贫穷，我就读的乡村学校也很穷。学校里只有4名教师，100名学生，分成5个年级。一年级和二年级在一个教室里上课，三年级和四年级在一个教室里上课，所以一年级的学生在上课时就可以提前学习二年级的知识，三年级的学生就可以提前学习四年级的知识。

◆ "中国希望在全球科学界中发挥主导作用，而我绝对相信，我们可以在未来30年内实现这一目标。"

您的父母是如何解决您的教育问题的？

我母亲在城里的一所小学找到了一份新工作，我就去了这所小学上学，这里的课程资源更好。在那之后，我成功通过了市重点初中的高难度入学考试。有趣的是，我当时对化学不是特别感兴趣，我最喜欢的是数学和物理。

您在哪里上的大学？

邓小平1978年推行改革开放政策，当时我15岁。那时的中国非常贫穷，需要年轻的人才。因此，邓小平决定重新开放所有被关闭的大学。我当时在读高一，高一整个年级只有2%的人通过了入学考试，可以直接上大学，我就是其中之一。我的成绩虽然很好，但要上北京这些地方的顶尖大学还是不够，我想去这些大学学数学或物理。我本来要再等3年才能重新参加北京的招生考试，但后来一所规模较小的大学给了我一个化学系的就读名额，所以我才有机会可以提前上大学。我19岁就大学毕业了。

也就是说您学习化学纯属偶然？不过您还是爱上了这个专业？

是的，虽然我只是不经意间进入这个领域的，但我学会了热爱化学。

您现在正在研究一个新的课题，方便透露一些这方面的情况吗？

塑料瓶由聚对苯二甲酸乙二醇酯（PET）制成，聚对苯二甲酸乙二醇酯由对苯二甲酸（TPA）和乙二醇制成，这些化学物质是从石油中提取的，但我们都知道，石油的储量有限。那么，如何才能利用其他来源制备更多的乙二醇呢？我正在研究一种催化工艺，可以用木质纤维素（一种来自生物质的可再生原料）生产乙二醇，不需要用石油。与石油不同的是，生物质是可持续的，可以循环利用，且来自可再生资源。

环境、医学和可持续性问题，哪个是中国优先考虑解决的问题？

能源问题。绿色和可持续能源是中国面临的最大挑战。中国是一个大国，需要大量的能源来支持经济增长，但我们几乎没有任何石油和天然气储备，只有煤炭。我们需要开发技术，以便我们能够用清洁的方式使用煤炭资源，这是我在大连化学物理研究所30多年来参与的最重要的研究课题。当然，煤炭储备总有一天会被用完，所以可再生能源是我们第二大重要的研究课题。

我想，您在大连化学物理研究所的研究工作得到了充足的资助，并且获得了很多认可。

是的，幸运的是我们获得了足够的资金，有幸发现了利用生物质生产乙二醇的新反应。我想现在催化领域的所有人应该都知道，生物乙二醇来自中国大连。我现在的梦想是将新的生物乙二醇技术商业化，用来制造环保的瓶子和纤维。这不仅仅涉及专利申请，我们还得将专利商业化，使新技术为我们的国家和世界所用。

如果您将这项新技术商业化，挣的钱应该归您、归您的大学还是归中国所有？

这是个好问题。根据新的规定，70%的钱归属我的研究团队，30%归属研究所。

所以您有可能赚到很多钱。您已经很富有了吗？

我差不多算富有吧。大连化学物理研究所已经将中国许多技术商业化，包括著名的甲醇制烯烃（简称 DMTO）技术。因此，大连化学物理研究所已经获得了大量的工业资金，这意味着大连化学物理研究所的工资水平已经很高了。

在过去的 50 年里，中国用什么方式成为科学领域积极活跃的领导者？

中国实施改革开放政策已经 40 多年了。迄今为止，中国取得了巨大的进步，实现了经济的快速增长。我们有中国国家自然科学基金委员会提供的稳定资金进行基础研究，而且中国科学院正在努力从国外招募年轻有活力、有才华的中国人回来，让他们在中国继续他们的科学事业。幸运的是，中国学术界和工业界有着密切的联系，特别是在大连化学物理研究所，这一点尤为明显。

在中国，排名对一个科学家来说有多重要？比如说您的名下有 150 项专利和 400 多篇经过同行评审的论文，您能排到第几名？

排名是很难确定的。有些科学家根据他们发表的论文数量进行排名，另一些科学家则根据他们被引用的频率进行排名。中国并不鼓励这样的做法，因为这样一来，科学家对他们各自的引用次数比对他们的实际研究更感兴趣，况且这只是一个数字而已。最重要的是我做了什么，我对我的国家和世界作出了什么学术贡献，不是吗？我总是对我的同事说："我不关心你发表了多少论文，或者你申请了多少专利。我更想听到你告诉我你对这个社会、对我们国家最重要的贡献是什么。"

那么应该如何衡量成功呢？

如果你想做开创性研究，就必须站出来，开发出一些全新的东西，成为第一才是最重要的。然后，你必须申请专利并使其商业化，让新技术为中国所用。中国有多少新产品和新技术已经实现了商业化，这是最重要的问题，这也是我们今天衡量成功的指标。

为什么中国的科学如此强大？

你在世界任何地方都找不到比中国科学家更勤奋的人。每个人都全身心投入工作，我们这一代人尤其如此，因为我们知道中国在改革开放之前有多穷，当时外面的世界对我们来说还很陌生。我们至少还需要 30 年的时间来学习和追赶外国的脚步。此外，中国家庭越发重视子女的教育，中小学生早就开始努力学习了，而且学校特别强调自然科学的学习。与欧洲和美国不同的是，在中国有一种说法：学习数学、物理和化学的人可以成为任何他想成为的人。科学是创新的驱动力，因此科学应该是世界上最重要的事物。

作为中国科学院的副院长，您想对大家说些什么？

我想说，科学需要更多的国际合作，科学必须是世界性的。中国正在努力与来自世界各地的同行们合作。中国希望在全球科学界中发挥主导作用，而我绝对相信，我们可以在未来 30 年内实现这一目标。

[英] 保罗·纳斯（Paul Nurse）

遗传学与细胞生物学

- 伦敦弗朗西斯·克里克研究所所长
- 曾获 2001 年诺贝尔生理学或医学奖

◆ "只要摧毁一个想法就可以进步。"

纳斯教授，众所周知，您兴趣广泛。您曾经把科研比作读一首好诗，您这样说到底是什么意思呢？

科学其实很难，做科研更是难上加难，因为我们一直在知识的边缘试探，这就意味着我们经常会失败，经常要在迷雾中摸索探寻，偶尔会雾散云开。我喜欢诗歌是因为诗歌明白易懂，瞬间就可以让我们对世界产生不同的看法，而科学也有这样的作用。

但并不是每个科学家都会读诗。

我只能说我自己的情况。我对很多东西都感兴趣，也做过很多事情。其实我还是一名飞行员，我会开飞机和滑翔伞，我喜欢在山上徒步旅行。我对戏剧和博物馆也感兴趣，我还是大英博物馆的策展人。我并不介意在这些兴趣爱好上多花点时间。我的家人总说我工作太多了，事实的确如此。今天早上我 5 点就起床了，吃早餐前还工作了几个小时，工作使我快乐。

您曾说过，您第一次踏入大学校园的时候，就知道自己想成为一名科学家。您为什么如此笃定呢？

没错，确有此事。我上大学的时候才 18 岁，突然间，整个世界都向我敞开了大门。我接触到了各种我以前从未想过的事物，大受鼓舞。不仅有自然科学，还有人文科学、艺术、文化和社会科学，它们成了

我后半生的动力。我觉得能够了解世界是一种特权；有人愿意雇用我，让我能够满足我的好奇心，这也是一种特权。令我觉得不可思议的是，我做自己想做的事还能有钱拿。

谈谈您的家庭背景吧，您在一个什么样的家庭里长大？

我来自一个工人阶级家庭，没有任何的学术背景。虽然这不是什么坏事，但我也没有机会接触书籍、思想和文化。

您的家庭有宗教信仰吗？

有，我们家信仰浸信会。我上过主日学校，是一个虔诚的信徒。我甚至还想过我可以成为一名传教士！上学的时候，我对这个世界有了进一步的了解。在我学过进化的相关知识后，我很喜欢问问题，但牧师对我的问题一点都不感兴趣。我记得我曾经问过他："我们不能把创世记当作一种隐喻吗？"他根本回答不了这个问题。

后来我开始产生怀疑，逐渐变成了现在的样子，变成了一个抱持怀疑态度的不可知论者。无神论者都知道，上帝是不存在的，超自然也不存在。而抱持怀疑态度的不可知论者认为，超自然存在的可能性非常小，但正是因为它被称为超自然，所以超出了我们的理解范围，我们也不能下定论。

您中学毕业后，没有马上就去上大学，对吧？

是的，我的法语入学考试6次都是不及格。不是一次两次，而是6次啊！无论我怎么努力，我就是过不了这门考试。当时是20世纪60年代末，在那个时候，过不了入学考试就意味着我去不了英国的任何一所大学。

这一定是个巨大的打击。

对我来说的确很艰难，但现在回想起来，这段经历对我很有帮助。我进了当地的吉尼斯啤酒厂当技术员，这是我迈出的重要一步，因为我在实验室里待了一年，所以我想在啤酒厂这种环境里工作的愿望就更加强烈了。

这次间歇期之所以很重要，还有一个原因：我早年曾遭遇过失败，从那时起我就不再害怕失败了。我带过很多优秀的硕士生，他们在工作中都会遇到挫折，但这些挫折往往会击溃他们的心理防线。正因为我很早就体验过失败的滋味，所以我之后遭遇任何失败都能轻松应对。

说到失败，我以前听过一个故事：据说您上大学的时候用鱼卵做了一个实验，却以失败告终。您能跟我们分享一下这个故事吗？

没错，我当时正在做一个项目，测量鱼卵分裂过程中的呼吸作用。我们把鱼卵放在一个水箱里，用仪器保持水箱恒温。鱼卵分裂，一个变成两个，两个变成四个，我测量了鱼卵的呼吸作用，并根据实验结果得出结论：鱼卵的呼吸速率在分裂过程中发生了变化，但是这个结论是错的！呼吸速率与鱼卵的分裂过程无关，而与水箱中时开时关的恒温器有关。我在项目结束的时候才注意到这一点。

这样的挫折会不会让您怀疑自己是否适合当一名科学家？

嗯，我确实想过，也许我不擅长科研，也许这条路根本不适合我。有时候我觉得我应该学习哲学或科学史。我联系过伦敦经济学院的卡尔·波佩尔（Karl Popper），他是一位很有影响力的科学哲学家，在伦敦经济学院教书。我读过他的几本书，这几本书在我设计实验的时候起到了很大的作用。波佩尔说，观察之前先要做一个清楚明确的假设，然后验证假设是否正确。或者换句话说，只要摧毁一个想法就可以进步。

所以波佩尔的书让您留在了科学界？

是的，他的书改变了我的想法，让我觉得我并不是一个没用的人。当时我在跟一个非常小的团队合作，交流很有限。从事科研工作是很难的，需要得到支持。因此，在实验室里营造一种良好的高校文化氛围对于引导科研人员度过困难时期是非常重要的。

科研是一种天职，绝不只是在顶级期刊上发表论文那么简单。科研实际上是追寻真理的过程，而这种真理可能是有问题的。有时候我们的假设和想法会破灭，但我们始终都应该记住，我们所做的一切都是为了追寻真理。我们应该把科研当作一种天职。

我能想象得到，科学家之间存在着激烈的竞争关系。

是的，这是一个很有趣的点。科研既具有协作性，又具有个人主义色彩。诚然，没有人是一座孤岛，即使你是一名独自写作的作家，也会受到周围文化的影响。艾萨克·牛顿（Isaac Newton）说："如果我看得更远，那是因为我站在巨人的肩膀上。"他知道他是某个圈子的一部分，尽管事实证明他很傲慢、很不情愿，但他还是说了这样的话。

如果我参与一个别人也在做的项目，而做这一切只是为了看谁第一个得到结果，我就会问自己："我到底为什么要这样做？"我更愿意参与那些我和我的同事都有时间思考、有时间做实验的项目。

在您成为科学家、开始科研工作之后，您经常搬家，是吗？

是的，我不得不搬到不同的地方去找工作。我在爱丁堡和萨塞克斯大学工作过一段时间。持续不断的改变能让我接触到不同的事物。每次搬完家，我仿佛又变成了一个婴儿。我有时会想到托洛茨基（Trotzki），他说人应该把事情拆解开，再装回去，然后重新审视它。

如此频繁地更换工作，一定会有强烈的不安全感，对吗？

没有不安全感，只是不确定明年谁会给我钱。在当今的学术界里，年轻人常常为他们的薪水而担忧。

不知道出于什么原因，我从来没有担心过这个问题，可能是因为我本质上是一个乐观主义者，但也可能是因为我对我所做的事情感兴趣，并且做好了忍受这种不安全感的准备。

当您成立自己的第一个实验室时是什么感觉？

读博士后的时候，我在伯尔尼和爱丁堡的两个实验室里工作。在那里，我十分自由。虽然我身处两个不同的实验室，但我对我所做的事情仍然有很大的掌控权。30多岁的时候，我在布莱顿的萨塞克斯大学成立了自己的实验室。我已经养成了管理各种事务的习惯，但我不习惯打造基础设施和获得科研经费，这些事情我都得学着做。

您当时在研究什么？

研究一个和我现在的工作没多大区别的课题。我们都是由细胞组成的，几十亿、几百亿个细胞，细胞是生命的基本单位。生长和繁殖始于细胞的分裂。我一生中绝大部分时间都在努力探究是什么在控制细胞的增殖和分裂。

您因发现控制细胞分裂的蛋白质分子而获得诺贝尔奖，这是您最重大的发现吗？

这是我生命中最重要的发现，不过我现在还在研究这个课题，因为仍有一些事情需要我们去了解。我和我的同事，还有利兰·哈特韦尔（Lee Hartwell）和蒂姆·亨特（Tim Hunt），发现了一种能产生酶的分子复合物。这种酶能将磷酸盐添加到其他蛋白质中，而这一过程是各种细胞活动的重要开关。

这一发现的意义是什么？

其意义在于，我们了解了细胞生长和细胞增殖受控的基本过程，换句话说，了解了人类生长和繁殖的本质。不仅人类如此，我们周围可以看到的所有动植物都是如此。这一发现有许多用途，包括用于癌症研究。

您已被女王封为骑士，这种体验肯定很不真实吧。

简直令人震惊！事实上，询问我是否接受骑士头衔的那封信寄错了地址，所以我一直没有收到信。直到有一天，我接到唐宁街10号打来的电话。他们问我是不是打算拒绝这项荣誉，我说："很抱歉，但我不知道您说的是什么荣誉。"当时是星期五上午10点，我回答说我周末要好好考虑一下，但他们说："您必须在今天下午4点前做出决定。"所以我打电话给我的家人，和他们一起讨论这件事，他们都说我应该接受这个荣誉，于是我照做了。但他们又把邀请我去白金汉宫的邀请函寄错了地址，所以我差不多错过了整场仪式。我还获得了法国颁发的荣誉军团勋章，您应该还记得我连续6次法语考试都没有通过的事吧？当时我还得用法语做一个简短的演讲，简直太可怕了。

这些奖项一定给您带来了巨大的满足感。

是的，的确如此。说实话，我不认为自己特别虚荣，但一个人能被封为骑士当然会很高兴。我已经获得了很多奖项，但最让我满足的是我为了解细胞分裂的控制机制作出了贡献，这对我来说才是真正的荣誉。

您想向世界传递什么信息？

我希望这个世界成为一个更理性、更宽容的地方，我相信科学可以为此作出贡献。科学本质上是理性的。我们应该学习启蒙运动的价值观并将其付诸实践，例如要包容他人的想法。弗朗西斯·克里克研究所里 70% 的科学家来自英国以外的其他国家。如果我们不能接受其他国家的科学家，我们就无法利用世界的知识资本，我们需要敞开胸怀。不幸的是，英国脱欧只会筑起一道道屏障，而这些屏障将破坏科学的价值。

科学界有时会沾沾自喜。您应该知道我们是一群奇怪的人吧？有时候我们会与世隔绝，有时候我们表现得很古怪。"哦，我在实验室里做研究，别打扰我了。"说这样的话可不好。如果我们想让科学事业继续发展下去，我们就必须与公众接触，与他们交谈，直面各种问题。

CRISPR 技术和其他方法的出现难道不会引起很多亟待解决的伦理问题吗？

这是肯定的。借助今天的医疗技术，我们可以做到三四十年前无法想象的事情。我们有什么权力来操纵基因组呢？目前仍然有很多阻力，尤其是在欧洲大陆的部分地区。我们正在通过科学改变世界，对此需要进行全面的讨论，以便我们判断是否应该采用新方法。我们需要尽快做到这一点，而且在某些方面我们必须保持谦虚的态度。这不仅仅是我们自然科学家的问题，也是社会科学家的问题，有时甚至是宗教问题。针对这个问题，不同的文化圈和不同的社会可能会得出不同的结论。唯一的办法就是保持开放坦诚的心态，提出合理的论据和证据，以达成一个让所有人都满意的解决方案。

2003 年，您是纽约洛克菲勒大学的校长。在那里，您从您的家族史里了解到了一些事情，彻底改变了您的生活。到底发生了什么事？

我当时住在美国，要申请绿卡，但是申请遭拒，因为我的出生证明有问题。我去拿完整的出生证明时，才发现我母亲并不是我的亲生母亲，她其实是我的外祖母，而我的生母是那个我一直称作姐姐的女人。

我对此全然不知。我母亲 17 岁就未婚先孕了。她被送到英国诺里奇的姨妈那儿，在那里生下了我。我的外祖母出面，假扮成我的母亲，这件事一直是个秘密。其实这样的事情在 20 世纪 50 年代初并不稀奇，只是因为未婚生子在当时的人看来是一种耻辱。如今的人很难想象会发生这样的事情。只不过对我来说，这件事还是有点令人震惊。

只是有点震惊？

说错了，我简直大为震惊。我父母已经上了年纪，我有时会说："我感觉自己像是在祖父母身边长大一样。"但我没想到我真的是跟着我的外祖父母一起长大的!

您是怎样融入这个家庭的?

我上了大学,以前我们家没有人上过大学。我们之间存在着一些我无法完全解释清楚的差异。我是一名遗传学家,但有趣的是,我完全不知道自己的基因是什么样的。无论如何我的家人们已经尽力了。我的外祖父母在他们40多岁的时候收留了我,对此他们从未有过怨言。我相信我的母亲一定很难过,她不得不离开我搬出去住。她在我两岁半的时候结婚了,就住在我家附近,每周都会过来看我,但她在我发现真相之前就已经去世了,我的外祖父母和家里其他所有亲戚几乎都已经不在了,不过这些事情并没有给我造成很大的困扰。

没有困扰吗?

我的生活一切顺利,没有困扰也很正常,我被我的父母,也就是我的外祖父母所爱。在DNA技术的帮助下,我甚至有可能找到我的亲生父亲。

您对这个问题感到好奇吗?

是的,也许是因为我是一个遗传学家。我很好奇,我的另一半基因来自哪里。我并不迷恋这个问题,只是好奇罢了。

[以] 路德·阿尔农（Ruth Arnon）

免疫学

- 雷霍沃特魏茨曼科学研究所免疫学教授
- 曾获 1979 年罗伯特·科赫科学奖

◆ "我一直都知道我就是大老板，这是我的工作，我要做好这份工作。"

阿尔农教授，您上幼儿园的时候就已经是班里最优秀的孩子了，是什么让您拥有如此强大的动力？

我的好奇心很强，老是在问问题，而且我的记忆力很好。我的哥哥姐姐看到我这么爱学习，都很乐意教我一些东西，所以我刚开始上学的时候就已经会算数、会读书写字了，而且我直接跳过了一年级。很快，我就发现了自己对科学的热爱：我阅读了《微生物猎人传》(*Mikrobenjäger*) 这本书，书中记载了多位伟大科学家精彩的人生故事和他们各自的发现。我特别喜欢居里夫人，她的好奇心是如此强烈，以至于她大半夜还跑去实验室查看实验进度。当时我还不知道这就是搞研究，只知道我真的也想这么做。我 15 岁时，决定学习生物化学和医学，但我很快就意识到，我并不想成为一名医生，我只想治疗病人。

您的父母是否影响了您进入科学界的决定？

我的父母教导我，受教育、有文化很重要，因为它会赋予生命更多的意义。我的母亲是一名教师，她一直在敦促我们学习。我想她也鼓励了我父亲学习电气工程，她对我父亲说："不要抱怨，跟着你的愿望和梦想走就对了。"我父亲是一个不可思议的人，他对我来说意义非凡，因为他懂得很多事情，我觉得他间接影响了我的生活。

您在研究什么？

我是一名免疫学家，研究的是人体的免疫系统。免疫系统的作用是识别和排除异物，这也是它对抗病毒性以及细菌性疾病的方式。正常情况下，我们的免疫系统也能识别我们自己的身体成分，不会对它们产生反应。但如果这种自我识别机制出了问题，就会出现自身免疫性疾病。我的团队一直在研究多发性硬化症。我们研制出了一种人工聚合物，这种聚合物与导致多发性硬化症的蛋白质相似。我们想用这种聚合物来研究动物的病理机制，但是这种聚合物不但没有引发多发性硬化症，反而对它产生了抑制作用，我们借此契机研制出了治疗多发性硬化症的药物克帕松（Copaxone）（醋酸格拉替雷的商品名）。

所以这是一个意外的发现？

没错。我们曾用人工合成的聚合物治疗豚鼠。对照组10只豚鼠死了8只，而实验组只有两只豚鼠生病，其他豚鼠全部恢复健康。当我们发现我们合成的物质可以延缓甚至防止多发性硬化症的发生时，我们恍然大悟，那是一种很奇妙的感觉。我们必须继续研究下去，直到我们弄清楚实验结果背后蕴藏的原理和机制。

整个过程花了多长时间？

从基础研究到美国食品药品管理局（FDA）批准耗时近30年。我们花了大概9年时间做基础研究，为的是了解多发性硬化症的动物模型。我们在不同种类的动物身上测试了这种化合物，包括灵长目动物。随后我们与医生一起合作了七八年，在病人身上进行临床研究。只有这些研究都获得好结果，才会有公司感兴趣，开始研制药物。后来又过了9年，药品才获得美国食品药品管理局的批准。

您如何描述您的研究对社会的贡献？

克帕松的研制是一个非常重要的贡献。我们刚开始研究的时候，世界上根本就没有治疗多发性硬化症的药物，病人的处境很糟糕。在克帕松获得美国食品药品管理局批准的前一年，药物β干扰素（Beta-Interferon）上市了，所以很遗憾，我们只拿了个第二名，但是病人对药物的需求仍然非常大。数十万病人至今仍在服用我们研制的药物，病情恶化的程度已经小了很多，病人基本可以过上正常的生活。当病人对我说"克帕松改变了我的生活"，那种满足感是难以言喻的。

您是以色列第一批从事科学行业的女性之一，这对您来说是什么感觉？

很累，因为我还有自己的家庭，一个丈夫和两个孩子。女性必须在年轻的时候成家，当孩子们都长大了，便不能再把自己的职业生涯往后推了，我得同时做这两件事。孩子还小的时候，我的每一天都过得很漫长。我每天早上四五点起床，把所有需要发挥创造力的任务先做完，也就是思考问题、制订计划，这段时间我可以独享安宁，直到孩子们7点起床。我们总是住在离工作地很近的地方，所以我中午可以回家和他们一起吃饭。我下午 4 点下班，晚上又经常回到实验室加班，这就是我的日常生活，我觉得没有什么特别的地方，我丈夫非常支持我。我想去墨尔本、伦敦和巴黎进修的时候，他会请假和我一起去，一去就是三四个月，我们把这段时间当作我们的"迷你假期"。我和他总是相互扶持，我觉得这很重要。

一些女性喜欢从事工业行业的工作，因为工作时间固定。您有没有想过改行呢？

从来没有，我总是自己决定想要研究的东西。在工业领域，有人会给你设定一个目标，你就必须朝着这个方向走，而在基础研究中，你可以跟着自己的好奇心走，而好奇心有时候会带来一些可以投入实际应用的成果。

年轻人为什么要进入科学领域？

他们应该始终遵从自己的本能和激情，因为只有当你喜欢做某件事时，你才会做到最好。你能在内心深处感觉到某件事情是不是正确的。科学让我着迷的点在于我可以选择自己要走的路。当然，这条路上总是存在着不成功的风险。有时你会陷入死胡同，然后你不得不重新思考，并且告诉自己："好吧，我原以为这是正确的方式，可惜这不是。"

您在魏兹曼研究所和其他科研机构多次担任领导职务。您有没有觉得女性受到了区别对待？

我和男性一起工作过，也和女性一起工作过，和地位比我高的男性以及地位比我低的男性一起工作过，但我从来没有遇到过这方面的问题。科学家就是科学家，性别对我来说并不重要。当我的孩子们长大成人后，女性的身份就与男性无异了。我自己可以取得进步，可以决定我想用我的时间做什么事。无论是作为部门领导，还是作为系主任，抑或是作为科学院的院长或副院长，我从来没有经历过歧视。我一直都知道我就是大老板，这是我的工作，我要做好这份工作。

一个好的科学家需要什么样的品质？

好的科学家必须持之以恒，要有坚强的意志，坚持自己的研究，而不是在事情没有进展的时候就放弃，因为不是所有事情都能按计划进行。如果结果或多或少符合预期，那就再好不过了；如果与预期不符，就必须灵活处理，甚至可能要改变原来的计划。如果之后的实验成功了，就会有一种绝对的满足感。如今，一个国家的富裕程度更多是由它的知识和技术决定，而不是原材料。

对您来说，和动物一起工作是什么感受？

我不喜欢动物试验，但我知道，没有动物试验，就不会有任何成就。有许多组织反对动物试验，但如果我们想为人类健康研制新药，动物试验肯定是必不可少的。只有当我们在动物身上获得良好的实验结果，我们才能在人身上做一些类似的实验。我们绝不能先从人体实验开始。

作为一名科学家，您在团队中工作，您喜欢这样的工作方式吗？

我一直在团队中工作。研制多发性硬化症药物克帕松的时候，我的团队由迈克尔·塞拉（Michael Sela）教授、德沃拉·泰特尔鲍姆（Dvora Teitelbaum）博士和我 3 个人组成。尤其是在生物学领域，科学家几乎一直都是以团队的形式一起工作。你无法一个人做研究，因为很多实验必须同时开展。每个人都负责一部分，大家一起解决难题。

从您的科学生涯开始到今天，您有没有发生过改变？

我还是很渴望做研究，我还是很享受科研工作。也许我现在不太需要工作了，但我做这些工作就是为了快乐。我曾担任过以色列科学与人文学院院长，任期 5 年。那时，我每周有 3 天时间都待在耶路撒冷，只有两天时间待在这边的实验室里，但自打我从学院退休之后，我又有了做研究的欲望。没有什么事比计划一项新实验更能让我感到满足。只要我能做到，我就会一直这样做下去。

[意] 维托里奥·加莱塞（Vittorio Gallese）

神经科学

- 帕尔马大学生物心理学教授
- 2016 年起，担任"爱因斯坦访问学者"项目研究员

◆ "科学家不能害怕突破界限，永远不要认为有什么事情是理所当然的。"

加莱塞教授，为什么年轻人应该进入科学领域？

因为这是他们能做的最好的事情。除了艺术之外，科研是最有趣、最鼓舞人心、最令人兴奋的工作。每一天都不一样，你永远不知道你转过下一个拐角时会发生什么，你挑战的是未知的事物。你必须选择你最感兴趣的课题，为之投入大量的精力。因为在科学领域，只有通过大量的工作和努力才能赢得一切，这里没有固定的工作时间。我总是会对和我一起工作的人所体现出来的奉献精神和散发出来的热情惊讶不已。

1991 年，您和贾科莫·里佐拉蒂（Giacomo Rizzolatti）、莱奥纳尔多·福加西（Leonardo Fogassi）、卢恰诺·法迪加（Luciano Fadiga）、朱塞佩·迪·佩莱格里诺（Giuseppe di Pellegrino）一起发现了镜像神经元。您能简单地解释一下这是什么吗？

当时，我们正在探寻运动神经元的视觉特征，为此我们详细记录了"典型神经元"的活动，它们具有双重属性：每当猴子伸手去抓一个物体，典型神经元就会放电，我们称之为神经元的脉冲发射，但是如果猴子只是看着物体，不用手去抓，这些神经元也会变得活跃。为了对神经元进行临床测试，我们拿起物体并把它们展示给猴子看。我们猜测：在我们伸手去拿物体的过程中观察不到任何现象，只有当猴子看着我们手中的物体时，神经元才会放电。令我们非常惊讶的是，我们发现：在我们伸手去拿物体的时候，猴子的部分神经元已经在发射脉冲了。这是一个非常激动人心的时刻，但我们很快就抑制住了自己激动的心情，首先我们必须验证是不是我们搞错了。几个月过后，我们证实自己有了一个伟大的发现，这是我整个科学生涯中最激动人心的时刻之一。我们能够排除的替代性解释越多，我们就越相信我们真的发现了行为者和

观察者之间的某种神经媒介。当然，一直都有人在质疑我们的发现，科研就是一个不断检验、不断证明的循环过程，也是一个兴奋与沮丧交替的循环过程。

这一发现是否也意味着您的想法能反映出我的想法？

嗯，我们从猕猴的大脑中获得了这一发现，我们的研究对象是明显外露的行为，但这只是我们继续研究时发现的冰山一角。1999 年，我们与美国哲学家阿尔文·戈德曼（Alvin Goldman）一起做出了假设：这种镜像机制不仅有可能适用于行为动作，也有可能适用于情绪和感受。我们假设：当我看到别人产生某种感觉时，例如触碰感或疼痛感，大脑中让我产生这种感觉的部分也会活跃起来。一项基于这一假设的实证研究已经证明了这一点，同理心的概念就是这样来的。

所以当我们看到有人哭泣，我们就会产生同情心？

同理心是我们这个社会的基本要素之一，它能够帮助我们了解他人的感受，但这并不一定意味着一个人就有同情心。即使是虐待狂也可能有同理心：他能意识到别人的痛苦，但他不会同情别人。可惜的是，人们往往并不清楚同理心和同情心之间的区别。镜像神经元只赋予了我们理解他人遭遇的能力，但它并不会驱使我们去帮助别人。然而，这种"实验性"的理解形式可以帮助我们下决心做一个有同情心的人。

您的这一发现是否引起了竞争或别人的嫉妒？

如果你的发现改变了不同科学领域的面貌，肯定会引发一些后果：我们和一些科学家之间产生了激烈的对抗，还有人发表了一些文章就是为了说明我们对数据的阐释都是错的，但这些都是正常现象，我把它称为有益的科学辩证法。科学之所以取得进步，是因为我们彼此反对对方的观点。当你提交一篇来自哈佛的论文，别人听到这个的反应和你提交一篇来自开姆尼茨（Chemnitz）或帕尔马（Parma）的论文是不一样的。我们应该评价别人的所作所为，主要是因为我们要依靠公共资金生活，但科研已经成了一种竞争性行业，看谁的 H 指数最高。因此，一个新发现势必引起讨论和反对、竞争或敌对关系，而且总是存在这样的风险：几年后有人会驳斥我们的发现，说："镜像神经元简直是胡扯。"到那时我们也得接受这个事实。

科学家应该要有什么样的心态？

科学家必须有热情，有极其强烈的好奇心，而且要经常工作。科学家不能害怕突破界限，永远不要认为有什么事情是理所当然的。我带学生的时候，着重培养的就是这些最重要的品质。除此之外，科学家应该做好承担风险的准备，只不过这一点越来越难做到。现在的科学家必须说得天花乱坠才能获得研究经费，他们的压力越来越大，别人要求他们马上取得成功，并且保证可以快速将研究成果转化为某种技术。

那您怎么看待工作和生活的平衡？

我可能太极端了。我们发现镜像神经元的时候，我和大多数团队成员都没有拿到大学的酬金。因此，我不得不利用周末和工作日晚上的时间做监狱医生，以此谋生。我没日没夜地工作了 5 年，我真的很想要钱。直到 1992 年，我们发现了镜像神经元之后，终于拿到了经费。我在东京还获得了两年的科研奖学金，这些钱帮了我很大的忙。我可以在这个完全陌生的工作环境中证明自己了，我终于相信自己是一个优秀的神经科学家了。在帕尔马这个地方，痛苦还是多过甜蜜。

这一重大发现给您的生活带来了其他变化吗？

说实话，改变我生活的一件大事是我当了爸爸。如果我早知道当爸爸是一件这么不可思议的幸事，我就不会 45 岁才开始当爸爸。如果我早点开始，兴许现在已经有三四个孩子了，而不止两个。我曾经说过一句话，我妻子到现在还经常念叨："孩子与我们的工作无法兼得。"我会有这种想法真的是太蠢了，但当时正年轻的我对这一点深信不疑，有时候我很后悔我有过这样的想法。

但是，如果不坚持努力工作，您还能获得这一发现吗？

我觉得可以。我们这些科学家都有一种近乎狂热的倾向，即使在我们不工作的时候，几乎每件事情都能给我们提供与我们的实验有关的想法。我们从不会脱掉我们的实验服。在发现镜像神经元后，我将研究领域扩大到社会认知层面，这是我职业生涯的一个转折点，我必须深入研究哲学、精神病理学和美学，后来还研究了电影理论，所以我每天都多了很多额外的工作。我通常凌晨 1 点睡觉，6 点半起床，所以我基本上每天就睡 5 个小时左右。家里静悄悄的时候，我可以一边听音乐，一边看一些工作相关的资料。有时候我会坐在沙发上，看《茶花女》(*La Traviata*) 的旧录像带，看到动情处，我就会哭，被音乐和艺术打动的感觉真好。如果你是个重感情的人，你就会变得更富有，其实我非常害怕那些没有感情的人。

您从小就喜欢音乐吗？

我父母成功点燃了我对艺术的兴趣之火，我父亲喜欢音乐。我第一次去歌剧院听交响音乐会的时候才七八岁。瓦格纳（Wagner）的《名歌手》(*Meistersinger*) 序曲对我来说是一种启蒙。我的父母都非常温柔，我经常依偎在他们身上，尤其是我的母亲，她经常会给我一个吻，告诉我她有多么爱我。现在我对我的孩子们也是这样，我认为肢体接触非常重要。对于小时候的我来说，能体验到如此多的亲近感和爱意简直意义非凡。我母亲可能更希望我成为一个富有的精神病学家，而不是一个贫穷的神经科学家。不过除此之外，他们一直都非常支持我。在我 9 岁以前，我一直都是一个很幸福的孩子，后来我母亲得了严重的抑郁症，仿佛生活在地狱一般，这件事让家里每个人的日子都变得很艰难。

您认为所有的情绪都有科学的解释吗？

仅靠神经科学就能解释所有情绪的想法是完全错误的。我认为认知神经科学很重要，但光靠它还不足以弄清楚我们是谁。我主张的科学模式是：不存在唯一的真理，只存在很多暂时性的真理，我们可以用新的证据和新的假设来反驳这些真理。科学绝不能成为不容争议的宗教，我们唯一的信条只能是：坚守事实！

[德] 奥努尔·京蒂尔金（Onur Güntürkün）

心理学

- 波鸿鲁尔大学生物心理学教授
- 曾获 2013 年戈特弗里德·威廉·莱布尼茨奖

◆ "运气好的话，我会有一种沉浸在思考中的感觉。"

京蒂尔金教授，您研究的是思维的神经基础。您理想中的思维状态是什么样的，您如何实现这种状态？

我不可能按一个按钮就把这种思维状态召唤出来，但这种状态其实一直都在。当我打开视野，可以看得清清楚楚、明明白白，这种感觉很棒。我把所有的注意力都集中到要分析的小范围内，把其他一切都屏蔽掉。运气好的话，我会有一种沉浸在思考中的感觉，这种情况会持续很长一段时间，直到我觉得累了。有时候，为了找到一个解决方案，我会花上几天甚至几周时间。然后在和别人交谈的过程中，我就会突然想到一个解决方案，或者当我第二天早上醒来的时候，解决方案就会出现在我的脑子里，这种情况往往很难预测。

您研究的对象包括人、海豚和企鹅，那为什么最主要的研究对象是鸽子？您到底在研究什么？

我正在研究思维活动是如何在大脑中发生的。长期以来，科学家认为只有与人脑相似的大脑才能进行复杂的思维活动。换句话说，我们认为人类或猿类大脑的形状、结构和内部的连接为高级思维活动奠定了唯一可以想象的基础。然而，过去 20 年的发现表明，乌鸦等鸟类能够进行与黑猩猩相同的认知活动，但乌鸦和其他所有鸟类（例如鸽子）的大脑比黑猩猩要小得多，而且结构完全不同，事实证明我们以前的想法是错的。显然复杂的思维过程也可以在组织结构完全不同的大脑中产生，所以我研究鸽子是为了弄清楚思

奥努尔·京蒂尔金（Onur Güntürkün）

维活动在鸟类大脑和哺乳动物大脑中产生的过程。我始终认为大脑的解剖结构具体看起来是什么样子并不那么重要，重要的是各个神经细胞群彼此之间确切的连接规律到底是什么。嵌有这种神经细胞群的大脑从外表看起来可能非常不一样，但依然可以产生相同的思维过程，这种新的科学观点能让我们意识到：我们以前认为动物就像是有生命的机器人，但其实大部分动物都有复杂的精神生活。

在从事科研事业的过程中，让您感到最幸福的一次经历是什么？

为了写博士论文，我做实验对鸽子的大脑半球进行控制，但获得的数据没有任何意义。当时一位比利时的同事从俄罗斯开完会回来，他告诉我，一位澳大利亚妇女发现了雌性小鸡左右脑之间的差异，我恍然大悟。我把我的数据按照左脑和右脑重新进行梳理，得到了十分清晰的图像，我永远不会忘记那一刻。

◆ "我在日常学术生活的生存斗争中积累的伤痕比在轮椅上积累的伤痕还要多。"

您还发现，女性在月经期间可以像男性一样思考，这是为什么呢？

人类的大脑半球结构是不对称的，控制语言的区域大多在左半球，控制空间定位的区域大多在右半球。据统计，这种大脑不对称现象在女性身上不太明显，而且可以被激素改变，认知过程也会因此受到影响。在心理旋转这一空间思维测试中，男性的表现显然比女性好；但在月经期间，女性大脑的不对称性与男性相似，在此期间，女性在心理旋转测试中表现得和男性一样出色，因此大脑组织差异和认知差异取决于女性和男性受试的时期，这一发现可以说十分有趣。如果你现在问我，我是不是完全明白为什么会这样？我只能说：我不明白，至少不是完全明白。

您的生活经历十分丰富：生于土耳其，患过小儿麻痹症，来到德国投奔自己的叔叔。在医院里，您和您的父母被隔离开来。这些经历对您产生了什么样的影响？

我受到了严重的创伤。那时我才6岁，面对的是一个没有人会说土耳其语的环境，当然我也完全不会德语。我对头几周甚至头几个月都没有任何印象了，过度的童年创伤会导致失忆，我在很长一段时间里都认为自己有这样的问题，直到我遇见了当时负责照顾我和其他人的护士们。她们当中有很多人从未结过婚，我们就是她们的孩子。护士们早上和我们一起吃早餐，晚上才回宿舍。在我的记忆里，她们给我们打造了一个对孩子来说非常愉悦的环境，感觉就像家一样，所以我也明白为什么那时候的经历没有给我留下心理上的创伤。在医院待了 8 个月以后，我只说德语，我父母几乎无法与我交流，但是重拾很久不用的土耳其语其实是很快的。

小儿麻痹症把您逼到了死亡的边缘，您还记得这件事吗？

我身上的铁肺呼吸机被拿走时，母亲把她的耳朵贴在我的嘴边，我拼命地想大声说话，但只能发出非常微弱的声音。医生原以为我命不久矣，还问过我父母是不是要帮我一把，缩短我痛苦的时间，我是很久以后才知道这件事的。我母亲当时就不同意，这件事就此告一段落。从那时起，我就认为：永远不要放弃任何一个人。

您从小就开始坐轮椅，在 20 世纪 70 年代的土耳其，您不能像其他青少年一样做所有可以做的事情。那是一种什么感觉？

我有很多生理障碍，而青春期刚好是我们最不需要父母的时候。我母亲并没有特意花时间照顾我，我能够在没有父母帮助的情况下度过一整天，因为我有两个同学总是一整天不间断地轮流照顾我，这个活动是我在土耳其文理高中的班主任组织的，只要我不害羞就行了。其实我的有些性格特点还是很有用的，比如我非常乐观，甚至乐观到有点病态的地步。

在您的成长过程中，您和女孩子接触的方式是什么？

这是个很艰难的阶段，但是爱的方式有很多种。我 19 岁时在一个聚会上认识了我的妻子，我们一直都保持着恋爱关系。她后来决定要和我结婚，这样我就不会被驱逐出境，至少这是一个她说要结婚的正当理由，我认为这个理由很浪漫，立刻就答应了她。

◆ **"这不是一份普通的职业，因为我们依赖于他人的关注和引用。"**

作为一个残疾人，您在之后的生活中还克服了哪些困难？

我在日常学术生活的生存斗争中积累的伤痕比在轮椅上积累的伤痕还要多。我已经习惯了坐在轮椅上的生活，它成为我的一部分，但我从来都不认为这些限制是我的伤疤。从事科学事业最重要的是要有激情、足够热忱。这不是一份普通的职业，因为我们依赖于他人的关注和引用。我们必须与数不清的挫折打交道。有时候我们努力很多年才能得到一个结果，一个令人信服的结果，那也是我们的一部分。然后就会有同行死盯着这些结果不放，给出完全否定的评价。那时我们就好像赤身裸体地站在集市里，心里想着：哦，天哪！我必须处理好这些事情。

对您来说，进入学术界的道路是否特别难走？

当然很难，因为我可以完全胜任的工作太少了。我不可能因为一个有趣的问题，就在腰上拴个望远镜，跑去沙漠里待3个月，观察那些奇异的动物。尽管如此，我还是竭尽所能，不轻易妥协。毕竟对我而言，当我研究我所热爱的事物时，科学才有价值。

您从小就想成为一名科学家吗？

我从来没有做过其他事情，现在的我更加专业了，拥有的资源也更多了。上小学时，有一次我发现了一只腐烂的麻雀，它可能是从窝里掉出来的。我幻想它是一只始祖鸟，心心念念想要解剖这具小尸体，无法自拔。我收集象鼻虫，把它们锁在音乐磁带盒里，还用磁带盒建造迷宫，当象鼻虫找到迷宫出口时就给它们一点奖励。我在水族箱里养鱼，不断改变水族箱的环境条件，想弄清楚鱼是不是能看到颜色。为了买一台显微镜，我和我母亲做了一个交易：我帮她晾一次衣服，她就给我十芬尼。我敢肯定我干的活比我留给她的活要多，但内克曼（Neckermann）的教学显微镜才是我最宝贵的财富。我当时的教授是胡安·德利乌斯（Juan Delius），因为他，我才走上了科学的职业道路。我之所以学习心理学是因为我想研究大脑，但在研究过程中，总有人问我大脑与心理学之间有什么关系，在当时的背景下，这个问题就是一种无脑心理学❶理念的体现。我认真考虑过要不要辞职，但德利乌斯教授做的实验正是我非常感兴趣的实验，这就是我想要的，再没有别的了。他拯救了我的学术生涯，甚至可以说是他给了我开始学术生涯的机会。

您是一个什么样的大学教师？

我很崇拜我以前在土耳其的高中数学老师，我正在努力做一个像他那样的老师。我现在之所以能成为一名教授，都要归功于那所高中。我的数学老师为他的学生们劳心劳力，但他绝不会多送一分给我们，我觉得这样很好，从他身上我学会了应该正确对待工作。上厕所花的每一分钟，做白日梦所花的每一分钟，我们都应该记下来，最后从我们的工作时间中扣除。在高中教学的日子里，有一段时间我各种各样的扣时活动太多，以致我每天的工作时间只有8个小时，尽管我觉得我一天到晚都在工作。随着时间的推移，我有了进步，我最长的净工作时间达到了14小时25分钟，我想我这辈子都没再工作过那么长时间。

---

❶ 无脑心理学：行为主义抛弃了心理学研究的重要内容——意识，不研究心理的内部结构和过程，不研究脑的内部活动，被讥讽为"无脑心理学"。——原注

您如何平衡科研工作和私人生活？

我很幸运，娶了一个喜欢早睡早起的妻子，我和她相反，是一个喜欢晚睡晚起的人。我们商量好：我们按照我的作息时间上床睡觉，也就是过了 12 点以后才睡觉，但要按照她的作息时间起床，也就是 6 点一刻起床。结果是我们俩经常睡眠不足，大概从 40 年前起，我们就一直在说，不能再这样下去了。我可以做很多工作，我的工作速度很快，而且能快速做出决定。我很幸运，我可以无条件信任那些给我提供教授职位的人。

在科学界，很少有女性能登上顶峰。您跟女性科学家有什么样的相处经验？

在我的团队中，女性多于男性，因为她们都是特别优秀的科学家。心理学是一门女性学科，心理学专业几乎 80% 的学生都是女性，但是当心理学越发仪器化、技术化，就会出现越来越多的男性，在我的团队里也可以观察到这种现象。科学事业是一项高风险的事业，总的来说，男性更愿意承担这类风险。此外，科学事业与组建家庭很难兼得，这往往也是最难熬的时候。许多女性可能认为，在这个阶段很难说服男性承担起照顾孩子和家庭的主要责任，也许男性不太愿意这样做；可能女性更喜欢在孩子出生的头几年里负责照顾孩子，但我很高兴看到这种男女分工的差异正在不断缩小。

您愿不愿意承担风险？您是否曾在科研中迷失方向？

哦，那是当然。从统计学角度来说，一次普通的实验就是一次失败的实验。因此，用来写博士论文的实验必须经过非常仔细的设计和规划，保证有退路可走。大多数伟大的梦想都不会实现。对于年轻人来说，成为科学家的原因只有一个，那就是好奇心和自由的驱使，否则谁会愿意为了一些小项目而满世界跑，没日没夜地工作，最后的工作成果却只能扔到垃圾桶里？科学家的收入不多，竞争却很激烈。你有可能在某次大会上发现，别人的速度总是更快，这种事情简直堪比灾难啊！但你得到的回报是可以自由进出未知领域，发现新事物，找到全新的解释。好在经济人并不存在，否则就没有科学的容身之处了。

您为什么获得了成功？

作为一个重残人士，我不得不对自己的人生进行非常明智的思考和规划。我为自己想做的事情感到兴奋，但同时我总是对自己的表现不满意。我努力工作，几近疯狂，随时准备好承担更大的风险。但成就并不代表一切，生活中还有一些地方需要可靠、关心和亲近。毕竟，科学家们经常一起合作，就是好朋友。我已经用我自己的方式完成了这一切，当我回顾自己的一生，我的内心充满了喜悦。

您想对大家说些什么？

我相信人类的力量，相信人类可以创建自己的未来。人类可以破坏很多东西，但他们也可以创造很多东西。如果我们回顾一下过去的 5000 年，总的来说，我们创造的东西远远多于我们破坏的东西。我希望能一直这样。

◆ "你得到的回报是可以自由进出未知领域，发现新事物。"

[以] 乌里扬娜·希曼诺维奇
（Ulyana Shimanovich）

生物化学

- 雷霍沃特魏茨曼科学研究所材料和表面科学助理教授

◆ "欲求不满是人类的天性。"

希曼诺维奇博士，您认为年轻人从事科学事业需要什么样的个性和品质？

年轻人应该有好奇心，有解决问题和寻求解决方案的韧劲儿。当然，这个过程总是会有不确定性，但科学家的工作就是要找到解决方案、找到问题的答案，这种不确定性就是一种驱动力。我会把科学家定义成一种有动力的人。

您有两个孩子，您如何规划自己的工作和生活？

一旦有了孩子，工作起来就会更有效率。我是单亲妈妈，我母亲帮了我很多忙，我父亲也会帮忙照顾孩子。孩子们现在还太小，大女儿4岁，小女儿才1岁。

您的思维结构是什么样的？

这个问题可能要问那些认识我的人，不过有一点可以肯定，我的思维结构非常复杂。特别是作为一个女人，我必须在脑子里对不同的任务进行整理。有了孩子之后，讲究一定的条理、制订计划是很有必要的，例如日常计划，而且我们必须非常专注，但即便如此，有了孩子后很多事情都会变难。我们得照顾孩子，安抚孩子，为他们提供他们所需要的东西，但我们也得专注于自己的研究。有些科学家会培养一些爱好，这些爱好能帮助他们偶尔放空一下，获得看待问题的新视角，而让我放空的就是我的孩子们。

您是否曾有过"这个项目正朝着错误的方向发展，但我不知道接下来该怎么做"这样类似的疑虑？

怀上我第一个女儿时，我正在英国剑桥大学读博士后，计划去以色列休产假。我尽可能多地收集了各种资料，但这些资料一点用也没有，我很绝望。孩子出生后，我有了一点时间，又把资料看了一遍，这时我突然找到了一个方法。有时，当我们感到绝望、过分专注于一个问题时，试着退一步，深呼吸，从不同的角度来看问题，可能会起到帮助作用。

◆ "我也要面对竞争，但竞争既可以是积极的也可以是消极的。"

在职妈妈是不是更难在科学界里平步青云？

在我看来，人们认为女人支持男人的事业是理所应当的，但他们并不认为男人为女人做同样的事情也是理所当然的。如果有男人这样做了，他们就会认为这样的行为是值得赞扬的、是很了不起的："哇，他竟然做出了这样的牺牲。"女性擅长一心多用，所以我们特别适合从事科学行业。举个例子，我得安排和孩子们在一起的时间，得提前计划一切。

魏茨曼研究所是一个非常著名的研究机构。您是一位相当年轻的女性，是怎么走到今天这个位置的？

我有一位博士生导师，他总是充满活力，给了我极大的鼓励和支持。他现在已经80多岁了，但他的精力比我还充沛。剑桥的研究环境就很不错。魏茨曼研究所也非常重视研究，重视对学生的资助和指导，更何况我在那里还有一个很了不起的导师。

魏茨曼研究所有许多渴望成功的年轻科学家，那里竞争激烈吗？

不激烈，我们彼此之间互相帮助。当然，我也要面对竞争，但竞争既可以是积极的也可以是消极的。由于我们的研究领域和工作领域并不完全重叠，所以我们之间的竞争是积极的。

有没有哪个瞬间您欣喜若狂并说："哇，太棒了！我发现了一些东西！"

我不能碰到一件不寻常的事情就一直强调这件事，就认为："这是一个转折点。"数据和结果越是令人印象深刻，我就越是欣喜若狂，但是重大发现不只是包括某一件不寻常的事情，而是由一系列不寻常的事情组成。

我们通过已发表的论文和作过的学术报告来评判一个科学家。您如何应对这种评判方式？

有两个方面，一个是撰写和发表论文，另一个是介绍自己的研究工作。我对前者没有异议，对我来说，难点在于成为会议和媒体关注的焦点，因为我是一个害羞的人。一开始，我很害怕上台介绍我的研究工作，更别提还要面对观众的评判。解决这个问题的最佳方法之一就是在自己身上下功夫。在我发现自己的这个弱点之后，我就试着尽可能多作报告，以克服恐惧。当我习以为常的时候，我只会想一些无关紧要的事情，我只是在作一个报告而已，我不会去想听众们都在盯着我看。

迅速发表研究成果的压力大吗？

我尽量在发布少量数据和重磅成果之间找到一种平衡。如果老是等待，迟迟不出手，其他同时也在研究相同课题的人就可能捷足先登，先我一步发表成果。

◆ **"我试着尽可能多作报告，以克服恐惧。"**

出国留学重要吗？

重要，在另一个国家可以体验不同的环境，积累不同的经验，可以学习如何与另一种心性的人沟通交流。我在剑桥学到了很多。

您在剑桥读博士后，那里有什么不同吗？

读博期间，会有导师提供建议，而博士后在某种程度上就是一个独立的研究人员。我得学会管理自己的研究项目，确定自己的目标并解决在此期间出现的问题。我还要学习如何指导硕士生，给他们提供建议。除此之外，我们还要学会管理和研究管理方面的技能，学会与人沟通和互动的技巧。

您似乎很有自信，您一直都是这样吗？

说实话，我不认为我有自信。我一直都在努力做正确的事情。我知道我想要什么，我拼尽全力去获取我想要的东西，我很执着。

您是在以色列出生的吗？

不是，我出生在乌兹别克斯坦的塔什干。我的父亲是一名气象学家，从事气象测量仪器的制造工作，所以基本上到处都有我们居住过的痕迹，就连西伯利亚也有。16年前我们从乌兹别克斯坦搬到以色列，当时我 20 岁，已经拿到了学士学位，因为我 16 岁就开始上大学了。到了以色列之后，我不得不从零开始学习希伯来语。虽然书都是用英文写的，但我得听懂老师上课讲的东西，所以我报了一门希伯来语课，那是一段很艰难的日子，如果再来一次，我不确定我还会不会这样做，但我想和其他人一样学习希伯来语。我想达到和他们一样的水平，甚至是超过他们，这就是我的动力。我希望顺利结课之后，能说一口流利的希伯来语，而且我要在最短的时间内完成这件事。我把所有的时间都投入希伯来语的学习。硕士毕业的时候，我心里很清楚我想带领属于自己的团队。

◆ "我们可以坐在角落里哭泣，也可以继续前进，试着从错误中吸取教训。"

您的父母是如何帮助您的？

他们一直都很支持我，他们非常重视教育。我母亲在一定程度上也是一个榜样，她在乌兹别克斯坦担任法律史教师，从未停下前进的脚步。我认为欲求不满是人类的天性，有些人想要金钱，有些人想要权力，有些人想要更多他们已经拥有的东西。

您今年 36 岁，也就是说，到目前为止，您的职业生涯已经持续 16 年了，这可不一般啊。

是的，我们必须忠于自己的目标，忠于自己的幸福感，做自己想做的事，做让自己快乐的事。虽然当教授或者带领一个研究小组并不能让每个人都发自内心地高兴，但换作我，我会很高兴。

您有时也会犯错吗？您犯错之后会做些什么？

当然会，我们任何时候都可能犯错，无论是做研究还是生活都会犯错。我们需要自我控制，不要让自己过于放松，应该思考问题的解决方案。我们可以坐在角落里哭泣，也可以继续前进，试着从错误中吸取教训。有时我们会陷入死胡同，那我们就得走出死胡同，继续前进。当然，每个人都经历过这样的时刻：感到沮丧时，只想将一切抛在脑后，但这是一种情绪化的表现。理性的办法是思考事情的后果：如果我辞职不干了，我能得到什么？我必须思考这个问题，因势利导。

您认为自己会是明日之星吗？

我想我永远不会这样评价自己。我是一个想尽力做好科研的科学家。我认为，不断反思自己能把什么事情做得更好是很有女人味的表现，而不是想着自己有多厉害。我还在努力突破限制，克服障碍。

乌里扬娜·希曼诺维奇（Ulyana Shimanovich）

您是外来移民，这对您的成功造成了什么影响吗？

作为一个移民，我培养了带领我走向成功、促使我不断前进的品质和动力。我试着尽可能完美地融入这个社会。我想，如果我不是移民，我就不会那么看重自身事业的快速发展。也许每个移民的想法都会不一样。

但您依旧不属于这个集体，您有时候会不会觉得很孤独？

是的，我偶尔会感到孤独，但有时不入大流也是件好事，我可以培养自己的领导品质。我的建议是：不要考虑其他人，做自己喜欢的事就好了。如果其他人看到我们喜欢自己的工作，并且感到很满足，他们就更有可能跟随我们的步伐。

您为什么要学习一门自然科学？

我有一个很了不起的化学老师，她的教学方式很有趣。我们不只是单纯地把分子式写下来，还可以在实验室里检验这些分子式。只要我们愿意，我们就可以利用课余时间去实验室做实验，发现更多东西，可以重复做其他的实验，做更多普通课堂上做不了的事情。

您能否简单解释一下您的研究，让非专业人士也能够明白您的工作内容呢？

我的团队从事的是蛋白质自组装的研究。蛋白质是为身体提供燃料的分子。在某些条件下，蛋白质分子相互作用，形成超薄的纤维。蜘蛛结网时，我们可以观察到这种现象。同样的事情也会发生在人类大脑的神经元中。在那里可以形成某些纤维，这些纤维毒性极强，会引发细胞的自杀行为，我们称之为细胞凋亡，这一过程会导致神经退行性疾病，如帕金森症和阿尔茨海默症。我们正在研究功能性纤维（如蜘蛛产生的纤维）与人体神经元内的有毒纤维之间的差异。我们希望弄清楚"坏"纤维和"好"纤维形成过程之间的差异，想找到一种方法改变这种纤维的形成过程。由此产生的一些具体问题包括：如何改变纤维形成的分子信号？变化对于纤维的物理特性（例如纤维的韧性）会产生怎样的影响？改变纤维的物理特性会不会对人类神经元产生完全不同的影响？我们能否"启动"细胞的自卫机制，使其破坏有毒纤维？

您如何描述您对社会作出的贡献？您的研究进行到哪一步了？

我的团队和世界各地团队的研究都是为了揭示某些神经退行性疾病的基本机制，但我不想声称我们很快就会找到治疗阿尔茨海默症和帕金森症的方法。我希望我们在不久的将来能实现这个目标，但我必须现实一点。至少目前这些疾病的一些副作用和症状已经减轻了，病人的预期寿命也有所延长。我们需要做进一步研究。

这项研究分为三个阶段，您能向我们介绍一下吗？

第一阶段是证实或否定某种效果，并检查这种效果的一致性。第二阶段则是努力改善观察到的效果，并将技术用于更复杂的系统。例如，在分离出来的蛋白质上可以观察到某种效果，但在细胞内部甚至在像老鼠这样较大的生物体内，这种效果就消失了。第三阶段是临床研究，主要是测试一种疗法能否在正常人体内发挥作用。这种疗法可能会有好的效果，但它的副作用更严重，而且这些副作用可能在几年后才出现，所以我们必须确保人体不会受到伤害。

您有没有想过从事工业行业的话，工作时间会更加规范？

不，从来没有。科研赋予了我一种能量，比工业领域的工作赋予我的能量更多。科研让我有精力照顾我的孩子。有时候我会把他们带到实验室来，让他们玩显微镜。我认为这对他们来说很有趣，而我也很轻松。我喜欢我的工作，这对我的孩子也有好处。我相信，当他们的母亲获得成功和喜悦，他们会比我更高兴，他们会变得更自信。

◆ "科研赋予了我一种能量，比工业领域的工作赋予我的能量更多。"

[美] 理查德·扎尔（Richard Zare）

化 学

- 斯坦福大学化学教授
- 曾获 2005 年沃尔夫化学奖

◆ "我努力保持开放的心态，不断探索，做一个冒险家。"

众所周知，您是科学界女性的坚定支持者，这种行为在一个由男性主导的领域里是很不寻常的。您为什么会这么做？

我并不是生来就如此，而是随着时间的推移慢慢变成了这样。一方面是因为我的 3 个女儿，她们的事业都很成功；另一方面是因为我的妻子，她也是科学界女性的坚定支持者。

请您讲讲您妻子的故事吧。

爱上她于我而言是一件很美好的事情。50 多年过去了，我的婚姻仍然很幸福。我可以和她交流，做她的听众。我们俩就像一支优秀的团队，目标就是让我们的期望符合现实。

有一些科学家说过，女性生完孩子之后就很难再拥有成功的事业。您也是这样认为的吗？

完全不是，女性可以拥有一切。社会肯定会支持女性，为女性提供充足的育儿服务和产假。我当上化学研究所主任的时候，开始实施 12 周带薪产假制度，这在当时是一种极不寻常的举措。如果我们的研究所可以成为一个家庭友好型的研究所，就能够吸引更多的顶尖女性研究人员。让女性拥有平等的机会在各自的领域中发光发亮才是最重要的。女性占总人口的一半以上，如果我们把她们排除在外，就有可能浪费大量的人才，这个世界就会变得不对称，世界需要倾听女性的声音。女性组织召开妇女权利会议，只邀请女性参加，但不论男女，都必须关注当下正在讨论的话题，并发表自己的看法。

除了妇女权利之外，还有什么激励着您？

我想和大家一起分享我的发现之乐，这就是我的动力源泉。彼得·潘（Peter Pan）说得对：永远不要长大。永远做个孩子，永远保持与生俱来的好奇心和惊奇感，我就是这样做的。

我年轻的时候，最关心的是怎样赢得父亲的爱和称赞。后来我意识到，他根本不懂得如何表现出温柔体贴的感觉。

您小的时候，您的父亲给您造成了什么样的影响？

我父亲本来想在哥伦布俄亥俄州立大学攻读化学博士学位。遗憾的是，他没能顺利完成硕士学业，我们家到处都是化学书。我父母不准我碰这些书，他们说："别碰它们，它们只会带来不幸。"但我是一个叛逆不羁的孩子，所以他们的话反而让我更加兴奋。我把化学书带上床，躲在被子里借着手电筒的光看书。我问父亲能不能给我买一个化学箱，他说不行。幸运的是，我说服了一个药剂师给我提供各种各样的东西，例如煤、硫黄、硝酸钾。他问我知不知道我在做什么，因为这些东西都是火药的成分。

您小时候喜欢做化学实验吗？

我三四岁的时候做了第一次实验，不过是毫无计划的随机实验，就因为这件事，我父亲打了我的屁股，这让我很不高兴，所以我在他的鱼缸里撒了尿，结果他养的热带鱼都死了，我又挨了一顿打，但化学的威力让我印象深刻。我不知道尿液会对鱼造成这样的伤害，所以我把这件事当作我的第一个化学实验。

我喜欢烧镁，只记得当时产生了一股可怕的气味，地窖开始着火。虽然这件事坏了我的名声，但我却觉得很开心。

您觉得小时候的生活轻松吗？

对我来说，我的童年从一开始就过得很艰难。我没上幼儿园，因为幼儿园有一个入学要求：要学会自己系鞋带。我发现只要等待足够长的时间，就会有人给我系鞋带。至于我，我觉得我没有理由要学习任何东西。

这样的情况一直持续了很久。上一年级的时候，我没有学会正确的认字方法。我们轮流朗读一本关于爱丽丝、杰瑞和小狗斑斑的书。我记忆力很不错，轮到我朗读的时候，我就会想起下一节的内容。也不知道老师是什么时候发现我不识字的。我真的是个不善交际的人，我就是那种躲在学校柜子里的孩子。我很难交到朋友，是一个赤裸裸的边缘人物。上七年级的时候，我挑衅了一位新来的年轻教师，因为他认为做人永远不要承认错误。他给了我们错误的答案，我去了图书馆，根据书里的内容指出了他的错误。我好几次都被送到校长那里，最后被踢出这个班。他们认为我太叛逆了，必须离开学校。我们家很穷，我父亲没日没夜地工作，但最后我们很走运，我拿到了一所私立学校的奖学金。

您这种叛逆的态度从何而来？

一部分来自我的犹太背景。我父母是犹太人，我从小在一个犹太环境中长大。有人告诉我，基督徒相信圣诞老人的存在，但那只是谎言的产物。我从很小的时候就开始怀疑人们信以为真的东西。我们一家搬到了附近另一个社区，那里全是基督徒，我们是唯一的犹太人。我在那里上的三年级，班里的同学会唱圣诞歌。老师问我为什么不跟着唱，我说我听不出歌词是什么，但反正它们不对，所以我不得不戴着小丑的帽子站在教室角落里。后来我的同学打了我一顿，我再也不想回学校了。无奈之下，我母亲只能先找他们谈一谈。

那次经历让我很受伤害，我从中学会了要质疑一切。在我 13 岁的时候，拉比（Rabbi）答应参加我的成人礼，前提是我不再要求他证明上帝的存在。好在这种怀疑的态度对科研来说很重要。要想取得进展，我们就必须做一个"自我满足的精神分裂症患者"：提出一个我们认可的想法，但同时又质疑这个想法。

这种质疑的方式难道没有帮助您在大学里获得高级职位吗？

我读博士的时候找到了第一份工作。当我还在哈佛大学的时候，我的导师达德利·赫施巴克（Dudley Herschbach）问我："你愿意留在波士顿吗？"我说我愿意。他拿起电话，给麻省理工学院化学研究所所长阿瑟·科普（Arthur C. Cope）打了个电话，说："我给你找到了一个完美的化学家。"之后我不得不在麻省理工学院做一个演讲，最后我顺利得到了这份工作。不幸的是科普是个酒鬼，他没有告诉任何人他雇用了我就离开了麻省理工学院。等我到了那里，我没有自己的办公室，没有自己的实验室，所以我做不了研究。他们把我安排在另一个办公室，但这个办公室离化学研究所太远了。我想研究点东西，需要不锈钢制成的零部件，我把我的研究计划交给了物理研究所，他们那儿有一个车间，但是我的计划石沉大海、杳无音信。过了一段时间我问他们为什么对我的计划置若罔闻，他们说有个年长的化学家禁止他们这样做，因为有太多化学家都在使用物理研究所的车间。我不知道该怎么做，所以就去找行政部主任。我告诉他，科罗拉多大学向我抛出了橄榄枝，但他挥了挥手，让我离开。"没有人会离开麻省理工学院去科罗拉多大学，他们提供的职位是假的。"于是我辞职去了科罗拉多大学博尔德分校的天体物理学联合实验研究所。

从 1977 年起，我一直在斯坦福大学工作，在那里与其他机构合作是很容易的一件事。在斯坦福工作的人都有一种很不可思议的态度：努力工作，放肆庆祝。

◆ "必须做好准备忍受不确定性和模糊性。"

在您的职业生涯初期，您转向了激光诱导荧光技术的研究，请您跟我们分享一下这个故事吧。

第一批激光器被开发出来的时候，人们不知道该用它们做些什么，只知道它们就是某个问题的解决方案，唯一能做的就是等待这个问题出现。我决定利用激光来研究分子层面的化学反应。我发现，处于被激光激发状态的分子本身能够发光，这样一来就会得到一个荧光光谱。从那时起，我们已经用激光诱导荧光技术来研究反应动力学、分子碰撞过程甚至是人类基因组。这项技术有许多用途，从区分致癌细胞和非致癌细胞到研究大气层中的分子，都要用到它，研究大气分子对于应对气候变化很有启发作用。

您曾经还利用这项技术来寻找地外生命，对吗？

我想知道火星上是否有火星生命。我们用聚焦激光束加热陨石块，然后用另一束激光刺激陨石块，使之电离。我检测到一些带有苯环和单双键交替结构的分子，我们都感到非常兴奋，因为化学成分的性质表明这些陨石来自火星。有人跟我说："你已经发现了第一批有机分子，甚至有可能是火星原始生命的最初迹象。"这一切意味着什么，目前还不清楚。我努力保持开放的心态，不断探索，做一个冒险家。

您目前在研究什么？

我最近很喜欢用水滴做实验。水滴与大量的水相比，更容易发生反应。我也在研究超冷环境中的分子碰撞过程，想弄清楚分子碰撞与癌变组织有关还是与正常组织有关。我正在尝试借助纳米颗粒将药物释放到病人体内。

您的实验总会取得成功吗？

不，大多数时候我们都会失败，但正确的态度是让失败引领我们走向成功。如果不多遭遇几次失败，就有可能不会成功。

您明显是个成功人士：您已经申请了 50 多项专利，您的论文多久被引用一次？

人们经常用被引用频率来评定一个科学家的优劣，我认为这不是一个好的评价标准。我们在审查斯坦福大学的申请人时，总是会讨论："这个人用什么方法改变了人们对专业领域的思考方式？"至于专利，我没有计算我的专利数量。我取得了巨大的经济成就，但却没有足够的智慧将其转化为个人财产。例如，我们参与了毛细管电泳的研究，这项研究涉及分离液体分子的问题。我把我的发现交给了贝克曼公司（Beckman），这家公司曾为我们的工作提供过资金支持。此后，贝克曼公司采用我们工艺所制造的设备赚取了数百万美元，但我本人并没有因此分得任何红利。

我曾经富有过，也贫穷过。有钱固然更好，但最让我感兴趣的还是知识，是我能够与他人分享我对世界的热情。我比我想象的更成功，这一切都是一个随机的过程，是我作为探索者跌跌撞撞前进的过程。

您已经获得了各种各样的奖项，您的工作得到了公众的认可。

是的，举几个例子，比如弗雷泽纽斯奖、韦尔奇奖和费萨尔国王奖。我把这些奖项的奖金全部用作斯坦福大学的奖学金。如果不能用钱做我们想做的事，那要钱有什么用？我自己也拿到了哈佛大学的奖学金，对此我充满了感激，我想回报他人。我甚至还获得了一个终身成就奖，尽管现在拿这个奖还为时过早，我不想在这个时候停止我正在做的事情，我热爱我的工作。我是一个工作狂，但对我来说，这不是工作，而是一场游戏。

除了工作，您还喜欢什么？

我活得很充实。比如说，我喜欢看演出。我的大女儿是一个交响乐团的全职号手，我会去听她的音乐会。我喜欢旅行和美食，而政治学是我的另一个爱好。国际商业机器公司（IBM）让我以模范化学家的身份加入它的科学顾问委员会，这让我能够从不同的角度来看待一些事情。

您也在学德语吗？

我父亲的家族在第二次世界大战中分崩离析，我家人的反德情绪非常强烈，所以我父母反对我学德语，但德语成了我的一个爱好。我年轻时读过德文版《安妮日记》（*Das Tagebuch der Anne Frank*），我学德语真可谓学了一辈子，这也激发了我每个女儿学习德语的热情。

一般来说，一个科学家很难有如此丰富的生活。从这方面来看，您很特别。

好吧，我的确与众不同，这是事实。但我很特别吗？我不知道。我很高兴我成为现在的样子，我不喜欢伪装自己。

您喜欢教学吗？

喜欢，教学让我有机会展现我对新发现的热爱，这也是我做科研的秘密武器，当我给别人传授知识时，我自己也能学到一些新知识。学生们会对我的教学做出评价，我努力根据每一条批评意见进行反思，思考我怎样才能做得更好。

您怎么教育那些刚踏上人生征途的孩子们？

找到自己感兴趣的东西，找到能唤醒自身内在激情的东西，不断追求它。这世上没有完美的工作，任何事都有令人不快的一面，我们必须学会处理这些问题。举个很简单的例子，我喜欢做饭，但做完饭我还得洗碗，而我不喜欢洗碗。

您会给那些对科学感兴趣的年轻人提出什么建议？

科学提供了发现、学习和分享想法的快感，再没有什么可以与之相提并论的了。科学提供了足够的空间，可以让不同的人做不同的事。但总的来说，我们必须有质疑事物的态度，要做好准备忍受不确定性和模糊性。科学还能帮助实现社会流动。我家里很穷，而我取得的成就超过了所有人的预期，当然，我也为此付出了艰辛的努力。

科学还能为社会作出什么贡献？

科学已经改变了世界，改变了我们的生活方式，改变了我们的生活质量。科学和技术也是经济驱动力。与美国不同的是，中国已经意识到了这一点，许多中国的政治家都有科学背景。幸运的是，科学并不是一种零和博弈❶，我们获得的任何知识都对整个世界有益。有很多问题：例如过度的能源消耗，以及我们吃的多种肉类从土地和水资源的消耗角度来讲都是不可持续的资源。我相信，科学可以为之找到新的方法，也许我们可以研究出一种吃起来像肉的食物。1798年，马尔萨斯预言，我们都会饿死，等待我们的只有战争和饥荒。但恰恰相反，我们研究出了人工化肥，化学再一次拯救了我们，科技将不断进步。

您对未来有什么期望？

我相信，我们可以改变人的本性，越来越多地将人与机器联系起来。几百年后的人会把今天的我们看成原始人。除了积极的发展，也会有消极的发展。科学家和社会有着共同的责任，就是要确保先进技术不被滥用，而是用于提升人类的生活质量。我们应该对未来充满敬畏与期待。

---

❶ 零和博弈表示在一项游戏中，游戏者有输有赢，一方所赢正是另一方所输，游戏的总成绩永远为零。——译者注

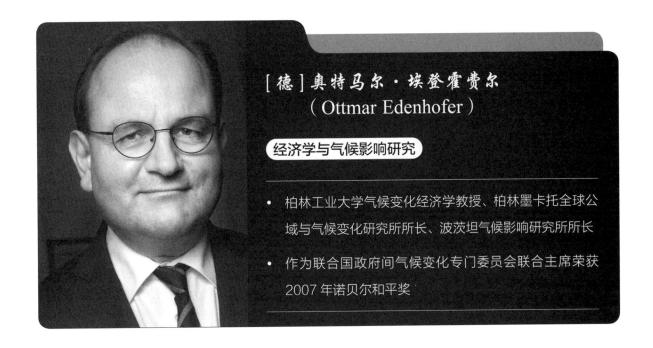

[德] 奥特马尔·埃登霍费尔（Ottmar Edenhofer）

经济学与气候影响研究

- 柏林工业大学气候变化经济学教授、柏林墨卡托全球公域与气候变化研究所所长、波茨坦气候影响研究所所长
- 作为联合国政府间气候变化专门委员会联合主席荣获2007年诺贝尔和平奖

◆ "我之所以能够学会独立，是因为我做好了社会性死亡的准备。"

埃登霍费尔教授，您在巴伐利亚州的冈科芬镇（Gangkofen）长大。您的起点并不是那么理想，您是如何弥补这一劣势的？

我从小就对大自然感兴趣，达尔文和马克思的学说让我非常着迷。我父亲是个企业家，我曾经指责过他剥削别人的行为。在我很小的时候，我就立志要改变这个世界。我一直在寻找能有效改变一些事情的方法，没过多久我就确信，比起用拳头敲桌子，我利用知识取得的成就要多得多。

我可以这样认为吗：您悄悄进入了这个行业，然后改变了很多事情？

从传统意义上来说，我是个恪守规矩的人，虽然我不会一直轻声细语，但在外人看来，我很懂规矩。只有在我开始反抗的时候，我才感受得到别人的愤怒。幸运的是，我很早就学会了独处。此外，我还发现了书籍的世界。当我沉浸在生物学的世界里，我看到了一本达尔文的传记，这时我才明白，生命的法则就是变异和选择的过程，自然界是冷酷无情的。我觉得很气愤，如果是这样的话，那科学研究的意义是什么呢？我上幼儿园的时候就在思考一个问题：我先想出一个巨大的数字，然后给这个数字加一，但我还是无法得知最大的那个数是什么。这是我产生的第一个有关无限性的想法，我把这个想法与另一个问题联系起来：这种无限性有没有可能就是上帝？虽然我是个乖孩子，但我想知道什么才是真正的知识，所以我选择从事科学行业。

您一开始学的是经济学,后来又学了哲学。您为什么觉得学经济学还不够呢?

如果我不是在一个企业家家族里长大的话,我可能根本不会学习经济学。我那时候已经明白,在一个有限的世界里不可能存在永恒的增长。当我清楚地意识到,人类不但没有受困于某种秩序,反而出现了失控的状况,我就更加坚信这一点。只不过经济学的手段和方法对我来说实在是太有限,所以我又开始学习哲学。

那您为什么会成为一名耶稣会会士?

我年轻的时候,有关人道经济模式的问题让我很苦恼。当时的我认为耶稣会是一个可以将这些事情统一起来的组织。最让我着迷的是耶稣会神父奥斯瓦尔德·冯·内尔-布罗伊宁(Oswald von Nell-Breuning),他是一名律师、经济学家和伦理学家,利用这些身份,他为工会和政治家们提供咨询建议,并试图影响市场经济的社会形态。我可以想象得到,我的生活可能也是这样的。后来我开始产生疑虑,因为我偏离了原本的目标:我想做解决矛盾的人,而不只是做一个旁观者。在我被派往南斯拉夫战场,去建立一个援助组织的时候,我见识到了一切文明标准顷刻间土崩瓦解的速度能有多快。文明的保护壳是如此薄弱,不需要太多时间就能将它破除。

7年后,您离开了这个组织,发生了什么事?

离开耶稣会意味着失去我的参照群体,丢掉工作和前途。当时,即使是以前对我有好感的人也完全和我断了联系,但我还是挺过了这段艰难的时期,因为我学会了如何面对社会性死亡。生活在拒绝和蔑视中的感觉并不好受,但我也知道,这不是世界末日。现在我想说的是,在这种情况下学会忍耐、有所成就是最好的应对方法。

您是从什么时候开始研究气候变化问题的?

我第一次真正读到关于气候问题的内容是在汉斯·约纳斯(Hans Jonas)的《责任原理》(*Das Prinzip Verantwortung*)一书中,之后我深入研究了热力学。我明白了煤炭、石油和天然气的燃烧会改变辐射平衡,也触及了道德问题。就在那时,我所有的兴趣点突然间碰撞在一起,我完全沉浸在经济和气候变化如何相互影响的问题里。2000年,我去了波茨坦,在波茨坦气候影响研究所读博士后。那时几乎没有人对气候变化问题感兴趣,这可以算是一个无人问津的领域。我最初的研究并不算成功,但我始终相信我的结果是正确的。直到2004年—2005年,我们制作了解决策略模型,气候变化经济学才得到学术人的接纳,成为一门专业。

从2008年开始,您与194个国家的决策者一起撰写了一份气候变化报告。

那一年,我成为政府间气候变化专门委员会的联合主席之一。委员会的任务是在2000页的篇幅内阐

奥特马尔·埃登霍费尔（Ottmar Edenhofer）

明三个主要问题：一、人类真的要对气候变化负责吗？二、气候变化的后果是什么，我们为什么要关注气候变化的后果？三、解决这些问题的策略是什么？我当时还只是个无名小卒，第三个问题却交给我来负责。整整8年里，我都在接触全球最重要的科学家们，这让我身心俱疲。要推动200个领导人完成各自的任务，还要让他们心情愉悦，真的是一件很累人的事。我们必须团结一心、撰写报告，最后将报告提交给194个政府。诚然，我们撰写报告都是以事实为依托，但在这个过程中总会有价值观和世界观的冲突。在事实的重压之下，要改变自己基本的价值观，对任何人来说都是不容易做到的。

作为一个科学家，您通过这件事有什么新的认识吗？

倒也没有什么了不起的认识：我们的地底下有着丰富的化石能源，而大气层的吸收能力有限，我们必须通过国际合作限制对大气层的剥削利用。如果大自然不为我们出力，上帝也不为我们出力，那我们就必须通过国际协议来解决这个问题。人类从未通过具有法律效应的协议公平有效地处理过全球人类的共有财产。现在我们必须对全球大气层的使用权做出明确规定，以后我们还要限制海洋、森林和土壤的使用。到目前为止，我们已经取得了些许进展，能够进行小规模的合作，但合作的开展仍然比较吃力。如何在全球范围内展开合作，是一个非常困难的政治问题和伦理问题。

您可以采用什么样的政治手段？

不需要颁布禁令和规定，只需要给二氧化碳定价就够了。我们要让全球市场意识到大气层的吸收能力是有限的。为了解决这些问题，各国的市场经济需要一个全球性的框架，但现在还没有这样的框架。世界上也没有任何一种权威可以强迫各个国家该做什么，不该做什么，这是个大问题。我所认为的各国之间理想的合作方式与伊曼纽尔·康德（Immanuel Kant）在其著作《论永久和平》中的表述一致，除此之外，康德的表述还与人类历史上是否有进步的问题联系起来了。说到底，气候政策也是一项遏制暴力、维护和平的政策。

您还把自己的想法带入了天主教会，担任教皇方济各第二道通谕《愿你受赞颂》(*Laudato si'*)的顾问。甚至有人说，大气层是人类的共同财产这一想法是您提出来的。

如果真是我提出来的，那就太荣幸了，因为托马斯·阿奎那（Thomas von Aquin）早就提出了一个问题：难道人类可以把空气和水等基本物质当作私人财产而据为己有吗？于是他有了一个绝妙的想法，那就是将地球上的物质都打上人类共有财产的烙印。每个人都有权利获得这些物质，制定财产制度时必须考虑到这一点。我一直都赞同大气层是人类的共同财产这一观点。

您的信仰对您现在的工作有多大的影响？

我从始至终都是一个有信仰的人：我和康德一样，都认为必须先预设上帝、自由和不朽的存在，才能产生某种道德行为。最后，我们将站在上帝的面前，这样一来，人类的生命才会找到它最终的归宿。我仍然像个孩子一样，天真地以为真的有上帝。我无法证明上帝的存在，但我敢打赌，人间炼狱般的生活是可以避免的，即使我不太确定我的行为是否会带来预期的结果。我希望我能够一直坚持下去。

◆ "很多人埋没了他们的理想，因为他们认为自己不得不屈于常规。"

您每天都会冥想 1 小时，必须这样做吗？

如果不这样做，我就坚持不下去。在冥想的过程中，我可以对科学以外包罗万象的事物说"是"。冥想 1 小时后，我又可以继续工作。我一般在早上 4 点到 4 点半之间起床，起床后做的第一件事就是写作。我有写作强迫症，每当我觉得我写了一些比较重要的东西，我就会试着冥想 1 个小时。科学固然伟大，但它不代表一切。

除了科学以外，还有什么对您来说是非常重要的？

我的妻子、家人、朋友以及那些我可以无条件信任的人，这样的人并不多，他们对我来说都很重要。我妻子希望我可以多社交、多交朋友，多和朋友们见见面，不要老是坐在办公桌前工作。她说我这是在逼她一个人过日子。我的孩子们曾经也说过，在他们人生的头 10 年里，我什么忙也没帮上。但是他们进入青春期后，却发现我很有用、很重要。我儿子和我差不多，都痴迷于科学，而我女儿在艺术方面颇有雄心壮志，她正在努力追求自己的目标。能够与我的家人分享生活，这是老天给予我最美好的礼物。虽然我的生活还是以工作为中心，但我不想失去我的家人。只可惜我并不是每次都能够很好地平衡我的工作与生活，所以我经常会出现健康问题。

年轻人为什么要学习科学？

虽然科学有这样或那样的局限性，但它仍然是一项崇高的事业。不过科学赋予我们的权力极大，它也可能非常危险，因此科学家必须具备责任意识。我们必须对科学的应用进行一定的限制，我们必须不断审查这种限制与无限制之间的关系。如果我们允许气候产生危险的变化，那这个时代将失去控制。因此，想成为科学家的人应该有超高的智商、极强的天赋和强烈的直觉，直觉可能比快速思考的能力或某种禁欲行为更重要。科学家必须拥有承受大量挫折的能力。科学就像是旋涡：一旦你有了某种新发现，就会被它一次又一次地吸引过来。

奥特马尔·埃登霍费尔（Ottmar Edenhofer）

您在生活中有什么需要克服的东西吗？

简而言之，我们必须想办法破除生活的局限性，克服我们从小就有的恐惧。对我来说，我要克服对失败的恐惧，勇敢接受被别人当作怪人而遭到排斥的经历。小时候，我学到的最重要的一点是：别人对我们的看法并不重要。我之所以能够学会独立，是因为我做好了社会性死亡的准备。有些人认不认可我们并不重要，但重要人物对我们的认可还是必不可少的。

您获得了诺贝尔奖，得到了最大的认可。

政府间气候变化专门委员会是一个科学集体，诺贝尔和平奖属于这个集体中的每一个人。这也是一个很好的信号，虽然我们永远需要伟大的科学家个体，但有这样的集体一起解决问题也很重要。

如果让您和一个小孩子讨论什么是生活中重要的事情，您会告诉他哪些事情？

每个人都得想清楚他们要成为什么样的人，追逐自己的梦想很重要。很多人埋没了他们的理想，因为他们认为自己不得不屈于常规。我们要肯定自己在生活中所扮演的角色，证明自己拥有无穷的智慧和力量。我很想跟我尚未出世的孙子说：不要因为各种约定俗成的惯例就过早地放弃那些重要的问题。

您是否已经明白自己扮演的角色是什么？

我一直认为自己是一个绘图师，专为决策者绘制走出困境的可行路径，我对路标的样子很感兴趣。我一直想扮演绘图师的角色，通过政府间气候变化专门委员会，我登上了国际舞台，实现了这一目标。无论如何我都要再写一本教科书，我想利用教科书把我的知识传下去，让下一代的科学家拥有比我更强的跨学科研究能力，让他们更不受拘束。

您想对大家说些什么？

最重要的一件事是要设立制止暴力的制度。每一代人都必须重新开展合作，要知道合作总会遇到阻力。我从小就感受到了暴力的冲击。我记得我三四岁的时候看了一场拳击比赛，看到一个人把另一个人的脸打得鲜血淋漓，周围的人却在大喊大叫，那种场景真让我感到厌恶。我很早就意识到，生命是神圣的。我 7 岁的时候用弹弓打了一只鸟，我看到它掉下来，死了。那种场面简直触目惊心，然后我马上跑到牧师跟前，向他忏悔我的行为。

2018 年，您获得了罗马诺·瓜尔迪尼奖（Romano-Guardini-Preis），并发表了令人印象深刻的演讲。

在此之前，我收到了癌症诊断书，当时演讲稿的第一稿已经完成。我曾把演讲稿命名为《历史的终结？》（*Das Ende der Geschichte?*），我想反思的问题是：我们是否处在启蒙运动行将结束的阶段？启蒙运动之后会发生什么事情？但是在写稿过程中，我意识到我也一直在思考我自己的故事结局。诊断结果来得正是时候，这次我没能逃过癌症的魔爪，一纸诊断书改变了我的生活。虽然我没有减少工作量，但我现在更清楚地意识到生命是有限的。

您想留下什么？

据说加尔都西会修士有这样一种说法：如果一个人死后有圣洁的声誉，他就出色地完成了自己的使命。这不是虚伪的谦辞，而是一种认知：出色完成自己的使命需要奉献一切。如果我已经尽了最大努力去完成我的使命，这对我来说就足够了。

◆ "我对路标的样子很感兴趣。"

布鲁诺·赖夏特（Bruno Reichart）

[德] 布鲁诺·赖夏特（Bruno Reichart）

外科学

- 慕尼黑大学心脏外科临床荣誉教授
- 德国科学基金会异种移植研究协会发言人

◆ "我坚信生活是早已注定的。"

赖夏特教授，您从事的是异种移植的研究工作。通过异种移植技术，您把猪的心脏移植到了狒狒身上，这个过程是如何实现的？

异种移植是指将其他物种的器官，即非人类物种的器官，用于移植。德国人每年要吃掉大约 5000 万头猪，所以我们想到可以将猪的器官用于移植手术，但前提是用于移植的猪器官都得经过基因改造。如果不进行基因改造，异种器官移植是无法实现的，因为猪的心脏会在 1 小时内遭到狒狒身体的排斥。

1998 年起，您一直在从事异种移植的研究工作。目前您的团队已经取得了巨大的进展，一只狒狒在进行异种移植后已经存活了 195 天。您能走到今天这一步最关键的是什么？

为了得出与临床试验相关的结果，我已经做了 20 多年的临床前试验，这些试验必须百分之百成功，实验用到的动物必须达到百分之百的存活率。为此，我还向生物化学家、病毒学家和兽医寻求了建议和帮助。转基因猪的器官形态与人类器官形态相似，特别是肾脏和心脏，届时这两种器官也将成为第一批可以移植到人类身上的器官。

借助 CRISPR/Cas9 技术，科学界已经取得了巨大的进展。这项技术对您的研究有什么影响？

很久之前就有基因剪刀技术了，就和把胶卷片段剪下来，再把它们粘在一起是一个道理。一旦我开始

布鲁诺·赖夏特（Bruno Reichart）

研究，这项工作就得持续一年甚至好几年。有了 CRISPR/Cas9 技术，我们现在可以瞄准某个基因并把它切掉，而且这种操作的成本也变低了。生活中的任何创新，包括我研究工作中的创新，其实都涉及对风险和效益的评估，现在我的研究工作的效益就大于风险。

您将猪的心脏移植到 3 只狒狒体内，其中两只狒狒已被安乐死。您为什么对剩下那只已经存活了 195 天的狒狒也实施安乐死呢？

我们所做的一切移植工作都与当局进行了详细协商。我们把狒狒的心脏取出来，植入转基因的猪心脏，这整个过程中心脏是不能够出血的。狒狒作为受体必须立即植入心脏，进行自主呼吸，才能存活下来。但是我们没有血库，需要用血的时候，我们一滴血也弄不到。这只是困难的冰山一角，在实验室的现有条件下照顾动物真的是一件很难的事情。有关当局只给了我们 3 个月的时间来做狒狒的心脏移植实验，3 个月一过，我们就得对狒狒实施安乐死，结束这次实验。我们预先定下的目标是做 10 次转基因猪心脏移植实验，其中必须有 6 只狒狒至少存活 3 个月，这一目标是很难实现的。

还需要多长时间才能进行人体临床试验？

我们前不久又给两只狒狒移植了猪心脏，它们也必须至少存活 3 个月时间。到那时，成功植入心脏的狒狒数量就能达标，可以证明实验能够进入临床阶段了。但是进行人体临床试验需要得到保罗·埃尔利希研究所的批准。为了获得批准，我们必须将实验过程描述得非常具体，举个例子，猪圈环境要求：供体猪的卫生状况必须合格，猪圈里的空气必须得到净化，猪饲料必须准备好，猪喝的水必须无菌。总的来说，我认为我们未来 3 年内可以做好准备开展人体临床试验。

保罗·埃尔利希研究所是否也规定了道德伦理准则？

我们的团队有两位伦理学家，他们会帮我们遵守道德伦理准则。基督教会也赞成我们的异种移植目标。我还与一位犹太教学者以及一位伊斯兰教学者进行了会谈。在他们看来，能不能用动物的生命换取人的生命这一问题的答案，取决于世界上各种生物的等级。人是最高级的生物，而动物处在人之下，相信《圣经·旧约》（Das Alte Testament）的人很容易理解我们的研究。要让秉持《新约》（Das Neue Testament）思想的人认可我们的研究会更困难一些，但只要动物得到尊重，保证它们不会遭受不必要的痛苦，那这些人也不会反对我们的研究。要知道在食品生产过程中，屠宰工作往往才是最残忍的环节。

您确定您走的这条路是正确的吗？还是说您有时也会产生怀疑？

我需要持之以恒的毅力和一定的自信心，我每天都在为这个项目忙上忙下，但我很开心。如果一只狒狒能够存活好几个月，我会很高兴；如果我们发表了高质量的论文，我也会很高兴，因为我的好奇心得到了满足，而这种好奇心是我从小到大一直都有的。我刚走上科研这条路的时候，我遇到了很多令我崇拜的人，他们在各自的领域都有一定的权威。我很幸运能遇到我的老师们，他们在我陷入困境的时候都向我伸出了援手，但当时可能也有很多人都认为我不会有什么出息。我出身于底层家庭，父母都是普通人，但我并没有选择放弃。我去田纳西州孟菲斯的一家大诊所工作了一段时间，在那里，我像个奴隶一样忙活，从早上7点工作到晚上8点，连喘口气的时间都没有，晚上和周末还要值班，每年只有14天假。所有我要做的工作他们都只给我示范一次，之后我就得自己做。干得快不快并不重要，但必须干得好。我负责所有的诊断工作，为病人的手术做准备，协助医生动手术，之后也做主刀医生，我就是以这种方式学习，然后快速成长起来的。31岁那年，我回到了德国，那时的我已经当上了外科医生，也是个有影响力的人了。

您有时候会不会也想把这一切展示给那些曾经质疑您的人看？

不，对我来说，那些人都是令人尊敬的人，他们没有错，他们说的都是事实。我必须想办法消化他们对我的看法，长时间的工作只会让我更坚强，把我塑造成现在的我。我意识到我并不是一个失败者，我并不像某些人说的那样，我做的一切都是错的，就在这一刻我感受到了等级制度的存在。我最终和这些医生成了竞争对手，因为他们不希望我达到他们的高度。

您把自己完全奉献给了心脏外科手术和研究工作。您的生活中没有别的事情吗？

我没有私人生活。我和许多外科医生一样，第一次婚姻分崩离析。我的第二任妻子埃尔克是一名记者，非常独立，但她很快就意识到，我总是把诊所放在第一位，第二位才是家庭。不过她接受了这一点，觉得这没什么大不了的。我很佩服她1984年和我一起去了南非，当时南非的种族隔离制度尚未废除，内战也打得热火朝天。我很感谢她，因为她一直在为我保驾护航，没有让我变成白痴，也是她让我知道了手术室和实验室之外的世界所发生的一切。

在南非的那段经历对您来说是一个里程碑。您曾经想把狒狒的心脏植入双胞胎婴儿体内，一切都已经就绪，但后来狒狒被毒死了。您当时有什么发现吗？

我们计划在开普敦的大谷仓医院做一个大型移植项目，但没有足够的器官，所以我想到用狒狒作为器官供体，因为狒狒属于低等猿类，不是黑猩猩那样的类人猿，所以它们不受保护。狒狒体型很小，这为患有先天性不可修复心脏缺陷疾病的婴儿带来了心脏移植的可能。我们的诊所里有两个这样的婴儿，他们的父母很快就同意进行异种移植手术。我们做好了万全的准备，但有一天早上我们发现两只狒狒幼崽死在笼子里，这是一个警告信号。当时我了解到，西方社会出于道德原因，不希望将非人类物种的器官移植到人身上。不是每件有可能发生的事我们都得去做。

对您来说，后来是否有您不想再跨越的界限？

当然有。请记住，外科医生也是有脑子、知伦理的人。如果事情关乎病人的生命，我所知道的限制是很少的。我总是会尝试做各种事情。过去有阻力，将来也会有，异种心脏移植遇到的最大障碍就是那些说不应该做这些手术的人。任何生命都有终结的一天，我们必须接受这个现实。我认为，风险过高的时候，即使一切都考虑得很周全，主刀医生也有可能遭遇失败，死亡就是一种失败。失败会动摇我的信心，但最好的应对方法就是开始下一次手术，成功才是最好的心理疗法。

1981年，您成功实施了第一例心脏移植手术，做完手术后您感觉如何？

那是一种幸福的感觉。当时，做完10个小时的手术后，我非常疲惫，有点昏昏沉沉，所以有些事情我也忘了，但我非常清楚地记得几年前我在斯坦福大学第一次目睹心脏移植手术的情景，我备受震撼。我看到了器官被植入体内的全过程，看到了钳子张开，看到了心脏跳动。1981年，我们开始做心脏移植手术的时候，我并不觉得这是件很特别的事情。1969年，德国已经实施了第一例心脏移植手术，只可惜没有成功。看到各大媒体争相报道，我真的很震惊。

◆ "异种心脏移植遇到的最大障碍就是那些说不应该做这些手术的人。"

谈及新发现，全世界只会关注谁是第一个获得新发现的人。克里斯蒂安·巴纳德（Christiaan Barnard）观察了一个美国团队的实验，随后在南非实施了第一例心脏移植手术，他的名字也总是和心脏移植手术一起出现，再也没有人谈论沙姆韦（Shumway）这个真正的发明家。在异种移植研究方面，您的团队是否也在和其他研究团队竞争？

这一点是无法比较的。那个时候情感发挥的作用更大，因为它涉及人与人之间的器官移植，一个人死了，然后把他的心脏给另一个人。心脏是一个泵，有它才有生命。心脏的上面只有大脑，人的灵魂就栖息在那里。当沙姆韦得知，1967年巴纳德在南非成功完成了心脏移植手术，他感到很难过，因为他从1958年起就一直在为心脏移植创造条件。尽管如此，沙姆韦还是不断研究，最终得到了充分的认可。现在，世界上一共有3个团队（包括我的团队在内）正在研究心脏异种移植，在我看来，美国的同行们有可能最先实现目标。我的愿望是做好研究工作，分享研究成果。做人有始有终很重要，团队也是如此，只有依靠团队的力量才能成功。

您曾说过，希望看到国家在科学领域有更大的雄心壮志。要做到这一点，德国必须做出什么样的改变？

现在这代人有其他一些关注点，比如家庭、业余时间、工作时间限制，这些关注点以牺牲教育和科学为代价。没有基础研究和创新，专业学科的发展就会止步不前，心脏手术就是一个完美的例子：过去10年里，德国的心脏手术研究一直没有取得重大进展，而心脏病专家利用心脏介入瓣膜和导管取得了越来越多的成果，还抢走了心脏外科医生的工作。

您对那些有志于从事科学行业的年轻人有什么建议吗？

如果他们要搞科研，就应该给自己找一个顶尖的研究机构，在那里可以了解到最新的研究方法。导师也很重要，导师的年龄不宜过大，25—30岁的人最好找40—50岁的人做自己的导师，这样的导师可以为年轻的科学家们铺好通往未来的路。如果以上条件全都具备，这些年轻人就应该努力钻研，怀有雄心壮志，多读书，多和他人做比较。除此之外，他们还要有敏捷的思维和好奇心，永不止步，不去招惹别人。做这些事的同时，他们也应该学会寻找平衡，进行一些可以快速开始、快速结束的活动，比如做运动。

您的工作有什么迷人之处？

我有机会研究出新的东西，发现别人还没有想到的东西。耐心很重要，我们应该坚信有些东西是可以被发现的。我们必须从某个地方入手，然后问题就会自动出现。外科医生基本上是一种很了不起的职业，它并没有那么难，女性在这个领域也可以做得很出色。

有多少女外科医生在您这里工作过？

很少，对此我表示很遗憾，正如我之前提到的，我认为女性可以成为非常有才华的外科医生。例如，她们的手比男性更灵巧。但根据我的经验，女性难以胜任心脏外科的工作，而且可惜的是，她们往往很快就放弃了。要么是因为她们的抱负太大，诊所的日常工作已经把她们搞得筋疲力尽，来到我们这里确实会有很大的压力；要么是因为她们过于友好，例如在制订手术方案的时候，让自己被边缘化。她们还有一个亟待解决的问题，那就是如何协调家庭和事业，很多医院的女医生都会遇到这个问题。而且女外科医生很难真正休一年半的育儿假，如果她们以事业为重，其实可以利用最新的受精技术，先保存自己的卵子，以便日后用于体外受精。

这项工作耗费了您多少精力？

我不给自己设置任何限制。有时候我很累，那我就躺下睡一会儿。几乎每张手术台都当过我的床，我把手术台推到角落里，倒下就睡。如果我的职业生涯里有些事情没能做成，我也无怨无悔，因为我坚信，生活是早已注定的。当我回顾自己的职业生涯，其中有一些特别关键的阶段，但我始终没想明白为什么我最后可以成功。总的来说，关键的一点是让事情继续发展下去，让事情处在动态变化过程中。如果你脚踏实地、付出努力，就会有人为你指明前进的方向。

布鲁诺·赖夏特（Bruno Reichart）

是什么造就了现在的您?

我属于战后那一代人，老师教导我们要有自由的意识，做事要务实。这对我产生了很大的影响，从上小学一直到上大学都是如此。除此之外，我一直想成为一名好医生。我一开始只想当一名普通医生，没想过要当外科医生，可是后来做外科医生竟成了影响我一生的决定。

您想对大家说些什么?

我对这个世界没什么要说的，我只想对我的同胞，特别是对青少年和学生们说：你们要勤奋，要有好奇心，要敢于尝试新事物，不要轻言放弃，要知道成功的工作是需要付出代价的。

[美]中村修二(Shuji Nakamura)

电气工程学

- 加利福尼亚大学圣巴巴拉分校材料科学与电气工程学教授
- 曾获 2014 年诺贝尔物理学奖

◆ "我的动力一直都来源于愤怒、恐惧与不满足。"

中村教授,您是在日本四大岛屿中最小的四国岛长大的吗?

是的,我父亲在当地电力公司担任维修技术员。我在一个宁静安逸、有如田园般的地方长大,每天都在外面玩。我可以爬山,也可以下海游泳,所以我觉得自己与大自然很亲近。通过观察大自然,我开始好奇:为什么花会长得这么快?为什么风是从海上吹来的?为什么?这一切激发了我对科学的兴趣。

您的哥哥一直在和您竞争。

我们家有 3 个兄弟,上有哥哥,下有弟弟。我们从小就一直在竞争,但即使是我输了,我也从未放弃过。我心里想的是:明天我肯定会赢!这可能就是我一直与人竞争的原因吧。我们在生活中经常会输给别人,但我把每一次失败都当作一种激励。上大学的时候,老师给我们展示过一些很奇怪的实验数据,对此,每个人的解释都不一样。我的说法遭到了教授和其他同学的否定,我不愿接受这个事实,所以课后一直在思考这个问题,我坐在床上冥思苦想。我的动力一直都来源于愤怒、恐惧与不满足,很有可能小时候就是这样子了。

您在德岛大学学习电气工程,后来您也没有离开过这座岛,这是为什么?

上高中的时候,我们去东京进行了一次班级旅行。我心想:哇,东京真是一个疯狂的城市。那里人太多了,非常拥挤,尤其是在火车上。我讨厌东京,因为我已经习惯了宁静的乡村生活,我当时就下定决心:

永远不去大城市，绝对不去！后来，我在找另一份工作的时候，加利福尼亚大学洛杉矶分校和斯坦福大学都想聘用我，但我更喜欢圣巴巴拉（Santa Barbara），因为它是一座小而静的城市。

所以您一开始留在了日本，在四国找了一份工作？

在我拿到电气工程学的硕士学位后，我开始找工作，但四国岛上似乎没有一家公司需要我这样的毕业生，所以我请教了我以前的大学导师——多田教授，问他知不知道哪家公司有适合我的岗位，不管什么公司都行。他的一个朋友在当地开了一家化学公司，名叫日亚化学工业，最终我在这家公司的研发部门找到了一份工作。

您曾经说过，您在日亚化工必须自己制造研究工具。

是的，我很喜欢这样做。我父亲以前教过我们用木头和竹子做玩具，所以我学会了各种技能。在我来到日亚化工之前，很多员工被解雇了，因为公司没有盈利。我事先对这件事并不知情，所以我去找我的老板要预算，打算买我工作需要的熔炉。他只问我是不是疯了，所以我去了废料场，收集了一些必要的零部件，自己造了一个炉子。

起初，我研究的是用于制作普通红色 LED 灯和红外线 LED 灯的高质量材料，这项研究很危险。我最开始用的是磷化镓晶体，结果一个月会发生好几次大爆炸。然后我改用砷化镓，这种物质不易燃，但它爆炸时产生的气体是有害的。一段时间过后，我的同事们都习惯了我实验室里时不时发出的爆炸声。

您是从什么时候开始研究蓝光 LED 灯的？

我研发的普通红光 LED 和红外线 LED 产品卖得并不好，因为这些产品上市的时间太晚了。我经常用开玩笑的语气建议大家一起研究蓝光 LED，因为市场上还没有这样的产品，但我部门主管的回答总是一成不变："你疯了，你明知道我们公司没有钱，也没有靠山。"所以我只好直接去找公司经理小川信夫，问他我能不能做蓝光 LED 的研究。他都快 80 岁了，跟我说："可以。"然后我又问他能不能给我一笔 500 万美元的研究预算，我打算去佛罗里达大学做一年研究，他也同意了，我真没想到我的运气竟然这么好。

您去佛罗里达大学的时候是 35 岁，您在那里经历了些什么？

我和博士生们一起工作。他们发现我只拿了一个硕士学位，而且还没有发表过论文，于是就把我当成一个技术员来对待，他们再也不问我要不要一起写论文或者要不要一起去参加会议，我突然变成了一个局外人。我心想：绝不能让这些人以这种方式轻视我。回到日本后，我把所有的精力都放在我的博士论文上，就是为了最后能得到别人的平等对待。我总是在不太高兴、有点生气的时候，才觉得自己拥有强大的动力；我开心的时候，觉得自己没有任何动力。当时的我很生气，下定决心要努力工作。

中村修二（Shuji Nakamura）

多年来，您一直都是从早上 7 点工作到晚上 7 点，然后回家吃晚饭，洗澡，上床睡觉。除了元旦，您一天都没有歇过。

　　我不接电话，也不参加公司的会议，我必须专注于我的研究工作。我不和我的助手说话，因为和他说话会让我分心。我把自己完全封闭起来，甚至都不和家人说话，因为我满脑子想的都是我的研究。我曾花 200 万美元买了一个 MOCVD 反应器❶，这是一个用于晶体培养的设备，利用它可以获得复杂的多层半导体晶体结构。为了采用双溶剂法，我对这个反应器进行了相应的改造，最后我获得了世界上质量最好的水晶层。整整一年半的时间里，我每天都重复着同样的事情：上午调试 MOCVD 反应器，下午培养晶体，然后分析实验结果。

然而在取得突破之前，您必须等待很长一段时间。您在等待突破的这段时间里感觉如何？您怀疑过自己吗？

　　我喜欢解决问题，所以我非常享受这段等待的日子。我上大学的时候就是这样，前 3 年里，我只上课，其他活动都不参加，但是没过多久，我发现上课太无聊了，所以我决定不去上课，就待在家里学习。后来我们做了研究项目，觉得研究和数据很有趣！我就喜欢仔细地分析数据。

　　在日亚化工，我尝遍了失败的苦，经历过各种各样的爆炸事故，但我还是很喜欢那里，最后我取得了重大突破。我研制的第一个蓝光 LED 样灯只能发出微弱的光，因为第一批氮化镓晶体的质量不是很好。我让这只样灯晚上一直亮着，很好奇第二天早上它是不是还能发光。令我惊讶的是，它一直在发光，这个样灯的寿命甚至超过了 1000 小时。

1993 年，日亚化工宣布您制造出了第一个高亮度的蓝光 LED 灯。

　　事实上，早在 1992 年我就研制出了第一批高亮度的蓝光 LED 灯。当时我就想马上发一篇新闻通稿，但董事长对我说："我们是一家小公司。如果我们现在去找媒体，我们就得有能力接单备货。否则，其他公司就会剽窃我们的生产工艺，我们就会破产，所以我们必须先为批量生产做好准备。"出于这个原因，我们只好先保守秘密，一年以后才公开我们的成果。我们召开了一个新闻发布会，原本我们预计的情况是，没有人会相信一个偏远岛屿上的小公司能够做出如此重要的创新成果，但当记者看到我们办公室的蓝光 LED 灯后，他们只是不住地发出感叹："哇！"

您在其他国家也得到了认可吗？

　　1996 年，我收到了柏林某个会议发来的邀请，主办方邀请我在会议上发表演讲，但我拒绝了。我跟一位朋友打听这个会议的时候，他说："这个会议可有名了，你竟然拒绝了？简直难以置信！"最终我还是去

---

❶ MOCVD：金属有机物化学气相沉积（metal organic chemical vapour deposition）。——原注

了。很多诺贝尔奖得主都去了，包括江崎玲于奈（Leo Esaki），那次会议太令人难忘了。当时我们刚研制出可用于数据存储的蓝紫光激光器，我就在这次会议上进行了展示，这也是我首次给大家展示我们的最新成果。我在演讲的时候把它当作激光笔来用。每个人都表示难以置信，非常惊讶，台下掌声不断，那种感觉就像是我爬上了富士山一样。

这些年里，您有两个竞争对手——赤崎勇和天野浩。您争当第一名的愿望是不是特别强烈？

他们早在 1980 年就已经开始了对蓝光 LED 灯的基础研究，我直到 1989 年才开始做相关研究，所以他们差不多领先了我 10 年。我曾听说过关于他们工作的一些传言。他们都认识我，但并不把我当回事，因为他们已经拥有很多专利了，而我一个都没有。1990 年，我研制出"双溶剂"MOCVD 反应器，这是我人生中最大的突破。在那之后，我的团队取得的成果总是比竞争对手要好，因为我这台设备培养出来的所有晶体，无论是用于制作 LED 灯还是激光二极管的晶体，都是世界上质量最好的晶体。

2014 年，您和赤崎勇、天野浩一起获得了诺贝尔物理学奖。与自己的竞争对手共享一个奖项是什么感觉？

他们是最先生产出高质量氮化镓的人。在此之前，氮化镓晶体的质量非常差。1989 年，他们研制出了第一个 P 型掺杂❷的氮化镓晶体结构，这就是他们的贡献，但氮化镓不能发出蓝光和绿光，发蓝绿光的关键材料是氮化铟镓，不过他们没有成功地培养出氮化铟镓晶体。我是第一个将氮化铟镓用于蓝光和绿光 LED 灯的人，所以我发明了第一个高亮度的蓝光 LED 灯，这一发明也使后来白光 LED 灯的诞生成为可能。

您算是学术界的边缘人物，所以获得诺贝尔奖会让您感到特别满足吗？

我一直是个不起眼的边缘人物，以前就在家乡本地上大学，还在一家小型化学公司工作过，所以诺贝尔奖对我来说是一个巨大的认可。所有日本学者，包括政府官员都说："赤崎勇和天野浩是对蓝光 LED 灯的研发作出主要贡献的人，而中村只不过是制造了一个产品。"功劳都是他们两个人的，我只是个碰巧开发了一件产品的技术员，这种话太伤人了，要知道我为科研付出了多少努力啊，但是光凭借一个产品是不可能获得诺贝尔奖的，有新发明或新发现的人才能拿奖，所以我还是很高兴自己能获得诺贝尔奖。

您现在是一个快乐的人吗？

我不快乐，因为日本学术界还是继续声称，我只是做了件产品。日本政府出版的《科学年鉴》（*Wissenschaftsjahrbuch*）是这么写的："中村只是利用别人开发的技术制造了一件产品。"我非常反感这句话，所以我跟他们说："如果你们不打算修改这句话，那至少可以把我的名字删掉，最好是把这一段都删

---

❶ 江崎玲于奈发明了隧道二极管（Tunnel diode），他因此获得了 1973 年的诺贝尔物理学奖。——原注
❷ P 型掺杂指的是向半导体中掺入其他原子，使得半导体晶格中出现"空穴"，空穴就相当于带正电的粒子。——原注

掉。"这件事对我来说始终是一道没有缝合的伤疤，但我把它当作一种鞭策。正如我之前所说，不快乐是我重要的动力来源之一。

您与您的前东家日亚化工产生了很大纠纷，您在 2001 年起诉了他们。最后双方达成了和解，您获赔 800 万美元。

是的，我 1999 年离开了日亚化工，在加利福尼亚大学圣巴巴拉分校担任教授。日亚化工要求我签署一份保密协议，加利福尼亚大学的律师要求日亚化工提供协议的英文版以核实协议内容，但他们迟迟没有动静，所以我没有签协议就离开了日亚化工。后来日亚化工以我在美国侵犯他们的商业机密为由起诉我。我很生气，因为我把我的绿光和蓝光 LED 灯以及激光二极管的发明都转给了日亚化工。

他们因为我没有签署保密协议而起诉我，导致我突然多了很多事要做。我要一边取证打官司，一边在大学里教书。我真的非常生气，一年后我也起诉了日亚化工。在日本，如果一个人在为公司工作时发明了某样东西，那么该发明的专利权属于发明者，而不属于公司。只有德国和日本的专利法是这样规定的，一般情况下，发明人会通过签署合同将专利权转移给他所在的公司。但日亚化工实在是太小了，所以我根本不需要签署这样的转让协议。没有办法，我们只好法庭相见。东京法院给出的说法是，有一项默认协议规定了所有的专利都属于日亚化工，但我有权获得赔偿。东京地方法院说我有权索要 2 亿美元赔偿款，最高法院最终判定双方达成和解，日亚化工向我赔偿 800 万美元。

您在家里使用 LED 灯吗？

我在家里是个懒人，所以我家有一半的灯还是传统电灯。我很喜欢阳光，所以我在办公室里从不拉窗帘。我在美国的时候，每个同事的办公室里都有百叶窗，他们总是抱怨说进我的办公室时必须眯起眼睛，因为我的办公室太亮了。

对您来说，美国和日本之间最大的区别是什么？

在日本，教授享受着国王一般的待遇。教授带的学生就是料理一切事物的仆人，就连预订餐厅这样的事情也要他们负责。学生们非常害怕因说错话而惹教授不高兴。而美国的教授不能要求学生做这做那，他们讲究人人平等。我们和学生一起开会的时候，经常分不清楚谁是教授、谁是学生。而在日本，区分教授和学生实在太简单了，因为只有教授会发言。在平等待人方面，美国做得更好，日本则将官僚体制体现得淋漓尽致。

科学界的高层女性并不多，为了帮助女性攀上高峰，男性可以做些什么呢？

这是一个很棘手的问题。在美国，我们不得不聘请更多少数民族的教授。但我认为，男性和女性大脑的工作方式不同，他们感兴趣的东西也不一样，例如男性对技术更感兴趣，女性对时尚等事物更感兴趣。

因此，雇用一个男性或一个女性就意味着雇用了一种不同形式的好奇心和不同的思维方式，从这个角度来说，其实并没有真正的平等。

您有 3 个女儿。她们小的时候，您有时间陪她们吗？

她们是女孩子，我和她们的关系并不是很亲密。她们一直由我妻子照顾。住在日本的时候，我在家里从未给过妻子支持和帮助，但我们来到美国之后，事情的变化让我感到非常惊讶。在日本，大家都希望丈夫们努力工作；而在美国，大家认为个人的家庭生活也很重要。我在美国的时候，就试着不走寻常路。而现在在日本，我周末有时候也会待在家里。

除了科学，您还对其他事情感兴趣吗？

没有了，思考就是我的爱好。从小时候开始，我就从未停止过思考。早在我三四岁的时候，我就一个人坐在海边，盯着过往的船只出神。翻看我上小学时拍的那些照片，我总是一个人静静地站着，沉浸在一个问题里，直到我想出答案。一个月，两个月，无论需要多长时间，我都愿意思考。我只有在一个人待着的时候才能思考，而且必须在安静的环境里才能思考。

[美] 埃里克·坎德尔（Eric Kandel）

神经科学

- 哥伦比亚大学生物化学与生物物理学教授
- 曾获 2000 年诺贝尔生理学或医学奖

◆ "那些为科研投资的国家都很聪明，而且这些国家都发展得很好。"

坎德尔教授，作为一个出生在维也纳的犹太人，您却被迫离开了这个国家，这次驱逐对您有什么影响？

我永远不会忘记我在维也纳经历的一切。曾经的朋友突然背弃了我们，不再保护我们。确切地说，1938 年 11 月 9 日，纳粹敲开家门的那一刻，我们的朋友就成了我们的死敌。纳粹说，我们得离开公寓几天。我母亲对我说："你赶快收拾一些东西吧。"我带了一些洗漱用品和内衣裤。我哥哥比我大 5 岁，他很聪明，带走了自己收藏的邮票和硬币，还有他喜欢的所有东西。5 天后，我们回到家里发现，所有值钱的东西已经被一扫而空。11 月 7 日是我的生日，我父亲送了我一辆玩具火车，可就连这辆玩具火车也不见了，纳粹分子抢走了我所有的礼物。

这种创伤性经历是否改变了您的行为？

我猜正是发生在维也纳的那些事情让我一直都对大脑和记忆感兴趣。令我不解的是，曾经的朋友怎么会变成敌人呢？我去公园的时候，以前的朋友把我打了一顿。我父亲不得不用牙刷将舒施尼格（Schuschnigg）的所有宣传从人行道上刷掉。舒施尼格在纳粹德国吞并奥地利之前被希特勒强迫辞职。希特勒来了之后，维也纳的情况很糟糕。回忆起那段时间，我记得的只有痛苦。

埃里克·坎德尔（Eric Kandel）

但您成功逃离了这个国家？

我父母没有和我们一起离开。父母亲把 14 岁的哥哥和 9 岁的我带到火车站，我们先去了布鲁塞尔，然后坐船去了美国，到美国以后就意味着我们自由了。在维也纳做犹太人是很难的一件事，在美国则不同。

我的祖父母 4 个月前去了美国，我们到达美国之后，就和他们住在一起。

跟我们讲讲您年轻时候的故事吧。您的父母后来也去了纽约，当时的情况如何？

我们当时非常穷。我父亲开始干销售代表的工作，挨家挨户找客户。后来他开了一家商店，最后赚到的钱足以买下这座小楼。商店上面有两套房子，我们自己住在下面一层，把上面一层租了出去。我在纽约度过了美好的青春时光，感受到了一种真正的自由，而我在维也纳生活的那几年从未有过这样的感觉。

您在哪里上的中小学？学校教育对您的思维产生了什么样的影响？

我的叔叔伯曼（Berman）在布鲁克林的一所学校替我报了名，学校离我们住的地方不远，但我在那里感到非常不自在。没有人看起来像犹太人，我以为我又要挨打了。我的祖父是个信仰正统教派的犹太教徒，他的思想非常进步。他教我希伯来语，所以我才能转到说希伯来语的学校上学，也就是弗拉特布什（Flatbush）的叶史瓦（Jeschiwa）。提问题是一个很了不起的犹太传统，犹太人对教育感到很好奇，他们非常关心教育问题。他们在需要脑力劳动的知识领域表现得很出色。举个例子，世界人口中只有 0.2% 是犹太人，但所有诺贝尔奖得主中有 22% 是犹太人。后来，我去了伊拉斯谟霍尔高中（Erasmus Hall High School）。上高三的时候，我的历史老师坎帕尼亚（Campagna）问我："你想申请哪所大学？"我说："布鲁克林学院，我哥哥在那里上学。"他说："你为什么不申请哈佛大学呢？"之后我和父亲商量了一下，他给我的答复是："你听着，我们只要花 5 美元就可以申请布鲁克林学院，但我从来没听说过哈佛大学，申请布鲁克林学院完全足够了。"我把这件事告诉了坎帕尼亚老师，他给了我 5 美元，让我申请哈佛大学，最终我拿到了哈佛大学的奖学金。要知道，这可是在美国啊！简直太不可思议了。

是什么影响了您的研究方向？

我刚去哈佛大学上学的时候，想把我在维也纳经历的一切思考清楚。我拿到了历史和文学学位，在这之前我研究了 3 位德国作家各自的立场，即卡尔·楚克迈尔（Carl Zuckmayer）、汉斯·卡罗萨（Hans Carossa）和恩斯特·云格尔（Ernst Jünger），他们对纳粹主义的态度截然不同。我在哈佛爱上了一个女人——安娜·克里斯（Anna Kris），她的父母玛丽安娜·克里斯（Marianne Kris）和恩斯特·克里斯（Ernst Kris）都是精神分析学家。恩斯特·克里斯对我说："通过阅读文学作品，你理解不了心灵的运作方式。你必须研究人，研究大脑，研究精神分析。"于是我开始阅读西格蒙德·弗洛伊德（Sigmund Freud）的作品，结果发现他真的太迷人了，所以我后来去了医学院，目的就是成为一名精神分析学家。

您是从什么时候开始专攻大脑和记忆研究的？

我去年选修了脑科学。记忆对每个人来说都非常重要，为了了解记忆，我研究了海马体。我是第一个成功对哺乳动物海马体进行录像的人。我和奥尔登·斯潘塞（Alden Spencer）花了6个月时间，一起研究海马体细胞，我们了解到一些关于海马体细胞作用原理的信息，但还是没有弄清楚记忆功能从何而来。

您花了很长时间才取得成功，您曾经对自己的研究工作产生过怀疑吗？

一开始我想过要放弃。我没有取得任何进展，似乎走错了方向，但后来我的信心慢慢增强了。当我终于有所收获，我认为自己只是运气好罢了。到了第4次、第5次，我逐渐意识到，也许我很擅长这方面的研究，也许我可以把它当成一辈子的事业来做。

发生了什么事情让您的研究出现了转机？

我开始采用一种简化的科研方法，决定研究一种简单的动物——海兔。海兔的神经系统很简单，而且神经细胞超级大，肉眼可见。海兔控制简单反射的细胞其实就是一个神经回路，我能够分辨出这样的细胞。此外，我发现海兔的这种简单反射可以通过学习来改变。通过这个实验我得出结论：动物在学习某种行为的时候，其神经元的连接方式实际上已经发生了变化。除此之外，我还看到了海兔组织结构的变化，当时我心里一直在呐喊："哇！"

2000年，您因对神经元记忆储存的生理基础研究而获得诺贝尔生理学或医学奖。您与阿尔维德·卡尔森（Arvid Carlsson）以及保罗·格林加德（Paul Greengard）一同获得了这一奖项。这算是您大获成功的时刻吗？

我第一次发现学习会引发大脑组织结构变化的时候，就迎来了我大获成功的时刻。我想加深了解，不只是停留在描述这种变化的层面上，我要弄清楚大脑中到底发生了什么，产生这种变化的原理是什么。短期记忆会引起大脑某种功能的变化，但大脑的组织结构不会发生变化。当某件事情变成我们的长期记忆，大脑的组织结构就会发生变化，即突触与突触之间会建立连接。当我们开始遗忘一些东西时，突触间的连接就会断开。我是第一个探明学习与记忆的基本生物机制的人，所以我获得了诺贝尔奖。神经元生物学和心理学是一体的，神经元生物学是人类行为的生物学基础。

当时您还在教书，您是个好老师吗？

我喜欢教书，我也是个好老师。我希望把我的课堂打造成一个剧院，我希望学生们真正用心地听我讲课，而不是呆坐在那里，麻木地做笔记，所以我给了他们一份课程摘要，他们可以坐下来静静地听。最后，我把上过的所有课编成了一本教科书，叫作《神经科学原理》（*Principles of Neural Science*）。

◆ "我猜正是发生在维也纳的那些事情让我一直都对大脑和记忆感兴趣。"

您把自己的一生都献给了科研工作，您有什么遗憾吗？

我虽然在夜以继日地工作，但我从中体会到了极大的乐趣。别人晚上都在看电视，而我呢，几乎从来不看电视，我晚上一般都在写作。我对我朋友说："如果我不读我写的东西，我怎么能知道我在想什么？"科学就是很有吸引力。不断有人给我提供很诱人的领导职位，比如哈佛医学院的精神病学系主任。我妻子丹尼丝（Denise）跟我说："那就抛下你的事业去做行政工作呗！"但她其实并不想让我去那里，她认为我头脑清晰，应该把时间放在科研上。每当有人向我提供这样的职位，丹尼丝都会劝我不要去。她对我的科研工作只有一个不满意的地方，那就是我经常花费太多时间在这上面。我们一共有4个孩子，我记得有一次她带着一个孩子站在我的实验室门口。"埃里克，"她说，"你不能再这样下去了。你无视我们，你只关心你自己的工作，但你从来都不关心你的家庭。"我听了这话很难受，我并不觉得我无视他们，但我的确没有花足够的时间陪伴他们。从那以后，我做出了一些改变，尽力扮演好自己的各类角色。尽管我和丹尼丝对我的时间管理方式存在分歧，但没有她，我就不会赢得诺贝尔奖。她认为我头脑清晰，对我充满信心，但她的想法有可能是错的，只不过在我们一起生活的这个阶段，我不打算证明她是错的。

这些年来，您的研究工作发生了哪些变化？

我刚开始做研究的时候，研究大脑的人还很少，因为大脑实在是太复杂了，可如今研究大脑的科学家比研究其他任何器官的科学家都多。现在我们拥有强大的成像技术，所以我们可以有效地研究人类和各种实验动物的不同学习过程。我们都知道，大脑皮层的不同区域有不同的功能，所以我们可以在研究视觉时关注一个区域，而在研究听觉时关注另一个区域。

您得到了霍华德·休斯医学研究所的支持，这是怎么一回事呢？

霍华德·休斯医学研究所决定每5年对研究人员进行一次评估，它的评估要求非常高。受评人必须写一篇文章介绍自己的学术成就，并提交相关的出版作品。随后受评人必须就自己过去5年所做的工作作一个报告，并接受全方位的提问，每个人都必须认真对待这次评估。我认为这很公平，何必为了不同的人而采用不同的标准呢？每个人能做得和上一次一样好就很不错了。我今年就90岁了，我本来可以不工作的，但我真的很喜欢工作。在美国，只要工作做得好，就可以一直当教授。我们每隔几年就会接受评估，如果评估通过了，就可以继续干下去。

您现在在研究什么？

我在研究由年纪增大引发的记忆丧失现象，预防记忆退化甚至是阻止记忆退化的最佳方法是什么呢？

我发现骨骼分泌的骨钙蛋白对恢复记忆非常有效。最适合老年人做的一种运动就是步行，所以我每天步行上下班，希望我在逐渐变老的过程中，记忆力衰退可以得到一定程度的控制。骨钙蛋白在实验动物身上使用的效果非常好，所以它对我也可能会起到帮助作用。

如果您离开了这个世界，会发生什么事情呢？

如果一个人死了，就什么也没有了。灵魂并不能永存，但我的孩子、我的孙子孙女都会继续活下去；我的研究成果、我出的书、我的论文都会一直流传下去。我为我所取得的成就感到骄傲，我的整个职业生涯都很辉煌。我为社会作出了一些贡献，我解决了分子水平上的某些问题，比如有关学习和记忆的问题，当时很多人都认为这是不可能做到的一件事，但我偏偏证明了我们可以对这些问题进行详细研究。

您会给那些考虑学习科学专业的年轻人一些什么建议？

你们要争做好学之人、有求知欲，要上一所好大学。科研是一种可以充实生活，给人带来满足感的职业。你们可以玩转自己的想法，找到方法对自己的想法进行彻底的检验。科研永远不会让人觉得无聊。选择一个能给自己带来乐趣的职业是很重要的。如果你不努力做研究，事业就难以成功，如果你不喜欢自己的工作，就不会为此付出过多精力和心血。

科学事业给您带来的快乐有多少呢？

无论发现的重大与否，只要能够获得新发现，就能让我感到非常满足。能够一直解决问题、了解事情的运作方式也能让我获得巨大的满足感。有时候我可以成为世界上第一个看到宇宙中某个微小部分的人。

您现在是维也纳的名誉博士，您已经与过去和解了吗？

我获得诺贝尔奖的时候，接到了许多维也纳打过来的电话，他们说这也是属于维也纳的诺贝尔奖。我跟他们说，他们想错了，这个诺贝尔奖属于美国，属于一个在美国生活的犹太人。奥地利政府写信给我："我们怎样做才能弥补这一切呢？"我要求他们在维也纳举办一个研讨会，奥地利政府要在研讨会上就希特勒的纳粹主义进行讨论、表明态度，此次研讨会的内容随后被出版成书，我们在书中将奥地利政府的态度与德国政府的态度进行了对比，这是一次卓有成效的讨论会，我交到了朋友，对维也纳的印象也变好了。我说服了奥地利人为犹太人做一些事情，说服了他们赔偿犹太人的损失。

为什么科学如此重要？

科学是我们未来的希望。我们有这么多的问题，这些问题给我们的社会造成了负担，每个问题都需要一个解决方案，科学就是解决问题的途径。那些为科研投资的国家都很聪明，而且这些国家都发展得很好。对一个国家来说，认真对待科学并鼓励科学发展是很重要的。

跟我聊聊您的日常行程安排吧。

我会和我实验室里的人碰面，和他们一起讨论他们的工作。为了保持健康，我大部分时间都步行上下班。我喜欢我住的地方，里面有很多艺术品。周末我喜欢游泳、打网球。在吃这方面，我很节制，我从来不吃猪肉这类红肉，我喜欢吃鱼和蔬菜。

您是一名科学家，也对艺术感兴趣吗？

艺术和科学并不是两个界限分明的世界。艺术家可以采用与科学家相同的方法进行实验性工作。反过来，科学家也可以有创意，有艺术鉴赏力。从我踏入哈佛大学的第一天起，我就对艺术产生了兴趣。第一年我选了一门视觉艺术课，这门课简直太棒了，也是因为它，我决定去参观各种各样的博物馆。每当我到了一个新的城市，我做的第一件事就是看看那里有没有有趣的博物馆。我很喜欢19世纪末的维也纳分离派，代表人物有克利姆特（Klimt）、席勒（Schiele）、考考斯卡（Kokoschka）等艺术家。那是一个很特殊的时代，真正影响了我。我昨天去看了考考斯卡的展览，又一次感叹他是多么出类拔萃。

您生活中最重要的原则是什么？

要尽我所能。我不想挨饿，但金钱从来不是我的动力来源。我的目标是做一些有趣的事情，能让我动脑子的事情。努力工作一直是我生活的重要信条之一，如果不坚持努力，天上不会掉馅饼，这世上有意义的事情从来都是不容易做到的。

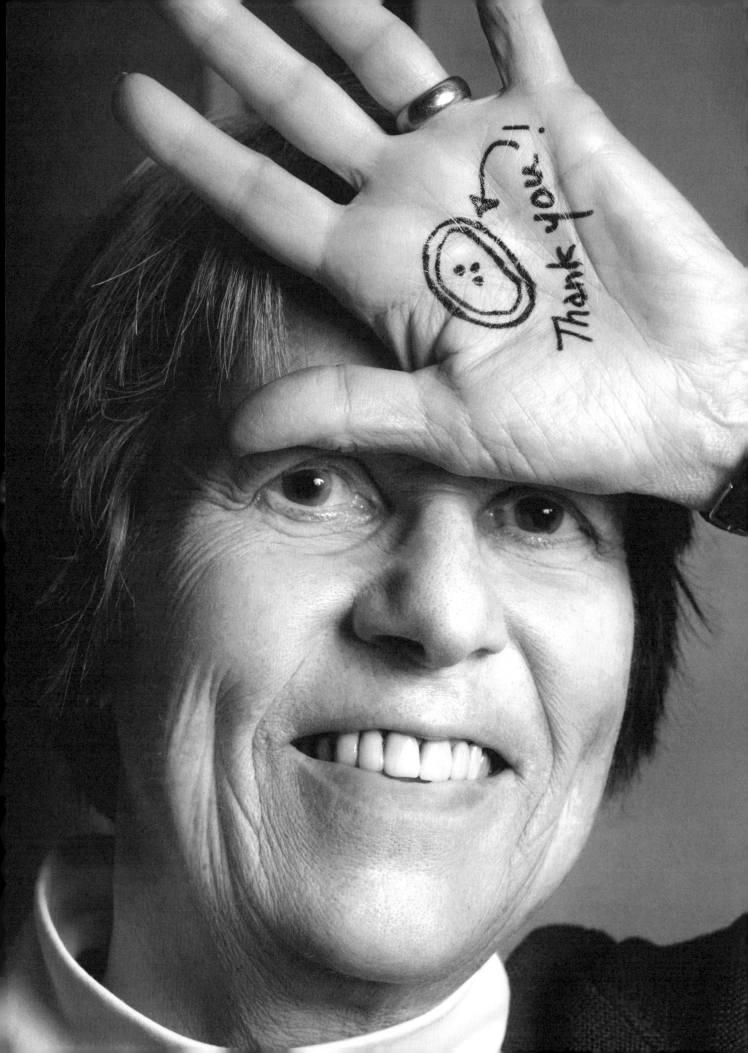

[美] 萨莉·奇泽姆（Sallie Chisholm）

海洋生物学

- 麻省理工学院生物学教授
- 曾获 2019 年克拉福德奖

◆ "找到的答案越多，问题也就越多。"

奇泽姆教授，刚到麻省理工学院工作的时候，您是研究所里唯一的女性，那是一种什么感觉？

我一直在男性主导的环境中成长。我父母的朋友只生男孩，所以我从小就习惯了身边都是男孩子，长大后身边都是男人。我尽力做到最好，直到后来才发现这些事情都是障碍。

为什么这么说？

我申请大学工作岗位的时候，第一次意识到男性和女性对待各自职业的态度是不一样的，也发现了当中细微的不平等。我开始明白，我的经历与我那些男同事们的经历是完全不一样的。

有多不一样？

就好比踢足球，足球比赛是有规则的，足球运动员们都了解比赛规则。我总觉得男性好像都很熟悉学术界的规则，而我却还在努力弄清楚这些规则。有些事情对他们来说是自然而然的，比如去找研究所的负责人，要求得到任何他们想要的东西。不过我很少请别人帮忙，因为我认为这是一种软弱的表现。

麻省理工学院是否对您另眼相看？

可以这么说，当时女性总体上并不像男性那样受重视，其实现在有时候也还是有这样的情况发生。

我在1976年被聘用，当时美国政府刚刚出台新规，各大高校如果想获得联邦政府的经费资助，就必须招聘女性。尽管没人明确说过，但我知道，在我的职业生涯中，有些事情之所以发生只是因为我是一名女性。

比如说？

比如获得一份工作，高校雇用女性需要顶着巨大的压力。在我们这一代人中，很少有女性能够拿奖。因此，虽然我受益于"肯定性行动"（affirmative action，资助和配额制度）❶，但我得到了多少好处，我在职业生涯里就遭遇了多少不公正对待。

◆ "我从来没有想过会以这样的方式取得成功。"

您是否和您的男同事一样可以使用所有的设备、办公室和实验室？

在我还是个科研新手的时候，我得到了研究所的支持，但情况并不总是如此。总体而言，女性的地位和工资都不如男性。在我职业生涯的不同阶段里，我发现我的工资没有我的男同事高，不过后来有所改变，我的工资还是涨了。

您的男同事对您态度如何？

从某种角度来说，我很幸运：我不仅是唯一的女性，而且作为一名生物学家，我也是我所在领域的唯一女性代表。当我受到轻视，我不知道这是因为我是一个女人，还是因为我是一个生物学家。我感到孤立无援，但我并不会一直认为这种孤独感来自我是一个女人。我习惯了遵循自己的节奏，因为我是一个生物学家，我只有我自己。

您在职场中是否遭遇过羞辱？

羞辱是一个很严重的字眼。我记得有人说过，如果你是一个工程研究院的科学家，那你一定是个没什么名气的普通科学家，这番话让我非常恼火，我暗暗下定决心：我一定会证明给你看。我觉得这成为我整个职业生涯的动力。

---

❶ 肯定性行动（affirmative action）是20世纪60年代由美国联邦政府推行的，旨在消除与补救过去在就业、教育等领域对少数民族及妇女等群体歧视的一系列政策与行动。——译者注

您是否觉得别人对您的期望太低了？

我认为作为一个女人，努力做得更好，只是为了让自己与男性保持在同一水平。在我的印象里，大学生们都认为，每个人不可能都一样优秀，除非他能证明自己。看看研究所里那些方方面面都很优秀的男性科学家，大家理所当然地认为他们是聪明绝顶的人。反观女性，她们却要不断证明自己才能得到别人的认可。

无论如何，您做到了这一点，甚至有过之而无不及。

没错，好的一点是，我们到达某个位置之后，会发现有没有这一切其实都无所谓。人们只是想自己所想，所以才开始为自己而奋斗。否则，所谓的冒名顶替综合症会让人深受折磨，而恰恰有很多女性正深受其害。

您有没有哪一刻觉得自己像个冒名顶替的骗子？

有的人会有这样的焦虑：明知道自己很优秀，但是当一个不那么优秀的人取得的成就比自己多，就会感到特别沮丧。从另一方面来说，万事开头难。我来到麻省理工学院或多或少是因为觉得好玩，从一开始我在这里就是个怪人。走到现在，需要一点运气，也需要一些非常友善的人伸出援手。我一直都认为我是个很幸运的人。尤其是现在，我遇到了原绿球藻这种生物，我还能更幸运吗？它将成为我一生的挚爱。

您的丈夫唐（Don）对此有何感想？您曾经开玩笑说，他必须和原绿球藻一起争夺您的芳心。

这是一种很健康的平衡状态。他总是想讨我的欢心，他很宽容，人很好。虽然他不是科学家，但我觉得能有一个支持我并且对我的事业感兴趣的人陪在我身边对我来说真的很好。他也会提醒我不要把所有东西都看得太重，要过一种丰富多彩的生活。

对您来说，不生孩子是一个刻意的决定吗？

我并不是刻意不生孩子。生命的发展方式是不一样的。我去麻省理工学院的时候，只有少数女性有孩子。当时科学界的女性们真的很难组建一个家庭。我很晚才结婚，当时我已经40多岁了。本来我可以要一个孩子，但似乎为时已晚。有时我会为我们没有孩子而感到难过，因为我和有孩子的朋友待在一起时，觉得他们都很幸福。但是和那些一直在担心自己孩子的朋友待在一起时，我就一点也不介怀了。

您能用几句话解释一下什么是原绿球藻吗？

这是一种极其微小的微生物，大量存在于海洋中。它可以进行光合作用，是地球上最小、最常见的能进行光合作用的细胞。据估计，世界各大洋中的原绿球藻已超亿万个，它对海洋的物质交换具有重要意义，是食物链的基础。

为什么原绿球藻很重要？

原绿球藻可以从大气中吸收二氧化碳并将其储存在海洋中。如果浮游植物灭亡——不仅仅是原球绿藻，那海洋中所有的二氧化碳都会被释放到大气中，大气的二氧化碳含量将比现在高出 2 倍到 3 倍，这就说明这些生活在海洋上层、能进行光合作用的鲜活生命体有多么重要，它们就像是海洋的一层保护膜，能够帮助地球系统保持平衡。

您的研究是否因为气候变化而变得更重要了？

要了解气候变化，就必须了解海洋在气候系统和全球碳循环中扮演的角色，而了解浮游植物则是了解海洋的关键。

是什么驱使您研究原绿球藻的？

我们每个月都会有关于原绿球藻的新发现，它的背后隐藏着很多秘密。一方面，原绿球藻看起来是如此漂亮、如此简单；另一方面，它遍布全球，复杂程度令人难以置信。我们对它了解得越多，它的故事就越精彩，我们每天都好像在打开一个未知的礼物盒。对原绿球藻的了解显然与其他生命形式有关，通过对它的研究，我也会用不同的眼光来看待地球上的生命。

◆ "我真的很喜欢和我自己独处，和我的大脑独处，那种感觉就好像我走进了自己的大脑里。"

您能给我举个例子吗？

我们研究某种微生物的时候，会先取一个微生物细胞，对其进行培养，然后再开始研究。当我们试图分离出原绿球藻细胞，我们发现它会与其他细菌共生，并且生长态势更好。我们现在正在努力探究为什么共生对原绿球藻的生长更有利。我开始意识到，我们的生物学知识大部分都是通过孤立的研究获得的。如果我们只单看某种生物，别的都不看，那我们得到的只能是歪曲的图像，所以我正在推动建设所谓的"跨尺度生物学"，我们想了解各个层次的生物体。

萨莉·奇泽姆（Sallie Chisholm）

奥巴马总统给您授予国家科学奖章时，您感觉如何？

我很激动，也很惊讶，因为我研究的是一个很偏门的课题。我能拿到这个奖就意味着真的有人看过我的论文，懂得我做这项研究的意义。以前从来没有生物海洋学领域的人获得过国家科学奖章，所以原绿球藻能够以这种方式受到大众关注是很有意义的。

这算是一种崇高的感觉吗？

不是，那太可怕了。我是一个害羞的人，站在聚光灯下让我很兴奋，但也会让我有点紧张。成为万众瞩目的焦点让我感觉很不适应，我真希望我的团队当时能和我一起站在那里领奖。在我实验室里工作的都是有才华的人，我很感谢他们。我就像是一个指挥家，而他们是演奏音乐的人。没有他们，我什么都不是。

您认为这是一种很典型的女性态度吗？

我不知道，但这是我的态度，因为我的同事是我工作中不可或缺的一部分。我把这些来自不同领域的人聚集在一起，就必须面对这样一个事实：有一半的时间我都不知道我该说什么，这种行为通常被认为是谦虚的表现，但说实话，我并不谦虚。我组建了专家组，我的责任是把控大局，但让我很难接受的是，他们每个人都付出了辛勤的劳动，本应属于他们的荣誉落到了我的头上。

您身居要职，是研究所的教授，但您似乎仍然觉得没有安全感，这怎么可能呢？

我从来没想过会以这样的方式取得成功。我以为我要费很大力气才能当上教授，但我从来没有想过会得到这么多的认可。昨天我收到了一封电子邮件，内容是祝贺我获奖。写邮件的人告诉我，他在读本科的时候就读过我的论文，我原来一直以为本科生肯定不会读我的论文。我觉得揣测别人对我们的看法是很难的一件事。

您认为这种不安全感从何而来？

我在一个重男轻女观念非常重的家庭里长大。在我小的时候，我哥哥被当成一个光荣的榜样，而没有人对我抱有任何期望，所以我对自己也不抱任何期望，但我一直都渴望被人关注，所以我努力去做正确的事情。我一次又一次地鞭策自己，不断奋斗，直到有一天，终于有人注意到了我。

是什么吸引您走上了科学这条路？

我的父亲是一个商人，我的母亲是一个失意的家庭主妇。她很聪明，但当时的女性根本不可能拥有自己的事业。我在大学里修了一门生物课。我发现通过做实验可以发表论文，别人都会相信我们写的东西，我觉得这太不可思议了。我当时还很年轻，觉得这是我表达自己的观点、证明我有才华的方法之一，所以我迷上了科学。

您会给那些对科学感兴趣的年轻人提一些什么建议？

我会告诉他们：如果你们喜欢科学，就在这条路上一直走下去吧，科学是一个不断更新的领域。你们找到的答案越多，问题也就越多。科研就是一种理解世界的方式，也是理解生命的方式，还有什么比这更令人兴奋的呢？

在您的职业生涯初期，您用了好几年时间才获得成功。您是如何坚持下来的？

事实上，我们在没有经费的情况下研究原绿球藻长达 5 年时间，这实在是太有趣了，我实验室里的人也和我一样走火入魔了。搞科研的人必须要有好奇心，除此之外还要能承受失败的打击，不能每天都抱有很高的期望，其实探索的过程比找到问题的答案更有趣。利用好分配给其他事务的钱，就足够我们继续做研究了。

您有退休的打算吗？

我不想退休，因为我不想错过任何事情。我们现在正在做一件激动人心的事，而且我真的想在退休之前让原绿球藻的声势在科学界传播开来。我们已经有了来自世界各地的原绿球藻变种，但研究它的实验室还很少，所以在完成这些工作之后，原绿球藻有可能慢慢淡出公众视野，被人遗忘。我希望未来能有人继续研究原绿球藻。

您完全沉浸在自己的工作中是什么样子？

我大部分时间在家里工作，因为我在家工作效率很高，可以完成大部分工作。为了隔绝外界的干扰，我会戴上防噪声耳机，就是车间工人在嘈杂的机器旁边戴的那种耳机。然后我会对我丈夫说："好了，我现在要进入封锁状态了。"我就是用这种方式完成了那些真正需要深入思考的工作。我真的很喜欢和自己独处，和我的大脑独处，那种感觉就好像我走进了自己的大脑里。

您在远离海洋的地方长大，14 岁的时候才第一次去海边。那么您为什么选择了海洋学？您与水之间有什么联结？

我是在苏必利尔湖边长大的，它就像一个淡水海洋。上大学时，我在一个湖边做了关于淡水浮游生物的研究项目。但我很快意识到，海洋学之所以能够得到快速推广，是因为海军在这方面投入了大量的资金，所以我读博士后的时候转向了海洋学，开始研究咸水浮游植物。

您一直都对水很感兴趣吗？

并非如此，我和水之间不存在某种特殊的联结，海洋不是我的激情所在，也不是其他任何东西的源泉。我教过的很多学生都在问自己：我热爱什么？他们不知道什么是自己真正感兴趣的东西，我告诉他们：

"你们现在还不需要知道这些。只要脚踏实地，一步一个脚印，你热爱的东西就会找上门来。"其实我也是这样做的，我并没有刻意去寻找自己热爱的东西。

您想对大家说些什么？

我想说的是，我们需要加倍珍惜大自然给予我们的东西。我们应该多为自然界着想，为我们所依赖的其他物种着想，原绿球藻只是其中之一。我们认为地球充满生机是理所当然的，认为地球会永远存在，养活所有人类。但是我们不能再这样想了，如果我们继续走老路，地球终有一天会发生巨变。

[英]托卢拉·奥尼（Tolullah Oni）

医　学

- 剑桥大学流行病学助理教授、全球青年学院前联合主席

◆ "我们必须时刻牢记自己的目标，知道我们在做什么，知道我们为什么这样做。"

奥尼教授，您出生在尼日利亚（Nigeria）的首都拉各斯（Lagos）。您是如何与命运抗衡，成就了一番伟业的呢？

我想说的是，我还在不断地取得成功。归根结底，我认为是我的父母给了我和我的兄弟姐妹们干劲和雄心，他们总是对我们说："放手去做吧。"因此，我们逐渐拥有了坚定的决心，相信自己具有无限潜力，任何我们想做的事情都可以做到。

您的父母显然对您产生了积极的影响，他们从事的是什么工作？

我父亲是食品技术员出身，在一家跨国公司工作。我母亲是一名大学法语讲师，当时社会上盛行"女性低人一等"的观念，是她保护我不受这种观念的毒害，让我觉得自己没有受到任何约束。现在很多女性都面临着性别不平等的问题，而我非常幸运地避开了这个问题。事后看来，我所受的教育是很完整的，而且很不一般。当时我就认为无论是男孩还是女孩，每个人都可以做自己想做的事情。我在大学校园里等着我母亲下课，我从来没有觉得这有什么不正常，这只是她的工作，如果她可以做得很好，那为什么我就不能做好呢？

您是学校里最聪明、最优秀的人之一吗？

我一直都是个充满雄心壮志的人，努力成为最优秀的一分子，我并不只是依靠与生俱来的天赋。我一直都喜欢与人竞争，所以每学年结束时，我和我的兄弟姐妹们就会比赛，看谁是班上最优秀的学生。我有着坚定的志向和十足的干劲，这些品质让我成为一名斗士。

♦ "当时我就认为无论是男孩还是女孩，每个人都可以做自己想做的事情。"

您说自己充满了雄心壮志，您还记得自己人生中的第一个目标吗？

记得，我从小就很清楚我想成为一名医生，想做一些对人类有积极意义的事情。在我 7 岁的时候，我看了一部纪录片，讲的是一个孩子做心脏手术的全过程。我被心脏这个器官深深地吸引住了，它看起来太奇特了。我被纪录片里的这个孩子深深地触动，他在这个年纪本应该和其他孩子一起嬉戏玩耍、一起上学，所以我当时就下定决心要成为一名儿童心脏病医生。我心里很清楚："我可以帮助那些和我同龄的孩子，这就是我想做的事！"

您在拉各斯生活了多久？

我在那里一直生活到十五六岁。我的父母希望我接受国际认可的教育，于是把我送到伦敦郊区萨里郡的一所寄宿学校，让我在那里继续我的学业。之后我去了伦敦大学学院学医，在泰恩河畔纽卡斯尔进行了为期一年的外科实习。紧接着我又去悉尼待了一年，在一个内科重症监护室工作。回到英国后，我去了伦敦的一家医院工作，主要负责救治传染病病人。

我猜您是从那个时候开始对艾滋病感兴趣的？

是的，拿到国际医疗科学学士学位后，我开始对艾滋病感兴趣。我在学医期间曾休学过一年，就在那一年里，我的心愿逐渐成形：我想了解艾滋病的病因以及异域因素影响地方艾滋病的方式。

2000 年，我与"无国界医生"组织一起撰写了关于艾滋病抗逆转录病毒疗法的论文。当时盛行一种错误的观点：人们认为贫穷国家的人不能接受艾滋病治疗，因为他们没有时钟，不知道什么时候该吃药。"无国界医生"组织不认同这样的观点，决定在低收入国家开展治疗工作，他们要向大家证明艾滋病治疗是完全有可能做到的事。他们在几个国家开始了试点项目，其中就包括南非。当时南非政府仍在否认艾滋病的问题。"无国界医生"组织在开普敦的卡雅丽莎镇（Khayelitsha）首次开展了免费治疗艾滋病病人的工作。

您参与这个项目的方式是什么？

我的任务是收集世界各地 9 个试点项目的信息，主要是治疗开始后半年和一年这两个时间点的信息。不出所料，治疗试点项目取得了巨大的成功。这是我参与的第一个研究项目，可以说是一次不可思议的经历。我回到伦敦后还在思索：是啊，这就是科研项目的意义所在。我想弄清楚如何通过研究来降低艾滋病的死亡率，而不仅仅是治疗艾滋病。在伦敦，病人能够买到艾滋病药物，不会再因艾滋病而死，而世界上其他国家都做不到这一点。

这就是您决定去南非的原因，因为那里急需进行艾滋病研究。

是的，我和一位教授谈过，告诉他我想研究艾滋病。他帮助我与南非那边的负责人取得联系，然后我就去南非了。我原计划在那里待 1 年，结果一待就是 11 年，是不可思议的 11 年。

您在南非取得了巨大的成功，但您刚到南非时要克服哪些困难？

一开始我总是自我怀疑，担心自己会后悔做出这个决定。医学是一个非常保守的学科。当我结束培训时，有人告诉我，我以后的生活全部都规划好了，于是我就收拾东西离开了。总有人跟我说："你毁掉了自己的事业，你的培训都是白费力气。"我也不知道最后会不会有好结果，我担心自己比其他同事做得差，但是我决定尽可能忽略这些感受，继续攻读流行病学的博士学位。

作为有色人种，并且是女性，您在南非工作是什么感觉？这是不是给您造成了多余的困扰？

我的肤色让很多事情都变得复杂，我必须克服这些困难。我生长在一个非洲黑人占多数的国家，但那里也有不平等的现象，包括种族不平等和其他不平等的现象。

您对这种特殊的偏见持什么态度？

说实话，我没有做好心理准备面对这样的事情。我的家庭背景还算优越，我自己也受过良好的教育。我在英国当然也属于少数民族，但这种身份从来不会成为我的问题。我可以享受卓越的教育制度给我带来的好处。我喜欢开普敦，但这个城市仍然划分了白人区和黑人区。在一个黑人占多数的国家里，我显然属于那里的少数群体。

那里的人对您有什么看法？

前几年，我大部分时间都在医院工作，为我的研究打基础、做准备。我学会了一点点科萨语（Xhosa，南非当地的语言），我的病人过了一段时间才意识到："哦，你根本就不是南非人。"我是抱着这样的态度去南非的："我来这里是为了做我自己的事情，我很聪明，我可以做成一些事情。"但是，还没等我开口说话，我的潜意识就产生了这样的想法：仅仅因为我的外貌，我就低人一等。现在，如果我以一种会激发这种想法的方式为病人们服务，他们就会感到困惑，他们会不知道该如何看待我。

◆ **"但是，还没等我开口说话，我的潜意识就产生了这样的想法：仅仅因为我的外貌，我就低人一等。"**

您通过什么方式学会了自我消化这些偏见？

坦白来说，每天都要遭受别人的偏见真的令人疲惫不堪。我会凭借我内心的力量无视这些偏见，把它们从我的脑海里赶出去。我告诉自己："你可能觉得自己低人一等，但我绝不接受这样的观点，我不会浪费自己的精力去说服你，告诉你这么想是错的，我也不会浪费时间参与这些日常的争斗。"

关于性别不平等的问题现状如何？您是否遭遇过有关职业素养的性别歧视？

我在开普敦认识了一位教授，他是我的救星。他正在打造一支学术团队，其中大部分人是有色人种女性，她们将成为南非卫生部门的领导人。我立即申请了一个研究岗位，顺利得到了这份工作。我没有什么经验，但最后还是成为肺结核多地调研项目的负责人。这位教授靠的是自己的直觉，他告诉我："虽然你没有经验，但我就是知道你能做到。"

您有自己的实验室。带领一支临床研究团队，您觉得有趣吗？

我们的很多研究都与人有关，和我们研究的人有关，和我们的同事有关，所以我必须迅速掌握管理和领导技能，这些技能是我在管理学院从来没有接触过的。起初我觉得出于文化原因，带领团队真的很难。虽然我是一个外向的人，但我一直把我的职业生活与我的个人生活分得很开。我很难激励我的团队前进。几个月后，一位南非的同事告诉我："这跟人有关，因为他们对你一无所知。"我意识到，我得敞开心扉，与他们建立亲密的关系，这件事真的好好给我上了一课。

是什么让您选择离开已有的工作岗位，转向卫生事业的？

如果我从事临床医学的工作，我就只能对某一个人产生直接的影响，虽然这让我感到很充实，但每一天我都只能帮助一个人。我之所以转向卫生事业，是因为我想为社会作出更多贡献，防止更多的人生病。

您在南非工作期间，工作取得了什么进展吗？

我最初去南非是为了了解艾滋病和肺结核相互影响的方式，了解哪些因素会影响这两种疾病患者的病情发展。后来我发现，许多患者还同时患有高血压、糖尿病和肥胖症，所以我试图探明这些非传染性疾病相互影响的方式。很明显，这些非传染性疾病取决于外部因素，如饮食是否健康、运动量是否充足，这对生活在城市中的人而言更是个问题。在非洲，62%的城市居民生活条件很差，就跟住在贫民窟里差不多，那里暴发疾病的风险很高。我自己就在城市周边地区的一个贫民窟里工作。医生总是会叮嘱贫民窟里的病人要多注重饮食健康，但是当我们走出医院，看到现实情况时，我们才意识到我们不能怪这些人。

所以您决定从大处着手，把握大局？

我这辈子一直都在探寻所谓的大局。我决定进一步了解使人生病的环境压力源，包括食物、住宅区、居住条件，这不仅是医疗保健的问题。我成立了一个研究小组，即城市健康与公平研究计划小组，我现在仍然在管理这个小组。除了治病以外，我还想方设法地改变致病原因。跟我们合作的往往都是那些认为自己对公共卫生问题没什么责任的行业，我们希望人们能够了解他们的行为会对健康产生怎样的影响。

非洲是人口增长较快的大洲之一，提高非洲人民的公共医疗保障到底需要什么？

需要预防疾病和促进健康的长期战略。我们应该清楚一点：生病是在所难免，特别是年轻人。有人说，我们无法在提供医疗资源的同时预防疾病的发生，但我们必须这样做。治疗的成本远远高于我们所希望看到的任何经济增量。

最近，我更加关注年轻人，因为在他们开始变得独立时，他们的行为就为这些疾病埋下了祸根。

西方国家具体应该做些什么来帮助非洲？

如果西方国家认真对待疾病预防和医疗保健工作，它们就得负起责任来，不能说一套做一套。现在的情况就是它们一只手给予帮助，另一只手却在接受帮助。西方国家不能再自恃清高了，必须与其他国家建立起平等的伙伴关系，这种关系的建立意义重大，但不要用父母教育小孩子的方式跟对方沟通，不要说"我们知道什么东西对你来说是最好的"这种话。从长远来看，这种方法一无是处。我们彼此关联，最后肯定要开始采取行动，把自己当作同一个生态系统的组成部分。国家和地区之间存在着严重的不平等问题，我们必须解决这些问题。如果我们齐心协力、共渡难关，最终都会迎来更美好的结局。

您保持身体健康的方式是什么？

这是一个长期目标，我每天都在为之奋斗。一方面，我发现我很难放弃自己感兴趣的东西，因为我总是什么事情都想尝试。我坚信，我吃完蛋糕的同时还能留下一个完整的蛋糕，我一直在尝试鱼和熊掌兼得。除此之外，我经常慢跑，努力提高自己的身体素质，改善自己的精神状态，这样一来，我就可以创造属于自己的自由空间，让头脑保持清醒。

您会如何形容自己？

精力充沛，坚持不懈，好奇心强，爱好跑步，乐观向上。

对于那些以您为榜样，想成为科学家的人，您有什么建议？

还有很多事情是我们不知道的，科学是对未知世界的探索途径：它帮助我们获得新的知识，了解我们的世界。从事科学行业的人有时会缺乏另辟蹊径的勇气，我的建议是：不要害怕走没有人走过的路，要勇敢开辟新的路径，因为这就是做科研的本质。我们应该培养良好的性格品质，树立正确的心态，要有强大的韧性。此外，我们必须时刻牢记自己的目标，知道我们在做什么，知道我们为什么这样做。

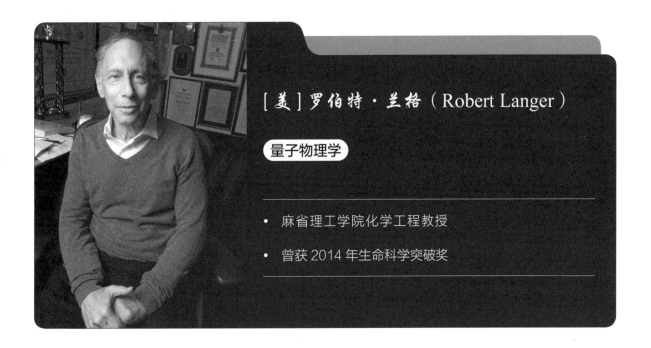

[美] 罗伯特·兰格（Robert Langer）

量子物理学

- 麻省理工学院化学工程教授
- 曾获 2014 年生命科学突破奖

◆ "你可以自己决定提很重要的问题还是不那么重要的问题。"

兰格教授，您已拥有 33 个名誉头衔，申报了 1350 项专利。您是历史上被引用次数最多的工程师，H 指数目前超过了 260。您身上令人难以置信的精力和积极的态度从何而来？

我觉得科技很迷人，利用科技可以做很多不可思议的事情，但我最看重的是我对这个世界的意义。那些能使世界变得更美好的事物、那些能拯救生命的事物、那些能促进人类健康并增强人类幸福感的事物都在推动我前进。

如今您非常成功，也很有影响力，但您毕业的时候肯定克服了许多困难。您曾经遭到许多高校的拒绝，9 个研究项目的资金申请都碰了钉子。您还申请了医学院，但也是无功而返。您能跟我们讲讲那时候的一些情况吗？

在我的职业生涯中，我碰过很多钉子。大学毕业后，我在波士顿儿童医院攻读博士后，我是那里唯一的工程师。以前上高中和大学时，一切都安排得井井有条，常年如此。而到了博士后阶段，我必须独自面对一切，这对我来说是个挑战。我是个工程师，从十年级开始就再也没有上过生物课，所以学习生物学和生物化学令我疲惫不堪。不过我一直坚持学习，因此最后还是学到了足够用的知识。读博士后的前 6 年很难熬，我努力申请科研资金，并赶在博士后毕业前提前找工作。我的愿望是将工程学知识应用于医学。在化学工程部门很难找到一份与科研相关的工作。即使好不容易找到了工作，也还是不顺利，因为我又遇到了资金问题。后来雇用我的部门主管离职了，有几个同事都不希望我留下来，我只能迎难而上、克服困难。

◆ "在以后的生活中，别人会根据你自己提出来的问题来评判你。"

您觉得自己是个固执的人吗？

我不确定我是不是真的有其他选择，但我相信我正在做的事情是对的，所以我觉得我是个固执的人。

从麻省理工学院化学工程专业毕业后，您本可以选择搞科研或者从事化工行业，是什么让您决定从医，而不是去石油公司工作，赚大把的钱呢？

在石油公司的面试中，我觉得他们的工作意义不大，至少我要做的工作没什么意思。我的确可以赚得更多，至少一开始是这样的。这些公司希望我把某种化学品的产量提起来，我当然可以用这个赚很多钱，但它不会有任何特别的意义。

在您的职业生涯初期，您有没有遇到过对您来说特别重要的导师？

有，他叫朱达·福尔克曼（Judah Folkman），是一个非常著名的外科医生。我在儿童医院读博士后的时候，他就是我的导师。他认为一切皆有可能，是一个永不言弃的人。他很有远见，总是会有很多了不起的想法，这样的经历对于我这样一个年轻科学家来说简直太不可思议了。我意识到，如果我们能够将他脑子里的想法全都变为现实，一定会取得意义非凡的进步，比如说找到能够阻止体内血管生长的物质，而这种物质又可以带来抗失明和抗癌的新疗法。

组织培养、研究释放活性物质的新方法，这些都是当时的新兴研究领域吗？

是的，我研究的前两个课题是血管生成和药物输送。实际上组织培养是后来才出现的，当时我遇到了一个年轻的外科医生，叫杰伊·维坎特（Jay Vicante）。他和我谈论了关于移植的问题，所以我们提出了一些有关组织培养的想法，这是我在医院、在外科环境中工作的另一个好处：我可以遇到这些伟大的人。

与福尔克曼博士一起工作的经历是否影响了您后来与学生一起工作的方式？

从某种程度上来说是有影响的。我给学生上课的时候，希望他们能够明白科学造福人类的能力是非常强大的。如果你投身于科技行业，你可以学到很多东西。而且我也相信，一切皆有可能。

您谈到自己对学生的要求很高，是为了激发出他们的最大潜能。

是的，随着时间推移，我慢慢悟出了一个道理：如果你是一个学生，无论是小学生、初中生、高中生还是大学生，别人评判你的标准都是你回答别人的问题时表现得好不好，或你的考试成绩如何，对不对？而在以后的生活中，别人会根据你自己提出来的问题来评判你。你可以自己决定提很重要的问题还是不那么重要的问题。我帮助我的学生们从一个个善于回答问题的人成长为善于提出问题的人。

您现在是您所在研究领域的专家，特别是在大脑活性物质释放研究领域尤为专业。您能否向非专业人士解释一下"药物输送"的问题？

我和我的另一位朋友亨利·布朗（Henry Brown）一起研发了一种可以植入人体的聚合物薄片，它们会慢慢溶解，然后释放出抗癌药物。如果某人患有脑瘤，外科医生会尽可能多地切掉肿瘤组织，并在缝合颅骨之前在适当的位置插入一种小薄片，我们称之为晶圆。随后晶圆释放出药物，并将其输送到肿瘤组织中。药物释放持续时间至少1个月，一般来说，大量的肿瘤组织细胞都能被杀死，晶圆片会不断攻击同一位置。虽然这种方法不能治愈肿瘤，但它能延长生命，缓解痛苦。

您能从外部控制这个过程吗？

可以，我们已经开发出了小型半导体晶片和其他技术，能够远程控制药物的释放。

从您产生第一个想法，到将其变为现实，是不是花了很多年时间？

医学中的一切都是这样，从一开始的新发现到变成医生的常规操作需要很长的时间。这中间要经过动物试验、临床试验和美国食品药品监督管理局（FDA）以及其他监管机构的批准，还要投入大量资金，一部分用于研究，一部分给那些努力让想法落到实处的公司。1976年，我们在《科学》杂志上发表了第一篇关于血管生成抑制剂的论文。28年后，也就是2004年，该抑制剂得到了美国食品药品监督管理局的批准。而"药物输送"系统的发展速度更快一些，第一篇相关论文于1976年发表在《自然》杂志上，13年后，也就是1989年便获批了。

您的另一个研究课题，即组织培养，已经进行到哪个阶段了？现在能够培养器官并且替换器官吗？培养的器官能不能用在人身上呢？

杰伊·维坎特和我有过一些想法：如何将合成材料和细胞结合在一起，用以培养新组织或新器官？我们设计了许多基本的流程和原则。在不同公司的帮助下，研究取得了进展，我们也参与了其中一些项目。现在我们可以为烧伤患者制作皮肤。如果有人患了由糖尿病引发的皮肤癌，就可以用可替代的皮肤进行治疗。许多其他的用途正在进行临床试验，如新软骨组织和新脊髓。目前，我们正在研究听力障碍、人工胰腺和新型肠壁。我们和其他科学家也在研究能不能利用一块芯片制造器官，到那时，无论是心脏还是大肠都可以生产出来。此外，我有几个学生正在研究能不能用这种方式生产肉和皮革。可见，组织培养的研究范围已经得到了极大的拓展。

您认为自己是一个成功的商人吗？

我不知道，但对我来说，最重要的当然是把我实验室的成果拿出来，与全世界的人一起分享。为了尽快实现这个目标，我投资了一些公司，这是一段非常有趣的经历。科学本身是伟大的，但我想更进一步，我希望科学能对人们的生活产生影响，而企业已经做到了这一点。我有一些学生一直热衷于创业，能够亲眼看着他们的研究成果走出实验室，走向世界，这是他们一直梦寐以求的事情，真的太了不起了。我希望我的学生都能够实现自己的梦想。

◆ "我们也在研究能不能用一块芯片制造器官，到那时，无论是心脏还是大肠都可以生产出来。"

您所在的研究领域中，竞争情况如何？

竞争一直都有，但我认为每个人都能从竞争中受益。举个例子，我在给基因泰克（Gentech）公司做咨询顾问，这是一家很了不起的公司，安进（Amgen）公司是基因泰克的竞争对手。安进公司在《自然》或《科学》杂志上发表一篇论文时，安进公司的股价就会上涨12或14个点，这让基因泰克公司的人很不安。这时我会告诉他们："看哪，你们的股价因为安进公司上涨了8个点，但你们什么都不用做。"如果竞争对手做得不错，那我们其实也可以做得更好。

您似乎完全投身于自己的工作。

绝对的，的确如此。

您如何安排自己的生活呢？您有3个孩子，该怎样平衡自己的工作与生活呢？

我的妻子劳拉（Laura）是一位拥有博士学位的科学家，她是一个非常直率的人。孩子们还小的时候，她对我说："我希望你每天晚上7点钟能到家，这样你就可以多陪陪孩子们。"我并不觉得这是一种压力。

所以我选择晚上工作，有时孩子们会和我一起工作。有些照片记录了我大儿子一岁半的时候爬到我身上，把我的化学书放到自己嘴里。我会跟孩子们一起玩耍，哄他们睡觉。

在那段时间里，您每天睡多久？

我每天大概需要睡6到7个小时。即使我现在年事已高，晚上上厕所的时候，我还是会拿出iPad，回复5到10封邮件。我总是在思考事情，一直在工作。但换个角度来看，我认为我做的事情并不算是工作。我现在70岁了，已经到了退休的年纪。我不缺钱，虽然我爱钱，但我并不需要这些钱。能和我的学生进行交流、提出想法、发明一些东西、看到自己的发明大获成功，我想不到还有什么事情比这更重要。我去世界各地出差，给不同的国家提供帮助，还能遇到各种有趣的人，这算不上是工作，你应该懂的，这一切简直就像梦一样。

您的身体非常健康，每天锻炼两个小时，30年来如一日，是这样吗？

我们家有一个健身房，我经常练举重。在卧式健身车上锻炼的时候，我还可以工作，可以打电话，可以做一些其他的事情。我还一边看论文，一边骑躺车，但我认为我的学生可能会觉得我的写作风格不那么优雅。我之所以拼命锻炼，是因为我父亲在我28岁的时候死于心肌梗塞。他当时才61岁，他的离开让我非常害怕。现在我已经70岁了，为了我的孩子、我的妻子和我的同事们，我想活得尽可能久一点。我也是个爱吃的人，如果我不做运动，我可能会变成一个大胖墩。

您的童年过得怎么样？您受到了什么样的教育？是什么让您成为今天的自己？

我其实不太清楚。我父亲会和我一起玩数学游戏。我母亲是一个很有魅力的人，非常关心别人。我父母从吉尔伯特玩具公司给我买了化学试验箱和显微镜，我把化学物质混合起来，制造出一些不可思议的东西。我可以改变物质的颜色，制作出橡胶这样的东西。我也经常运动，我喜欢和附近的人一起踢足球、打棒球和篮球。我们家在纽约州奥尔巴尼（Albany）属于中产家庭，我在那度过了一个非常普通的童年。在学业方面，我是一个很聪明的孩子。我虽然不是班上最优秀的人，但我至少处在班级前10%的行列里。如果我在学校里表现得好，我就会得到表扬，但我的父母会给我施加压力。我想他们只是想让我成为一个快乐的孩子，我也希望我的孩子能快乐成长。

为什么年轻人应该进入科学领域？您会给他们什么建议？

学习科学专业的原因有很多。第一，你本来就喜欢科学，而且你充满了好奇心。第二，世界上几乎所有的进步都源自科学，无论是新型计算机，还是新型药物。你可以贡献出自己的力量，让世界变得更美好、更安全。我给年轻人的建议是：敢于梦想，敢于追求改变世界、让世界更美好的梦想。同时，你要知道前方有很多障碍在等着你。不要放弃，坚持不懈，努力逐梦。

我从很多科学家那里听说，10次实验有9次会失败。

没错。我感觉我失败的次数比我成功的次数多得多。当我回想起我花了3年时间完成的博士论文，我意识到，如果我当时就拥有了之后才学会的知识，那我一两个月内就可以写完博士论文。

您现在有什么梦想？

我的梦想是想出更多的好点子，让它们造福世界。我还想继续培养生物技术和生物医学工程方面的顶尖人才，这就是麻省理工学院的魅力所在，我们可以和优秀的人一起共事。我们这里已经有300多名学生成了教授，他们遍布世界各地。还有数百人创业，在企业或政府机构工作，做律师或风险投资人等类似工作，这些事情对我来说真的意义非凡。

您如何保持一种积极的态度？

我想这是我与生俱来的，我天生就能够从积极的角度来看待问题，这对我很有帮助。

◆ "**我给年轻人的建议是：要有一个远大的梦想，一个能够改变世界、让世界更美好的梦想。**"

安东·蔡林格（Anton Zeilinger）

[奥] 安东·蔡林格（Anton Zeilinger）

量子物理学

- 维也纳大学实验物理学教授
- 奥地利科学院院长
- 获 2022 年诺贝尔物理学奖

◆ "忠于自己，不要去想当下对你最有利的东西，而要跟随自己的内心，随心而动。"

蔡林格教授，您上学的时候，一位老师告诉您母亲，说您烂泥扶不上墙，没救了。老师为什么会说这样的话？

因为那时的我很懒惰，学习总是不上心，只求不挂科就行。在学校里，如果我知道的比老师多，偶尔就会得罪老师。但是我有一个很棒的物理老师兼数学老师，他对自己的教学科目充满热情，而这恰恰是一个教师必须具备的最重要的品质。

您曾经说过，您父亲是您的榜样，因为他很任性、很固执。

我的父亲用实际行动向我证明，坚持己见、追求自己的目标（有时也可以称之为执拗），能够取得很大的成就。有的人认为科学的目标纯属瞎胡闹，但不管他们怎么说，我都不能让自己分心。我一直在做自己认为有趣的事情，如果我研究的课题成为热门课题，我就会放弃它，因为我研究的往往是没什么人关注的物理课题。我申请教授职位的时候，也有很多大学拒绝了我。如果他们当初接受了我，现在肯定会很满足。

您似乎一直都有很强的自信心？

没错，我一直特别自信，所以我也能够消化我得到的许多负面反馈。从事科学行业最重要的一点是要走自己的路，坚持自我。

◆ "我的父亲用实际行动向我证明，坚持己见、追求自己的目标（有时也可以称之为执拗），能够取得很大的成就。"

您总是会有意识地突破各种界限吗？

我常常感觉不到界限的存在，但我一直以来都很重视独立。人不能让自己依赖社会环境，特别是在十六七岁的时候。幸运的是，我有一个同学，他也对最基本的事物感兴趣。别人都在开派对的时候，我们却在讨论宇宙大爆炸。还有一些人和我们一样，我觉得这一点非常重要。

您32岁时去了美国的麻省理工学院。对您来说，从奥地利跑去美国感觉如何？

这段经历对我来说意义非凡，因为我了解到，即使在美国的精英大学里，同行们的水平也和我们差不多。麻省理工学院声名远扬，那里有很多非常优秀的人，不胜枚举。但我很快就发现，就科研而言，我完全可以跟上他们的步伐，这也成了我后半生最大的动力。

您研究的是量子物理学。研究的过程中，您有过大获成功的时刻吗？

这么说有点夸张了。我上大学的时候从来没有上过量子物理学课，也没有听过讲座，什么都没有。如果以前的大学都像现在这样，不再按照中小学的模式办学，那我才有可能接触到量子物理学。在最后一次大型期末考试之前，我去找考查理论物理学的教授，请他着重考考我量子力学方面的知识。后来我看书自学了量子力学的相关内容，马上便意识到这是一个绝佳的数学理论，但没有人知道它会朝哪个方向发展。我立刻就被它吸引住了，决定一生都要与它相伴。

1997年，您做了一次特殊的远距传送实验，此次实验的创新之处是什么？

这并不是我最重要的实验，但肯定是我最出名的实验。这个实验的内容是：在两个光子不建立任何联系的前提下，将其中一个光子的属性转移到另一个光子。1993年，6位同行对此提出了相关理论，当时我认为这是个不错的想法，但完全不可能实现。殊不知我的实验室却找到了实验的方法，爱因斯坦也早已讨论过"鬼魅般的超距作用（Fernwirkung）"：当两个粒子纠缠在一起时，无须在它们之间建立联系，测量其中一个粒子必然影响另一个粒子的状态。在远距传送过程中，人们便利用了量子纠缠的原理，将第3种粒子的属性转移到另一侧，这样一来，无须在两地之间建立连接即可传输信息，我的美国同行们对此都非常感兴趣。当时，我的研究团队有足够的经费，所以我们快人一步取得了成果。从一开始，我的策略就是先准备好充足的资金，这样我就可以马上开始研究，不会因为中途申请经费而浪费一年的时间。

您的学生潘建伟现在是量子密码学的领军人物之一，2016年，他发射了量子卫星"墨子号"。他现在正引领着这个领域的发展，您怎么看？

让学生比自己更出色，应该是每个教师的目标。在这种情况下，我们也会一起合作。卫星发射升空，我知道这很大程度上得益于我自己所做的研究工作，我觉得很满足。潘建伟一开始是有竞争对手的，但竞争对手不是我，而是我的同事们。我不和我的学生竞争，我不想耽误他们。

卫星不仅可以传送组成物体的物质，还可以传送信息。您能解释一下其具体的工作原理吗？

先从我自己说起，我是由各种各样的原子组成的。如果我把这些原子换成其他原子，我还是原来那个我。换句话说，重要的不是物质，而是物质的排列组合方式，这就是信息。通过我们的实验，我们更清楚地了解到，自然科学的基本概念实际上是信息，而不是物质。

此外，信息的传送过程具有防窃听功能，任何对防窃听信息感兴趣的人都会关注您的研究。

我们绝不能把这两者混为一谈，远距传送和密码学是量子物理学基本原理的两个独立应用领域。提起加密信息，很多人首先想到的是军队，但加密信息大多用于商业和私人领域，最终会关系到每个人的安全，例如网上银行的安全。我很乐观，我相信我们会用更多的科技手段而不是技术恐惧症来解决我们目前面临的问题。

欧洲在这一领域的研究已经落后，而中国却占据着越来越重要的地位，您怎么看待这一发展趋势？

欧洲的组织结构决定了它无法确立重大战略目标并贯彻执行，这是由欧洲的决策机制所导致的，卫星是一个典型的例子。2003年，我在欧洲发起卫星研究倡议，但没有遇到任何契机。这必须有很多国家的参与，也必须满足行业的利益。2008年，我接到了潘建伟的电话，他提议跟我一起合作，我同意了，但条件是我们所有的成果都要发表出来。欧洲就这样被我们甩在身后，直到今天。

◆ **"像欧洲这种缺乏原材料的大洲，只有科研才是它的生存之道。"**

欧洲在某些领域似乎已经落后于美国，而中国的投资力度如此之大，俨然已成为重要的参与者之一。

从长远来看，这主要取决于哪里最有可能产生独特的想法，所以我建议我的中国同行们加大力度为年轻科学家提供更多独立开展研究工作的机会，这是获得长期成功的前提条件。美国人在这方面非常擅长，而我们欧洲人只是比较擅长。如果我现在要开始做一个项目，我不会考虑当今世界的现状，我考虑的是五六年后、六七年后甚至更长时间后的情况，欧洲在这方面被甩开一大截。像欧洲这种缺乏原材料的大洲，只有科研才是它的生存之道。欧洲需要更多的资金，光有资金还不够，还得集中利用这些资金。欧洲非常擅长从科学的角度对复杂的局势进行分析，我们应该好好利用这一优势。

您说自己必须跳出思维的条条框框来看待量子物理学，您这句话想表达什么意思？

我绝不能再用以前的思维方式来解决我的问题，例如基本因果论或者认为描述自然就意味着有些事物独立于我们的观察而存在。不过从这个角度来看，也有一些施展空间很大的研究方法，比如再次把信息作为物理学的研究基础。

您认为量子物理学对我们的世界观和意识有什么影响吗？

我认为量子物理学真有可能从根本上改变我们的世界观。量子物理学关乎信息、关乎知识、关乎观察者在这个世界里扮演的角色，这门学科是非常开放的。从数学的角度理解量子物理学是非常奇妙的，但我们还没掌握用哲学方法看待量子物理学的窍门。我很幸运，能看到年轻人真正掌握量子物理学的要义，我认为我自己做不到这一点。

您曾经说过，作为一个科学家，您是不可知论者，但作为一个人，您既不是不可知论者也不是无神论者，那您是什么？

因为我既不是不可知论者，也不是无神论者，所以我是一个有神论者。我很幸运，我没有在一个极端信仰某个宗教的家庭中长大。我父亲是天主教徒，我母亲是新教徒。我接受了天主教洗礼，因为我的家人都住在奥地利。有时候我会和父亲一起去教堂，有时候会和母亲一起去，不过都是在星期日。即使我父母并不是每周日都会去教堂，但是去教堂已经成了一件积极并有意义的事。

您的父母向您传递了什么样的价值观？

非常重要的一点是，我家从来都不看重金钱。除此之外，我父母还教会了我真正忠于他人的重要性。我母亲曾被逐出西里西亚（Schlesien），但她不被现实打倒的精神也悄无声息地感染了我。

什么是人生成功的重要因素？

最重要的是要跟着自己的心走。如果年轻人有想法，他们就应该追随这些想法，努力去实现它们。有些朋友的孩子偶尔会来找我咨询，我总是告诉他们：忘记那些如果和但是。如果他们有自己热爱的东西，他们就能赢过其他人。

您如何满足自己的虚荣心呢？

认可是一种重要的驱动力。一开始，只有我的博导赫尔穆特·劳赫（Helmut Rauch）认可我，我们经常就量子物理学展开辩论，这让我意识到，他真的把我当成一个合作伙伴。后来到了麻省理工学院，克利夫·沙尔（Cliff Shull）对我的认可度和我的博导差不多。之后，我很晚才获得国际上的认可。我拿了奖，进入了著名的奥地利科学院，最让我开心的是，有人不辞辛劳地为我拟写建议书，我才有机会得到这种认可。

有人说，科研工作者创造了以前没有的东西，才算是度过了成功的一天。您是否也有这样的感受？

研究远距传送让我有过这样的感觉，它很早就证明了量子力学的某些形式是可能的，而另一些形式则是不可能的。和许多同样满怀热忱的年轻人一起工作是一种无可替代的体验。我最有趣的新发现是多个粒子纠缠时具有不合常理的特性。我和两位同事格林伯格（Greenberger）和霍恩（Horn）经过研究发现，粒子的行为方式是近乎疯狂的。能够在实验室中演示这一现象，对我来说是我一生中最大的科研成就。我们因此打开了一扇技术的大门。格林伯格-霍恩-蔡林格态（GHZ 态，也称最大纠缠态）现在成为量子计算机的核心。

科学家对他们的研究工作负有什么责任？

约翰·阿奇博尔德·惠勒（John Archibald Wheeler）为量子力学做了很多基础工作，他之前还参与了曼哈顿计划。我问他关于原子弹的问题，他给了我两个答案。第一个答案是，人类历史上最大的医院是太平洋某个岛屿上的一所美国医院，它原本用来治疗日本入侵计划中的美国伤员，但一直没有投入使用。第二个答案是，他收到了一大堆美国人的信件和明信片，感谢他用原子弹拯救了他们和孩子的性命。除此之外，惠勒没有再多说什么。

您想对大家说些什么？

忠于自己，不要去想当下对自己最有利的东西，而要跟随自己的内心，随心而动！比如说，如果我对别人做了坏事，我就不能说我忠于自己。

为什么您认为人文教育现在仍然是必不可少的教育？

人文教育促进了深刻问题的开放性。当我阅读用古希腊语写成的文本，我意识到 3000 年前的重要问题和今天是完全一样的，这让我产生了某种敬佩之情，所以我认为至少应该有一些高级文科中学要提供人文主义教育，而拉丁语和希腊语应该是必修课。

◆ "我很幸运，能看到年轻人真正掌握量子物理学的要义，我认为我自己做不到这一点。"

[美]阿里耶·瓦谢尔（Arieh Warshel）

化　学

- 南加州大学洛杉矶分校化学和生物化学教授
- 曾获 2013 年诺贝尔化学奖

◆ "我成功地成了将事情做到最好的第一人。"

瓦谢尔博士，您是一个爱争论的人吗？
　　经常有人说我喜欢争论，但事实并非如此。有一次我出差回来，看到信箱里有一封拒绝信，我花了3天时间才抚平自己的心灵创伤。以前学术圈的人抨击我的时候，我无动于衷，但后来我才意识到，这反而导致了更大的问题，因为别人开始相信我那些竞争对手的观点。

所以您是为了自我保护才采取行动的，可以这么理解吗？
　　我不认为每次争论都是我挑起的，我和以色列这个国家一样：当我受到别人的攻击，我会做出反应，但我很少会攻击自己。

您已经在美国生活了很长时间，您觉得自己更像美国人还是以色列人？
　　不管怎样，我肯定是以色列人。我觉得自己是个以色列人，我的行为举止也像个以色列人……

您在以色列的基布兹（Kibbuz）儿童之家长大，这个组织由英国人管理。这种集体式的教育方式给您留下了什么印象？
　　我对儿童之家有着非常美好的回忆。近年来，我听说有些人在儿童之家的经历对于他们而言是一种创伤，但我和我父母却有着非常密切的联系。一群孩子生活在一起，到了晚上，我们的父母会来哄我们睡觉。

对我来说，那是一种再自然不过的生活方式。

您的父母在基布兹运动开始时搬到了以色列。
　　是的，他们从波兰移民到以色列，我父亲来自现在的白俄罗斯。20 世纪 30 年代初，他们去了以色列，1937 年，他们建立了基布兹。基布兹的居民怀揣着社会主义和共产主义理想：他们认为女性应该出去工作，不必留在家里照顾孩子，因为一个女性同时照顾 20 个孩子，比所有母亲都忙于照顾自己的孩子更有效率。

小时候，您喜欢做实验，您甚至给自己做了一把枪。
　　我们有很多空闲时间，所以我做过各种各样的事情：我做了一些靠火驱动的气球，我还试过让猫背上降落伞，从建筑物上飞下来。我读过各种各样的指导手册，其中一本是制造枪炮的说明书。我和我的朋友们购买了一些材料，造了一支非常原始的手枪。

是什么驱使您这样做？您对科学和新发现有着发自心底的热爱吗？
　　准确说是我对有趣的事物充满了好奇心。有时候为了寻找黄金和古董，我会挖一些洞，除此之外，我年轻时的行为举止并没有特别多的深刻含义。

您一定在学习上花了很多功夫。
　　我带着入学考试要用的书到处跑。参军的时候，即使坐在坦克里，我也会带上我的书。

很明显，您的付出得到了回报。
　　是的，我成功了。第一年我的成绩就很好了，第三年，我被当时的总理列维·埃什科尔（Levi Eshkol）评为最佳学生，这让我非常满足。

2013 年，您为复杂的化学系统设计了多尺度模型，因此被授予诺贝尔化学奖。
　　没错。我们找到了一种在计算机上观察和掌握蛋白质结构的方法，最重要的一点是，我们可以了解蛋白质的具体功能。

在您的职业生涯中，您需要克服哪些困难？
　　首先，我总是会遇到很多阻碍、要面对竞争。曾经有很长一段时间，总有人说我的实验结果不可能是真的，我肯定在撒谎。过了一段时间大家才弄明白，我的工作和成果几乎都被其他人窃取了，他们只想抢走我的功劳。捍卫自己的工作并不是件容易的事，但我成功地成了将事情做到最好的第一人。最后，我获得了应得的认可。

您遇到过很厉害的导师吗？

很厉害的导师？没有，但我的博士生导师是个很了不起的人。他曾在魏茨曼研究所担任科研主任，他是一个非常有文化、非常聪明、非常认真的人，但他不是斗士，没有人可以保护我。不过您应该明白，即使有一个很厉害的导师，事情也不一定会一帆风顺。例如我的博士后导师，不知从什么时候开始，他成了我的敌人。

第三次中东战争期间，您加入了以色列军队，为之作战，对此您是什么感受？

第三次中东战争是一场持续时间非常短的战争，胜利来得太快，我们没有足够的时间来消化一切。而赎罪日战争❶则是另一种走向，我们团实现了关键性的突破，打开了缺口，赶走了叙利亚部队。很多人在这场战争中丧命，我们的坦克压到了一枚地雷，我们当中有些小伙子也因此受伤。赎罪日战争是一场性质完全不同的战争，我当时并不确定我们会不会赢。

您遭受了永久性的伤害吗？

我受到了创伤后压力症的困扰，大概持续了一年时间。

战后，您去了剑桥的医学研究理事会吗？

赎罪日战争结束之后，我决定专注于生物学研究。我在魏兹曼研究所与迈克·莱维特（Mike Levitt）一起做了关于蛋白质折叠的研究。来到医学研究理事会之后，我发现这里只研究分子生物学。和我一起共事的人都非常出名，基本上每层楼都有一个诺贝尔奖得主。我在这里度过了卓有成效的一年，我们发表了好几篇重要的论文，其中就包括关于酶的论文，我们后来也因为这篇论文获得了诺贝尔奖。

当时，计算机从根本上改变了您的研究方法。您能跟我们详细介绍一下吗？

计算机对我的研究来说一直都起着很重要的作用。我不再用复杂的分析公式做研究，因为这些公式不适用于复杂的分子研究，我越发相信我可以利用计算机探索原子的世界。当我把在计算机程序中执行的公式结果与手动的数字计算结果进行对比，我发现不仅计算速度提升了很多，出错率也降低了。只要两个结果一致，我就知道我编程的公式是正确的，所以我把结果当作一种衡量标准。

---

❶ 赎罪日战争即第四次中东战争。——编者注

现在您在南加州大学工作，除了教学以外，还继续做研究。

每个在美国高校工作的人都得不定时给学生上课。除了教学，我还在继续推进我的研究工作。例如，我开发了生物分子物理建模的新方法，但别人并不是一直对我表示赞赏。有些人干脆给我发现的方法取了个别的名字。我一直以来的遭遇都是这样：每当我提出一个理论，就会马上遭到别人的抨击，只不过最终这些理论还是会被很多人接受和采纳。

您在发表自己的研究成果时遇到过困难吗？

遇到过，我总是凭直觉行事，不喜欢按照白纸黑字的规定做事，所以我的工作方法并不总是受人待见。如果我凭借直觉马上找到正确的解决方案，人们往往会毫不犹豫地否定这个方案，但我已经逐渐习惯了这种现象。我已经用我的方法解决了很多别人没能成功解决的问题，98%的情况下，我的方法都是正确可行的。

这种被人否定的现象在科研同行评审的过程中很常见吗？

只要是有人参与的过程，就很难防止人们的主观意识影响他们的判断。凡是把介绍自己科研成果的论文送去参加同行评审的人都知道，同行们会想尽办法否定这些送审的论文。

您的妻子在您的私人生活和事业中有多重要？

我认为她非常非常重要，她一直都是个沉稳从容的人。如果我换个人结婚，她不让我做任何事情，也不愿意和我一起去美国，那一切都会变得困难得多。

是什么让您成为现在的自己？

我好奇心很强。我也很固执，再加上我可能有一点点天赋吧。

您这一生中有没有能持续为您提供动力的源泉？

我总是想成为最优秀的那个人，这就是我的动力来源。

为什么年轻人应该投身于科学事业？

科学的目的是要了解宇宙、大脑和身体的运行机制。我们有机会了解以前从未有人了解过的事情，这是科学非常吸引人的地方。

您会给年轻人一些什么建议？

重中之重就是要掌握某种技能，也就意味着要踏踏实实地做功课，认真学习。即便学习看起来像是在浪费时间。即便我们只是假装学习很有趣，我们仍然要努力学习，因为学习真的非常重要。

您想对大家说些什么？

第一，尝试带着平和的心态去生活，这一点可能很难做到，但值得一试。第二，把钱花在科研上。回首过去，我们很快就会发现，无论在什么地方，我们在医学、机械制造、航空方面取得的所有进展都源自某种科学发现。我们的未来完全由科学决定。

[美] 爱德华·博伊登（Edward Boyden）

神经科学

- 麻省理工大学神经技术教授
- 曾获 2016 年生命科学突破奖

◆ "我的建议是考虑做自己不拿手的事情。"

博伊登教授，您到底在研究什么？

我试着弄清楚大脑是如何思考、如何产生感觉的。在过去的 20 年里，我工作的重点是发明描摹大脑的工具，并把大脑绘制出来，观察和控制大脑的行为，这种方法与传统的神经科学研究方法完全不一样。

您从小就对科学感兴趣，这种兴趣从何而来？

8 岁的时候，我曾一度对哲学非常感兴趣。我真的很想了解生命的意义，最后我得出的结论是：我必须用科学的方法研究人类的存在，这是我此生的使命。上大学的时候我参与过从根本上创造生命的课题组。后来我去了麻省理工学院，从事量子计算工作，这两个课题将哲学和自然科学联系在一起。20 年前，我转向了神经科学研究，一直到现在。

您的父母有没有用什么特别的方式支持您？

我母亲上大学时学的是生物学，我父亲是一名管理咨询顾问。他们两个人的思维方式对我的事业都起到了很大的帮助作用。我年轻的时候，既学过科学知识，又学过管理知识。您肯定知道，生物学家都是以团队为单位开展工作的。

一般来说，小孩子爱玩，喜欢做运动。您小时候做了些什么？

我喜欢解数学谜题、喜欢读科学书，例如太空、火箭、化学和机器相关的书我都爱看。我花了很多时间在书店里读一本百科全书，一册读完了，接着又读另一册。

真的吗？

是的，那本书叫《世界百科全书》(*World Book Encyclopedia*)，我记得很清楚。

听起来您好像很早熟。

我是个爱动脑筋的人，我喜欢不停地思考。我经常看书，用乐高积木、棉签和纸巾卷筒搭建我自己的世界，我的童年充满了想象力。我还跳过级，所以我14岁就上大学了。

您上学的时候有没有经历过对您的成长产生重大影响的事情？

我记得上二年级的时候，老师把我们5个人拉到一边，给我们布置了几项困难的任务，例如如何解决贫困的问题，如何解决药物滥用的问题。我们5个人必须针对这些问题制定出某种策略，我觉得挺有趣的。

您曾经也参与过水下勘探与研究，那又是怎么回事？

哦，您说的肯定是潜水艇！1998年我去麻省理工学院读本科，我们几个人决定参加自主水下载具的国际研发竞赛。我们用一根塑料管做了一艘潜水艇，在里面放了一台电脑和我们在船舶设备商店买到的马达。潜水艇使用的声呐是我们从一个探鱼器上拆下来的。这艘潜水艇的设计虽然很简单，但它可以成功运转。8周后，我们赢得了这次比赛。

您是否愿意一直承担风险？

我喜欢以减少风险的方式对风险进行掌控。在真正的科研实践中，我们永远无法确定接下来会发生什么。我在课堂上给学生们讲授降低风险的策略，比如同时关注多个想法，或者以某个问题为出发点进行逆向思考，这样我们就可以知道自己是不是走在正确的道路上。

这一点在您现在的工作中是如何体现的？

在外人看来，我们的大部分工作都具有极高的风险，但是我们会运用一种逆向思考问题的方法，这样就可以找到问题的所有解决方案。然后我们会利用所谓的建设性失败经验，也就是说我们犯下的错误可以为问题的解决指明一条更好的路径。如果我们能够充分利用这些错误，汲取经验，我们就会找到通往成功的道路。

◆ "最后我得出的结论是，我必须用科学的方法研究人类的存在，这是我此生的使命。"

您曾经是否有过对自己没有信心的时候？

当然有过！我第一次申请麻省理工学院研究所的工作时遭到了拒绝，所以麻省理工学院的媒体实验室成了我的科研之家，但我现在从事的是生物工程研究以及大脑与认知研究。媒体实验室雇用的都是特立独行的人，他们不适合去别的地方。我能得到这份工作完全是出于运气。他们当时有一个无法填补的职位空缺，雇用我正好可以填补这个空缺。正如大家看到的那样，我们的技术在飞速发展。随后我拿到了麻省理工学院另外两个研究所的工作邀约，我真的非常幸运。

您从中学到了什么？

我再强调一遍：如果我们同时对足够多的失败案例进行反思与钻研，那我们最终就会获得成功，我始终这么认为。不过我们也可以采取某些策略，做一些和别人完全相反的事来操控我们的运气。

这算不算您给其他人的一个重要建议？试着去操控我们的运气？

我的建议是考虑做自己不拿手的事情，当然，这听起来很像开玩笑，因为这个建议本身就自相矛盾。有人建议我，不要只是制造工具，必须研究具体的科学问题，而我的成功在很大程度上归功于这样的建议。所以我想，如果我成立一个研究小组，一个只负责绘制、观察和控制大脑的研究小组，会怎么样？

您说的"工具"是什么意思？能给我们举个例子吗？

为了解开大脑的谜题，我们需要观察和干扰大脑的活动，并在分子水平上将大脑的活动绘制出来。目前，我们研究小组一半的人都在研究扩展显微镜技术。取出一块脑组织，为其注入一种化学物质，这种物质就是婴儿尿布中用到的化学物质。当我们往里面加水时，这种物质就会膨胀，脑组织因此而变大。利用传统显微镜，我们可以观察到纳米级的微小物质，例如神经元连接。我们开发的另一项技术是光遗传学技术，可以利用光来控制脑细胞。我们先取出能将光转化为电的微生物蛋白质，将其放入脑细胞中。随后我们用光照射大脑，以激活脑细胞，这一步很重要，因为脑细胞只能利用电脉冲进行"计算"。脑细胞被激活后，我们会观察它们是否会表现出某种行为或引起某种病症。除此之外，我们还会"关闭"（抑制）脑细胞，以了解脑细胞的功能。

这些工具有什么用呢？

成千上万的研究小组都在使用这些工具。他们正在激活脑细胞，目的是找出哪种活动模式能减轻阿尔茨海默症的症状。有一个研究小组找到了一种治疗小鼠阿尔茨海默症的活动模式，他们发现眼睛和耳朵受到的某些刺激正好可以引发这种活动模式。我和这项研究的负责人蔡立慧（Li-Huei Tsai）一起创办了一家公司。我们现在正在利用电影做阿尔茨海默症治疗的临床试验，并且开始了对人体的试验。

这种"电影疗法"听起来像是一种可以大规模使用的疗法。

利用电影治疗阿尔茨海默症的优点是电影便宜且易使用。我注意到，以往的治疗方法往往很昂贵，而且资源稀缺。

您如何管理自己的期望？

我把神经科学研究看成一项需要长期奋斗的事业，把它当作一场马拉松。我预计我的职业生涯将是一段持续 50 多年的旅程。

这段 50 年的旅程结束时会是什么样子？

我的职业生涯结束后，我想研究哲学，研究如何延展我们的身体。作为一个物种，我们要去向何方？我们想用我们的思维和大脑做什么？为了实现启蒙还是为了移情？我们想变得更聪明吗？这些问题都是我想研究的。

您和他人分享了很多自己的研究成果，为什么这么做？

我把我们的技术免费提供给各高校和公益组织，这么做也是为了我们自身的利益。如果没有人使用我们的技术，那我们为什么还要开发这些技术？

难道这些技术和信息不是专属于你们的吗？

我们正在研究神经工程学，这是一个新兴的研究领域，研究它的团队还比较少，所以我们没有什么竞争对手，这是原因之一。另一个原因，是我们自己选择这么做的。如果你制造一个工具并把它传播出去，它就会被大家接受并认可；但是如果你把一个新出现的工具藏起来，没有人知道它的存在，那这个工具就会消失。

您如何平衡自己的工作与生活？

我起得很早，睡得也很早。我有两个孩子，我和他们一样，都在晚上 9 点左右上床睡觉。我的妻子也是一名神经科学家，我们下午和晚上都待在一起。周末时光我也是和家人一起度过的，我们待在一起总是有很多乐趣。

对您来说，成为一名父亲是什么感觉？

是一种令人激动的感觉。神经科学的特殊之处在于，我永远处在一种情感和理智的双重迷恋状态中。

看到孩子们，他们是和我们一样活生生的人，我很想知道他们的内心世界是什么样的？为什么他们短时间内不费吹灰之力就可以学会一门语言？一个问题前一天还无法解决，第二天他们就想到了解决方案，这是怎么做到的呢？

◆ "我喜欢以减少风险的方式对风险进行掌控。"

您的一位老师提到过，您上学的时候不管在哪里都会做笔记。现在您还会这样做吗？

是的，我现在仍然经常做笔记。我喜欢在纸上记一些东西，然后用手机拍下来。我以前用的是真正的相机，拍下来之后，我会在电脑上给照片添加标签，对笔记进行分类。对我来说，电脑是一种记忆假体。我可以再回到10年前、15年前，甚至更久以前的一些对话场景中，我能够回忆起："原来这就是我们那天11点钟谈论的内容。"

如此一丝不苟地做笔记有什么意义呢？

在神经科学领域，我们总是试着将多个科学领域的想法联系起来，但是要把所有的想法都记在脑子里是很难的。如果可以储存自己的想法和记忆，甚至从旁人的角度来看待它们，就有助于构建各种想法之间的创造性关联。

其他科学领域不也一样复杂吗？

您翻一翻科学史就会发现：化学有一个原子一览表，即元素周期表，随后化学就真的快速发展起来。物理学也有一份清单，介绍了各种基本粒子以及粒子间的相互作用力。相反，生物学里却没有介绍身体各种基本粒子的清单。身体里有多少种组织？我们并不清楚。一个细胞内有多少种生物分子？我们也不知道。

您对考虑学习科学专业的年轻人有什么建议？

我建议他们把基础的科学学科知识学得尽可能扎实一点。化学和物理是两大基础学科，大脑既是一个化学回路，也是一个电气回路。

学习科学专业的迷人之处是什么？

人们喜欢冒险故事，尤其是神秘的冒险故事。在我看来，科学是终极意义上的冒险和奥秘集合体，我们努力想解开的谜团其实就是宇宙本身。我在几个项目中发现了一些与众不同的东西，我觉得自己很幸运，据我所知，这些东西在人类历史上还没有人见过。

您想给人们留下些什么财富？

如果我们能够弄清楚大脑产生思想的机制，我希望这一发现能够让我们成为更开明的人。到那时，也许我们会出于各种正当的理由做出更多的决定，少做一些会带来痛苦的事情。

但人不是一直都有自由的意志吗？

大脑里同时进行着多个过程，您怎么知道什么是自由的呢？有了对大脑中所有信息流的完整描述，也许我们就可以确定人在做出决定的前1秒钟、前5秒钟或前1小时产生的神经信号是什么样的。这样一来，我们就能明白自由意志的真正含义了。

后人研究爱因斯坦的大脑时发现，他的大脑体积大于平均水平。您认为您的大脑有没有可能也比大多数人的大脑要大？

我认为我的大脑是正常大小的。大脑的体积与大脑中的连接是两码事，体积大小可能根本不重要，但大脑中的各种连接却十分重要。

您认为自己是个聪明人吗？

我认为我对一些事情很在行。我善于把不同领域的要点联系起来，从而产生新的想法。

您给人的印象是一个非常理智、非常谨慎的人。您觉得自己是这样的人吗？

我认为自己是个非常情绪化的人，但这一点主要体现在我的行为上，我总希望能发生点什么。我可能会通过策略和思考来疏导我的情绪。

2016年，您赢得了生命科学突破奖，这是一个非常著名的奖项，有很多奖金，您用这些钱做了什么？

我们把一部分钱作为扶持基金投入孩子的教育。我们还买了一栋房子，因为波士顿的生活成本很高。另一部分钱我们投给了科研项目和支持年轻科学家的基金会，我认为给予科学界一些回馈是很重要的，因为今时不同往日，科学界不再是社会的组成部分之一了。

您这句话是什么意思？

曾经的科学多酷啊，不是吗？登月、激光、计算机芯片。但出于种种原因，科学如今再也得不到公众的关注了，部分原因是科学变得更难了，科研耗时更长了。登月和计算机芯片是人们实实在在可以看到的东西，它们可以被视觉化，但细胞中的纳米级粒子呢？这些粒子可能起着很重要的作用，但对普通大众来说，它们是看不见摸不着的东西。

◆ **"我们努力想解开的谜团其实就是宇宙本身。"**

[美] 桑吉塔·巴蒂亚（Sangheeta Bhatia）

生物工程学

- 麻省理工学院医学工程与电气工程学教授
- 曾获 2014 年勒梅尔森 – 麻省理工学院奖

◆ "科学的关键在于思想的自由。"

巴蒂亚教授，您第一次在麻省理工学院接触生物工程是什么时候？

我上十年级的时候，我父亲带我去了麻省理工学院。他认为我可以成为一名成功的工程师，因为我的数学和科学成绩很好。我喜欢生物学，听说有一个生物学和工程学相结合的研究领域，于是我父亲把我介绍给他的一个朋友，这个人研究的是利用超声波治疗肿瘤，我对此很感兴趣，整个人兴奋极了。

您父母什么时候从印度移民到了美国？

他们是 20 世纪 60 年代来美国的，当时 30 岁出头，这是他们第二次大规模迁居。1947 年印度和巴基斯坦分治后，我父母都成了难民。他们相识于孟买大学。我的父亲是一名工程师兼商人，我母亲上大学时学的是企业管理学，而且她是印度第一位获得工商管理硕士学位的女性。他们来纽约的时候，口袋里只有 8 美元，后来他们搬到了波士顿，开始工作，之后生下了我。

您父母还打算回印度吗？

是的，他们一直想回印度，但因为我们，因为我妹妹和我，他们不得不改变计划。他们希望我们能接受良好的教育，所以带着我们搬到了波士顿外的列克星敦市（Lexington），因为那里有几所很好的公立学校。我和我的两个女儿现在还住在列克星敦，大女儿 16 岁，小女儿 13 岁。

为了获得成功，移民们通常会非常努力地工作。您父母是这样的人吗？

我父母工作非常努力，他们一直敦促着我们前进，不知疲倦。他们相信教育的力量，总是期望我们能做到最好。有一次数学考试，满分 100 分，我考了 96 分，当我拿着成绩单回到家里，我父亲问我："你还有什么不懂的地方吗？"

您父亲不是企业家吗？

在我们小的时候，我父亲放弃了企业管理顾问的工作，在我们家的车库里开了一家公司。他一开始只从印度进口货物，后来也从巴西和比利时进货。我母亲负责记账，而我们这几个孩子则负责对某些货物进行质检。后来，我父亲又创办了其他公司。等到我当上教授，他问我："当教授很好，但你准备什么时候开一家自己的公司？"现在他可能会为我感到非常自豪。

他一直在敦促您前进。

是的，他不断把我从舒适区推出去，后来我遇到的男导师也这样对我，因为他们在我身上看到的潜力比我在自己身上看到的潜力多得多。

您拥有两个高级学位，一个是医疗技术博士学位，一个是医学硕士学位。您的压力大吗？

我的压力很大，但这种压力主要是我自己造成的。我父母总是跟我说，我没有理由不成为最优秀的人。没过多久，我就把这句话深深刻在自己的脑子里。

您和您妹妹的经历相似吗？

她也很成功，但她决定经商。我们都过着充实的生活，有自己的孩子，与家人非常亲近。父母从小就教育我们要做出类拔萃的人，我们现在也试着用同样的方法教育我们自己的孩子。

您会给自己的孩子施加压力吗？

我们尽量不给孩子们施加压力，但他们多多少少还是会感觉到压力。他们在看到我们所取得的成就和了解我们的价值观后，也会把这些东西默默记在心里。

您的价值观是什么样的？

我认为最重要的一点是要尽我所能，让这个世界变得更美好。我想为其他女科学家打开一扇大门。同样重要的一点是，我们要现身说法，证明科学对女性来说是一份非常伟大的职业。我们应该欢迎女性，因为她们也能在科学领域取得巨大的成就。我也很看重家庭。我们一家四口住在离我父母家仅 3 千米左右的地方，我们家家族庞大，远房亲戚多，每次过感恩节的时候，房子里总是挤满了人。

您在麻省理工学院有自己的实验室，还经营着自己的公司。您已经很成功了，为什么还是会受到冒名顶替综合症的困扰？

刚开始在麻省理工学院工作的时候，我认为自己还不够优秀，所以我一直努力工作，取得了好成绩，渐渐有了归属感。不过总有一些时候，我觉得自己相比其他同等资历的人还是不够格。人们总是会低估我的能力，只因为我是女人，还是个看起来很年轻的女人。

您也很有魅力。

谢谢夸奖，美貌与才智往往是脱节的。我年轻的时候，刻意隐藏了自己女人的一面。可现在我觉得做真实的自己很舒服，可以穿高跟鞋、做头发，我很幸福。

身为有色人种的一员，您曾经是否遭遇过偏见？

相比我的肤色和出身，我更认同自己的性别。事实上，印度移民受到了硅谷和麻省理工学院的高度评价，被认为是创新的源泉。我出生在美国，所以我认为自己是美国人。

身为女性，您获得成功的方式是什么？

令人沮丧的是，目前仍然存在着一些不平等现象。在我的职业生涯中，虽然有部分男性越过了红线，行为不当，但幸运的是，有许多男性导师和领导都非常支持我。我的硕士生导师鼓励我成为一名教授，他对我说："你完全可以做到这一点。"作为一名女性，我的优势是我身边的女性并不多，而仅有的几名女性也为我铺平了前进的道路。

不过，有时候我觉得我必须证明自己。如果我和很多人待在一个房间里，一开始我会故意问一个问题或者说点类似于评语之类的话，我想告诉别人我知道些什么、我是谁、我为什么来这里，这对我来说是一场持久战，况且这种行为并不符合我的个性。但在我看来，这是一种必要性策略，可以让我更快赢得别人对我的尊重。

您支持自己实验室里的女性吗？

我的实验室一共有 23 个人，其中 13 人是女性。我不知道我是应该鼓励她们实现自己的梦想，因为我从小就坚信这一点，还是应该预先警告她们，她们会遭到别人的歧视，即便如此，她们仍然有能力取得任何成就。我想说的是，科学仍然是一项伟大的事业，它可以为世界做很多事情，尤其是可以为后人创建一个更好的环境。

您的女学生们也想成为像您一样的教授吗？

她们中大多数人都不想当教授，我不知道具体原因是什么。我以为我会是一个好榜样，能够向她们证明这是一份很有吸引力的工作，而且还可以把事业和家庭结合起来，两不耽误，但我带的硕士生都选择了另一条路。有一个学生告诉我，我的确很"特别"，但她和我不一样。

您现在有没有觉得轻松一点了？

不，完全没有，一直以来我都不轻松。我还和以前一样努力工作，如果一个人真的想有所作为，就必须这样做。除此之外，我也在努力寻找一种平衡。我上大学的时候，有一次周六晚上和朋友出去玩，周日凌晨3点回到实验室，结果发现实验室里到处都是人！我意识到，如果这就是做顶尖科研的代价，那我可以说这份工作完全不适合我。

您是如何兼顾工作、婚姻和孩子的？

多年来，为了能在同一个城市里工作，我和我丈夫做了很多与工作有关的决定。每周五下午6点，我们都会进行一次小型约会，然后回家。有了孩子之后，我决定每周三休息，留在家里陪孩子。除此之外，我也减少了出差的次数，我们俩约定好每个月只出一次差。我总是要重新安排我的日程表，不断调整先做什么，后做什么。我总想取悦我身边的人，所以我才会觉得很累。如果一个人完全崩溃的话，那他谁也帮不了。

别人都跟我说，我应该把我的一生都奉献给科学事业，但我认为，在做好科学事业之余也要有属于自己的家庭和生活，所以我总是差一点点就能当上教授，但好在最后我还是成功了。这件事告诉我，每个人都得按自己的规则生活。科学的关键在于思想的自由。如果一个人使自己被困于期望之中，那么就会毁掉整个目标，不是吗？

◆ "这份工作是一件不可思议的礼物。"

您认为男性科学家的思维方式有所不同吗？

我身边很多男同事的生活方式都不太一样。他们中大多数人都有另一半替他们操持家务，照顾孩子，做一切能做的事情。虽然我丈夫非常支持我，但那个在学校里填各种表、带孩子看病的人依然是我，这也就意味着我必须利用有限的时间获取新的科研成果。

您应该是个组织力超强的人吧？

我是一个组织力很强的人，很多人都这样评价我，我觉得这很有可能会成为我的墓志铭吧。除此之外，还有很多人给予我莫大的支持。我所在研究所的主任是一位女性，她很伟大，跟我有着一样的理性价值观和爱好。

钱对您来说很重要吗？

我从小就被灌输这样的观点：一个人必须有足够的钱才能过他想要的生活。我想通过我创办的公司赚钱，但最重要的是我想改变世界。

您能向我们介绍一下您的研究工作吗？

我发明了一种叫作纳米传感器的小型工具，它比人的头发丝还要小 1000 倍。它们像疫苗一样被注射进人体，随后会在体内循环。当纳米传感器遇到病变细胞，就会被激活并且发出信号，信号通过肾脏进入尿液，这个过程的原理简单说来就是：你打一针，一个小时过后，用试纸做一个尿检，就可以知道你有没有患上肿瘤相关的疾病。这个方法已经在小鼠身上产生了作用，我们现在正在进行临床安全研究。下一系列的试验将于明年开始，到时就会知道这种方法适不适用于疾病的追踪。科研需要时间，我们 2013 年发明了这个方法，但这种有用的发现可能需要 10 年时间才能真正惠及病人。

您是如何获得这一发现的？

其实完全是出于偶然！我们当时正在研发用于磁共振成像的"智能"纳米粒子。我们的想法是：磁性纳米粒子可以被肿瘤细胞激活。我们在实验动物身上使用了这项技术，等到发现它们体内的肿瘤之后，才发现在它们的尿液里其实也能看到一些预示肿瘤存在的物质。

您的肝脏研究工作进展如何？

这项研究同样以微细加工的理念为基础。我们在硅上打印具有微小特征的芯片，然后把它们放在培养皿里。我们把这些芯片排列整齐，利用它们可以重置细胞的排列方式。以某种方式进行排列的肝细胞开始生长，我们着重研究这一点，希望可以促进细胞的生长。

这项研究有什么实用性？

目前，我们正在研究疟疾，这是一项很有趣的研究，疟疾在变成血液疾病之前就已经影响到肝脏了。我们还在培养以前从未在实验室里培养过的疟疾物种。我的学生们把肝脏带到泰国，让它们感染当地病人的疟疾。然后我们在实验室里继续培养这些肝脏，研究它们，看看我们能不能杀死肝脏上的疟疾寄生虫。

我们也希望肝脏能在体内再生。借助 3D 打印技术，我们可以用肝细胞制作待移植肝脏，还可以构建血液流动的通道。我们在这些通道内部铺设肝细胞，当肝细胞数量增至病变肝脏的细胞总数，肝脏就会再生。到目前为止，我们可以让肝细胞在体内的数量增至原来的 50 倍，但为了达到治疗效果，它们必须增至原来的 1000 倍。

您的研究工作能帮助人延长寿命吗？

我的工作主要以提高人类独立性和生活质量为目的，而不是为了延长人的寿命。我体内流着印度人的血，相信灵魂来到这个世界，最终也会离开这个世界。就我自己而言，我希望我活着的时候能够独立自主，有灵活敏捷的行动能力，最后可以在睡梦中死去。我年轻的时候说过，我 60 多岁的时候应该会死于一场飞机失事事故。现在我已经 50 岁了，但我不谈这件事了。

您是否在改变正常事物的范围？

您的意思是，如果我可以生产出一个肝脏的话，那我也有可能生产出一个超级肝脏吗？现在大家正在热议人体扩增。如果我们已经成功实现了对人体的干预，那我们是不是可以更进一步，改进人体的某些构造呢？

但是如果您的研究最后打开了潘多拉的魔盒该怎么办？

每一种科学新发现都可能被用来做好事，也可能被用来做坏事，纵观历史，事实一直如此。当新的可能性出现，科学家们可以通过制定共同的准则来约束自己。阻止不法分子投机取巧的方法之一是制定相关的方针政策，在这些政策的约束之下，整个社会都会感到压力。

您如何看待自己肩负的社会责任？

我想把注意力放在我关心的事情上，也就是医疗技术、纳米技术、跨学科科学研究以及下一代的教育问题。我阅读了很多资料，了解了女性在科技领域所扮演的角色，而这也是我给自己选定的角色。

您对您的研究领域有什么展望？

我希望工程师和医生能够更加紧密地合作。麻省理工学院有 500 名工程师，他们都对医学有贡献。同样，我希望看到更多女性参与进来。麻省理工学院只有 19% 的科学家是女性，而且她们当中很少有人是公司的创始人或者首席执行官。我们正在浪费大量的人才，太可惜了。女性科学家和女性工程师其实可以贡献出更大的力量。

年轻人为什么要学习科学？您会给他们一些什么建议？

创造一些前所未有的东西，真正帮助到别人，这对我来说就像搞艺术，它给我带来的满足感是无与伦比的。简而言之，这份工作就是一件不可思议的礼物。我们必须在每个阶段都表现出色，艰苦工作是在所难免的。我们要给予自己一些精神上的自由，不要一直为别人的期待而活，要找到一条属于自己的路，去追寻自己的梦想。

您有没有追随自己的梦想？

一开始我以为我会进入工业领域，做一名管理人员。30 岁之前，我并不知道自己会如此享受当教授的感觉。

您对自己的私人生活有什么设想？

我想继续成长、继续学习。我希望看着我的女儿们长大成人，看着她们找到自己热爱的事物；我希望我丈夫的事业可以一直成功下去，希望我们一直相爱；我希望自己能够经营好和朋友之间的友谊；希望我能有机会出去旅行；希望我能够为世界做一些有意义的事情，并在这个过程中不断获得满足感。

[德] 埃玛纽埃勒·沙尔庞捷（Emmanuelle Charpentier）

微生物学

- 柏林马克斯－普朗克病原学研究室主任、微生物学教授
- 曾获2016年戈特弗里德·威廉·莱布尼茨奖

◆ "生活远不止一条路。"

沙尔庞捷教授，您出生在法国，请跟我们分享一下您的成长经历吧。
我在巴黎的一个郊区长大，在那里上学，那个地方非常安静。我们在城里有一栋带花园的房子，这座城市的市长是法国共产党党员，他一直管理着这座城。我的父母都有过务农经历，但他们对艺术、文化和政治都非常感兴趣。他们活跃于各个工会和天主教协会，还加入了法国社会党。他们旺盛的精力和强烈的好奇心感染了我。我总是充满动力，这也要归功于我的父母。

您有两个姐姐，这种感觉怎么样？
这对我父母来说是件好事，他们从来不需要照顾我，因为我总是跟着姐姐们跑。我的大姐比我大12岁，所以我觉得这在某种程度上一直驱使着我前进。我刚上小学的时候，我姐姐已经上大学了，当时我就定下目标：我以后也要上大学。我深知，成为一名教授或科研人员，基本上就可以终身留在学校里，可以一直学习知识、传授知识，还可以拓展自己的思维。

您一直都是一个好奇心很强的人，您小时候是个什么样的人呢？
我觉得我有时候太善良了。当然，我小时候并没有意识到这一点，我喜欢生活在自己的世界里，不会注意到别人什么时候利用了我。我总是相信人性本善，我就是用这样的方式来保护自己的。

一些女性科学家告诉我，男性经常会怀疑她们的工作质量。您是否也有过这样的经历？

我认为，一般来说，人们对女性的期望更高，希望女性更加完美，这种现象不仅仅存在于科学领域。如果一个女人犯了错，马上就会有人指出她的错误。我试着不去关注性别问题的某些方面，例如，在一个女人身边围绕着的大多数都是男人。我更愿意把精力集中在手头的具体工作上，同时我也接受了这样一个事实：我经常会被人忽视，或者当我说话的时候，别人总认为我在打扰他们。

您认为女性应该多站出来维护自己的利益吗？

我想是的，女性应该多一点斗争精神。令我失望的是，年轻一代的女性并不懂得珍惜这些年来所取得的巨大进步。多亏了这些进步，女性才有权利决定自己要走的路。要改变整个社会、改变人们的心态不是件容易的事。遗憾的是，这样的目标已经成了一种奢侈，而这种奢侈导致了某些人的自满。我们仍然有很长的路要走。单从逻辑学的角度来看，在一种毫无灵活性可言的体制中，女性既想生孩子又想工作，这两者是很难同时做到的。

◆ "女性应该多一点斗争精神。年轻一代的女性并不懂得珍惜这些年来所取得的巨大进步。"

您以后打算成家吗？

不，我不打算成家。我以前想过要成家，但现在不想了。我认为现在成家为时已晚。我不会说我以前很积极很努力想要个孩子，但当我设想自己未来的生活时，我总认为我有一天会有自己的家庭。只要想想我是干什么的，这番话听起来可能会很奇怪，但我真的一点都不想把我的基因传给下一代。我一直都确信，我可以研究出一些能使我感到充实和满足的东西。我说不清楚那可能是什么东西，但我就是知道它们会出现。当我还是青少年时，我把自己想象成一个自由的女人，一个自由的思想家，只要你愿意，你也可以把自己想象成这个星球上的一个自由电子。生活中有很多有趣的事，多到我甚至觉得有点疲惫。无论是在我的科研工作还是在我的日常生活中，我想做的事情都有很多。一天只有24个小时，这让我觉得非常沮丧。

您一直四处漂泊、居无定所，这样的生活已经过了25年了。博士毕业后，您在美国、奥地利、瑞典和德国汉诺威分别待了一段时间，目前住在柏林。这么多年来，您一直搬来搬去，这是一种什么样的体验？

我很享受这种生活。我曾经读过侦探小说，把自己当作女主角之一。10岁的时候，我有一个姑姑在非洲做传教士。我记得她非常坚定地对我说："埃玛纽埃勒，冒险会不断引诱你。"我可以证明，她说得对。我被困在某种体制中出不来，麻烦缠身。搬家可以让我的精神面貌焕然一新，让我感觉到自由。我觉得被人忽视的感觉很可怕，而且我必须得说，做科研就是一种侦探工作。

作为一名侦探科学家，在勇敢逐梦的过程中，您发现了CRISPR/Cas9基因编辑技术，实现了改变DNA的技术突破。您能向我们这些非专业人士介绍一下CRISPR/Cas9技术的作用吗？

CRISPR/Cas9的确是一种可以修改基因的技术，但这也不是什么新鲜事，早在四五十年前，科学家们就已经做到这一点了，只不过CRISPR/Cas9技术比以前的方法更简单、更灵活、成本更低，可以精准修改基因，这在以前是绝不可能实现的。科学家们对此感到非常兴奋，因为他们能够提出全新的生物学问题。DNA是生命的语言，为了理解和翻译好这门语言，我们必须改变某个基因，看看会发生什么。

这项技术可以用来做什么？您能给我们举个例子吗？

这项技术将对农业和生物医学产生深远的影响。我们不但可以用它来生产新型经济作物，寻找新的治疗方法，还可以构建疾病模型，在新药批准方面发挥重要作用。此外，这项技术还可用于治疗某些疾病。在农业方面，CRISPR/Cas9技术可以让作物育种比以往更加精确，从而使农作物更加多样性。

这听起来很有趣，前景十分乐观，那这项技术的危险性如何？

这项技术的运用有好有坏，好的一面就是我刚才提到的一些用途，坏的一面就是DNA有可能被不怀好意的人操控，用来创造新的人。历史经验告诉我们，一项技术一旦诞生，它就会以多种方式被利用。我相信会有一些父母坚持要生设计婴儿，私人诊所会把这部分客户作为目标群体，而这种情况是非常难控制的。我觉得光是这种想法就已经令人不寒而栗了，这也是我最担心的问题之一。

您认为风险可以得到控制吗？

如果把这一技术用于人类基因，肯定要进行严格监管。相关法规必须由各州共同制定，各州需要注意的一点是，禁止动用公共研究资金做这件事。我们必须明确一点，我们没有理由在临床上使用这种技术来编辑人类基因。不过CRISPR/Cas9技术对纯粹的科研和经济作物的生产来说是一个福音。

您是如何发现这样一项革命性技术的？关于这项技术的想法是怎么来的？

我可能不是唯一发现旅行时我们的效率会提高的科学家，因为我们旅行时不再被电子邮件和互联网所束缚。除此之外，也不会有同事来敲门，我们可以享受安宁。旅行之所以有用，是因为我们的思想也在旅行。我就是抱着这样一种心态从维也纳搬到瑞典的于默奥（Umea），在那里，我萌生了将两个生物系统结合起来的想法，最后研究出了 CRISPR/Cas9 技术。2008 年初，我接受了于默奥的工作，我的朋友和同事都不能理解我这个决定。一个热爱纽约的人怎么可能抛下一切，搬到瑞典北部一个又黑又冷的小镇呢？在这段时间里，我经常去于默奥出差，为的是尽快建好我的实验室，在这个过程中我制定了一些基本规则。这是一个循序渐进的过程，在从维也纳飞往于默奥的航班上，我突然灵光乍现、恍然大悟。我在于默奥继续钻研这个课题，在那里我可以更好地专注于我的研究，不会受到任何干扰。

这项专利只以您个人的名义进行注册，为什么？

因为我得到这一发现的时候正在瑞典工作，而瑞典是少数几个认为新发明的知识产权 100% 属于科学家的国家之一。

在 2010 年的一次会议上，您首次介绍了 CRISPR/Cas9 用于基因编辑的方法，但您还需要别人的协助，一起探究这项技术在结构层面上的作用原理。是您主动联系了珍妮弗·道德纳（Jennifer Doudna），还是珍妮弗主动联系了您呢？

我在《自然》杂志上发表了关于 CRISPR/Cas9 技术的第一篇论文后，没过多久，我就在波多黎各的一次会议上认识了珍妮弗。我找她是因为我对细菌免疫防御系统的结构感兴趣，而且早在我找她合作的 3 年前，我就已经开始研究这个课题了。珍妮弗非常了解结构生物学以及与 RNA 相互作用的蛋白质，其中就包括 CRISPR 蛋白质，所以我问她有没有兴趣跟我合作。此前我找了维也纳的一位结构生物学家一起研究 CRISPR/Cas9 蛋白质的结构，但出于财政和后勤方面的原因，他无法继续研究。一开始我并没有打算找人合作研究细菌免疫防御系统的生化机制，也没打算从中研发出一种技术。我原本计划把这项研究交给我实验室里的人去做，但后来珍妮弗的团队决定跟我们一起合作，我们最终在《科学》杂志上发表了关于 CRISPR/Cas9 技术的第二篇论文，论文描述了细菌的病毒防御系统作为遗传学技术的潜力，基于这篇论文，一些科学家利用这一技术修改基因组及其在细胞和生物体中的表达，也就导致后来出现了不同版本的基因编辑工具。

您和珍妮弗合作了多久？你们的合作模式是什么样的？

我们花了一年时间研究这个课题。我住在瑞典，和珍妮弗那里的时差是 9 个小时，所以我总是在特殊时间段与她的团队进行沟通。有时我会骑自行车回家或者去实验室，但我却不知道具体的时间。在瑞典，人们冬夏两季的昼夜节律十分古怪，因为瑞典的天不是太亮了就是太暗了。

所以您和珍妮弗获得了最重要的发现，但有些专利仍被其他科学家注册了，我第一个就想到了布罗德研究所的张锋。

现在的专利申请形势有些不同，有的规定已经失效，很快就有一些研究人员开始使用这项技术。您去查查文献就会发现，2013 年初，多篇出版的刊物证实这一技术在人类细胞、植物细胞和酵母细胞中的运用都非常顺利，这些刊物都是以珍妮弗和我的论文为基础写的。我对专利的事情不予置评，但这种事情时有发生，我的确有点惊讶。

您有没有预料到 CRISPR/Cas9 会有如此巨大的潜力？

我很早就已经预料到，这项技术可以用来治疗遗传缺陷，这种想法在当时看来可能显得很牵强，考虑到我的研究背景和我一直在研究的课题，可能是有点牵强吧。但我相信，我的假设是完全贴合现实的。

您曾经有没有想过自己有一天会取得如此巨大的成功？

经常会有画面在我的脑海中闪现，在这些画面里，与其说我获得了别人的认可与赞赏，不如说我被曝光了，这听起来可能很奇怪吧。我一直在问自己为什么，就在我思考的时候，我突然看到自己出现在明亮的光线下方，我觉得可能有什么事情要发生。

您有想过自己会获得诺贝尔奖吗？

我百分之百地相信，关于 CRISPR/Cas9 的研究有朝一日一定可以获得诺贝尔奖。

在您看来，所有的这些认可是幸还是不幸？

我觉得我有必要强调，我从事科研行业，从来都不是为了得到别人的认可。在我看来，认可是一种非常刻意的东西，我不需要，它也不是我的目标。我非常谦虚，但别人的认可给我带来了某种自由，让我可以做自己。我并不是说认可让我有了自信，但我确实感觉到，人们现在更能够接受真实的我。

您现在还经营着自己的研究所，情况如何？

我的研究所非常小，原本不该是这样子，但我遇到了一些阻碍。我的研究所只有一个研究部门那么大，唯一的区别是，我这个研究所完全独立运营。研究所的领导人必须有很强的组织能力，而我就是这样的人。我喜欢管理，管理就像一个拼图，我们必须把不同的碎片拼在一起，只不过碎片现在是一个个具有不同个性的人。

您觉得科学的魅力是什么？

能够提出许多问题。以生命科学为例，大部分的机制仍然是未知的。我们这个世界的复杂性，加上我们自己作为人的复杂性，就是科学的魅力所在。

科学家应该具备什么样的思维方式？

科学家应该具备好奇心，拥有坚韧不拔、顽强拼搏的精神，还需要一点狂热。科学家会遇到很多障碍，所以需要积极的思考方式。有些许天真也无妨，但不是单纯的天真幼稚、头脑简单，而是要有童心。除此之外，还要有耐心。人有时候会不耐烦、会感到饥饿，但一定要有耐心。

是否还包括愿意面对睡眠不足的困扰？

愿意直面睡眠不足的问题，也勉强算得上是一种狂热的体现了。我有时还会在半夜醒来，吃点东西然后开始工作。在这期间，我也可以睡觉，我觉得挺好的，况且我需要足够的睡眠来恢复精力。

您对那些正在考虑从事科学工作的年轻人有什么建议吗？

生活中最重要的事情是认清自己，知道自己的局限在哪，做一个开放坦诚的人。学会容忍，真正感受自己认为最有趣、最激动人心的事物并不是件容易的事，但值得一试。我还建议年轻一代不要一直忧心忡忡、杞人忧天。生活远不止一条路，只需要保持开放的心态，充满好奇心，尽情地享受生活就行了。

这也是您想对大家说的话吗？

我想说的是：每个人做自己就好。请给自己找一个存在于这个星球上的理由，并为之努力。多多挑战自己，挑战自己的极限，从中寻找自己存在的意义。每个人可能都会因自己对世界作出的巨大贡献而感到惊讶。

◆ **"生活中最重要的事情是认清自己。"**

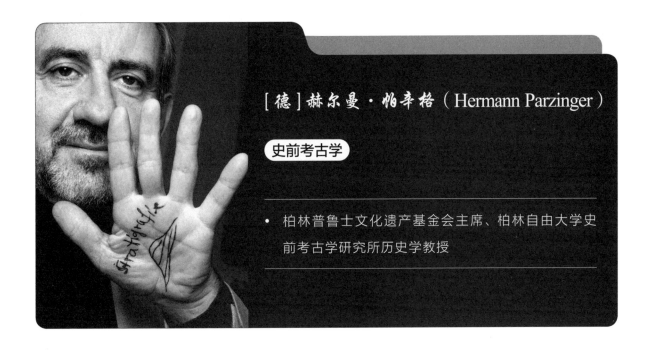

◆ "没有过去,就没有未来。"

帕辛格教授,自然科学家试图通过他们的研究影响未来。您是一名史前考古学家,研究的是人类史。人类史是不是从有思想的人出现开始的?

的确如此。有思想的人最早出现在 270 万年前,是东非的能人制造了所谓的石器,这也间接证明原始人已从素食者转变为肉食者,我们推测他们吃的是能在自然界中找到的腐肉。但是,能人与食肉动物不一样,他们无法用下颌把肉咬碎,所以他们需要用工具代劳,石器是出现时间最早的工具。能人的创新之处在于,他们没有使用在自然界中可以找到的物品,而是有目的地对岩石块进行加工,使其边缘可用于切割。这一事实首次证明了原始人有解决问题的思维,随着这种思维的出现,人类便开始有了使自己的生活更高效、更轻松的愿望。

人类改变事物的认知能力从何而来?

早期人类的观察力非常敏锐,观察可谓细致入微。150 万至 200 万年前,学会用火是人类发展迈出的重要一步。肉类可以用火烘烤,得以长时间保存。原始人很早就开始围猎各种动物,而这一行为需要知识和计划的能力。整个过程需要一个知识渊博、富有魅力的人进行指挥,另外还需要一种沟通交流的方式,也就是语言。交际能力在知识传授方面起着重要作用,例如用某些类型的岩石制作狩猎武器需要进行交流。即使是用骨头制作缝衣针这样的小型工具,也可能产生划时代的影响。原始人能够利用缝衣针缝制更厚实的毛皮制成的衣服,使之更好地贴合身形,从而提高御寒效果,这大大提高了原始人在寒冷时期的生存概

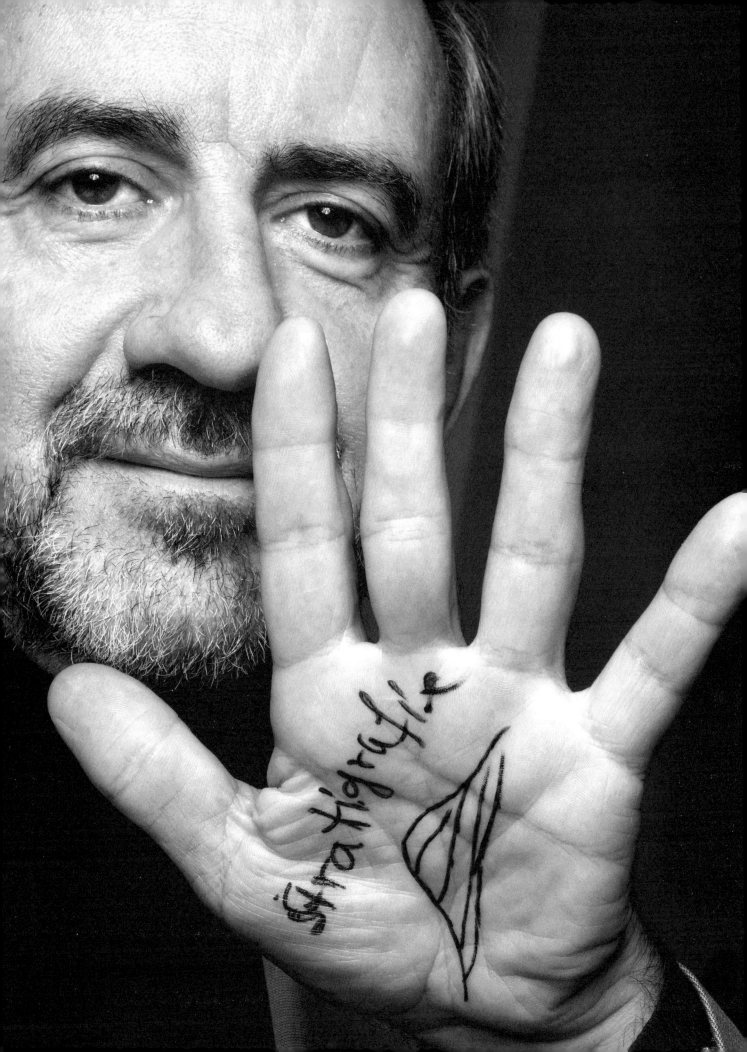

赫尔曼·帕辛格（Hermann Parzinger）

率。原始人也一直在密切观察他们所处的环境，特别是生存环境中的动植物，他们也在这些动植物身上做了很多实验：哪些动物可以被驯服，哪些植物可以吃，哪些不能吃。这为人类历史上另一重大变化的产生创造了条件，即从占有型经济向生产型经济过渡。原始人不再是单纯的猎人、采集者和渔民，他们开始驯化野生动物，规划食物分配，定居生活也随之出现。

车轮的发明与人类开始定居生活有什么关系？

人类已经开始定居生活，在这种情况下，车轮和车子的发明则显得特别重要。公元前4000年末期，中东以及中东欧的部分地区已经有了四轮车，专门用于货物运输，这些车多由牛拉动。公元前3000年开始，马开始出现，从那时起，马车逐渐替代牛车，虽然马车的速度不得而知，但用于长途货物运输已不在话下。人类总是可以在最短时间内利用各种被驯化的动物掌握改善自身生活条件的方式。

文字是如何影响人类发展的？

文字在全球各个地区出现的时间不同，但文字出现的过程非常相似：无论是中东、中国还是中美洲的阿兹特克（Azteken）都出现了城市和复杂的社会，这意味着必须对生活在这里面的人进行管理。文字就这样悄然诞生。在很长一段时间内，口口相传依然是最权威的方式，而历史文字记载也出现得很晚。最早的文字记录是货物清单，之后是标记财产的印章。从很久以前开始，标记财产就是件很重要的事，那些把物品标记为自己财产的人也有明确的法律意识。而且很早以前就已经证明了，拥有类似金属这样的物品、掌控某种资源足以致富。

精英和权力的出现对人类的思维方式有什么影响？

村庄的不断发展推动了劳动分工的产生：如果数百人生活在一起，不是每个人都得制作陶器或操作织布机。尤其是冶金学需要丰富的知识和相应的设备，这就不可避免地导致了专业化分工。掌控金属资源及其分配往往会导致社会分层。精英阶层聚集区的特点是：他们的房屋非常瞩目，特别是他们的墓室布置非常奢华。在有文字记载的文明中，政治统治权往往掌握在个别家族手里，正因如此，才有了王朝。

洞穴壁画和音乐表现出来的抽象思维，是否也始于人类的繁荣？

雕塑、绘画和音乐艺术始于欧洲最早的智人（Homo sapiens）。早在3万多年前就已经有了精彩绝伦的洞穴壁画，而最早的象牙雕像作品可以追溯到2万年前。最早的笛子也是用动物骨头做成的。当时不仅有各种动物雕像和著名的维纳斯女神雕像，还有人兽雕像，比如施瓦本汝拉山地区的狮子人雕像，这表明当时的人已经具有非常强的抽象思维能力。

有没有什么东西从根本上推动着人的发展？

人类从不满足于已有的成就，想要不断优化生活的愿望驱使着他们前进。所以有一天，石制工具再也无法满足人类的需求了，此时冶金术提供了新的可能。当最古老的金属铜的硬度无法满足需求，人类就学会了在铜里面掺入锡或砷，制作出一种更坚硬的金属——青铜。后来，铁出现了。人类渴望优化生活的愿望不仅影响了技术的发展，还影响了生活的方方面面，包括社会制度。另一方面，人类取得的其他巨大进步则是因为颠覆性的变革和灾难，如气候变化，这给人类带来了挑战。如果人类想要生存，就必须应对挑战、克服困难。

自然界的变化对人类发展的促进作用有多大？

举个例子，公元前 2000 年，欧亚草原的部分地区渺无人烟，因为这些地区几乎全被沙漠覆盖，极不利于生命生存。然而公元前 9 世纪时，草原上的气候变得越发凉爽和潮湿，渐渐长出了丰富的植被，非常适合放牧，此时，游牧文明开始兴起并逐步发展，成为一种新的经济形式和生活方式。游牧民族在艺术、宗教、武器工艺和殡葬仪式方面也发生了很多变化，它的范围从西伯利亚南部一直延伸到匈牙利平原。

人类过去的发展一直都很稳定，您如何解释这种现象？

人类从石器时代到铁器时代的发展就是一段进步史，因为在这段时间里，人类摆脱自然的束缚，掌控生活的能力越来越强，这种能力的培养需要不断的观察、实验和尝试，而且这个过程肯定会遭遇很多次失败、倒退和不可控的附带性损害。人类的思考方式受到想要优化生活的愿望的影响，但寻找正确方法的过程却不能与现在的方法论研究相提并论。许多事情都是偶然被发现的，没有办法解释真正的原因，这就是早期人类解决问题的思维与现代研究的不同之处，当然，这两者之间也有相似之处。

人类早期与现代历史的变革性发展是否有相似之处？

当然有。文字的发明对事物的记载起到了决定性的作用，而印刷术则帮助人们随意复制并传播文本。电的发明与早期火的发明有异曲同工之妙，因为电与火都能产生光和热。以前马的出现彻底改变了人类的流动性，而现在汽车又复刻了这一成就。早期的劳动分工促进了第一批手工业行业的形成，如果没有劳动分工，就不会有现在的工业化。

然而像核能这样的物质，人类可以用它来毁灭自我，这样的东西早期并不存在。

没错，但其实很早以前就出现了大规模的环境破坏现象。我们都知道，早在新石器时代，在人类开始定居生活之后，就出现了第一次温室效应；我们也知道，在金属加工中心周围环境出现的重金属污染会损害健康，这些问题现在依然存在。

您想对大家说些什么？

我们应该意识到我们的存在和行为是有时间深度的，我们应该磨炼自己，做谦卑之人。几千年来，知识与进步一直都是相辅相成的，正如巨人肩膀上的小矮人的寓言故事告诉我们的一样：没有过去，就没有未来。

[南非] 玛丽亚·舒尔德（Maria Schuld）

量子信息学

- 德班夸祖鲁 – 纳塔尔大学大数据分析领域信息学家

舒尔德博士，您研究的是量子技术和人工智能。您的研究有什么新意？

我研究的是一种即将诞生的计算机新技术，这种技术可能会改变很多事情，所以目前工业界的大量资金都在流向这一领域。在量子计算领域，我主要研究的问题是利用量子技术可以学到什么，如何利用它处理数据，以及如何使计算机智能化。例如，我们目前正在努力探索：如果我们用训练神经网络的方式训练量子计算机，会发生什么？量子计算机是否会学习不同的模式？

目前量子计算机只有小型样机，您还无法通过实践检验自己的想法，到底是怎么一回事呢？

一开始，我们只在理论层面上研究算法，但这对机器学习的研究没什么帮助，这也是我正在做的工作，因为我们的理论太有限了，所以我们开始进行大量的测试和实证研究工作。我们采用的方法很简单，就是在计算机上运行一个算法，然后观察会发生什么，但我们得到的结果也很有限，因为这并不是我们希望在未来能够用得上的计算机，所以我意识到，我必须提出新的量子计算机理论。最关键的问题是关于归纳的问题：我怎样才能教会计算机归纳出它以前从未碰到过的事物？新提出的理论必须涉及这一点。最初几年里，每个人都非常兴奋，坚信我们做的是一些全新的工作，但现在我们更谨慎了，可能量子计算机优于传统计算机的研究领域只是机器学习领域非常具体的一个部分。一般情况下，量子计算机也不见得比传统计算机更快，只不过在处理某些问题的时候会快一些。

您在研究能够影响人类的算法时是一种什么样的心情？

我并不清楚我研究的领域能带来什么样的社会效益，对此我感到很矛盾。我很怀疑"技术能让一切变

得更好"这样的说法是不是正确。我在南非工作，在这里，我觉得机器学习与社会相关的方方面面变得非常重要。我发现，我的学生都很厉害，因为他们会编程和数据分析。

您的职业道路非比寻常：您出生在莱茵兰（Rheinland）的一个小镇上，在柏林上大学，选择了一个很多老一辈科学家都劝退的学科。

他们建议我不要同时学习政治学和物理学，但我还是这样做了。我的求知欲异常强烈，希望把所有的知识之门都打开。奇怪的是，科学吸引着我，但我常常不知道我的专业对社会的贡献是什么，除了对年轻人进行教育和指导之外，好像没有其他贡献了。

您一直都在走自己的路，请问您的力量和勇气从何而来？

这与我父母亲给我灌输的自我价值观和清晰明确的道德观有很大关系。我的母亲总是活力满满，容易冲动，而我的父亲则非常冷静，注重沟通，他们的结合与互补对我来说很重要。

您为什么选择南非而不选美国？在美国可以赚很多钱啊。

许多年轻的科学家变得很富有，但他们不明白自己身上已经肩负了一种责任。对我来说，对社会的影响比金钱更重要。我去南非实习，才过了一两个小时，我就明显感觉到很自在。在南非的生活目标不像在德国那样抽象，这有助于我化解内心的巨大矛盾。几年后，加拿大的初创公司仙那度（Xanadu）开始寻找我所在领域的专家。据我所知，我是世界上第一个在这个领域获得博士学位的人，所以我有市场价值。我还年轻，而且别人认为我对某个领域非常熟悉，这种感觉真的很美好。幸运的是，仙那度公司已经同意我在南非工作，只需每隔几个月回一次加拿大就行。

是什么让您的思维与老一辈科学家的思维都不同？

每个科学领域都有看似不可改变的事物，这些事物都经受住了时间的考验。在我所研究的领域里，大家把一种观点奉为圭臬：只有证明现在的算法比传统算法的速度快得多，算法才能给我们带来利益。而我的研究方法与这种观点相去甚远。另外，我有很多年轻的同事，他们的思维很灵活，而我也不例外。我们不只是想留在大学里，一味地按照规定发表论文、出版刊物，有时候我们也想进军工业界，塑造新的自己。

您能用五个词来描述自己的个性吗？

有责任心、精力充沛、有批判精神、有思想、自信。

您觉得自己 5 年后或 10 年后会是什么样子?

我到时候肯定在南非,会加入很多与新技术、数据、快速学习和量子计算有关的国家性以及全球性组织。我会继续推进我的项目,这些项目涉及数据分析、城市和人的三角关系。我的目标仍然是为社会服务。

[美] 凯瑟琳·路易丝·博曼
(Katharine L. Bouman)

计算机科学

· 帕萨迪纳加州理工学院数学与计算机科学助理教授

您有一张照片正在迅速走红：照片上的您容光焕发、满面春风，因为您拍到了世界上第一张黑洞图，请问这是一种什么感觉？

这太疯狂了。我们的研究工作一直都是保密进行的，我甚至没有跟我的家人透露一星半点。因此，我们感到非常兴奋，终于可以把我们的研究成果公之于众，向大家展示有史以来第一张黑洞图。公众的反响比我们想象的要强烈得多。

您成为年轻女性的榜样，但您也受到了别人的攻击，因为您被推选为这个项目的代言人，这个身份会给您造成困扰吗？

人们总喜欢把一个项目与某一个人联系在一起，但最重要的是要明白，这是全球200名科学家通力合作的结果。我认为媒体之所以把我推到这个位置上，是因为我很年轻，富有激情，但我从没想过抢其他人的风头，他们的付出也应该得到认可。与此同时，在我研究的这个领域里，女性并不多，所以对年轻的女大学生来说，能够看到某位女性在科学技术领域取得成功是具有重要意义的一件事。不过，最终我还是希望别人用我的工作来定义我，而不是用我女性的身份来定义我。

您在事件视界望远镜合作计划中扮演的具体角色是什么？

我们计划将分布在不同地方的8个望远镜组合成一个虚拟望远镜，这个想法并不算新颖，但我们想把它做到极致。我参与了算法的开发，在这些算法的帮助下，我们利用视界望远镜的天文数据合成了有史以来第一张黑洞图。除此之外，我也主持了结果检验工作。我是学计算机科学和电气工程学出身的，没学过天体物理学，所以我研究这个课题的方法不太一样。我思考的问题是：我们如何才能找到分析数据并生成

凯瑟琳·路易丝·博曼（Katharine L. Bouman）

图像的新方法呢？

数学和想象力哪个更重要？

两者都重要！我们借助自己的创造性想象力，采用数学方法进行验证。

您现在在研究什么？

EHT 项目还有很多事情要做，我们只用收集到的数据合成了一张图片。在我们的银河系中心还有一个更近的黑洞，我们希望能够得到这个黑洞的图片，但是难度更大，因为这个黑洞更小，气体可以更快地围绕洞口旋转。在一个晚上的时间里，黑洞会随着时间的流逝而不断演变，我们从拍到的各种快照中只能收集到极少的数据，所以我正在开发工具，用以收集快速演变的黑洞数据。希望有一天，我们能够让大众看到气体流向黑洞事界❶的影片，而不仅仅是静态图。再说说第二代 EHT 计划。我们已经证明看到黑洞的周围环境是有可能的，我们希望进一步完善我们的数据，以便从中获取更多科学信息。为了实现这一目标，我们计划在地球上，甚至在太空里搭建新的望远镜。我的团队正在开发机器学习算法，可用于搭建下一代 EHT。

您的研究方法有什么不同？

我喜欢思考一个问题：如何将我们的物理学知识与人工智能和机器学习的新型计算机辅助工具结合起来，以便我们更好地从数据中提取隐藏的信息？我常用这种方式处理不同性质的问题，例如黑洞成像，土木工程、医学和地震学也会用到这种方法。科学逐步朝着跨学科的方向发展。我们需要把很多具有不同专业知识的人聚集在一起，制订创新性解决方案，以获取极具变革性的新成果。

是什么事情让您走到今天这一步呢？

很多人三番五次地说我不够优秀。虽然我有时很难忽略掉这些声音，但我很高兴我一直是个很执着的人，我向这些人证明了他们说的都是错的。

未来 5 到 10 年里，您的个人目标是什么？

我想开发计算机辅助工具，以此改变科学，帮助科学家们更顺利地探索未知的旅程。我相信计算机辅助研究可以帮助科学家应用也许不那么直观的实验新方法，这些方法比我们通过人类的聪明才智开发的方法效果更好。此外，我也喜欢给学生上课，给他们提供指导，看到他们成长为独立且极具创造力的科研人

---

❶ 事界：黑洞周围物质有去无回的边界，在边界以外观测不到边界以内的任何事件。事界是一种时空的边界，指的是在事界以外的观察者无法侦测到事界以内的任何形式的讯息，因为即使速度快如光，也无法出脱事界的范围。因为事界所包住的时空对外界的观察者而言看起来是黑的，所以就有了黑洞这个名称。——译者注

员。我希望继续开发人工智能技术，让科学家既能提出正确的问题又能回答正确的问题，而且我想继续把机器学习和计算机视觉成像技术的理念引入到不同的学科中去。

您的父母对您产生了怎样的影响？

我来自一个学术之家，这样的家庭背景对我大有裨益。我很幸运，上高中的时候，我就在家乡的一个实验室里工作，当时我就体会到了科学给我带来的兴奋感。我的父亲也是一名工程师，他经常对我们几个兄妹说："光靠聪明是不够的。聪明的人有很多，除了聪明之外，还得勤奋努力地工作。"

请用五个词描述一下您的性格。

执着、善良、好奇心强、勤奋、有创造力。

◆ "科学逐步朝着跨学科的方向发展。"

[美] 莫伊塞斯·埃克斯波西托-阿隆索
（Moisés Expósito-Alonso）

进化遗传学

- 斯坦福大学卡内基植物生物学研究所生物学助理教授

请您跟我们讲讲您的研究工作吧，有何不同之处呢？

我是一名生态学家，生物医学和进化遗传学的研究方法是环境保护的灵感来源。我的实验室研究的课题范围非常广泛，这可能是我们获得成功的原因之一。进化和遗传原理的基本研究以及自然保护研究是我的两大爱好，我意识到我可以把这两个爱好结合起来，所以就诞生了多个不同的研究课题。

您的研究正处在什么阶段？

我们正在用统计学方法和其他复杂的计算方法来筛选某种植物自然种群中的数百万个基因突变，这些突变可能或多或少会让这种植物受到气候变化的影响。在这一工作的基础上，我们现在已经为模式植物——拟南芥绘制出了2050年的风险评估地图。我们也希望这一方法能够用在美国的重要树种身上，绘制出它们的风险地图。我们甚至希望在将来的某一天，能够借助CRISPR/Cas9基因疗法使濒危物种适应新环境，不再濒危。

您觉得到什么时候我们才能够真正防止某个物种灭绝？

像自然保护区这样的预防措施对物种保护来说是非常有效的，事实已经证明了这一点。我最关心的是以后气候变化会造成某些物种灭绝的问题。从技术层面来讲，我们已经可以对野生物种进行基因改良，使其在某些气候区具有更强的抵抗力，很大一部分的作物育种工作就是以此为基础进行的。但我认为我们需要做更多的研究，以确保我们认为对某个物种有积极意义的特定基因改造不会产生不良后果。此外，我意识到，对自然界施加的任何干预都会引起伦理问题，我们需要在社会层面上对这些问题进行探讨。

莫伊塞斯·埃克斯波西托-阿隆索（Moisés Expósito-Alonso）

所以您主要关注的是拟南芥，为什么？

这是一种非常小的植物，很容易在实验室里栽培。此外，它也是基因组最小的植物之一，所以更容易测序。遗传学家都喜欢用它做实验。在自然保护研究中使用拟南芥做研究对象其实并不常见，但我们之所以选择这种植物是因为我们可以用它来开发新的遗传学研究方法，如果我们以后想对其他植物的基因组有更多了解，我们就要用到这些研究方法。

您的研究工作对社会来说重要吗？

希望如此吧！我之所以从事生物学研究是因为我想帮忙恢复西班牙南部的半自然生境，我是在那里长大的。要知道，没有健康的自然，就没有健康的社会。

您有没有怀疑过自己走的这条路是不是正确的？

科学的美妙之处在于，我走的这条路正不正确并不重要。我们的研究方法都是基于最新的科学发现。如果我们对物种适应气候的方式了解越多，我们就能更好地调整我们的策略和方法。

您看起来非常谦虚。

我一直在努力做一个谦虚的人。科学是一项团队运动，我们都站在知识巨人的肩膀上。如果我们抱着一种寻求合作的心态，友好地为他人提供帮助，那我们在职业生涯中的某个阶段就会得到回报。为了应对生物多样性危机，我们需要多元化和跨学科的思维模式，所以我的团队里不仅有分子生物学家和野外生态学家，还有计算机科学家。

◆ "科学是一项团队运动。"

老一辈的科学家可以为年轻一代的科学家提供什么样的支持？

年轻一代的科学家因为得不到足够的资金支持，在他们的职业生涯早期就离开了各自所在的研究领域，这是科学界的一大损失。我们应该创造机会让有经验的科学家和年轻科学家之间建立起合作伙伴关系，出资支持新成立的实验室，这样，情况一定会大为改善。

到目前为止，您应该一直都不用为资金发愁吧？

是的，我在西班牙上的大学，那里推行社会主义教育体制，绝大部分人都可以上公立大学，那里的人甚至认为公立大学比私立大学更好。后来，我拿到了科研奖学金和补助，得以出国留学。现在我的实验室由卡内基科学研究所资助。尽管走到今天这一步，我自己付出了很多努力，并且一直坚持着，但我仍然认为自己很幸运。

您认为年轻科学家在哪个国家会有最好的前途？

我在西班牙、英国、德国和美国这4个国家做过研究，每个国家都有各自的优缺点。现在我在美国，在这里，教授和学生之间的等级划分不是那么明显。我认为这为我们创造了一种极具吸引力的氛围，在这样的氛围下，我们可以充分发挥自己的创造力。

您的个人目标是什么？

获得重大的科学发现，为保护自然和生态系统出一份力，所以我每天起床后都会工作12个小时。

请您描述一下自己的个性特点。

我其实是一个内向的人，但我表现得很外向：性格开朗，好奇心强，专注而富有激情。

您的父母对您有什么影响？

在我小的时候，我父母花了很多时间陪我。我父亲是我认识的人里意志力最强的人，他帮助我专注于自己的事业。我小时候上过很多小提琴课，但我最终决定从事科学行业。我认为我经历的一切让我成为一个完整的人，它们引领着我走向卡内基研究所和斯坦福大学，让我在那里实现了自己的梦想。

[美] 伊莱恩·萧（Elaine Y. Hsiao）

微生物学

- 加利福尼亚大学洛杉矶分校生物学与生理学副教授

微生物组对大脑、行为和神经系统疾病的影响是一个新的科学领域，您为什么选择研究这个领域？

我在攻读神经生物学博士学位的时候，读过一些自闭症儿童父母所写的报告，这些报告很吸引我。我了解到，自闭症儿童的行为因饮食的改变而得到改善。此外，人类微生物组的测序工作刚结束不久，所以我很好奇肠道微生物组是否会影响行为和神经系统疾病。当时，这是一个很激进的想法，人们对此表示怀疑，而且我很难找到一个可以满足自己好奇心的实验室，这迫使我放弃读博士后的打算，开始建立自己的实验室，走自己的路。之后我在自己的实验室里研究了微生物组与神经系统相互影响的方式。

您能介绍一下微生物组与大脑或神经系统联系在一起的方式吗？

微生物组负责调节多种神经活性分子，例如神经递质和神经肽，也包括那些对免疫系统和正常代谢起重要作用的分子，这些分子共同影响着控制多种复杂行为的神经元。从肠道到大脑的信号通道之一是迷走神经，它的长纤维直接连接肠道和大脑。微生物还可以与体内的多种免疫细胞相互作用，可以影响大脑中的反应。

请跟我们说说您在实验室中的工作最令人兴奋的地方吧。

我们以问题为出发点，让问题引导我们前进。目前，我们对孕期母体的微生物组影响胎儿发育的方式非常感兴趣。我们也在想，针对某些专业领域的问题，我们以前一直都是在人类基因组中寻找答案，现在我们是不是可以从微生物组入手寻找答案呢？比如说，我们想知道微生物组如何影响与年龄有关的疾病，如阿尔茨海默症和帕金森症。我们还在研究如何利用微生物组寻找更好的疾病治疗方法，如治疗癫痫和抑

郁症的方法。

什么决定了微生物是好还是坏？

某些微生物的性质是不确定的，它们是好是坏取决于所处的环境。有人做过一些有趣的研究，根据他们的研究成果，我们体内的微生物始终是属于我们的一部分。它们与我们一起成长，甚至与我们一起合作。例如，我们自身的细胞无法消化复杂的纤维，所以我们需要微生物为我们做这件事。微生物组的多样性很重要，健康且多样的饮食可以促进微生物的多样性发展。

您的研究工作已经进行到哪个阶段了？

我们每个阶段都有实验。很多人的研究仍然处在最初阶段，除此之外的其他人，包括我们在内，都已经跨入研究的下一个阶段了。我们已经取得了一些比较先进的研究成果，能够对神经系统疾病进行干预，希望这些成果有朝一日能够得到验证和进一步开发，以造福社会。

您凭一己之力就开辟了一条新道路，行动过程中显得如此勇敢无畏，您有没有害怕过？

我真的很喜欢尝试新事物，探索新方法，可能会做一些让别人感到不太舒服的事情。有时我会自我怀疑，不知道自己走的这条路是不是正确，但到目前为止，自我怀疑从来没有阻止过我尝试新事物的脚步。

您的父母对您的态度产生了什么影响？

我的父母对艺术很感兴趣，为我热爱创造和追求新理念的自由奠定了基础。我上大学的时候，曾在一个细菌实验室里负责清洗玻璃仪器、制作培养基，这是我第一次与实验室产生交集。后来经过研究，我意识到科学也是具有创造性的，这一点真的很吸引我。我父亲在我很小的时候就去世了，我母亲为了抚养我和妹妹长大成人付出了很多。因此，我懂得了努力奋斗的重要性。父亲的早逝也让我意识到，生命虽然短暂，但知识可以永恒。我希望我的研究成果能一直流传下去！

◆ "我真的很喜欢尝试新事物，探索新方法。"

起初您也曾遭受到别人的质疑，那您现在的研究工作是否已经得到了别人的认可呢？有人给您提供研究经费吗？

我们仍然处在起步阶段，但现在科学界似乎已经认识到这一研究领域的重要性。我希望我们能够为这个新的科学领域打好基础、制定相关准则，进而激励新一代的科学家。

您的个人目标是什么？

我想发现与自然界有关的新事物，这些事物现在看起来并不寻常，但终有一天它们会出现在教科书里，激励一代又一代的年轻科学家。那些需要进行跨学科研究的问题会让我感到兴奋。在我的实验室里，很多人都拥有不同的专业知识和看待问题的视角。我认为科学领域的合作非常有趣，如果将来有经验的科学家和年轻科学家可以进行更多合作，那就再好不过了。

您希望自己 5 年或 10 年后达到什么层次？

目前我是一名副教授，按理来说，下一个目标就是成为正教授，但无论工作头衔是什么，我只需集中精力、尽自己所能把研究做好。我每次都会对我们所取得的成就感到惊讶。

请用 5 个词语来描述您的个性特征。

顽固、神经质、有爱心、无所畏惧，是个好导师（希望如此吧）。

附 录

卡尔·迪赛罗斯（Karl Deisseroth）
是新兴学科——光遗传学领域的先驱之一。光遗传学研究者利用激光研究哺乳动物神经功能和行为的变化。
https://web.stanford.edu/group/dlab/about_pi.html

彼得·泽贝格尔（Peter Seeberger）
研究糖分子等生物聚合物，目的是利用它们生产药剂。
https://www.mpikg.mpg.de/biomolecular-systems/director/peter-seeberger

斯特凡·黑尔（Stefan Hell）
进一步开发了荧光显微镜，使其分辨率低于光波长，这一成果让他获得了2014年诺贝尔化学奖。
https://www.mpg.de/323847/biophysikalische_chemie_wissM11

安特耶·伯丘斯（Antje Boetius）
是一名海洋生物学家，他的研究对象是深海中的细菌。此外，他也从事深海生态学研究，经常参与公开性气候辩论。
www.mpi-bremen.de/en/deep-sea-staff/Antje-Boetius.html

托马斯·聚德霍夫（Thomas Südhof）
他的重大成就是：阐明了神经元的突触形成机制和细胞的信号交换机制，因此获得了2013年诺贝尔生理学或医学奖。
https://med.stanford.edu/sudhoflab/about-thomas-sudhof.html

戴维·阿夫尼尔（David Avnir）
发现了在室温下制造陶瓷材料和玻璃的方法，以及将生物大分子嵌入金属、使之发光的方法。
http://chem.ch.huji.ac.il/avnir/

阿莱西奥·菲加利（Alessio Figalli）
因其在"最优运输"问题领域作出的贡献被授予菲尔兹奖，该奖相当于数学界的诺贝尔奖。
https://people.math.ethz.ch/~afigalli/

珍妮弗·道德纳（Jennifer Doudna）
研究细胞中核糖核酸的结构和功能，并于2012年与埃玛纽埃勒·沙尔庞捷一起开发了极具开创性的CRISPR/Cas基因编辑技术。
https://vcresearch.berkeley.edu/faculty/jennifer-doudna

汤姆·拉波波特（Tom Rapoport）
研究细胞的组成部分，尤其是蛋白质的分化方式，以及细胞为分化过程传递信息的方式。
https://cellbio.med.harvard.edu/people/faculty/rapoport

姚檀栋（Tandong Yao）
根据冰芯证明，过去的 100 年是 2000 年以来地球最暖和的时期。他正致力于保护青藏高原地区的冰川。

http://ic-en.ucas.ac.cn/k-Teacher/yao-tandong/

罗伯特·劳克林（Robert Laughlin）
解释了分数量子霍尔效应，因此获得 1998 年诺贝尔物理学奖。此外，他还发现了一种量子液体。

https://profiles.stanford.edu/robert-laughlin

布鲁斯·艾伯茨（Bruce Alberts）
为阐明细胞分裂过程中的染色体复制机制作出了重大贡献。此外，他还致力于强化各级各类学校的自然科学教育。

https://brucealberts.ucsf.edu

维奥拉·福格尔（Viola Vogel）
研究用于细菌和细胞的纳米技术工具，在这些工具的帮助下，细菌和细胞掌握了各自所处环境的特性。此外，她还参与了机械生物学这一新学科的创立。

https://appliedmechanobio.ethz.ch/the-laboratory/people/group-head.html

帕斯卡莱·科萨尔（Pascale Cossart）
是研究常见病原体——李斯特菌的权威人士。她在分子水平上研究李斯特菌，得到的成果极具权威性。

https://research.pasteur.fr/en/member/pascale-cossart/

布赖恩·施密特（Brian Schmidt）
于 20 世纪 90 年代，利用来自遥远超新星的光线证明了宇宙膨胀的速度越来越快，因此获得了 2011 年诺贝尔物理学奖。

https://www.mso.anu.edu.au/~brian/

阿维·勒布（Avi Loeb）
研究宇宙大爆炸后第一批恒星的产生过程，寻找地外文明存在的线索，探究系外行星的大气层中是否有地外文明。

https://www.cfa.harvard.edu/~loeb/

沃尔夫冈·克特勒（Wolfgang Ketterle）
是最早成功创造出玻色-爱因斯坦凝聚态的科学家之一，因此获得 2001 年诺贝尔物理学奖；利用玻色-爱因斯坦凝聚态，他制造出了第一台原子激光仪。

https://web.mit.edu/physics/people/faculty/ketterle_wolfgang.html

罗恩·纳曼（Ron Naaman）
研究半导体上的有机分子薄层产生新电子学特性的过程，并利用这一过程开发新型传感器。

https://www.weizmann.ac.il/chemphys/naaman/node/3

费丝·奥西耶（Faith Osier）
致力于"让疟疾成为历史"的使命，设法利用某些人群的疟疾抵抗力开发疟疾疫苗。

https://www.faithosier.net

赫尔穆特·施瓦茨（Helmut Schwarz）

对化学和法医学领域常见的分析技术——质谱法——做出了重大改进，并对探明独特的富勒烯碳分子结构作出了巨大贡献。

https://www.chem.tu-berlin.de/helmut.schwarz/

伯恩哈德·舍尔科普夫（Bernhard Schölkopf）

是德国机器学习研究的领军人之一。此外，他也研究系外行星和引力波。

https://www.is.mpg.de/~bs

马丁·里斯（Martin Rees）

作为一名天体物理学家，他研究的是宇宙背景辐射。他向人类发出警告，气候变化以及核武器等威胁可能会导致人类的灭绝。

https://royalsociety.org/people/martin-rees-12156/

蒂姆·亨特（Tim Hunt）

与保罗·纳斯一起探明了细胞分裂的分子基础，因此获得了2001年诺贝尔生理学或医学奖。

https://www.crick.ac.uk/about-us/who-we-are/how-we-got-here/notable-alumni/tim-hunt

卡拉·沙茨（Carla Shatz）

研究大脑从童年时期到成年时期的变化，希望通过这一研究能够对自闭症和精神分裂症有新的认识。

https://profiles.stanford.edu/carla-shatz

帕特里克·克拉默（Patrick Cramer）

首次阐明了RNA聚合酶II的三维结构。此外，他研究基因组的作用方式，并投身于欧洲的自然科学研究。

https://www.mpg.de/7894444/biophysikalische_chemie_cramer

达恩·谢赫特曼（Dan Shechtman）

于20世纪80年代首次发现了准周期性晶体，因此获得了2011年诺贝尔化学奖。

https://materials.technion.ac.il/members/dan-shechtman/

阿龙·切哈诺沃（Aaron Ciechanover）

发现了细胞清除多余蛋白质的机制，并因此获得2004年诺贝尔化学奖。此外，他还为企业和非营利组织解答科学问题、提供咨询。

http://taubcenter.org.il/aaron-ciechanover/

潘建伟（Jian-Wei Pan）

研究量子纠缠现象，以构建安全的新型通信通道，因此被誉为"量子之父"。

http://quantum.ustc.edu.cn/web/en/node/32

德特勒夫·金特（Detlef Günther）

研究激光气溶胶和纳米粒子的定量分析方法，为此研发了一台移动设备，这台设备对考古学的实地考察也很有帮助。

https://guenther.ethz.ch/people/prof-detlef-guenther.html

乔治·麦克唐纳·丘奇（George M. Church）
开发了低成本的新型基因测序技术。自2010年以来，他一直在推动合成生物学的发展。

https://wyss.harvard.edu/team/core-faculty/george-church/

弗朗西丝·阿诺德（Frances Arnold）
是研究"定向进化"的先驱。定向进化就是利用基因工程技术加速随机突变，她因此获得了2018年诺贝尔化学奖。此外，弗朗西丝·阿诺德也是生物燃料初创公司格沃（Gevo）的联合创始人。

https://cce.caltech.edu/people/frances-h-arnold

罗伯特·温伯格（Robert Weinberg）
几十年来一直从基因层面研究癌症的产生。2000年，他在一篇论文中阐明了致使细胞成为癌细胞的6个因素，轰动一时。

https://biology.mit.edu/profile/robert-a-weinberg/

彼得·多尔蒂（Peter Doherty）
是现代免疫学研究的领军人物之一，他阐明了免疫系统的T细胞对抗病毒的机制，因此获得了1996年诺贝尔生理学或医学奖。

https://www.doherty.edu.au/people/laureate-professor-peter-doherty

弗朗索瓦丝·巴雷-西诺西（Françoise Barré-Sinoussi）
于1982年首次分离出HIV病毒，该病毒是当时新兴疾病——艾滋病的致病原因，她因此获得了2008年诺贝尔生理学或医学奖。此外，弗朗索瓦丝·巴雷-西诺西竭力主张发展中国家应该推行更完善的卫生政策。

https://www.pasteur.fr/en/institut-pasteur/history/francoise-barre-sinoussi-born-1947

克劳斯·冯·克利青（Klaus von Klitzing）
发现了整数量子霍尔效应，并在此基础上发现了一个新的物理常量，这一常量以他的名字命名，他也因此获得了1985年诺贝尔物理学奖。除了研究工作以外，克劳斯·冯·克利青还孜孜不倦地宣传基础研究的重要性。

https://www.fkf.mpg.de/342979/Prof_Klaus_von_Klitzing

森重文（Shigefumi Mori）
从事三维代数簇的研究，1978年证明了"哈茨霍恩猜想"，1990年获得菲尔兹奖，多年来一直担任国际数学联盟主席。有一颗小行星是以森重文的名字命名的。

https://kuias.kyoto-u.ac.jp/e/profile/mori/

赛德里克·维拉尼（Cédric Villani）
开创了微分方程领域，尤其是玻尔兹曼方程的研究新方法，因此获得2010年菲尔兹奖。此外，赛德里克·维拉尼也是一名政治家，多年来一直活跃于法国政坛。

https://cedricvillani.org/

克里斯蒂亚娜·尼斯莱因-福尔哈德（Christiane Nüsslein-Volhard）
发现了控制人类和动物胚胎发育的基因，因此获得1995年诺贝尔生理学或医学奖。此外，她还在国家伦理委员会中就当前研究的有关问题为德国政府提供建议。

https://www.mpg.de/459856/entwicklungsbiologie_wissM2

玛塞勒·苏亚雷斯-桑托斯（Marcelle Soares-Santos）
研究宇宙的加速膨胀，寻找引力波的光学证据，还参与了探索宇宙暗能量的研究项目。
https://mcommunity.umich.edu/#profile：mssantos

张涛（Tao Zhang）
借助纳米结构材料研究物质催化的新方法，希望利用新型催化剂从生物质中获得化学物质。
http://english.cas.cn/about_us/administration/administrators/201612/t20161226_172885.shtml

保罗·纳斯（Paul Nurse）
发现了细胞分裂的重要基因cdc2，因此与蒂姆·亨特一起获得了2001年诺贝尔生理学或医学奖。保罗·纳斯现在在弗朗西斯·克里克研究所从事细胞研究。
https://www.crick.ac.uk/research/find-a-researcher/paul-nurse

路德·阿尔农（Ruth Arnon）
研究预防流感和癌症的合成疫苗，开发了醋酸格拉替雷注射剂克帕松，该药物自1995年获批以来一直被用于多发性硬化症的治疗。
https://www.weizmann.ac.il/immunology/sci/ArnonPage.html

维托里奥·加莱塞（Vittorio Gallese）
研究灵长类动物和人的运动系统与认知的协调作用，以阐明同理心、美学、语言和思维的起源。
http://unipr.academia.edu/VittorioGallese/CurriculumVitae

奥努尔·京蒂尔金（Onur Güntürkün）
研究前额叶皮层的作用方式，这里是规划行为和调节情绪的区域。此外，他还致力于德国和土耳其的合作研究项目。
http://www.rd.ruhr-uni-bochum.de/neuro/wiss/sprecher/guentuerkuen.html.en

乌里扬娜·希曼诺维奇（Ulyana Shimanovich）
研究蛋白质等细胞分子的化学自组织现象，以及为什么这个过程有时会产生错误，从而导致阿尔茨海默症等严重的疾病。
http://www.weizmann.ac.il/materials/shimanovich/home

理查德·扎尔（Richard Zare）
发现了极具开创性的方法，可利用激光实时研究化学反应。他曾与美国航空航天局合作研究天体生物学问题。
https://chemistry.stanford.edu/people/richard-zare

奥特马尔·埃登霍费尔（Ottmar Edenhofer）
与他的团队一起制订了针对大西洋沿岸碳市场的计划，研究气候变化引起的经济问题，并为德国联邦政府提供能源政策和气候政策方面的建议。
https://www.pik-potsdam.de/members/edenh

布鲁诺·赖夏特（Bruno Reichart）
于1981年在德国成功实施了第一例心脏移植手术，又于1983年成功实施了第一例心肺移植手术。他研究的是异种移植，例如将猪的心脏移植到人体内。
http://www.klinikum.uni-muenchen.de/SFB-TRR-127/de/members-neu/PI/C8/ReichartBruno/index.html

中村修二（Shuji Nakamura）

研发出第一个发蓝光的发光二极管，因此获得了 2014 年诺贝尔物理学奖。在一次专利纠纷后，他离开了日本，一直在加利福尼亚州的圣巴巴拉做研究。

https://ssleec.ucsb.edu/nakamura

埃里克·坎德尔（Eric Kandel）

是一名受过高等教育的精神病学家，很早就转向了大脑研究，主要研究学习和记忆的神经元基础以及记忆的蛋白质结构，他因此获得了 2000 年诺贝尔生理学或医学奖。

https://neuroscience.columbia.edu/profile/erickandel

萨莉·奇泽姆（Sallie Chisholm）

从生物学、生态学和进化方面研究世界海洋中最常见的浮游植物，进而探究海洋微生物生态系统。

https://biology.mit.edu/profile/sallie-penny-w-chisholm/

托卢拉·奥尼（Tolullah Oni）

最开始从事的是医学研究，后转向改善快速发展的城市中公共卫生系统的工作，在这个过程中，需要尽可能考虑城市人口健康受到的各种外部影响。

http://www.mrc-epid.cam.ac.uk/people/tolullah-oni/

罗伯特·兰格（Robert Langer）

主要借助生物聚合物开发药物传输技术，也就是将药物定向输送到人体内。他在全球已拥有 1000 多项专利。

https://be.mit.edu/directory/robert-langer

安东·蔡林格（Anton Zeilinger）

在 20 世纪 90 年代，借助量子纠缠现象成功实现了光子的远距传送，人称"光束先生"（Mr. Beam）。此外，他还致力于量子信息技术和量子密码学的研究。

https://www.oeaw.ac.at/en/esq/home/Research-groups/anton-zeilinger/

阿里耶·瓦谢尔（Arieh Warshel）

构建了计算机模型用以模拟蛋白质和酶的工作原理，因此获得了 2013 年诺贝尔化学奖，他被认为是该领域的先驱之一。

http://chem.usc.edu/faculty/Warshel.html

爱德华·博伊登（Edward Boyden）

研究的是光遗传学。他与自己的研究团队一起发现了在分子水平上绘制大脑结构图的方法，该方法可长期使用。此外，他还倡导科学家们共同分享各自的研究成果。

http://syntheticneurobiology.org/people/display/71/11

桑吉塔·巴蒂亚（Sangheeta Bhatia）

制造出了像微型肝脏这样的微型器官，以更好地了解新陈代谢。此外，她还利用纳米材料开发出疾病诊断系统。

https://ki.mit.edu/people/faculty/bhatia

埃玛纽埃勒·沙尔庞捷（Emmanuelle Charpentier）

研究感染过程的分子基础，并于2012年与珍妮弗·道德纳一起开创了CRISPR/Cas技术，可用于靶向基因组编辑。

https://www.emmanuellecharpentier-lab.org/our-team/emmanuelle-charpentier/

赫尔曼·帕辛格（Hermann Parzinger）

在欧洲和中亚进行了大量考古发掘工作，2001年，他因发现了一座斯基泰王墓而闻名于世。多年来，他一直担任德国考古研究院院长。

http://www.preussischer-kulturbesitz.de/ueber-uns/praesident-undvizepraesident/prof-dr-hermannparzinger.html

致 谢

在柏林科学促进基金会和弗里德·施普林格基金会的大力支持下才有了《听，科学家说：走进全球63位科学家的故事》这本书。通过这本书，我获得了探索科学世界的机会，这个世界丰富多彩、妙趣横生；我也有机会与科学家们进行深度对话，受益匪浅。在此，我要特别感谢各基金会对我的支持。

我要感谢恩斯特-路德维希·温纳克，感谢他为我提供建议、指点迷津；也要感谢赫尔穆特·施瓦茨、于尔根·策尔纳（Jürgen Zöllner）和德特勒夫·金特，他们的支持对我有很大帮助。玛丽昂·米勒（Marion Müller）全程大力支持本书的撰写并为我提供了一些建议，在此向她表示衷心的感谢。

受邀参与由塞巴斯蒂安·图尔纳（Sebastian Turner）负责举办的"柏林墙倒塌会议"（又称富林沃斯科学会议），是让《听，科学家说：走进全球63位科学家的故事》项目落地的关键推动力。

我要感谢西门子艺术计划的负责人斯特凡·弗鲁赫特（Stephan Frucht），他为《听，科学家说：走进全球63位科学家的故事》的成书以及在柏林勃兰登堡科学与人文学院举办的展览提供了支持。

我要感谢布鲁斯·艾伯茨、安德烈·阿尔特（André Alt）、克劳迪娅·安青格（Claudia Anzinger）、卡琳·阿诺尔德（Karin Arnold）、伊夫萨姆·阿兹加德（Yivsam Azgad）、埃尔克·本宁·罗恩克（Elke Benning Rohnke）、安特耶·伯丘斯、克里斯蒂娜·布拉肯（Christina Bracken）、施特菲·切尔尼（Steffi Czerny）、马蒂亚斯·德里斯（Matthias Drieß）、马库斯·埃德雷尔（Markus Ederer）、索尼娅·格里戈舍夫斯基（Sonja Grigoschewski）、约翰·格罗勒（Johann Grolle）、马丁·格勒切尔（Martin Grötschel）、恩诺·奥夫德海

德（Enno auf der Heide）、因戈尔夫·克恩（Ingolf Kern）、马蒂亚斯·克莱纳（Matthias Kleiner）、苏珊·克尔布尔（Susanne Koelbl）、安德烈·洛特曼（André Lottmann）、克里斯蒂安·马丁（Christian Martin）、斯特芬·梅利希（Steffen Mehlich）、阿希姆·罗恩克（Achim Rohnke）、阿内特·施利佩尔（Anett Schlieper）、哈拉尔德·辛格（Harald Singer）、克里斯蒂娜·塔尔曼（Christine Thalmann）、弗朗茨·施米特（Franz Schmitt）、伯恩哈德·舍尔科普夫、乌特·施魏策尔（Ute Schweitzer）、贝亚特·韦伯（Beate Weber）、德特勒夫·魏格尔（Detlef Weigel）、安妮·策尔纳（Anne Zöllner）和埃米利奥·加利-祖加罗（Emilio Galli-Zugaro）为我提供访谈材料和建议以及为我介绍联系人。我还要感谢约尔格·哈克（Jörg Hacker）和鲁特·纳曼（Ruth Narmann），他们帮我与中国的科学家取得了联系。

我要感谢朱迪思·金奇（Judith Kimche）和哈尔·怀纳（Hal Wyner）在以色列为我提供支持；我还要感谢詹姆斯·科普兰（James Copland）、克里斯·科特雷尔（Chris Cottrell）、洛伊丝·霍亚尔（Lois Hoyal）和马里乌斯·诺巴赫（Marius Nobach），他们竭诚合作，出色地完成了编辑工作。

我要感谢玛戈·克林斯波恩（Margot Klingsporn），感谢她在项目推进期间的友好支持和鼓励。

我要感谢科尔内利娅·阿尔贝特（Cornelia Albert）和米夏埃拉·普勒茨（Michaela Plötz），她们都是出色的合作者。

我要感谢克内泽贝克出版社的托马斯·哈根（Thomas Hagen）和法比安·阿尔内特（Fabian Arnet），在撰写本书的过程中，他们非常配合我，并热情地给予我帮助。

我要感谢所有科学家的信任，感谢他们在访谈中的坦诚相待，感谢他们愿意配合我，在自己手上作画，为本书增添了艺术色彩。

最后，我要感谢多年来一直耐心倾听我的故事并支持我的所有朋友。

赫尔林德·克尔布尔